Picasso

FONDS
HÉLÈNE&ÉDOUARD LECLERC
POUR LA CULTURE

Cet ouvrage est publié à l'occasion
de l'exposition
Picasso
produite et présentée par
le Fonds Hélène & Édouard Leclerc
pour la Culture,
présidé par Michel-Édouard Leclerc,
aux Capucins à Landerneau,
du 25 juin au 1er novembre 2017

Commissaire
Jean-Louis Andral

L'ensemble des œuvres exposées provient de la collection de Catherine Hutin

CATALOGUE

Sous la direction de Michel-Édouard Leclerc

Direction scientifique
Jean-Louis Andral

Conception graphique
Yannick Le Cam / Rodhamine

Photogravure
Quat'Coul

Impression
Cloître Imprimeurs

EXPOSITION

Scénographie
Éric Morin, architecte scénographe

Conception graphique
Yannick Le Cam / Rodhamine

Conservation
Nathalie Giffard de la Jaille, restauratrice

PRODUCTION

Direction
Marie-Pierre Bathany

Administration
Maïwenn Carpier

Expositions
Mari Anna Bourgès

Médiation
Katell Mancec
Pauline Ignacio

Éditions
Jane Le Guennec

Communication
Clémence Pelleteur

Accueil relations publiques
Aurélie Guigot

Librairie
Claire Cotten

Régie
Pauline Uguen

Comptabilité
Sharon Le Poidevin

Achevé d'imprimer en juin 2017
sur les presses de Cloître Imprimeurs,
Saint-Thonan
ISBN 979-10-96209-01-9
Dépôt légal 2e trimestre 2017

Communication – relations presse
Claudine Colin Communication, Paris

Couverture :
Jacqueline assise de profil (détail), 1954
Huile sur toile
100 x 81 cm

Exposition réalisée avec le concours de

Sommaire

Avant-propos

Dès l'inauguration du Fonds Hélène & Édouard Leclerc à Landerneau, j'avais annoncé que ce jeune lieu de culture de l'Ouest breton afficherait rapidement de fortes ambitions artistiques.
C'est peu dire que le pari est tenu, depuis le premier jour avec Gérard Fromanger jusqu'à aujourd'hui, avec cette exposition Picasso. Entre-temps, plus de 500 000 visiteurs se sont pressés aux Capucins pour y (re)découvrir Miró, Giacometti, Dubuffet, Monory, Mattotti, Kersalé, Chagall...
La rumeur d'une exposition Picasso à Landerneau courait depuis des mois. Il est vrai que le projet nous trottait dans la tête depuis longtemps. La rencontre avec Jean-Louis Andral, directeur du musée Picasso d'Antibes, a permis de mûrir ce projet durant l'été 2015.
Au fil de nos échanges, cela nous semblait de plus en plus évident. Après l'« ère du renouveau » et le fabuleux hommage rendu à l'artiste au Grimaldi Forum de Monaco, ce devait être au tour du FHEL de fêter Picasso !
Ce souhait un peu fou, c'est Catherine Hutin, la fille de Jacqueline Picasso, qui l'a rendu possible. Convaincue de l'importance qu'il y a à toujours mieux faire connaître cette œuvre protéiforme, Catherine est une militante de l'accessibilité de l'œuvre de Picasso auprès du plus grand nombre. L'engagement total du Fonds Hélène & Édouard Leclerc dans la médiation culturelle ne pouvait que trouver un écho favorable auprès d'elle.
Le défi était immense, mais je crois que nous sommes parvenus à proposer au public du Fonds une rétrospective qui a su astucieusement renouveler le regard sur une œuvre pléthorique... et si souvent exposée.

On accède ainsi à un magnifique parcours, orchestré avec talent par le scénographe Éric Morin, qui retrace près de quatre-vingts ans de la production de Picasso.
On part des œuvres de jeunesse, réalisées sous la houlette de José Ruiz Blasco, le père de Picasso, pour finir sur les dernières œuvres de la vie du maître, celles de son grand âge, alors qu'il réinventait la peinture pour les décennies à venir.
Il s'agit d'une exposition exceptionnelle. Une rétrospective qui nous fait voyager sur pratiquement un siècle durant lequel Picasso n'a jamais cessé de réinventer chaque médium (peinture, sculpture, céramique, gravure...) et de revisiter les formes et les apparences.
Les visiteurs du Fonds Hélène & Édouard Leclerc pour la Culture se confronteront ainsi aux œuvres emblématiques de l'artiste, représentatives de pratiquement toutes les périodes, mais ils découvriront également des pièces moins connues, car souvent conservées dans un contexte intime et familial. L'émerveillement n'en sera que plus grand.
Ce parcours, organisé en neuf chapitres, promène le visiteur dans une déclinaison chronologique riche et variée. Une importance particulière est accordée aux vingt dernières années, période où domine l'amour intense qui lie l'artiste à Jacqueline Roque, qui deviendra sa seconde épouse en 1961 et qui sera l'inspiratrice et le témoin privilégié des toiles du « dernier Picasso ».
Jacqueline, que Picasso ne se lassera jamais de peindre, dont il tracera si souvent les traits du beau visage, et à laquelle il dédiera tant de chefs-d'œuvre.

Exposer Picasso à Landerneau... Quelle ambition !
Catherine Hutin et Jean-Louis Andral ont bien voulu que ce projet audacieux devienne une réalité bretonne.
L'équipe du Fonds, mais aussi — je peux le dire sans risque d'être contredit — tous les Landernéens, et plus généralement tous les Bretons, leur en sont profondément reconnaissants.

Michel-Édouard Leclerc

Président du Fonds Hélène & Édouard Leclerc pour la Culture

Pablo Picasso à La Californie, Cannes, 1960
Photographie d'Edward Quinn (détail)

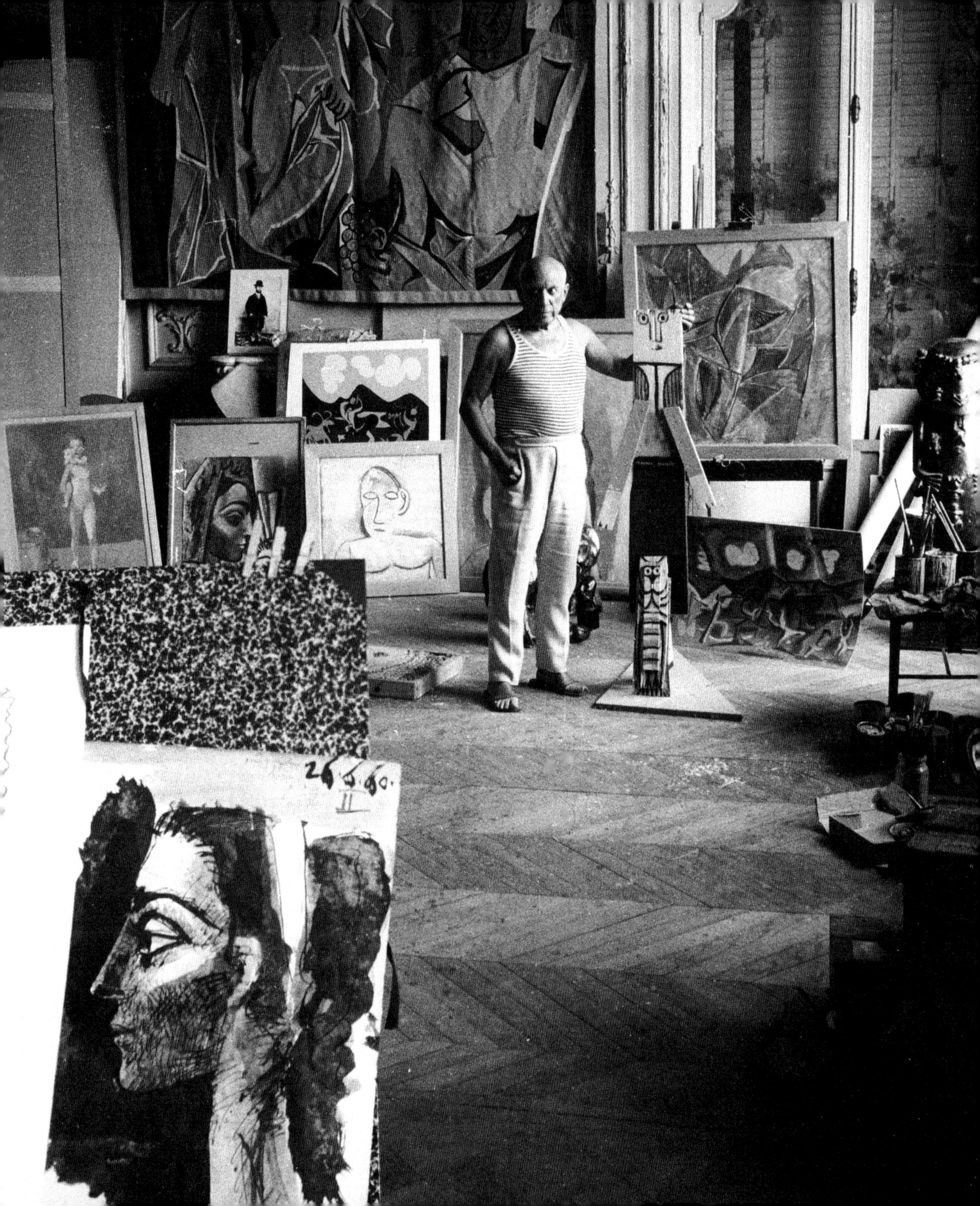
26.5.60.
II

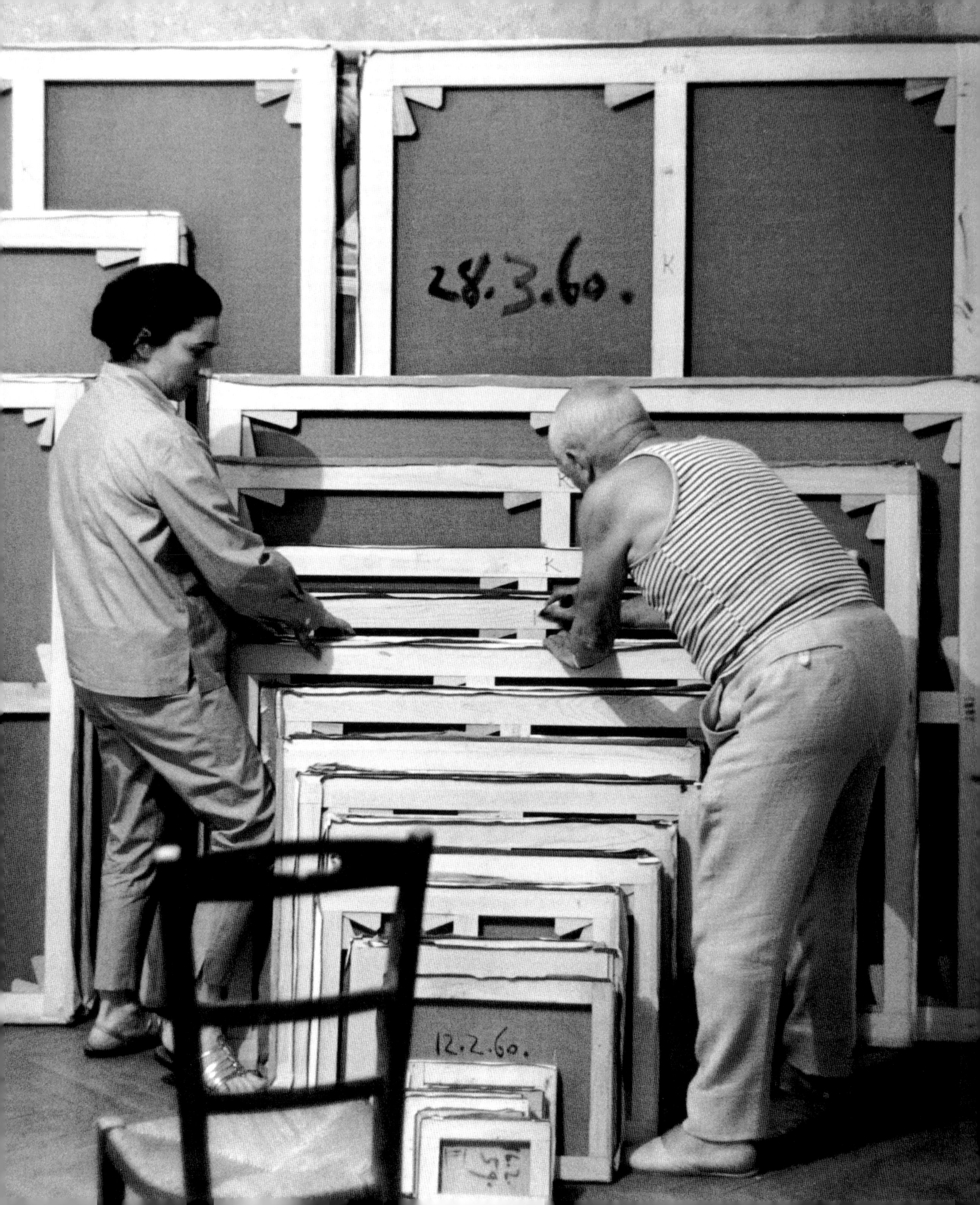
28.3.60.
12.2.60.

Jean-Louis Andral

Les poumons de la peinture

« Tout de même, avant de mourir, je voudrais deviner ce que c'est, la couleur... »

Pablo Picasso[1]

Pablo Picasso et Jacqueline rangeant des toiles le jour des signatures dans l'atelier La Californie, Cannes, 1960
Photographie de David Douglas Duncan (détail)

« Un jour à midi, alors qu'il se dirigeait de son salon, en passant par la salle de bains, vers la salle à manger à l'étage inférieur [...], Picasso me prit par le bras et me demanda si je ne voulais pas jeter un coup d'œil dans l'une des chambres voisines, avant de manger. [...] Je le suivis. Il ouvrit la chambre sombre ; nous étions soudain au milieu d'innombrables toiles, soigneusement rangées. Je me trouvais littéralement planté, jusqu'aux épaules, parmi les Picasso de Picasso, le plus grand trésor caché de l'art moderne. [...] Picasso écarta les volets, se tourna vers moi avec un sourire d'enfant, tandis que la lumière du soleil inondait les toiles. Pendant les trois heures qui suivirent, lui, Jacqueline et moi, nous avons retourné les toiles, une à une, car elles étaient face au mur ; l'un de nous présentait les toiles aux deux autres qui avaient pris place dans de vieux fauteuils apportés du salon voisin. Des peintures larges de trois mètres ou minuscules furent ainsi disposées contre les murs, sur le plancher, sur les tables, sur les radiateurs hors d'usage. Je me dis que dans cette seule chambre il devait y avoir quelque deux cents tableaux inconnus (je me trompais : il y en avait plus de trois cents). [...] Picasso hochait la tête et saluait à sa façon l'apparition de chaque toile, comme s'il assistait au retour d'un enfant prodigue. Vraisemblablement, plusieurs des toiles avaient été enfermées dans les coffres de la Banque de France. D'autres avaient disparu en silence sous la poussière de ses ateliers parisiens, longtemps fermés. C'est depuis quelques années à peine, après s'être établi de manière permanente sur la Côte d'Azur, que Picasso avait commencé de les rassembler pour la première fois, en toute tranquillité[2]. »

De cette découverte merveilleuse, le photographe David Douglas Duncan fera un livre, *Les Picasso de Picasso*, qui paraîtra pour le quatre-vingtième anniversaire de l'artiste, et grâce auquel le public prendra la mesure de l'ampleur de la collection d'œuvres conservées par l'artiste au cours du temps.

Picasso a toujours accumulé les objets, les souvenirs glanés, insignifiants ou de grande valeur, les courtisans, les conquêtes, et aussi ses œuvres, terminées ou, plus rarement, en attente de reprises. Celles-ci passaient le plus souvent de l'atelier à une pièce attenante où elles attendaient de connaître leur destin : être montrées dans une exposition, trouver un acheteur dans une galerie, ou rester dans les mains de l'artiste pour nombre d'entre elles, dont il n'a jamais voulu se séparer. Picasso avait aussi une collection de peintures des peintres qu'il aimait, comme le Douanier Rousseau, ou qu'il estimait et admirait, comme Cézanne ou Matisse, mais il souhaitait par ailleurs garder auprès de lui certaines de ses propres peintures, des dessins, gravures, céramiques, sculptures de toutes époques — ainsi qu'en témoignent les photographies de ses ateliers successifs, qui se remplissaient toujours davantage —, comme s'il avait besoin de cette proximité familière, pour ne pas dire familiale, de sa création pour continuer à créer. À sa mort, en 1973 à Mougins, on dénombrera dans ses différentes propriétés quelque 70 000 œuvres ! Les photographies des lieux successifs de vie de Picasso, dont tous les espaces disponibles devenaient des ateliers, montrent en vérité que,

1 Cité par André Malraux, *La Tête d'obsidienne*, Paris, Gallimard, 1974, p. 102.
2 David Douglas Duncan, *Les Picasso de Picasso*, Paris, La Bibliothèque des Arts, 1961, p. 12.

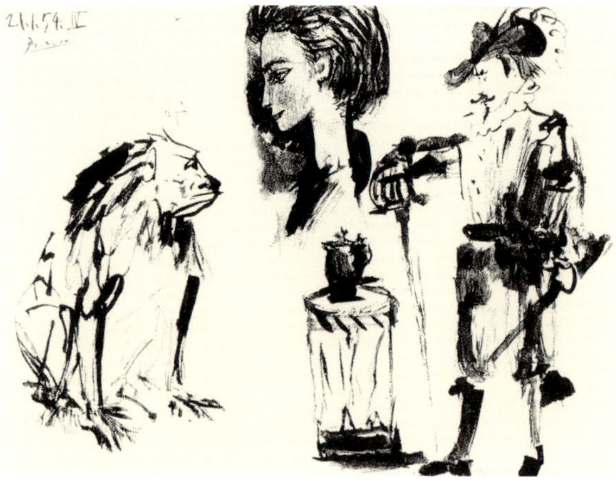

1. Dessin du 21 janvier 1954
Encre de Chine sur papier
IV, *Zervos*, vol. XVI, 1953-1955, p. 66, n° 203

pour l'artiste, l'homme et l'œuvre ne faisaient qu'un, chaque peinture, chaque céramique, chaque sculpture n'étant qu'une partie d'un grand puzzle s'élaborant en plusieurs endroits de création et en trois dimensions, car la prise en compte de l'espace, du volume dans lesquels vivaient ces travaux, s'avérait fondamentale. « Vivaient » vraiment, puisque leur compagnie était indispensable pour continuer à créer, et même si chaque exposition, chaque visite de marchands ou de collectionneurs, emportait avec elle son lot, il restait toujours des œuvres dont Picasso ne voulait pas se séparer, bien vite rejointes par de nouvelles productions. « Un tableau vit sa vie comme un être vivant, disait-il à Christian Zervos en 1935, subit les changements que la vie quotidienne nous impose. Cela est naturel puisqu'un tableau ne vit que par celui qui le regarde[3]. » Et il n'est jamais aussi vivant que dans l'atelier qui l'a vu naître[4]. Ainsi la proximité immédiate de ses peintures rendait-elle possible cette nécessité d'immersion amniotique de l'artiste dans son œuvre, condition à sa croissance constante et pratiquement jamais interrompue ; de la même manière qu'il avait souhaité acquérir quelques toiles d'artistes de son panthéon personnel pour vivre avec, il avait besoin de conserver un grand nombre de ses propres tableaux pour continuer à travailler dans l'environnement de leur familière présence. Un autre grand peintre à la même époque, originaire de latitudes beaucoup plus septentrionales, Edvard Munch, agissait de même : « J'ai toujours beaucoup mieux travaillé avec mes peintures autour de moi. Je les disposais ensemble et sentais que ces simples tableaux avaient des liens entre eux. Quand ils étaient groupés ensemble, ils devenaient sonores et ils étaient tout autres que quand ils étaient isolés. Cela devenait une symphonie[5]. » Sans doute Picasso était-il aussi sensible à cette musique d'ensemble, à ces résonances d'un tableau à l'autre, à cette harmonie de leurs accords, et aussi bien sûr à leurs dissonances parfois...

Lorsque Picasso rencontre Jacqueline Roque, à l'été 1952, il traverse une période difficile de sa vie qui conduira à la séparation d'avec Françoise Gilot, à l'automne 1953. En abandonnant La Galloise, la villa que Picasso avait acquise en 1948 à Vallauris pour y vivre avec elle et leurs deux enfants, Claude et Paloma, pendant les années qu'il consacrera de manière intensive à la création à Madoura de pièces en céramique, puis, avec l'achat du Fournas l'année suivante, à la sculpture, Françoise laissera l'artiste âgé de soixante-douze ans face à lui-même, et face à une situation imprévisible et totalement inattendue pour lui, dans laquelle il n'était pas, comme les fois précédentes, celui qui décidait de la fin d'une histoire. Picasso va alors se cloîtrer pendant deux mois dans la maison devenue vide et silencieuse pour y faire une pause et revisiter son œuvre, « une œuvre détachée de lui maintenant et qui vit dans le monde, une œuvre parfaitement ordonnée, avec ses périodes définies, ses inventions successives venant les unes des autres, ses réactions se superposant harmonieusement et nécessairement, ses contradictions, les époques, les unes aiguës, les autres plus calmes, les saisons de bonheur ou de violence, cette œuvre savamment articulée qui ondule derrière lui et toujours devant nous[6] ». Entre le 28 novembre 1953 et le 3 février 1954, il réalisera cent quatre-vingts dessins de même format, à l'encre de Chine, publiés quelques mois plus tard dans un volume spécial réunissant deux numéros de la revue *Verve*, de Tériade, qui, exceptionnellement, le préfacera, sentant bien que dans ces papiers, non seulement, comme il l'écrit encore, le peintre fait défiler « le petit cirque de sa jeunesse, les clowns, le roi, les figurants, la jeune fille, les chevaux et les singes[7] », mais aussi figure principalement un thème qui va nourrir les années à venir, celui du peintre et son modèle. À cet égard, une

3 Christian Zervos, « Conversations avec Picasso », Paris, *Cahiers d'Art*, numéro spécial, 1935, p. 173. **4** Expérience que le visiteur du musée Picasso à Antibes vérifie avec l'ensemble de la collection qui, avant d'y être conservée, y fut créée. **5** Edvard Munch, *Manuscrit N 46*, Oslo, Munchmuseet, vers 1930, traduit du norvégien par Denise Bernard-Folliot, *in* « Lumière du monde, lumière du ciel », musée d'Art moderne de la ville de Paris, Paris Musées, 1998, p. 335. **6** Efstratios Eleftheriades (Tériade), « Vallauris — Mil neuf cent cinquante quatre, suite de 180 dessins de Picasso, 28 novembre 1953 au 3 février 1954 », Paris, *Verve*, vol. VIII, n°s 29 et 30, 1954, sans pagination. **7** *Ibid.* **8** Étude pour les *Femmes d'Alger*, 21 décembre 1954, encre de Chine sur papier, 35,5 x 43,5 cm, musée national Picasso-Paris. À ce sujet cf. *Le Dernier Picasso*, 1953-1973, (M.-L. Bernadac [dir]), musée national d'Art moderne - Centre Pompidou, Paris, 1988.

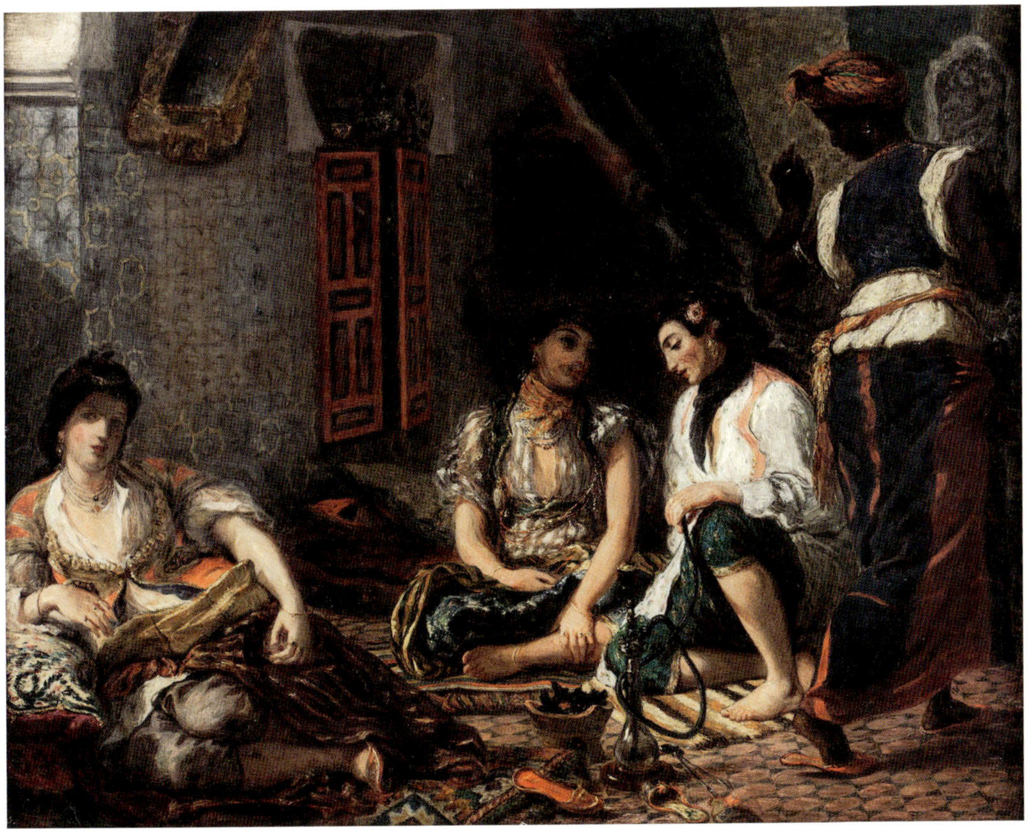

2. Eugène Delacroix
Femmes d'Alger dans leur appartement, 1834
Huile sur toile, 180 x 229 cm
Musée du Louvre, Paris

feuille est particulièrement remarquable, la quatrième, qu'il exécute le 21 janvier 1954 [fig. 1], car s'y trouvent réunis deux sujets qui vont devenir emblématiques des deux décennies suivantes, un mousquetaire et ce qui constitue sans doute le premier profil de Jacqueline dans son œuvre, très comparable aux autres profils qu'il réalise au fusain par exemple le 29 juin (p. 158), après les premiers portraits peints de sa nouvelle compagne, où l'on retrouve la même manière de traiter, au fusain ou à l'encre, la chevelure coiffée en arrière.

Jacqueline, jeune femme juste séparée de son premier mari, revenait d'Afrique avec sa fille, Catherine, et s'était installée dans une petite maison à Antibes Juan-les-Pins, la villa Le Ziquet. Elle cherchait du travail et en avait trouvé à Vallauris dans l'atelier de céramique Madoura, créé depuis peu de temps par Georges et Suzanne Ramié. Picasso remarquera vite cette nouvelle arrivée dans le personnel de la fabrique où il venait travailler presque tous les jours lorsqu'il était dans la région, d'autant plus qu'elle parlait parfaitement espagnol. Le Malaguène disait en plaisantant qu'il avait été sensible à sa ressemblance avec la femme assise au narguilé dans la partie droite du tableau de Delacroix de 1834, *Femmes d'Alger dans leur appartement* [fig. 2], tellement sensible qu'il l'inclura le 21 décembre 1954[8] dans un dessin préparatoire [fig. 3] à la série de ses peintures inspirées par le

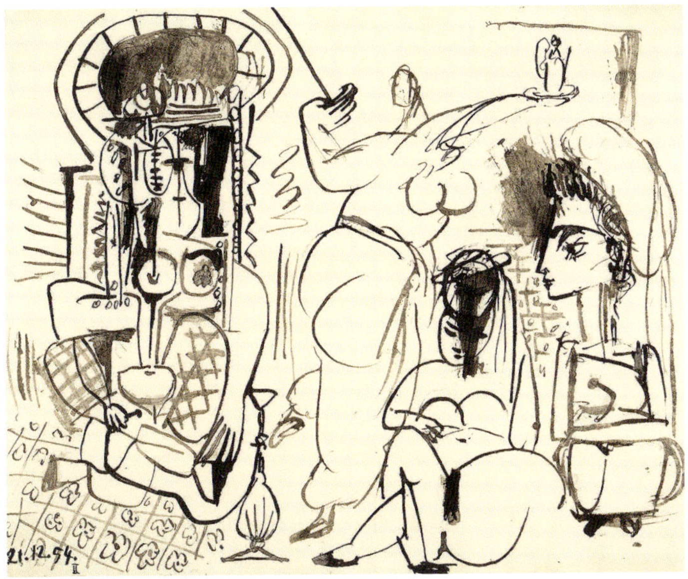

3. **Étude pour les *Femmes d'Alger***
21 décembre 1954
Encre de Chine sur papier, 35,5 x 43,5 cm
Musée national Picasso-Paris

tableau du Louvre[9], et où l'on reconnaît dans la femme assise de droite le profil caractéristique de Jacqueline, repris des premiers visages, six mois plus tôt, de celle qui allait devenir pour lui « la » femme et « toutes les femmes », le principal personnage de l'œuvre à venir. Les premières apparitions peintes auront lieu le 3 juin 1954, avec deux chefs-d'œuvre dans lesquels Picasso synthétise immédiatement le répertoire formel de son nouveau modèle, et sa pose, en la libérant de l'armature des fauteuils dans lesquels il avait jusqu'alors assis les précédents pour mieux les piéger « comme des oiseaux en cage ». « Je les ai emprisonnées, avouait-il, dans cette absence de geste et dans la répétition de ce motif, parce que je cherche à saisir le mouvement de la chair et du sang à travers le temps. Et je désire souligner l'angoisse de toute chair, qui même à l'heure de son triomphe, "la beauté", est alarmée par les signes annonciateurs des altérations du temps. » Et, ajoutait-il, « comme tout artiste, je suis d'abord le peintre de la femme et, pour moi, la femme est essentiellement une machine à souffrir[10] ». Picasso affectionnait particulièrement cette attitude – souvent traitée avant lui par Cézanne –, en ce qu'elle permet une sorte d'objectivation de la femme, enchâssée entre le dossier et les accoudoirs, dans une position donnant la liberté de toujours renouveler le rapport de l'espace à la figure. À Françoise Gilot, qui s'étonnait que dans ces œuvres « le modèle [soit] si souvent coincé entre les lignes austères, verticales et parallèles, de fauteuils agressifs qui rappellent des camisoles de force ou des cercueils », il répondait que ces derniers étaient nécessaires, qu'ils étaient des « étais architectoniques visant à stabiliser la composition[11] ». Et, de fait, l'artiste va installer ses modèles dans des fauteuils, Marie-Thérèse, puis Dora Maar, car le thème du personnage assis, femme ou homme, comme dans cette gouache de 1939 (p. 116), prend à la fin des années 1930, et pendant la Seconde Guerre mondiale, une importance obsessionnelle. « Ces femmes assises et ces bustes de femmes qui foisonnent sous l'Occupation doivent leur indiscutable agressivité au fait que, dans les meilleurs exemples, une tête prodigieusement réinventée, parfois subtilement modelée et colorée, apparaît sur un corps signifié de façon admissible pour tous. Et l'agressivité est d'autant plus forte que ce décalage est plus grand[12]. » Le 17 juin 1939, Picasso

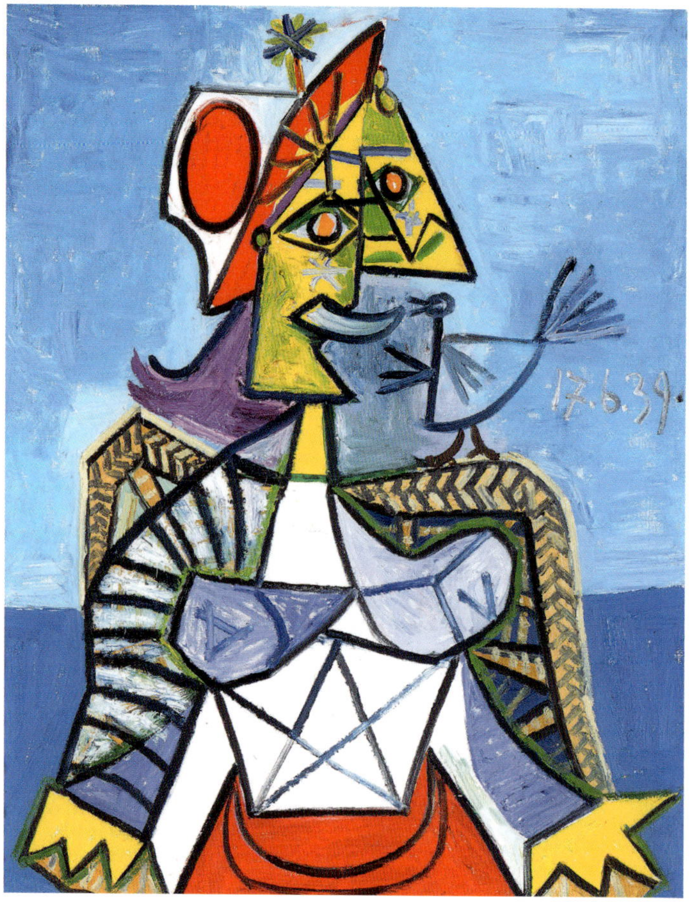

4. **Femme à l'oiseau**, 1939
Huile sur toile, 92 x 73 cm
Collection Nahmad, Suisse

9 Le catalogue de Christian Zervos décompte quinze toiles sur ce sujet entre le 13 décembre 1954 et le 14 février 1955. **10** Françoise Gilot et Carlton Lake, *Vivre avec Picasso*, Paris, Calmann-Lévy, 1965, p. 278. **11** Françoise Gilot, *Matisse et Picasso*, Paris, Robert Laffont, 1991, p. 167. **12** Maurice Jardot, *Picasso : peintures 1900-1955*, Paris, musée des Arts décoratifs, juin-octobre 1955, notice n° 98.

peint ainsi à Paris deux tableaux de même dimension de Dora Maar assise dans un fauteuil, où elle est vêtue d'une jupe rouge, d'un chemisier bicolore, coiffée d'un bonnet vermillon à pompon. Un fauteuil en rotin du premier [fig. 4] se voit remplacer dans le second (p. 127) par le fauteuil métallique qui se trouvait dans l'atelier, dont les tiges du dossier évoquent la cage chère à Picasso. À la même époque, l'artiste va aussi représenter dans une série de dessins au crayon, de gouaches et d'huiles, son modèle vu de dos, la tête — figurée par deux profils symétriques de part et d'autre de l'axe central de la chevelure — et les épaules surmontant le dossier de son siège (p. 129). Cette composition sera ainsi intégrée à Royan dans une gouache de janvier 1940, où elle figure dans le décor de la scène comme une sorte de motif en écrevisse de la femme assise qui nous fait face. D'autres dessins, au crayon, et à l'encre, et d'autres huiles vont poursuivre ces recherches pour aboutir en mai, juin et août 1941, dans la série de ces femmes «Janus bifrons», à un extraordinaire *Nu* [fig. 5], évoquant les *Nu de dos* de Matisse.

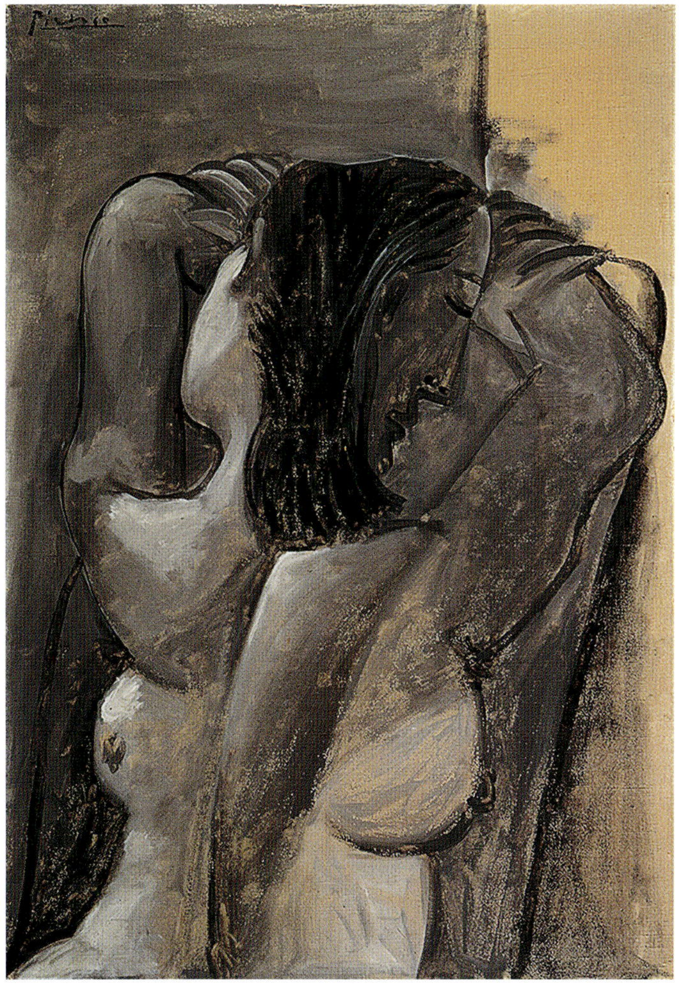

5. **Nu**, vers 1941-1942
Huile sur toile, 92 x 65 cm
Musées de Belfort, Belfort

Devant la beauté énigmatique et intemporelle de sa nouvelle compagne, Picasso réinvente la femme assise, maintenant à même le sol, le visage de profil ou de trois quarts, les mains jointes sur les genoux repliés contre la poitrine, comme dans *Jacqueline aux mains croisées* [fig. 6], ou un bras posé sur la jambe et l'autre sur un trait noir qui délimite les deux teintes rouge et bleu du fond dans *Jacqueline assise de profil* (p. 155) ; au passage, Jacqueline hérite du long cou des portraits de femmes inventé pour Olga et repris avec Françoise Gilot (p. 141) ou, plus tard, pour Sylvette David, dont il vient de réaliser au printemps plusieurs exemples. Le profil grec de Jacqueline est presque entièrement occupé par un œil démesuré, enchâssé entre les lignes du sourcil et de la pommette, représenté frontalement, avec les deux paupières en ailes d'oiseau et la caroncule lacrymale vers le nez, le rond de l'iris abritant une pupille étoilée. Ce tableau sera montré pour la première fois un an plus tard à Paris, lors de la rétrospective «Picasso, peintures 1900-1955», au musée des Arts décoratifs, en juin 1955, sous le titre *Portrait de Madame Z.*, allusion à la villa où habitait Jacqueline lorsque Picasso la connut[13]. Dans sa notice, Maurice Jardot remarquait «comment le dessin ferme, presque dur, des mèches de cheveux et des traits du visage, s'oppose à l'indication très libre et allusive des fleurs du fond». Il relevait aussi que ce portrait était

13 En ce qui concerne la série des «Jacqueline aux mains croisées sur les genoux» (deux tableaux en juin 1954, et quatre autres en octobre 1954), Picasso devait avoir une prédilection pour ce thème, puisqu'il choisira d'envoyer l'un de ces tableaux à New York pour la rétrospective organisée à l'occasion de ses soixante-quinze ans par le Museum of Modern Art en automne 1957, où il sera alors présenté sous le titre *Portrait of J. R. with Roses*.

« éclatant de couleurs [14] ». Et, de fait, la couleur, qui avait un peu été délaissée par le peintre depuis les années de guerre, va retrouver avec Jacqueline toute sa splendeur. Ces retrouvailles seront facilitées par l'irruption d'un orientalisme naturellement convoqué lors des travaux effectués à Paris sur le thème des *Femmes d'Alger*, au sein duquel la figure matissienne de l'odalisque sera reprise en héritage par Picasso lorsque son aîné disparaîtra le 3 novembre 1954 [15]. Il expérimenta différentes manières (p. 162) de placer les figures de Delacroix et de les mettre en relation les unes avec les autres, avec, dans tous les cas, au moins l'une des femmes apparaissant nue. Il insufflait ainsi une vie nouvelle aux accessoires orientaux, narguilé au premier plan et paravents à motifs au fond.

Un an plus tard, La Californie, somptueuse villa sur les hauteurs de Cannes, achetée au printemps 1955, allait offrir à l'artiste l'espace de travail et de vie le plus grand qu'il ait jamais connu. Il en transforma la plupart des majestueuses pièces en différents ateliers (lithographie, céramique, gravure), et le grand salon en un vaste atelier de peintures. Les larges baies vitrées ouvrant sur le jardin lui donnèrent le motif de plusieurs compositions, que Picasso appelait des « paysages intérieurs », où le dialogue avec Matisse est parfois très sensible (pp. 188-189). Durant les six années pendant lesquelles le couple vécut à La Californie, l'artiste emplit les espaces de la maison et le jardin avec ses œuvres, y compris des sculptures, qu'il disposa sur le perron, dans les allées du parc, ou dans des fontaines. Un jour, la trouvaille d'un costume turc abandonné sur un fauteuil permit de nouveaux travestissements à la lumière — devenue alors définitivement méditerranéenne — et aux couleurs. Antonina Vallentin a raconté comment Picasso, en novembre 1955, avait décidé, avant de la faire poser pour lui, de vêtir Jacqueline d'un boléro rouge, couvert de motifs multicolores et de broderies dorées, abandonné à La Californie par une visiteuse. Ce nouvel avatar de son modèle allait inspirer entre le 19 novembre et le 1er décembre 1955 une dizaine de toiles (pp. 156-157) qui, poursuit la biographe, « apportent une note nouvelle dans l'art de Picasso, une vibration de sensualité qui se traduit par un raffinement particulier des couleurs, un goût de la matière rare chez lui. [...] Jacqueline en costume turc subit le pèlerinage à travers les différentes étapes de l'art de Picasso. Mais ce

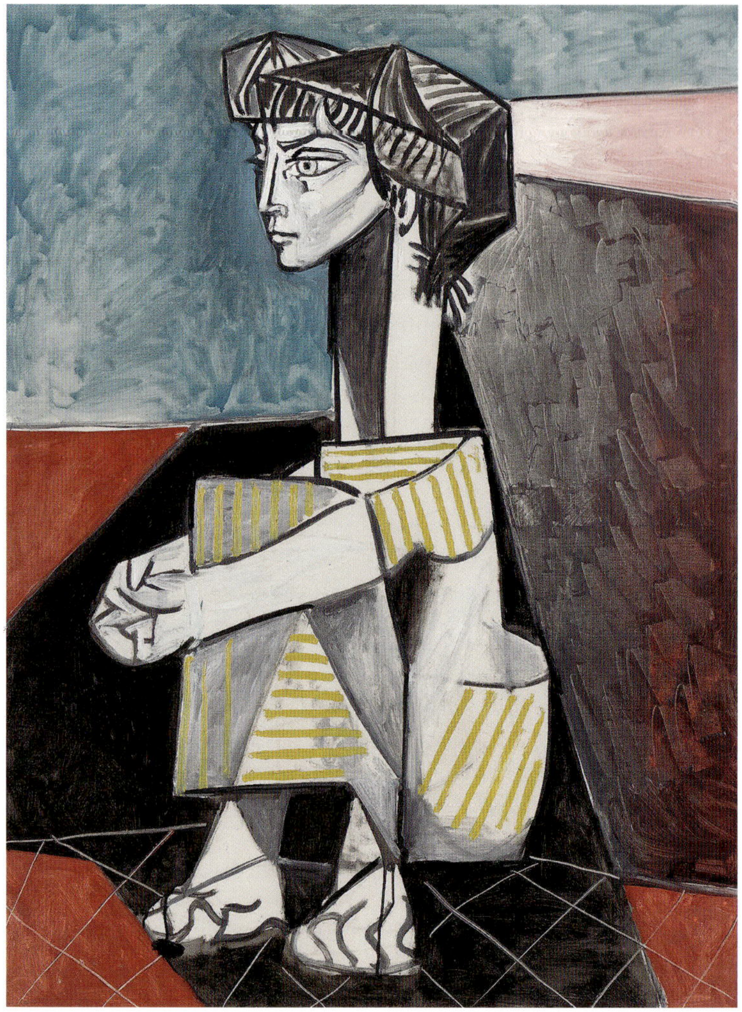

6. **Jacqueline aux mains croisées**, 1954
Huile sur toile, 116 x 88,5 cm
Musée national Picasso-Paris

14 Maurice Jardot, *Picasso : peintures 1900-1955*, *op. cit.*, notice n° 126.
15 « Matisse en mourant m'a légué ses odalisques, et voilà mon idée de l'Orient, bien que je n'y sois jamais allé. » *In* Roland Penrose, *Picasso*, Paris, Flammarion, 1982, p. 467.

qui constitue son apport propre est cet éveil d'une sensualité qui diffère de celle qu'ont connue les autres passions explosives de Picasso, sensualité à fleur de peau dont les tourments seraient absents, et aussi la soif de passion comblée. C'est réconcilié avec l'existence que cet éternel inassouvi regarde autour de lui [16] ».

Jacqueline serait donc la garante de la réconciliation de cet homme avec lui-même et la Cybèle du renouveau qu'elle allait permettre dans son œuvre. Après leur mariage à Vallauris le 2 mars 1961 — à l'occasion duquel Picasso s'unissait, comme Apollinaire, dont il avait été le témoin de mariage quarante-trois ans plus tôt, à une Jacqueline —, celle qui, selon la belle formule de Pierre Cabanne, « eut à la fois l'honneur et la charge d'être l'épouse du moins humain des hommes et du plus bienveillant des monstres [17] » comprit très vite qu'au lieu d'être dans la vie de l'artiste une autre « machine à souffrir » elle pourrait, par le don d'elle-même, incarner la condition d'un nouvel élan créatif chez un peintre bientôt octogénaire, avec cette généreuse intuition qu'il fallait être deux pour qu'un existe et pour que ce seul « un », alors entièrement absorbé en lui-même, puisse basculer dans un « illimité ». C'est cet illimité que Jacqueline ouvrira à Pablo à La Californie, puis au mas Notre-Dame de Vie, et que l'artiste léguera au monde.

Dans les dernières années, et en particulier après l'opération chirurgicale, nécessaire en 1965 pour éviter les conséquences dangereuses d'un ulcère à l'estomac, à laquelle il dut consentir, mais qu'il redoutait tellement, il trouva dans un sursis de vie les forces pour affronter à nouveau le visible et l'outrepasser, devenant cet artiste évoqué par Nietzsche, capable, par sa volonté instinctive d'appropriation du monde, de transposer dans son œuvre le mythe tragique qui « participe de la sphère apollinienne de l'art par le plaisir sans défaut pris à l'apparence et à la vision », mais qui « en même temps nie ce plaisir et trouve une satisfaction encore plus haute dans l'anéantissement du monde visible de l'apparence [18] ». Parvenu à quatre-vingt-dix ans, Picasso affirme que la peinture est d'abord une affaire de désir, et c'est une leçon d'enthousiasme et d'invention qu'il nous livre. L'exubérance qui dans toutes ses dernières toiles s'exprime par des teintes vives et, le plus souvent, par de grands formats, témoigne de l'extraordinaire pouvoir créateur de l'artiste dans sa vieillesse, et de ses talents, souvent mésestimés, de grand coloriste que les expositions au Palais des Papes en 1970 et 1973 rappeleront au public. Il revisite alors la galerie de personnages familiers : les toreros (p. 229), les mousquetaires, ces hommes, pensait-il, épris de courage que leur solitude, leur désenchantement transforment en mousquetaires, (p. 241), et les peintres inspirés par Rembrandt (p. 222) ne reflètent pas seulement l'identification de Picasso à son Espagne natale ou aux maîtres vénérés du passé, mais ils expriment aussi ses propres sentiments face à la marche du temps. Il peint alors avec une frénésie de jeune homme et dans une urgence extrême de grands tableaux qui semblent prendre forme sous nos yeux, en appliquant dans des débauches de couleur de larges touches de peinture, parfois très diluée, pour définir les formes dans la composition, et en laissant dans le même temps vierges certaines parties de la toile, comme pour inviter la peinture, plus forte que lui, disait-il [19], et qui faisait de lui ce qu'elle voulait, à d'autres aventures…

Picasso, qui ne doutait pas, doutait dans sa pratique d'artiste. Il voulait tenir en échec l'image conventionnelle, et dans cette quête d'une peinture à l'écart, à l'écart de l'« apparaître » et donc aussi à l'écart de la peinture, rendre sensible le passage du « vu » au « reconnu » ; comme le notait Paul Éluard, « il s'agissait pour lui de voir ce qui voit, de libérer la vision, d'atteindre à la voyance [20] ». En écho, André du Bouchet écrit dans un de ses carnets : « Il s'agit simplement que notre soleil intérieur corresponde exactement au soleil. » C'est à cela que l'artiste, devenu l'unique sujet de sa peinture, travailla toute sa vie, à cette « alliance fraternelle des deux divinités : Dionysos parlant la langue d'Apollon, mais Apollon, pour finir, la langue de Dionysos [21] ».

À l'heure où l'homme habituellement se heurte à l'inexplicable, à l'incalculable, Picasso, tel un funambule, avançait sur le monde à son gré, et, plus que jamais, voulait que « la couleur respire [22] » : les couleurs, librement, poumons de sa peinture.

16 Antonina Vallentin, *Picasso*, Paris, Albin Michel, 1957, pp. 438-439.
17 Pierre Cabanne, *Le Siècle de Picasso*, t. II, 1937-1973, Paris, Denoël, 1975, p. 342. **18** Friedrich Nietzsche, *La Naissance de la tragédie*, traduit de l'allemand par Michel Haar, Philippe Lacoue-Labarthe et Jean-Luc Nancy, Paris, Gallimard, p. 151. **19** « La peinture est plus forte que moi, elle me fait faire ce qu'elle veut. » Phrase manuscrite écrite le 27 mars 1963 sur la troisième page de couverture du carnet de dessins daté du 10 février au 21 février 1963, Musée national Picasso-Paris, MP1886.
20 Paul Éluard, Paris, *Cahiers d'Art*, vol. X, 1935, p. 168, n° 7-10.
21 Friedrich Nietzsche, *La Naissance de la tragédie*, *op. cit.*, p. 142.
22 Françoise Gilot et Carlton Lake, *Vivre avec Picasso*, *op. cit.*, pp. 253-254.

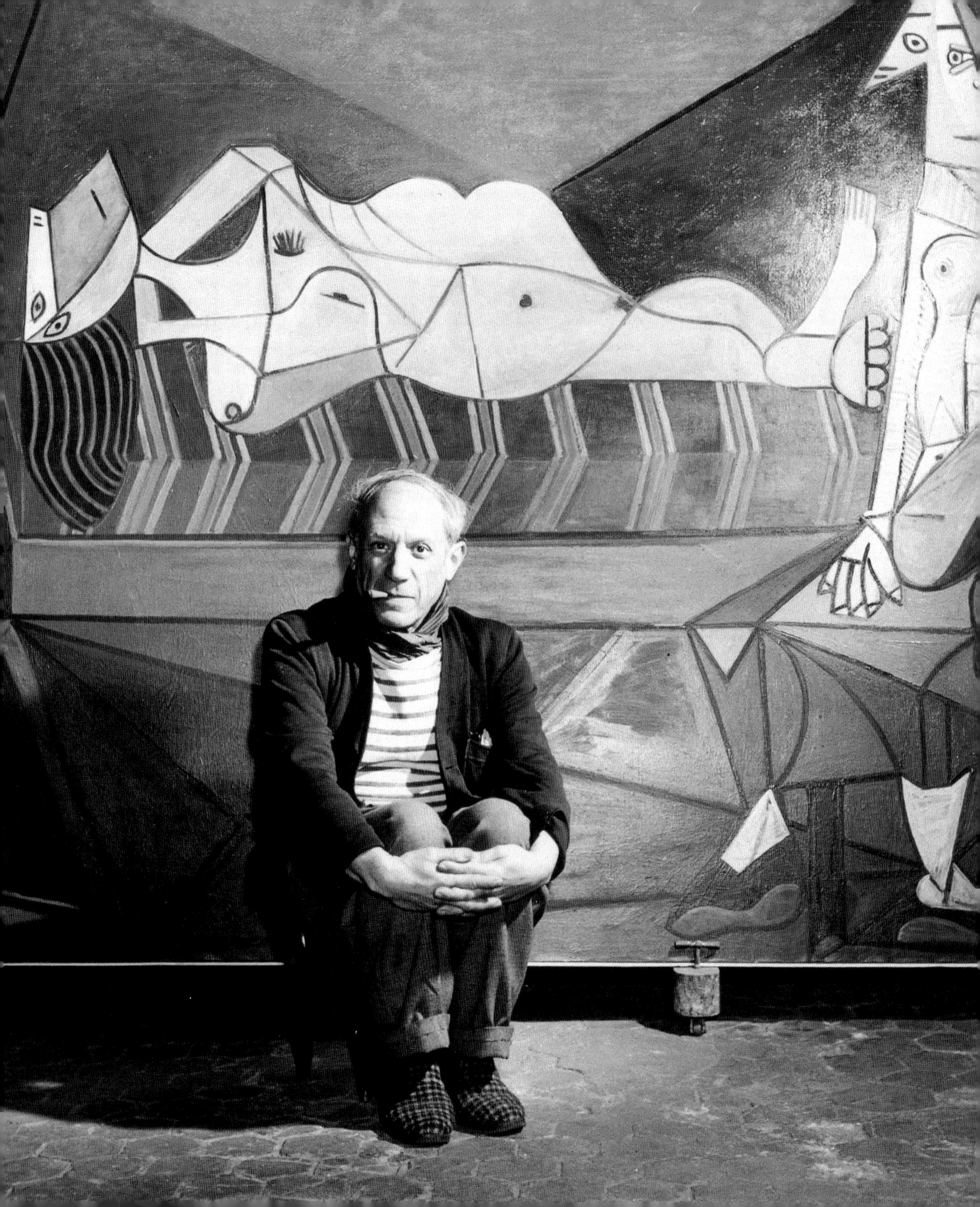

Les nus de Picasso

« Je veux DIRE le nu.
Je ne veux pas faire un nu comme un nu.
Je veux seulement DIRE sein, DIRE pied,
DIRE main, ventre. Trouver le moyen
de le DIRE, et ça suffit. Je ne veux pas
peindre le nu de la tête aux pieds.
Mais arriver à DIRE. Voilà ce que je veux.
Un seul mot suffit quand on en parle.
Ici, un seul regard, et le nu te dit
ce qu'il est, sans phrases. »

Pablo Picasso[1]

Pablo Picasso devant *L'Aubade* dans son atelier de la rue des Grands-Augustins, Paris, 1945 Photographie de Dick Ham (détail)

S'il est un genre auquel le nom de Picasso peut être associé, nul doute qu'il s'agit du nu, que l'artiste a exploré, détourné, transgressé, sublimé toute sa vie durant. Des premières académies dessinées à l'âge de onze ans aux derniers nus couchés, peints à l'aube de sa mort, Picasso n'a eu de cesse de revenir à l'étude du corps humain. Telle une obsession, une hantise. Au sens charnel et esthétique. Parce que la représentation du nu, et plus particulièrement féminin, constitue l'exercice académique par excellence et renvoie à une iconographie universelle de l'art, ce sujet, plus que tout autre, a offert à Picasso de se mesurer aux chefs-d'œuvre de la préhistoire et de l'Antiquité et, surtout, aux maîtres de la tradition picturale non seulement française et espagnole, mais aussi italienne, ou encore allemande. Explorer la représentation du nu chez Picasso invite à parcourir la totalité de l'œuvre, étudier la diversité des supports, des matériaux et des moyens exercés par le peintre et le dessinateur, également par le sculpteur, le céramiste et le graveur, aucune technique ni manière n'ayant été négligées à ces fins de représentation. Avec le « portrait » et le « peintre et son modèle », deux autres thèmes prodigieux chez Picasso, le nu est un paradigme, « une forme d'art en soi », ainsi que défini par Kenneth Clark[2].

La sélection des œuvres de l'exposition illustre cette idée de permanence et le défi de renouvellement que Picasso s'est naturellement fixé en abordant ce grand sujet de peinture. Si les œuvres éclairent aussi la relation du peintre à ses contemporains, Henri Matisse le premier, les correspondances s'amenuisent à mesure que l'artiste progresse dans le siècle. Après la Seconde Guerre mondiale, Picasso ne prête plus attention aux nouveaux courants qui font l'actualité artistique. Dans l'éventail des sujets traités, où le personnel côtoie toujours l'éternel, il octroie une place de choix au nu, qu'il creuse, approfondit et synthétise, isolé du monde mais en parfait dialogue avec son œuvre. Une constance qui pose la question de son inscription dans le temps et invite notamment à s'interroger sur la place des nus de « l'époque Jacqueline », dernière muse et épouse de l'artiste, à l'ère des « mutations du regard[3] ». Une rémanence, enfin, qui permet de déceler, au-delà des problématiques formelles, symboliques et psychologiques posées par le genre, combien la réflexion développée autour du nu est essentiellement picturale : résoudre les problématiques liées à sa représentation équivaut pour Picasso à résoudre une question bien plus importante, celle du « comment peindre ».

En majesté

Les premiers nus de Picasso sont des copies d'après lithographies et moulages d'antiques exécutées à l'école des Beaux-Arts de La Corogne en 1894. Les dessins au fusain que le fils de Don José Ruiz Blasco modèle par le trait et la lumière attestent la maîtrise de l'exercice (*Torse du Belvédère*, 1892-1893 [fig. 1]). L'élève s'affranchit de l'enseignement académique alors qu'il s'installe à Barcelone en 1895. En prise avec la modernité catalane,

1 Hélène Parmelin, *Picasso dit…*, Paris, Les Belles Lettres, 2013, p. 83. **2** Kenneth Clark, *Le Nu*, 1956, traduit en français en 1969. Lire en particulier le dernier chapitre, « Le nu comme fin en soi », tome 2, p.195 et suiv. éd. Pluriel. **3** Alain Corbin, Jean-Jacques Courtine, Georges Vigarello, *Histoire du corps, volume III : les mutations du regard. Le XXe siècle*, Paris, Seuil, 2006.

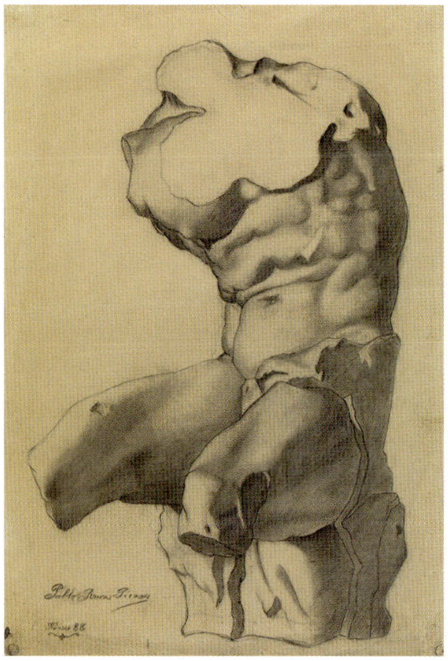

1. **Torse du Belvédère**, 1892-1893
Fusain et crayon conté sur papier, 52,4 x 36,7 cm
Museu Picasso, Barcelone

il développe un répertoire de scènes de genre et de cabarets, où affleurent les premiers dessins érotiques, tracés à la plume et rehaussés d'huile ou de lavis dans une veine réaliste « fin de siècle » proche d'un Edgar Degas ou d'un Henri de Toulouse-Lautrec. Picasso modèle ses premiers sujets en terre crue : la petite *Femme assise*, 1902 (musée national Picasso-Paris) traduit en volume les contours de *Buste de femme pensive* (p. 85). Les nus de jeunesse témoignent d'une fougue postimpressionniste encore tributaire de l'héritage classique, la représentation du corps reposant sur la connaissance de la morphologie, d'après le modèle vivant : dessiner, peindre, modeler les corps consistent à les saisir dans leur vérité anatomique. Le corps, s'il n'est plus nécessairement idéalisé, est décrit en majesté.

Primitivisme

Picasso rejoint la Ville lumière en 1904 et s'installe dans une ancienne manufacture de pianos érigée sur la butte Montmartre, le Bateau-Lavoir. Il intègre la communauté d'artistes, de poètes et d'écrivains qui gravitent autour de la butte : Max Jacob, André Salmon, Alfred Jarry, Maurice Raynal, André Derain, Henri Matisse, Georges Braque, Guillaume Apollinaire, Gertrude et Leo Stein, et, bientôt, les marchands d'art Daniel-Henry Kahnweiler et Wilhelm Uhde. C'est dans ce contexte éclairé que la peinture de Picasso, en quête d'une écriture personnelle, mue des périodes bleue à rose. À Gósol, dans les Pyrénées orientales, pendant l'été 1906, il s'inspire de la sculpture catalane et schématise ses premiers corps ainsi qu'en témoigne l'*Étude de nu*, 1906 (p. 88). Une voie confirmée par la découverte des Grandes Baigneuses réunies dans la rétrospective posthume que le Salon d'automne consacre à Paul Cézanne en 1907. Traitant la nature par la sphère, le cône et le cylindre, Picasso étudie la sculpture africaine et la sculpture océanienne et malmène le principe mimétique, comme l'illustre *Buste de femme*, 1906-1907 (p. 89), que les accents primitifs situent dans l'environnement des *Demoiselles d'Avignon*, 1907 [fig. 2]. L'année où le Louvre rend hommage à deux grands nus modernes, *La Grande Odalisque*, de Jean-Auguste-Dominique Ingres, 1814 (musée du Louvre, Paris), et *Olympia*, d'Édouard Manet, 1863 (musée d'Orsay, Paris), et tandis que Matisse présente au Salon des indépendants *Nu bleu*, 1907 (*Souvenir de Biskra*, Museum of Art, Baltimore), Picasso intronise une nouvelle logique picturale qui questionne l'identité du sujet, sa substance, et sa mise en espace, et qui mène à des déformations anatomiques sans précédent. L'esthétique classique n'est plus.

Éclatement

À la recherche d'une beauté transcendée, Picasso affirme les propriétés volumétriques du corps. Mimant la pause d'un modèle ingresque du *Bain turc*, 1862 (musée du Louvre, Paris), vu au Salon d'automne de 1905, *Buste de femme assise*, 1908 (p. 90), est puissamment modelé par l'opposition de courbes et de contre-courbes ; le visage, ceint par l'arabesque du bras droit, est un ovale découpé par le nez en quart de brie que creuse une ombre hachurée. Poussant la synthèse cézanienne à son extrême, Picasso, encordé avec Georges Braque, amplifie les volumes et les déformations anatomiques des premiers sujets cubistes (*Femme nue de face* et *Femme nue de profil*, 1908 [p. 71]). Il expérimente parallèlement le volume avec la première sculpture cubiste (*Tête de femme* [*Fernande*], 1909, musée national Picasso-Paris), à laquelle fait écho un fusain (p. 91). Bientôt, la multiplication des lignes et des plans obliques brise les formes, fait éclater les volumes, dans des harmonies atones de gris, d'ocres et de bistres. Cette logique de destruction de l'objet qui menace le sujet, tel *Femme à la mandoline*, 1910 [fig. 3], dont on distingue la silhouette au secours du titre, conduit Picasso et Braque à réinsérer le réel par le signe et la citation, puis à inventer en 1912 deux procédés artistiques révolutionnaires, le collage et le papier collé. Deux années plus tard, *Femme assise dans un fauteuil*, 1914 (p. 95), tire les conséquences de l'aventure cubiste : la représentation plane et géométrique de la figure, les seins en cornet de glace, l'arrondi du ventre et des bras du fauteuil, les lignes serpentines de la chevelure et les deux pans de couleur réimposent le sujet. Tandis que les futuristes italiens chantent la gloire d'un homme nouveau, mécanique et standardisé, apologie de la machine et du dynamisme universel, et que les

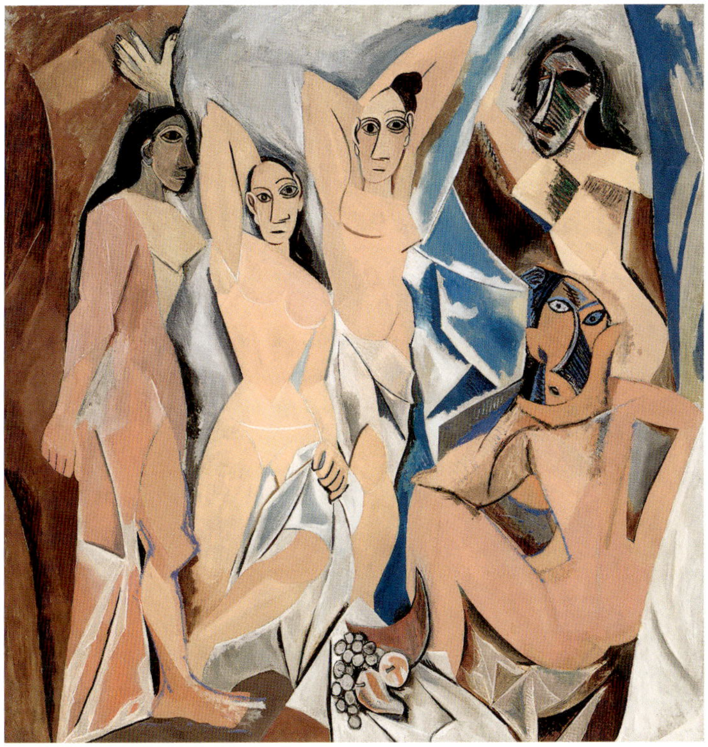

2. **Les Demoiselles d'Avignon**, 1907
Huile sur toile
243,9 x 233,7 cm
Museum
of Modern Art
New York

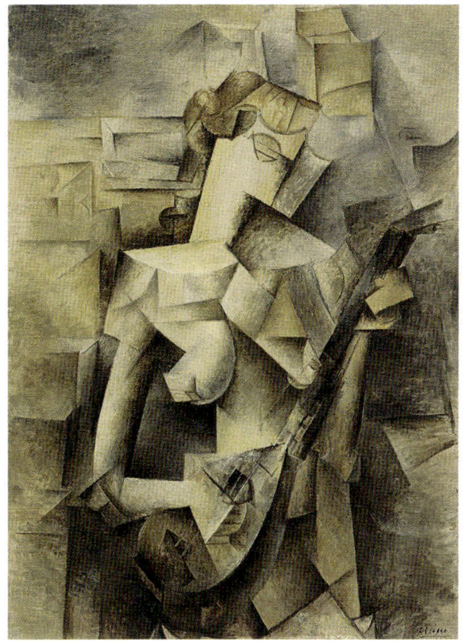

3. **Femme à la mandoline**, 1910
Huile sur toile
100,3 x 73,6 cm
Museum
of Modern Art
New York

premiers abstraits abolissent le sujet, le corps picassien, si fragmenté et achrome soit-il, dissous dans un décor sans profondeur, vibre de ses traces de crayon et affirme la présence de l'humain. Pour le peintre, « il n'y a pas [...] d'art figuratif et non figuratif. Toutes les choses nous apparaissent sous formes de figures [...]. Un personnage, un objet, un cercle, sont des figures; elles agissent sur nous plus ou moins intensément[4]. »

Métamorphoses

À la déclaration de guerre, Braque est mobilisé, la « cordée cubiste » est rompue. Tandis que renaissent les premiers dessins au trait (*L'Homme moustachu accoudé à une table*, 1914 [p. 98]), le cubisme connaît de nouveaux développements. L'implication de Picasso dans la création de décors et de costumes pour les Ballets russes, couronnée par son mariage avec la ballerine Olga Khokhlova, redouble l'attention que l'artiste porte aux corps en pause ou en mouvement (*Groupe de sept danseuses*, 1919 [p. 101]). Les baigneuses que Picasso observe et dessine sur les plages sauvages de la Côte d'Azur lui offrent de revisiter l'œuvre de Cézanne, d'Ingres, et de Renoir (*Femme nue assise s'essuyant le pied*, 1921, [fig. 4]). Cette collection de nus stylisés et linéaires, que sacralise

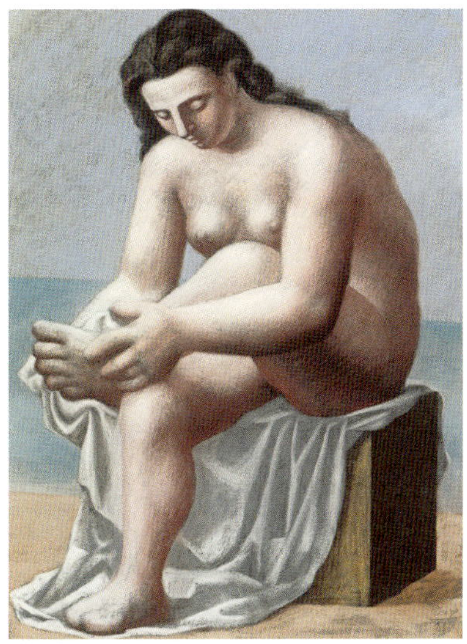

4. **Femme nue assise s'essuyant le pied**, 1921
Pastel sur papier, 66 x 51 cm
Nationalgalerie, Museum Berggruen, Berlin

4 Pablo Picasso, *in* Christian Zervos, « Conversation avec Picasso », *Cahiers d'art: Picasso 1930-1935*, 1935 [1936], 10e année, n° 7-10, pp. 173-175.

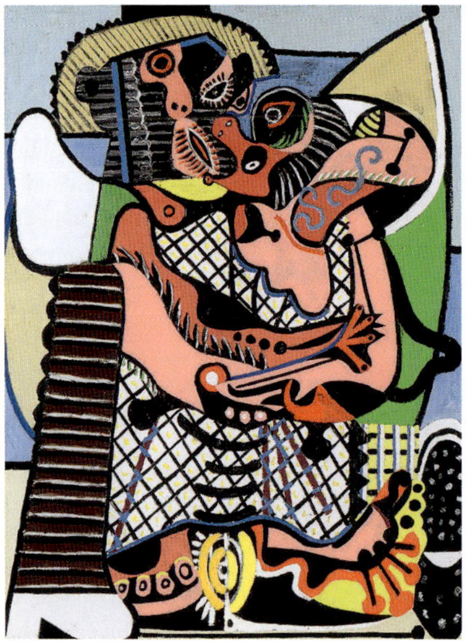

5. **Le Baiser**, 1925
Huile sur toile, 130 x 98 cm
Musée national Picasso-Paris

le thème des « trois Grâces », précède l'avènement, en 1924, de sujets érotiques, aiguisés par une distorsion violente des corps et une palette dissonante (*Le Baiser*, 1925 [fig. 5]). Cette rupture stylistique est contemporaine de l'éclosion du surréalisme, mouvement avec lequel Picasso garde ses distances, et est exacerbée par l'« Amour fou » que l'artiste voue à partir de 1927 à sa jeune maîtresse, Marie-Thérèse Walter. « La beauté convulsive, proclame André Breton, sera érotique-voilée, explosante-fixe, magique-circonstancielle ou ne sera pas[5]. » La métamorphose des sujets picassiens s'inscrit dès lors sur deux versants a priori antinomiques, mais finalement communs dans le rapport iconoclaste que le peintre entretient avec la figure féminine. *Femme étendue au lampadaire*, 1929 (p. 113), lointaine citation de la *Vénus d'Urbin*, de Titien, 1538 (galerie des Offices, Florence), de la *Maja desnuda*, de Francisco de Goya, *c.* 1800 (musée du Prado, Madrid), et de leur corollaire moderne, *Olympia*, combine leçons du cubisme dans le traitement du décor et écriture biomorphique : les seins en accordéon, les bras en arceau et les fesses sont pensés comme des éléments autonomes et modulables, signes d'une représentation synthétique, formelle et psychologique de la figure. Les *Femmes jouant à la balle sur la plage*, 1932 (p. 114), occupent à l'inverse l'espace de la toile, déployant leurs corps ailés, telles des chauves-souris. L'exubérance des formes atteint son pic pendant l'année 1932 ; l'écriture s'abrège et s'érotise (*Nu couché,* 4 avril 1932 [fig. 6]). *Minotaure et nu*, 1933 (p. 118), confronte l'homme-animal à sa jeune muse évanouie, le visage renversé, l'œil en demi-lune, symbole de jouissance, le corps sinueux, tel celui d'un animal marin. « L'art n'est pas l'application d'un canon de beauté, rappelle Picasso, mais ce que l'instinct et le cerveau peuvent concevoir indépendamment du canon[6]. »

Pendant l'Occupation, l'artiste s'isole dans l'atelier des Grands-Augustins et décline avec gravité les sujets de son répertoire. Dans les « peintures de guerre », *Guernica,* 1937 (musée du Prado, Madrid), ou *Le Charnier*, 1945 (Museum of Modern Art, New York), le corps est souffrant, mis en pièces : une horreur sous-jacente dans les grandes figures d'atelier siégeant dans un décor dépouillé et austère qui évoque les privations et l'enfermement (*Homme assis dans un fauteuil les jambes croisées*, 1939 [p. 116] ; *L'Aubade*, 1942 [fig. 7]). La lumière éclaire violemment les plans découpés de *Femme étendue à la main gigantesque,* 1945 (p. 139), qui accentuent la distorsion torturée des jambes, l'amplification excessive du bras et de la main gauches, encadrant une tête dépourvue de visage.

Héritage

L'installation de Picasso et de Françoise Gilot dans le Sud de la France en 1947 inaugure une nouvelle ère, celle de l'âge d'or : faunes et bacchantes se contorsionnent et célèbrent la joie de vivre qui émanent des peintures, céramiques, sculptures et gravures.

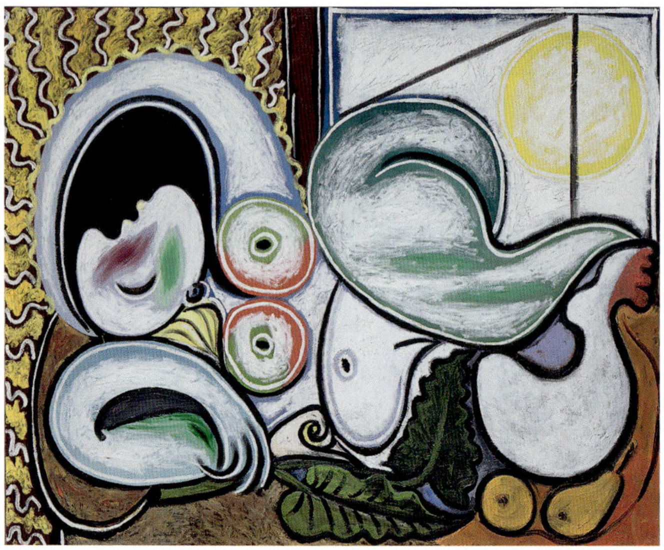

6. **Nu couché**, 4 avril 1932
Huile sur toile, 130 x 162 cm
Musée national Picasso-Paris

5 André Breton, *L'Amour fou*, 1937, in *Œuvres*, Paris, Gallimard, collection Pléiade, tome II, 1992, p. 687.
6 Pablo Picasso, *in* Christian Zervos, « Conversation avec Picasso », *art. cit.*

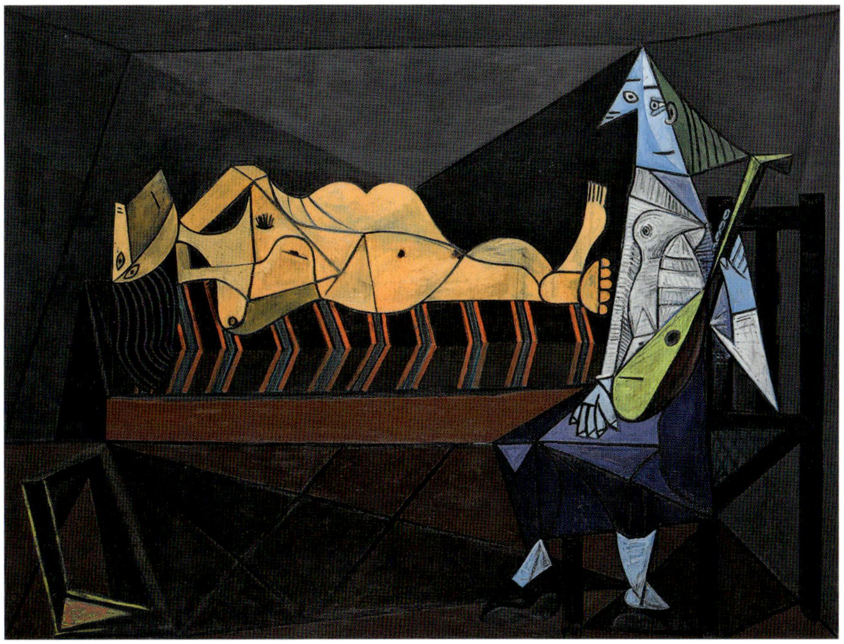

7. **L'Aubade**, 1942
Huile sur toile, 195 x 265 cm
Musée national d'Art moderne
Centre Pompidou, Paris

Le nu est omniprésent, libre, léger, dansant : une renaissance (p. 146). La séparation d'avec Françoise, en novembre 1953, suivie de la disparition de Matisse un an plus tard, marque un nouveau tournant dans l'œuvre picassienne. Sans l'ami et unique rival avec lequel il ait souhaité se mesurer[7], l'Espagnol doit faire front seul. Les années 1954-1961 ouvrent un dialogue ténu avec le peintre français et, à travers lui, les grands maîtres qu'il s'agit de convoquer une dernière fois. Tandis que l'abstraction géométrique trouve un prolongement inédit dans l'art cinétique, l'art minimal et conceptuel, et alors que les nouveaux réalistes s'apprêtent à faire voler en éclats les derniers cadres traditionnels de l'art, Picasso soutient que la peinture et le sujet ne sont pas morts et entend prouver qu'il en est l'ultime représentant.

« Matisse m'a légué ses odalisques[8] », signale Picasso. La série des *Femmes d'Alger*, amorcée dans les carnets de Royan en 1940, d'après le souvenir du tableau d'Eugène Delacroix, 1834 (musée du Louvre, Paris), est aussi ravivée par le début de l'insurrection algérienne et par la ressemblance frappante entre l'Orientale à la rose et la dernière femme entrée dans la vie du peintre, Jacqueline Roque : nouvel amour et nouveau sujet d'étude (pp. 156-157), la « femme-modèle », ainsi que la caractérise Marie-Laure Bernadac[9], suscite un renouvellement de style. Dans la série, Jacqueline est assimilée au personnage allongé, renversé sur le sol, les jambes en l'air. Tantôt simplifié et sinueux, tantôt abrégé et géométrique, le corps est explosion de seins, sexe, fesses, nombril, aisselles qui « disent » le nu, et exalte tout l'érotisme contenu dans le tableau de Delacroix. L'œuvre présentée ici (p. 162) intègre les trois Orientales, rejointes par une servante, dans un fond ornemental. Le carnet de dessins, daté de janvier jusqu'au 22 avril 1956, présentant Jacqueline dans l'attitude du *Grand nu assis*, de Matisse, 1925-1929 (Museum of Modern Art, New York), se lit dans la continuité des *Femmes d'Alger* : la multiplication des points de vue permet de saisir en un regard le corps, vu simultanément de face et de dos, dans un mouvement d'enroulement qui respecte la cohérence anatomique ou, au contraire, en dissout les formes. Sensualité et érotisme joyeux célèbrent la femme libre et amoureuse, incarnée cette même année par Brigitte Bardot dans le film de Roger Vadim, *Et Dieu créa la femme*.

L'hommage à Matisse se poursuit à travers la série des « paysages intérieurs » de La Californie (1956 [pp. 184-185] ; 1958 [pp. 188-189]) et dans le traitement plastique des *Femmes endormies*, 1957 (p. 163) : linéaire et souple, le nu peut aussi être brisé, telle une construction cubiste, ou plan, comme les premières sculptures en tôle pliée, découpée et peinte, créées en 1954 avec la complicité du maître forgeron Joseph-Marius Tiola (*Sylvette*, 1954, collection particulière). Si la posture affilie le *Nu aux bras levés*, 1959 (p. 208) à l'*Olympia*, le traitement du corps l'inscrit davantage dans l'environnement du

7 Consulter à ce sujet : Françoise Gilot, *Matisse et Picasso* (1991), Paris, 10/18, 2006 ; Yve-Alain Bois, *Matisse and Picasso*, Paris, Flammarion, 2001 ; *Matisse Picasso*, Paris, cat. exp., Grand Palais, 2003. **8** Pablo Picasso, *in* Roland Penrose, *Picasso*, Paris, Flammarion, 1982, p. 467. **9** Marie-Laure Bernadac, « Picasso, 1953-1973 : la peinture comme modèle », in *Le Dernier Picasso. 1953-1973*, cat. exp. (M.-L. Bernadac [dir.]), musée national d'Art moderne - Centre Pompidou, Paris, 1988, pp. 18-52 [41].

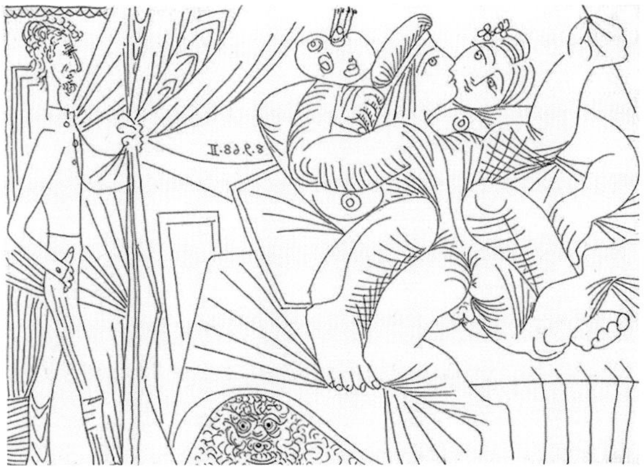

8. **Raphaël et la Fornarina XXII: Michel-Ange sous le lit: Entre Piero Crommelynck**
Gravure sur plaque de cuivre
14,8 x 20,9 cm
imprimée sur papier
Museu Picasso, Barcelone

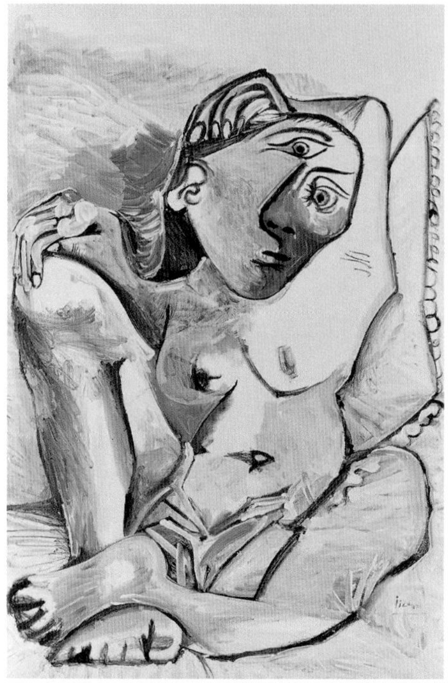

9. **Femme à l'oreiller**
10 juillet 1969
Huile sur toile, 193 x 130 cm
Musée national Picasso-Paris

Déjeuner sur l'herbe, série développée d'après le tableau de Manet (1863, musée d'Orsay, Paris) : l'écriture synthétique et les raccourcis du modèle rappellent la manière abrégée du peintre de la modernité qui insère la baigneuse de l'arrière-plan dans un espace sans transition ni perspective. Picasso confère volume et planéité à son nu, qui occupe magistralement la surface de la toile et qu'équilibre la présence du fauteuil et du vase cubiste à l'arrière-plan. *Femme assise*, 9 novembre et 6 décembre 1962 (p. 215), est une représentation monumentale de Jacqueline prenant la pose qui lui est familière, assise, de profil, les jambes repliées : le travail de découpe du personnage, le visage en particulier, est amplifié par les vibrations de blanc, de gris et de noir, qui sont les couleurs avec lesquelles Picasso revêt les grandes tôles découpées et pliées de l'année 1962. La morphologie est à la fois plastique et linéaire, un condensé de formes organiques et planes que l'artiste explore dans les pages d'un nouveau carnet quelques mois plus tard (pp. 170-171).

Retour à soi

Après ces années de confrontation avec les maîtres, Picasso est prêt à se relancer seul. Face à lui-même, et au thème qui résume tout à la fois sa relation à la peinture et à son modèle favori, le nu. Dans une tension créatrice qui suscite une production tardive d'une extraordinaire fécondité. Âgé de plus de quatre-vingts ans, l'artiste est en pleine possession de ses moyens physiques et artistiques : il grave, dessine et peint à un rythme effréné, sondant les grands thèmes contenus dans la série du « peintre et son modèle », un « genre en soi » selon Michel Leiris [10] : le nu, le couple, le voyeurisme — citant ici et là Manet (*Peintre et son modèle*, 1963 [p. 196]), Degas, Raphaël [fig. 8] ou Rembrandt —, l'œil du peintre qui scrute et mue en regard qui désire. La série annonce le remarquable travail de gravure que Picasso initie à partir de 1964 avec les frères Crommelynck, Aldo et Piero, installés à Mougins [11]. En 1965, les nus abondent : étendu, assis, debout, le modèle peut être chair, trait calligraphique ou signe elliptique, emplissant la toile jusqu'au débordement (pp. 198, 200, 202), tandis que le peintre barbu, substitut du démiurge picassien, est visage, démesurément grand, traduit par quelques idéogrammes (p. 201) ou effacé, en marge de la composition. Entre 1967 et 1969, Picasso entreprend une série de nus colossaux calqués sur le modèle de la femme au harem, le bras levé. Bordé de grands yeux noirs ourlés, caractéristiques du regard mutin de Jacqueline, le visage joyeusement difforme de *Femme à l'oreiller*, 10 juillet 1969 [fig. 9], couronne un corps monumental et excessif. Le nu s'épanouit dans une peinture saturée de blanc et rehaussée de rose. La femme dans sa réalité physique et charnelle, s'offre au regard du peintre et à son désir.

Le *Nu couché à la couronne de fleurs*, 1970 (pp. 230-231), est une magnifique Suzanne allongée qu'un personnage rembranesque — le peintre, très certainement — perce du regard depuis une fenêtre, tel un tableau dans le tableau. La fente du sexe et l'anus s'offrent pudiquement

10 Michel Leiris, *in Au verso des images / Michel Leiris*, Montpellier, Fata Morgana, 1980, p. 50. **11** Se reporter, à propos de cette dernière et féconde période, à l'indispensable catalogue dirigé par M.-L. Bernadac, cité *supra*. Voir par exemple les soixante-dix eaux-fortes de la suite du « peintre et son modèle », 1964, la série des « 347 » gravures, 1968, et celle des « 156 » gravures réalisées entre octobre 1968 et mars 1972.

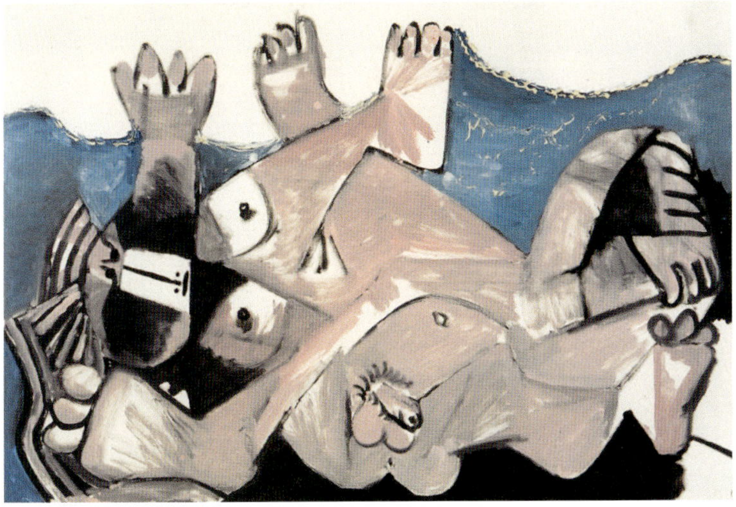

10. **L'Étreinte**, 1er juin 1972
Huile sur toile 130 x 195 cm
Collection particulière

dans un amas de chairs qui occupe toute l'horizontalité du tableau et que la jeune femme tente de recouvrir d'un voile. Après avoir contorsionné le corps pour en montrer les détails d'un seul coup d'œil — poitrine, bras, main et pied gigantesques, visage —, Picasso reporte le *Nu assis* [12], à l'horizontale et lui confère la monumentalité d'un paysage : l'épaule et la ligne du bras dessinent une montagne, les seins sont des collines, le linge bleu, un plan d'eau, et les veinures du fauteuil, des champs fraîchement labourés. Dominée par un visage profilé et rapidement brossé dans la lumière d'un brun doré, la femme est un morceau de nature.

La dextérité du peintre tardif ne loge plus tant dans le dessin, moins précis et fouillé que les gravures, que dans les graduations subtiles de dégradés et de nuances qu'il traite avec vigueur et épaisseur. Les derniers nus, véritable ode à la couleur, sont énergiquement brossés dans une matière faite d'empâtements et de coulures et révèlent la fougue d'un artiste en lutte contre son pire ennemi, le temps. Dans les deux expositions qui ont rendu hommage au Picasso tardif, au festival d'Avignon, en 1970 et 1973 [13], les derniers nus sortis de l'atelier de Mougins s'affichent parmi les portraits et les mousquetaires : impudiques, audacieux, torrides, ouvertement sexués (*La Flûtiste*, 1971 [p. 235] ; *L'Étreinte*, 1er juin 1972, collection particulière [fig. 10]).

John P. Richardson considère *Nu couché et tête (Figures)*, 25 mai 1972 (p. 243), comme le chef-d'œuvre testamentaire de Picasso [14], l'une de ses dernières peintures où, au-dessus d'un nu allongé, sépulcral, règne une image codifiée de Jacqueline indiquée par deux grands yeux noirs, un nez en guidon de vélo, une bouche qui surmonte un vagin. Des signes primaires, immédiats, enfantins, qui décryptent un personnage hybride, volontairement inachevé, aux couleurs crues et aux contrastes aigus. La synthèse est effectuée, libérée du savoir, de toute maîtrise technique, de la conscience artistique. La peinture se voit débarrassée de ses références. Sauvage et extatique, elle ne fait qu'un avec le dessin. « Il faut qu'à la fin, dit Picasso, quand on regarde, le dessin et la couleur ce soit la même chose [15]. »

Célébration

Le nu picassien est excessif, égotique, éminemment érotique. À l'heure où le corps humain s'affiche en toute transparence et tandis que le nu contemporain (celui, par exemple, de Georges Rouault, Jean Dubuffet, Willem De Kooning, Alberto Giacometti, Germaine Richier, André Masson), fuyant l'imaginaire, est moins un objet de fantasme que de réflexion sur l'être humain, Picasso sublime le *corpus eroticus*. Exprimant à travers lui sa passion de la chair et de la peinture. Toute sa vie durant, Picasso a transcendé l'étude du corps par le trait, la couleur, la masse, le volume, la lumière, avec une vitalité remarquable. Démontrant la toute-puissance de la peinture rétinienne, mise à mal par Marcel Duchamp et ses héritiers. Tel le héraut d'une grande tradition, dépoussiérée de ses liens avec le religieux, le mythologique, ou le sacré, Picasso est le représentant d'un « beau » qui n'est ni idéalisé ni réaliste, mais créé par le peintre lui-même, engendré par la peinture.

Jacqueline, dernière muse de l'artiste, devient le syncrétisme de toutes les femmes aimées, observées, et peintes. Sans qu'elle pose pour le peintre, « la tragédie de la peinture est la sienne et toutes les toiles ont son visage. Elle est posée partout. Elle est de toutes les couleurs [16] ». Durant dix-neuf années, elle est gradation puissante de matières et de couleurs, et variation infinie d'inventions formelles. Une manifestation glorieuse de la vie, où Eros défie Thanatos. Jacqueline a le don, confie l'artiste, « de devenir peinture à un degré inimaginable [17] ». Les derniers nus de Picasso disent non seulement la passion pour Jacqueline et la fascination éprouvée pour le corps féminin, mais aussi l'amour que l'artiste porte indéfectiblement à son éternelle maîtresse, la peinture.

12 *Nu assis*, 11 juillet 1971, huile sur toile, 130 x 97 cm, collection particulière. **13** Voir les catalogues *Pablo Picasso, 1969-1970*, Paris, Cahiers d'art, 1970, et *Picasso 1970-1972*, Avignon, palais des Papes, 1973. **14** John P. Richardson, « L'époque Jacqueline », *in Le Dernier Picasso. 1953-1973*, *op. cit.*, pp. 56-73 [72]. **15** H. Parmelin, *Picasso dit...*, *op. cit.*, p. 64. **16** H. Parmelin, *Le Peintre et son modèle*, Paris, Cercle d'art, 1965, p. 122. Citée par Pierre Daix *in* « Jacqueline, la présence, le modèle et la vie », *Picasso intime*, Paris, Pinacothèque, Skira, 2003, p. 35. **17** H. Parmelin, *Picasso dit...*, *op. cit.*, p. 60.

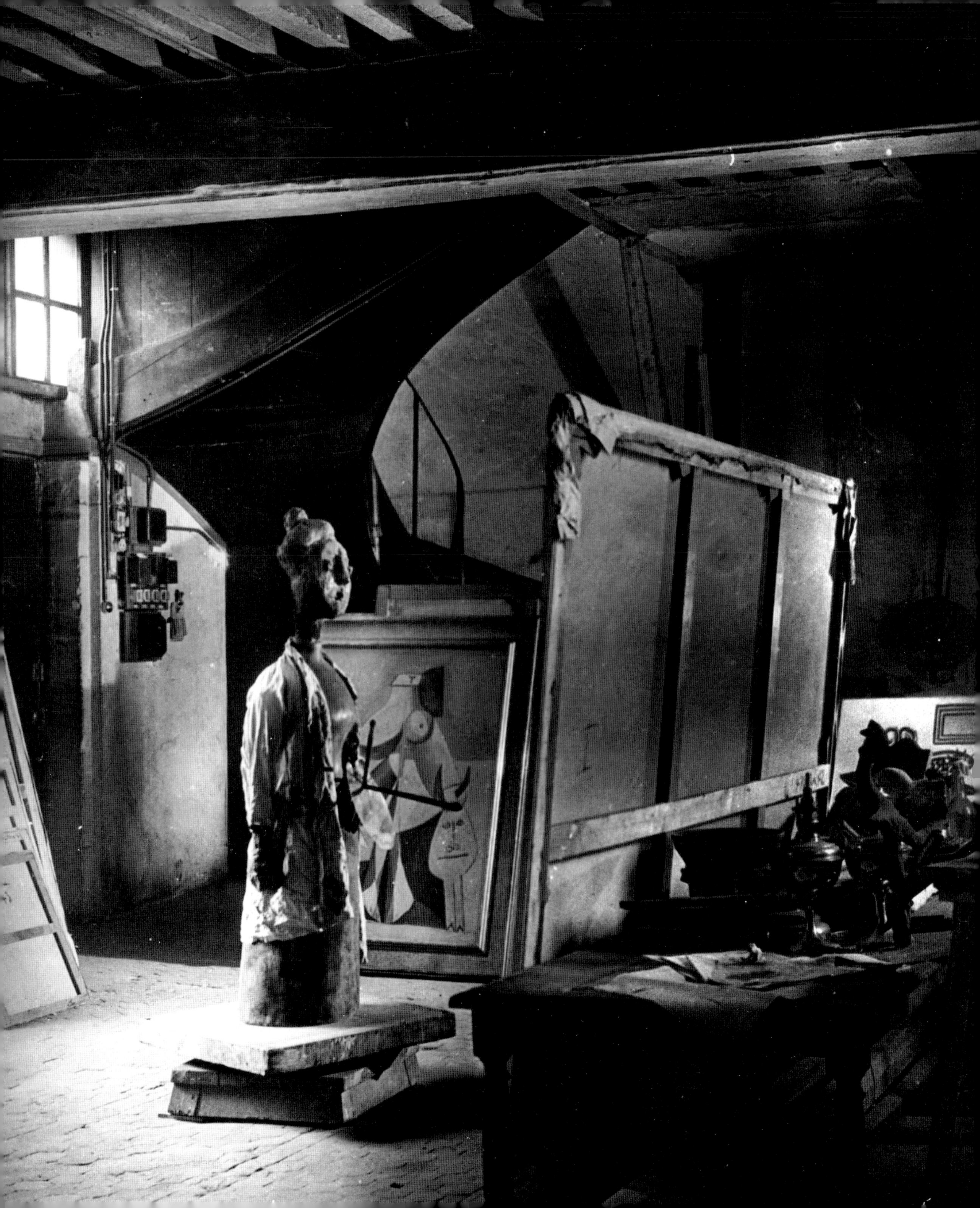

Picasso et les « trompe-l'esprit », ou la sculpture en peinture

« Mes sculptures sont des métaphores plastiques ; c'est le même principe qui vaut pour mes peintures. Je vous ai dit qu'un tableau ne devrait pas être un trompe-l'œil, mais un trompe-l'esprit. »

Pablo Picasso[1]

Sculpture en bronze *La femme en robe longue* apprêtée en « artiste peintre » dans l'atelier des Grands-Augustins, Paris, 1946 Photographie de Brassaï (détail)

Lorsqu'en novembre 1966 s'ouvre à Paris l'exposition « Hommage à Pablo Picasso », la plus large rétrospective muséale de son vivant, les peintures sont exposées au Grand Palais tandis que les dessins, les sculptures et céramiques sont présentés de manière bien séparée, voire relégués de l'autre côté de l'avenue Churchill, dans le non moins faste Petit Palais[2]. Alors que les sculptures de Picasso sont dévoilées pour la première fois au public dans leur globalité (187 pièces) et représentent une réelle découverte pour les amateurs du peintre, leur présentation à l'écart des peintures les classe d'emblée dans une discipline artistique mineure et entrouvre le débat : Picasso, l'artiste peintre le plus reconnu du XXe siècle, serait également sculpteur ! Peintre ou sculpteur ? Il faut choisir. Ce n'est que près de vingt ans après la mort de l'artiste que les historiens d'art John Golding et Elizabeth Cowling aboliront cette question avec l'exposition « Picasso: Sculptor/Painter[3] », organisée à la Tate Modern de Londres, analysant de manière magistrale les connexions entre les deux techniques et l'influence de l'une sur l'autre. Si, dans son introduction au catalogue, John Golding affirmait que Picasso appartenait à une longue tradition de peintres qui ont sculpté et, plus rarement, de sculpteurs qui ont peint[4], les études approfondies de son œuvre sculptée, depuis le catalogue raisonné des sculptures de Werner Spies[5] jusqu'à la récente exposition « Picasso Sculpture[6] » du Museum of Modern Art de New York, en 2015, nous révèlent que toute tentative de classification pourrait s'avérer simplificatrice.

Picasso a appris dès son plus jeune âge les techniques classiques de peinture et de dessin auprès de son père, José Ruiz Blasco, professeur de peinture à La Corogne puis aux Beaux-Arts de Barcelone et à l'Académie royale de San Fernando, à Madrid, mais ses qualités de plasticien, développées de manière totalement autodidacte, sont indéniables. On le sait : Picasso, l'artiste génial, créateur prolifique, ne rentre dans aucune catégorie et se plaît à brouiller les codes. Mais son obsession, depuis toujours, reste la création d'un art nouveau s'affranchissant de tous les canons de l'académisme, un art totalement novateur qui le placerait bien en amont de la cordée de ses contemporains. Pour cela, l'artiste cherchera toute son existence à concevoir une solution plastique, à inventer une synthèse entre peinture et sculpture qui dépasserait les recherches d'effet de perspective sur la toile à deux dimensions ou d'aplanissement des pans de ses sculptures. Le fidèle secrétaire de Picasso et témoin privilégié du quotidien, Jaime Sabartés, a confié que, « tantôt sa sculpture procède de sa peinture, tantôt c'est l'inverse. Il tire aussi bien une sculpture d'une toile qu'une peinture d'un motif sculptural[7] ». À travers l'étude du corpus des peintures de l'artiste, il ressort que les « sculptures » figurées dans ses peintures ponctuent toute son œuvre. Plus que des représentations d'objets en trompe-l'œil,

1 Cité dans Françoise Gilot et Carlton Lake, *Vivre avec Picasso*, Calmann-Lévy, 1965, rééd. 1973, p. 293. **2** « Hommage à Pablo Picasso », Peintures, Grand Palais, dessins, sculptures, céramiques, Petit Palais, Paris, novembre 1966 - février 1967. **3** « Picasso: Sculptor/Painter », Tate Modern, Londres, 16 février - 8 mai 1994. **4** John Golding, « Introduction », in *Picasso: Sculptor/Painter*, Tate Modern, Londres, 1994, p. 17. **5** Werner Spies et Christine Piot, *Picasso sculpteur*, éd. Musée national d'Art moderne - Centre Pompidou, Paris, 2000. **6** « Picasso Sculpture », The Museum of Modern Art, New York, 14 septembre 2015 - 7 février 2016 ; exposition reprise en version réduite au Musée national Picasso-Paris, 8 mars - 28 août 2016. **7** Jaime Sabartés, *Picasso, Portraits et souvenirs*, rééd. L'école des loisirs, Paris 1996, p.24 (éd.originale Louis Carré et Maximilien Vox, Paris, 1946).

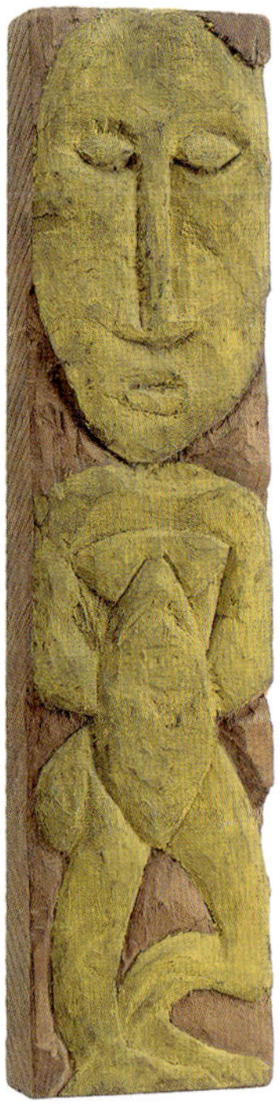

1. **Nu debout**, 1907
Bois fruitier gravé au ciseau et peint, au verso oiseaux gravés et peints à la gouache, 31,8 x 8 x 2,7 cm
Musée national Picasso-Paris

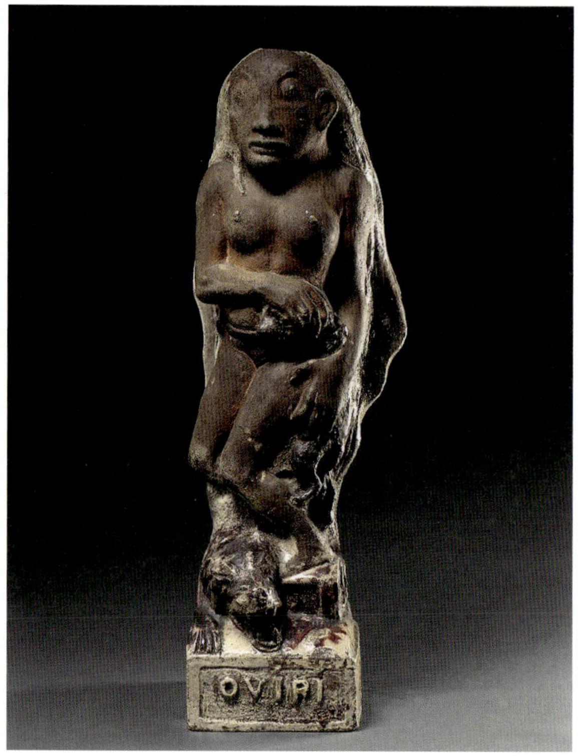

2. Paul Gauguin, **Oviri**, 1894
Grès cuit, 75 x 19 x 27 cm
Musée d'Orsay, Paris

l'artiste s'attache à dépeindre des sculptures, à manier leur volume, mais également leur pesanteur ou leur équilibre, sur la surface plane. Picasso sera d'ailleurs le premier à déclarer que « la sculpture est le meilleur commentaire qu'un peintre puisse adresser à la peinture [8] », mais au-delà d'établir des ponts entre les deux disciplines, ses recherches n'auront d'autre but que celui d'inventer une troisième voie.

Cette obsession de la sculpture dans la peinture est à la fois la cause et la conséquence des revirements stylistiques de l'œuvre de Picasso et de ses plus importantes innovations plastiques : elle est intrinsèquement liée au cubisme mais apparaît déjà dans ses toutes premières créations. Si les historiens s'accordent pour faire remonter son intérêt pour la sculpture à sa rencontre avec le sculpteur céramiste espagnol, et ami proche de Gauguin, Paco Durrio, au Bateau-Lavoir en 1904, la première incursion apparaît dans une série de trois dessins réalisés dès 1901-1902, alors que l'artiste se trouve probablement à Barcelone. Ces trois bustes de femmes à l'encre [9] qui semblent émerger d'un bloc de granite représentent des pichets, la chevelure allant jusqu'à se transformer en une anse dans *Buste de femme pensive* (p. 85). Le spécialiste Kosme de Barañano avance, lui, que Picasso et Durrio se seraient rencontrés à Paris à l'automne 1900 et que le sculpteur l'aurait invité à soumettre des œuvres pour une exposition d'art moderne à Bilbao [10]. Si l'origine de ces dessins reste à éclaircir — projets pour des céramiques non réalisées, exercice d'après modèle, ou œuvres indépendantes —, ils sont le premier témoignage de « sculptures » dans les dessins matures, à la différence des études académiques [11]. Ils vont surtout ouvrir la voie aux premières sculptures de Picasso influencées par Durrio, parmi lesquelles *Femme assise*, de 1902 [12], mais aussi par Gauguin, comme le bois sculpté et incisé de 1906 [13], première expérimentation entre gravure et sculpture. Celle-ci se prolonge en 1907 par le totem : *Nu debout* [fig. 1], figure peinte en relief dans un épais bloc rectangulaire en bois. Est-ce un bois peint ?

8 Renato Guttuso, *Journal inédit*, 1973, publié dans Picasso, *Propos sur l'art*, éd. M.-L. Bernadac et A. Michael, Gallimard, Paris, 1998, p. 129. **9** *Buste de femme pensive* (p. 85), *Buste de femme aux bras croisés*, encre sur papier, 15,9 x 11,1 cm, Museu Picasso, Barcelone, MPB110.451, et *Buste de femme*, encre de Chine, 12,5 x 11 cm, Zervos VI, 306. **10** Kosme de Barañano, *Picasso : El Dialogo con la ceramica*, Valence, Fundacion Bancaja, 1998, p. 39. **11** On dénombre une dizaine d'études d'après des bustes académiques réalisés en 1893-1894 à La Corogne, sous l'égide de son père, professeur au lycée Da Guarda, dont plusieurs sont conservées au musée Picasso de Barcelone. **12** *Femme assise*, 1902, terre crue, 14,5 x 8,5 x 11,5 cm, musée national Picasso-Paris, Spies 1. **13** *Nu aux bras levés*, bois sculpté et incisé, 46,5 x 4,5 x 6,5 cm, musée national Picasso-Paris, MP232.

Une sculpture plane ? L'œuvre, inclassable, répond aux deux femmes nues peintes justement sur un support en bois l'année suivante : *Femme nue de face* et *Femme nue de profil* (p. 71). Entre-temps, l'artiste continue à esquisser sur la toile ou le papier des bustes de femmes avec une large tête traduisant sa fascination pour la divinité tahitienne de Gauguin *Oviri* [fig. 2], dont le nom signifie « sauvage » — voir le dessin *Buste de femme*, 1906-1907 (p. 89).

Ces figures primitives, ou protocubistes, apparaissent en 1906-1907 alors que Picasso se passionne pour les statues africaines et océaniennes découvertes grâce à Matisse et à Derain. L'influence formelle de l'art primitif sur l'œuvre de l'artiste a été largement démontrée par William Rubin dans son exposition « Primitivism in 20th Century Art » en 1985 [14], mais si Picasso développe une telle empathie pour ces sculptures tribales, son engouement lui vient non de leur valeur esthétique certaine, mais de leur pouvoir magique. Comme il l'explique dès 1937 à André Malraux dans *La Tête d'obsidienne*, il était pour la première fois face à un art qui le dépassait car ne s'inscrivant dans aucune catégorie : « Les masques, ils n'étaient pas des sculptures comme les autres. Ils étaient des choses magiques [...]. Les Nègres, ils étaient des intercesseurs [...]. Tous les fétiches étaient des armes. Pour aider les gens à ne plus être les sujets des esprits, à devenir indépendants [15]. »

C'est en cela que l'influence de l'art primitif est aussi importante dans son œuvre. Picasso, de nature superstitieuse, cherchera toute sa carrière à créer un art au-delà de l'art ; un art différent et unique, qui pourrait le protéger. Le marchand de Picasso et critique d'art Daniel-Henry Kahnweiler explique également dans son essai, « L'art nègre et le cubisme » en 1948, que l'intérêt majeur de Braque et Picasso pour les objets africains se rapportait à leur indépendance et à leur autonomie : pour la première fois, ces œuvres ne s'inscrivaient dans aucune tradition. Les emblèmes et les signes des sculptures africaines « aboutissaient dans l'imagination du spectateur à la création de la "réalité" signifiée [16] ». Si les similitudes formelles avec les masques dits primitifs sont toutefois indéniables — c'est le cas du dessin *Visage féminin* de 1907-1908 (p. 90), qui trouve vraisemblablement ses sources dans le masque Dan d'Afrique de l'Ouest [17] —, leur appropriation plastique devait aider Picasso à concevoir sa propre forme d'art et à aboutir à la révolution cubiste, créant une rupture sans précédent dans l'histoire de l'art moderne au XXe siècle, avec *Les Demoiselles d'Avignon* (1907, Museum of Modern Art, New York), considérées dès 1920 par Kahnweiler et le critique André Salmon comme point de départ du cubisme.

C'est véritablement lors de l'invention du cubisme en 1909, à Horta de Sant Joan, que l'artiste prolonge ses expérimentations entre dessin, peinture et sculpture, pour atteindre un niveau inédit, plus particulièrement avec les représentations de la tête de Fernande. Picasso va réaliser une quinzaine de peintures et autant de grands dessins sur ce thème, dans lesquels il transpose en trois dimensions sur le papier ou la toile des découpages en facettes de la tête de sa compagne. Ces œuvres l'amèneront à réaliser à son retour à Paris, à l'automne 1909, la première sculpture cubiste, véritable effigie fantasmagorique, *Tête de femme (Fernande)* [18]. Si les œuvres planes aident dans un premier temps l'artiste à conceptualiser sa sculpture, l'objet en trois dimensions lui permet par la suite de poursuivre ses recherches picturales. Comme l'a montré Jeffrey Weiss [19], certains dessins et peintures de Fernande cubistes ont été réalisés après la modélisation du plâtre, telle la *Femme en vert* [20], retranscription du buste sur la toile. Le rôle de la lumière est primordial dans cet aller-retour entre les médiums puisqu'il permet de délimiter les différents angles de vue, comme cela est explicite sur le dessin préparatoire *Tête de femme*, 1909 (p. 91), où les facettes « cubistes » ressortent par des zones d'ombre hachurées de la même manière que les arêtes en saillie du bronze.

Si le cubisme dans ses retranchements plastiques extrêmes ouvrait la voie de cet art d'intercession, il faut ensuite attendre les années 1930 et la période dite « surréaliste » de Picasso pour revoir une forme de sculpture en peinture qui allait à nouveau marquer un tournant. Certes, la période du « retour à l'ordre » au début des années 1920, avec ses femmes monumentales, trouve son origine dans les sculptures antiques. Mais leur thème, dans la lignée des Gratiae de Botticelli, Raphaël ou Rubens,

14 William Rubin, « Picasso » in *Primitivism in 20th Century Art: Affinity of the Tribal and the Modern*, The Museum of Modern Art, New York, 1984, pp. 240-341. **15** André Malraux, *La Tête d'obsidienne*, Paris, NRF/Gallimard, 1974, p. 18. **16** Daniel-Henry Kahnweiler, « L'art nègre et le cubisme », in *Présence africaine*, n° 3, 1948, p. 370. **17** Il existe un masque Dan entré dans les collections du musée de l'Homme seulement en 1952, mais Henri Matisse a peut-être montré à Picasso un masque similaire vers 1906-1907. **18** *Tête de femme (Fernande)*, 1909, Spies 24. **19** Jeffrey Weiss, « Fleeting and Fixed: Picasso's Fernande », *in The Cubist Portraits of Fernande Olivier*, The National Gallery of Art, Washington, Princeton University Press, Princeton et Oxford, 2003, pp. 6-12. **20** *Femme en vert*, automne 1909, huile sur toile, 99 x 80 cm, Stedelijk Van Abbemuseum, Eindhoven.

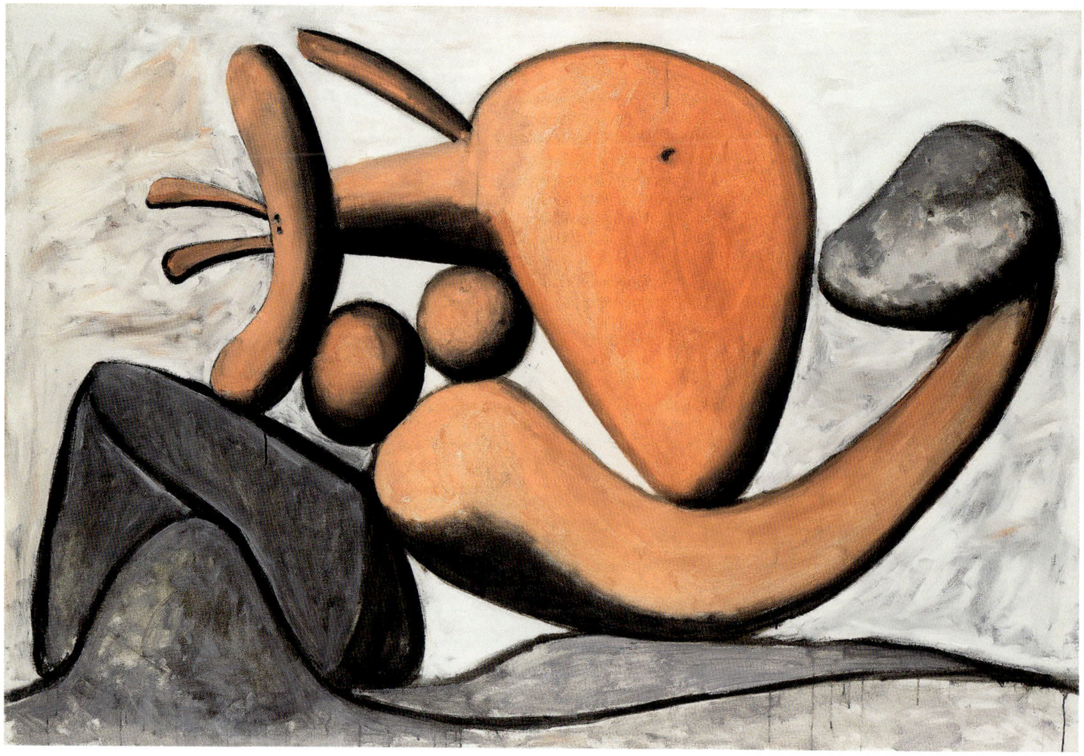

4. **Femme lançant une pierre**, 8 mars 1931
Huile sur toile, 130,5 x 195,5 cm
Musée national Picasso-Paris

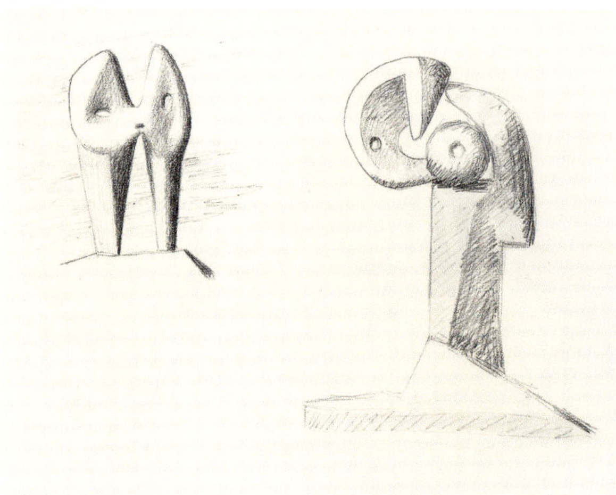

3. Deux études pour **Figure**
pour des projets de monument page de carnet, 11 juin 1929
Crayon graphite sur feuille d'un carnet de dessins
23,5 x 30,5 cm
Musée national Picasso-Paris

reste trop classique pour que l'artiste atteigne cette identité nouvelle tant recherchée. C'est au contact du mouvement surréaliste, à la fin des années 1920, que Picasso va créer une nouvelle rupture plastique avec l'émergence des figures quasi abstraites. Comme le résume Pierre Daix, Picasso puise dans les idées surréalistes « la liberté apportée à la peinture d'exprimer ses propres pulsions et sa capacité de transmutation du réel [21] ». Entre 1929 et 1931, l'artiste peint une série de bustes de femmes surréalistes dont la tête, déformée, parfois géométrique, monstrueuse, tel ce *Visage* de 1929 (p. 108), ou onirique, comme dans *Le Baiser* (p. 101), semble posée sur un buste faisant office de socle. Une étude du *Baiser* retrouvée dans les carnets de dessins de l'artiste montre les deux figures s'embrassant comme plantées sur une colline [fig. 3]. Ces personnages surréalistes sont en effet la transposition d'une idée de sculpture monumentale qui aurait fait office d'immeuble d'habitation. Picasso rêvait d'ériger de telles sculptures vivantes, qui auraient eu une fonction utilitaire, au bord de la Méditerranée et plus particulièrement sur la Croisette de Cannes [22]. Cela est particulièrement lisible dans la peinture *Monument (tête de femme)*, du 11 février 1929 [23], sorte de maquette avec des petits personnages marchant de part et d'autre de la

21 Pierre Daix, *Picasso créateur*, Paris, Seuil, 1987, p. 222. **22** Pour une étude approfondie, voir Vérane Tasseau, « *Picasso* ou l'utopie des sculptures-architectures », *in* C. Godefroy, V. Tasseau (dir.), *Picasso dans l'atelier / Picasso in the Studio*, Paris, *Cahiers d'art*, 39ᵉ année, 2015, pp. 238-245. **23** *Monument (tête de femme)*, 11 février 1929, huile sur toile, 65 x 54 cm, collection particulière, Z. VII, 290.

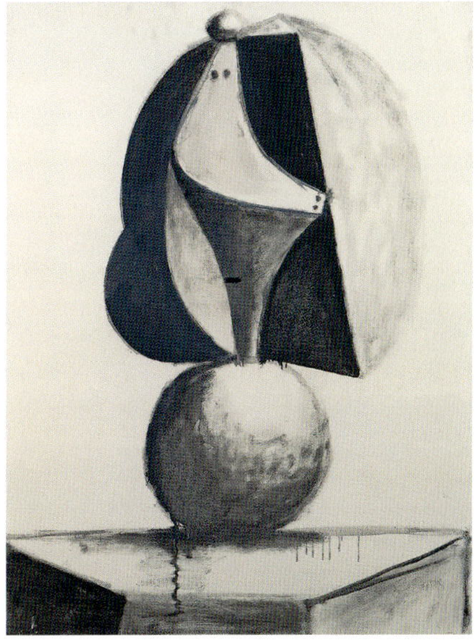

6. **Figure**, 29 avril 1945
Huile sur toile, 116 x 89 cm
Collection particulière

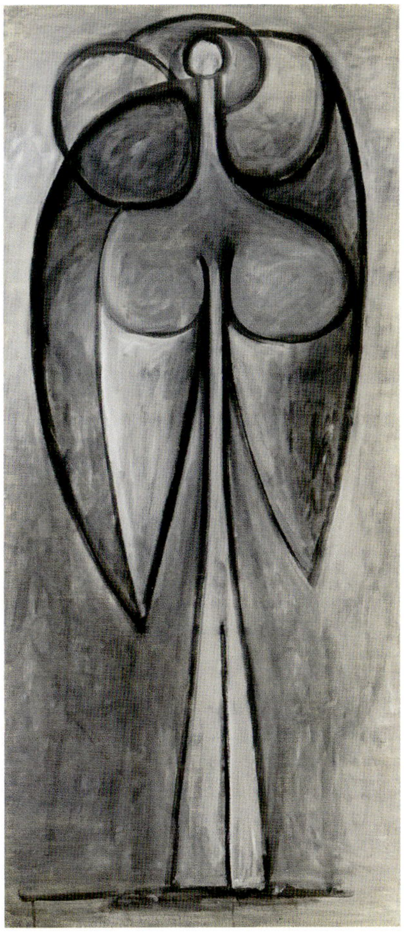

5. **Femme en gris**
11 juin 1946
Huile sur toile, 174 x 66 cm
Collection particulière

forme mi-tête, mi-bâtiment. La même composition, plus stylisée, se retrouve dans la *Tête sur fond bleu*, du 17 juin 1929 (p. 109). Le grand rectangle blanc qui constitue la partie centrale du visage semble être l'immeuble posé en équilibre, et la rangée de dents formant la bouche, sa porte d'entrée. Comme le relate Kahnweiler en 1948[24], ces sculptures anatomiques monumentales ne verront jamais le jour, Picasso lui déclarant alors qu'il allait les peindre puisque personne ne voulait le commissionner. La peinture comme substitut à la sculpture est bien plus qu'une solution de repli face à une sculpture contrariée, elle devient le théâtre d'expérimentation et le sujet de prédilection de cette période. Entre 1928 et 1932, Picasso va réaliser plus de cinquante toiles liées au projet de sculptures monumentales avorté. Le *Buste* du 20 janvier 1931 (p. 110), ultime version du *Baiser*, est l'œuvre la plus «sculpturale» de cette période : le personnage est dépeint dans un camaïeu de gris tel un menhir posé sur une surface plate. Mais le 8 mars 1931, Picasso se détache des versions architecturales et peint une véritable allégorie de la sculpture avec *Femme lançant une pierre*[25] [fig. 4], matériau brut du sculpteur, dans laquelle le corps démembré de la femme, assise sur des rochers, est dépeint à la manière de la technique de la ronde-bosse. La peinture s'affranchit de la sculpture ou tout au moins se l'approprie. Elle répond également parfaitement aux grandes sculptures en plâtre réalisées alors secrètement loin de Paris dans l'atelier de Boisgeloup[26]. Ces grandes figures biomorphiques issues de l'inconscient de l'artiste, propres aux associations d'idées ou de formes du surréalisme, se rapprochent des idoles tant convoitées.

Aux côtés de la photographe surréaliste Dora Maar, sa nouvelle compagne à partir de 1935, Picasso continue les distorsions des figures féminines héritées des principes cubistes — voir par exemple *Visage à deux profils*, 1941 (p. 129) —, mais il faut attendre la fin de la guerre pour voir réapparaître sur la toile des portraits plus sculpturaux de femmes-sphinx. L'entrée en scène de Françoise Gilot, elle-même peintre, dans la vie de l'artiste offre à celui-ci un nouveau défi. Dans les portraits de Françoise, souvent dépeinte telle une femme-fleur, comme *Femme en gris* [fig. 5], ou encore *Femme à la robe rouge*, toutes deux de 1946 (p. 141), le peintre joue avec les formes qu'il juxtapose à la manière de blocs de pierre, mais il va également les transposer dans ses natures mortes. Ainsi la *Nature morte à la grappe de raisins* de 1946 (p. 140), tel un cube sur une table qui reprend les formes de la *Femme à la robe rouge* ou de la *Composition* de 1947 (p. 145), avec un vase et une cafetière se transformant en une figure surréaliste, véritable écho à cette *Figure* peinte le 29 avril 1945 [fig. 6]. Le sujet de la peinture importe peu, il n'est

24 Daniel-Henry Kahnweiler, *Les Sculptures de Picasso*, Paris, éd. du Chêne, 1948. **25** *Femme lançant une pierre*, 1931, huile sur toile, 130,5 x 195,5 cm, musée national Picasso-Paris. **26** Pour une étude approfondie des sculptures réalisées à Boisgeloup, voir Cécile Godefroy, « Dans l'atelier de Boisgeloup : genèse de deux plâtres de Picasso », *in* C. Godefroy, V. Tasseau (dir.), *Picasso dans l'atelier / Picasso in the Studio*, *op. cit.*, pp. 40-51.

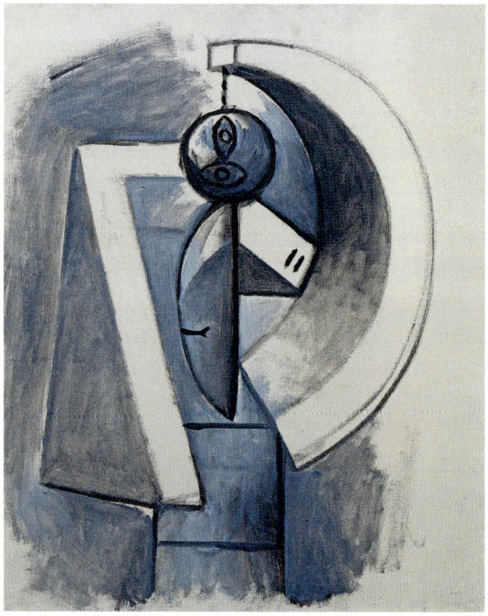

7. **Visage**, 16 avril 1947
Huile sur toile, 73 x 60 cm
Collection particulière

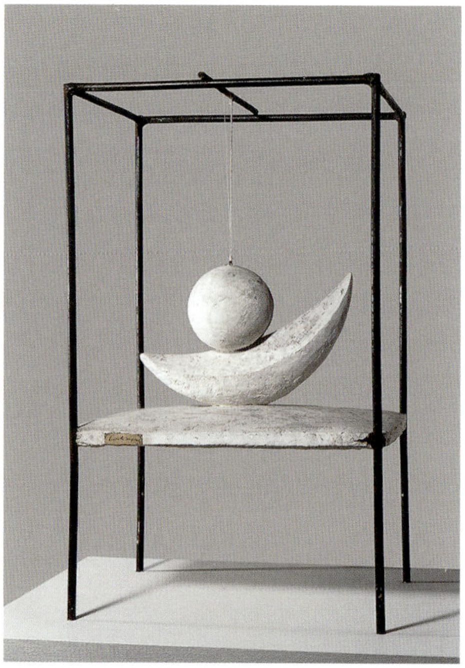

8. Alberto Giacometti
Boule suspendue, 1930-1931
Plâtre et métal
60,6 x 35,6 x 36,1 cm
Alberto Giacometti Stiftung
Kunsthaus Zurich

que prétexte aux expérimentations plastiques sur la réinterprétation de l'objet et de la figure. Christian Zervos reproduira la *Femme à la robe rouge* dès 1949, en illustration de son article sur les œuvres récentes de Picasso exposées à la Maison de la pensée française, dans lesquelles il voit « la prime fraîcheur qui est dans la redécouverte opiniâtre de l'univers, dans la fusion des choses telles qu'elles s'ouvrent sur le mystère avec l'esprit, cette prime fraîcheur qui renoue avec le mystère des primitifs [27] ».

L'influence du surréalisme, et plus particulièrement des sculptures d'Alberto Giacometti [28], rencontré à la fin des années 1920, se fait ressentir dans les recherches de Picasso jusqu'au début des années 1950. Comment ne pas associer la peinture *Visage*, réalisée en avril 1947 [fig. 7], avec la *Boule suspendue*, de Giacometti [fig. 8], œuvre emblématique du mouvement surréaliste que Picasso avait découverte, dès sa création en 1930, dans l'exposition « Miró, Arp, Giacometti », chez Pierre Loeb [29]. Cette *Boule suspendue*, immédiatement remarquée par André Breton, est à l'origine des déclarations de Salvador Dalí sur « l'objet irrationnel à fonctionnement symbolique » reposant sur « le principe de rapprochement d'objets hétéroclites qui, par leur association, abandonnent à leur statut primaire et gagnent un pouvoir nouveau d'étonnement, de fascination [30] ». Or, cette définition fait écho à la découverte de l'art tribal par Picasso. En 1947, Giacometti et Picasso avaient développé une certaine amitié : tous deux restés à Paris entre l'été 1940 et la fin de 1941 se rencontraient de manière suivie et, au retour du Suisse à Paris à l'automne 1945, l'on peut supposer qu'ils se revoient [31]. Giacometti a décliné l'invitation de participer à l'exposition du surréalisme de 1947, organisée par André Breton à la Galerie Maeght, et Picasso, lui, n'a pas été convié mais a très probablement vu la deuxième version de la *Boule suspendue*, retravaillée par Giacometti cette même année [32]. Si la tension sexuelle de la sphère tout en suspension chez Giacometti est indéniable, le *Visage* de Picasso regarde le spectateur et joue avec la pesanteur. Il semble parfaitement aérien entre ces deux blocs de pierre, mais cependant totalement immobile à la surface de la toile. L'Espagnol puise dans la sculpture de Giacometti pour aspirer à ce pouvoir de fascination de l'œuvre tout en développant son propre langage en peinture.

27 Christian Zervos, « Œuvres récentes de Picasso, exposées à la Maison de la pensée française », Paris, *Cahiers d'art*, 24e année, 1949, n° 2, p. 238. **28** Voir catalogue de la récente exposition « *Picasso-Giacometti* », musée Picasso, Paris, 4 octobre 2016-5 février 2017, sous la direction de Catherine Grenier et Virginie Perdrisot, Serena Bucalo-Mussely, éd. Flammarion / musée national Picasso-Paris. **29** Picasso a dessiné la *Boule suspendue* dans un carnet de dessins, le 29 janvier 1932, conservé au musée national Picasso-Paris, dation Jacqueline Picasso, 1990 (MP1990-110, 11r), voir cat. expo. « Picasso-Giacometti », p. 130. **30** Salvador Dali, « Les objets surréalistes », *Le Surréalisme au service de la ré*volution, 1931, n° 3, p. 16. **31** Picasso et Giacometti resteront proches jusqu'en 1951, date de leur brouille.
32 Véronique Wiesinger parle de quatre versions différentes de la *Boule suspendue*. Brassaï a photographié une version en plâtre dans l'atelier de Giacometti en novembre 1947, succession Brassaï, RMN n° 528.

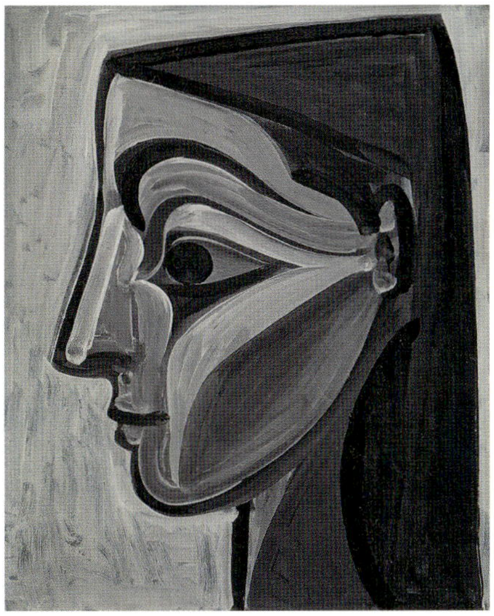

9. **Portrait de Jacqueline**, 18 avril 1956
Huile sur toile, 46 x 38 cm
Collection particulière

10. **Grande tête de taureau**, mai 1958
Bois découpé et peint
rehaussé de traits noirs
et aplats de peinture blanche
126,5 x 97 cm
Collection particulière

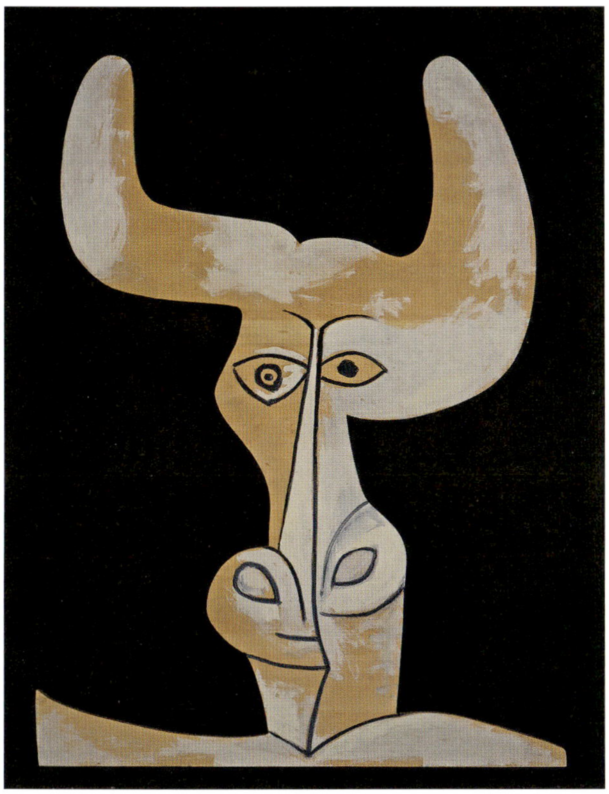

Il faudra à nouveau attendre une dizaine d'années et l'installation de Picasso dans le Sud de la France avec Jacqueline pour retrouver une telle émulation entre les médiums, et cette fois entre ses propres peintures et sculptures. Dans l'atelier de La Californie, Picasso crée des passerelles entre les techniques en utilisant l'éclairage. Depuis le tournage du film *Le Mystère Picasso*, d'Henri-Georges Clouzot, en 1955, l'artiste avait conservé une large gamme de spots qu'il utilisait pour projeter les ombres de ses sculptures sur les toiles vierges. Entre 1956 et 1957, peinture et sculpture se répondent et parfois s'entrechoquent, ainsi avec le *Portrait de Jacqueline* du 18 avril 1956 [fig. 9], tout en angles et qui rappelle l'ombre des profils des premières tôles découpées. Picasso avait déjà réalisé deux portraits similaires, mais plus classiques, en janvier de la même année[33] ; celui-là, le plus « sculptural », intrigue par sa tête plate et ses joues ou paupières tout en modelé qui jaillissent de la toile.

Alors que Picasso continue de donner du volume à ses peintures, il va développer à partir de 1957 les « sculptures plates » : série de tôles découpées, assemblées et peintes pour en faire des peintures à plusieurs facettes — au total plus d'une soixantaine —, inspirées par le profil égyptien de Jacqueline. Dans une série plus singulière, il travaille la même technique, mais avec le bois, scié et peint. Entre avril et mai 1958, l'artiste va réaliser quatre peintures à la fois « tête de minotaure » et « de taureau » trouvant leurs pendants dans deux bois découpés et peints. Cette série est liée au projet de sculpture en bois, quasi plane, *Taureau* (Museum of Modern Art, New York), réalisée avec des planches de contreplaqué juxtaposées et dont la tête est dessinée par un châssis. Le 28 avril, il peint une large tête de taureau, intitulée *Minotaure* (p. 179), forme qu'il reprend pour l'inclure dans un plan plus *étendu*, dans une huile sur bois découpé le lendemain — *Tête cornue* (1958, collection particulière) —, avant de créer, en mai, une deuxième maquette à l'identique de la peinture : *Grande tête de taureau* [fig. 10]. Cette grande tête de taureau-minotaure sera choisie en 1966 par Picasso et Carl Nesjar pour un agrandissement en béton gravé[34]. Lors de ce processus, Nesjar dira que les silhouettes découpées en bois qui lui servaient de maquettes avaient été réalisées pour des expositions, pouvant être placées plus facilement dans l'espace que les sculptures en trois dimensions. La série se termine le 27 mai 1958 avec la peinture *Minotaure au verre* (p. 181), portrait de l'artiste triomphant, comme si Picasso avait finalement atteint cet art d'intercession entre peinture et sculpture, surface plane et objet en relief, recherché depuis les premières expérimentations cubistes, qui pourrait l'entourer en tous lieux.

33 *Tête de femme de profil I*, 1956, huile sur toile, 41 x 33 cm, et *Tête de femme de profil II*, 1956, huile sur toile, 27 x 22 cm, collection particulière.
34 *Figure découpée*, 1966, sculpture en béton gravé réalisée avec Carl Nesjar, 3,50 m de haut, Students' City, Kungshamra, Suède.

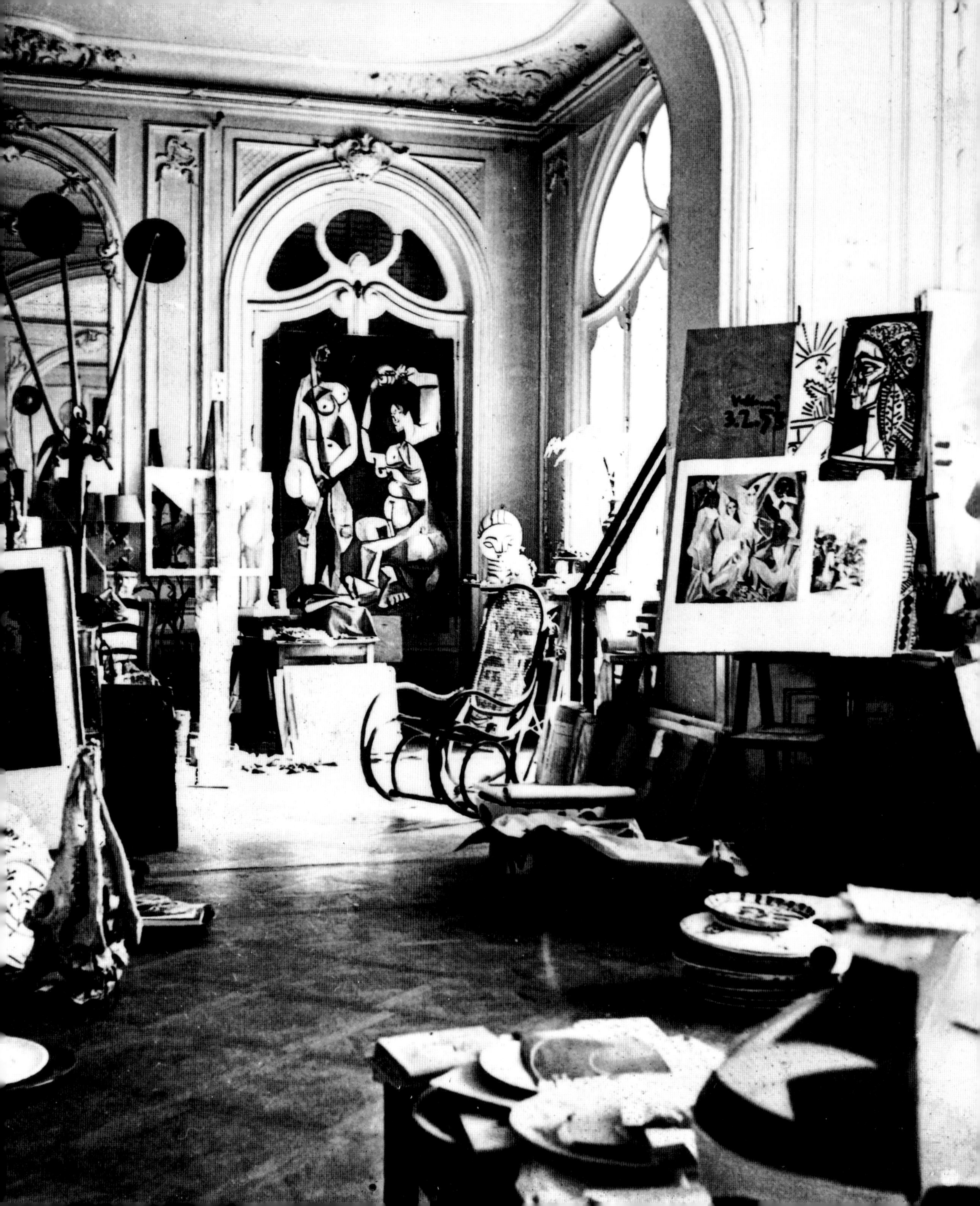
3.2.53

L'Atelier du 29 avril 1956 de Picasso dans son contexte

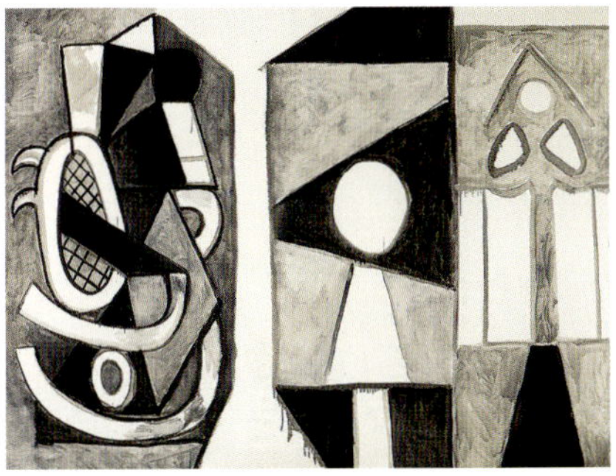

2. **L'Atelier**, 29 avril 1956
Huile sur toile
183 x 259 cm
(pp. 184-185)

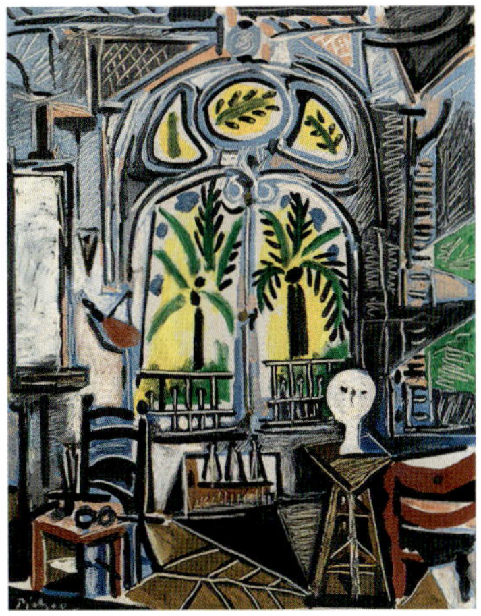

3. **L'Atelier**, 30-31 octobre 1955
Huile sur toile, 81 x 65 cm
Tate Collection, Londres

1. Atelier de Picasso à La Californie, Cannes, vers 1956
Photographie d'André Villers (détail)

En février 1955, Picasso achève une série de peintures inspirées du chef-d'œuvre de Delacroix *Femmes d'Alger dans leur appartement*. Peu après, il quitte Paris avec Jacqueline Roque, en quête d'une maison près de Vallauris où ils puissent vivre, et lui, travailler. La Californie, une grande villa sur les hauteurs de Cannes, est alors en vente, et le couple s'y installe en mai. Le style quasi-Belle Époque de la demeure, construite par Henri Piquart pour Alphonse Le Général de Salignac-Fénelon en 1920, est jugé « hideux » par plusieurs amis proches : elle rappelle à Jean Cocteau « un hôtel où de vieilles dames prennent le thé[1] » et à Roland Penrose « une banque Crédit Lyonnais[2] » ; aux yeux de Brassaï, elle illustre l'« horreur de Picasso pour tout ce qui est de "bon goût"[3] ». L'artiste lui-même subit les affres du doute. Toujours sous l'emprise des intérieurs marocains de Delacroix, il est attiré par l'aura mauresque de la villa et est enchanté d'avoir autant d'espace à sa disposition[4]. Mais il est aussi gêné par son opulence et craint d'avoir fait une folie[5].

L'élégance démodée de La Californie sera bien vite enfouie sous le désordre anarchique des biens innombrables de Picasso [fig. 1]. Antonina Vallentin compare l'effet produit « aux débris d'un naufrage qu'une marée aurait portés jusque chez lui, et abandonnés en se retirant, sur une grève embourbée[6] ». Bien que Picasso fût enclin à dire que la villa était « horrible » à chaque fois qu'il était mécontent de son travail, en réalité, il était amoureux d'elle[7]. La série de salons hauts de plafond en rez-de-chaussée, reliés entre eux et qui servaient autant d'ateliers que de pièces à vivre, présentait de grandes fenêtres cintrées et portes vitrées donnant sur un jardin luxuriant. Picasso développa une fascination pour la perméabilité entre intérieur et extérieur qui caractérisait son nouveau domaine et pour ses motifs d'ombre et de lumière toujours changeants. Dès qu'il se remit de l'épreuve épuisante du tournage du *Mystère Picasso* à Nice avec Henri-Georges Clouzot, il fut en mesure de canaliser cette obsession. Les premières toiles représentant son atelier furent peintes vers la fin du mois d'octobre 1955. Dans chacune d'entre elles, une grande double-fenêtre, dont le châssis cintré encadre les palmiers, occupe le devant de la scène, son rôle vedette étant souligné par un format vertical [fig. 3]. Ces « paysages intérieurs », ainsi que Picasso les appelait, étaient peints sur place les après-midi[8].

1 Entrée du journal de Jean Cocteau datée du 12 avril 1955, *Le Passé défini : 1955*, Gallimard, 2006, p. 86. **2** Entrée du carnet de notes de Penrose datée du 5 juillet 1955, *in* Elizabeth Cowling, *Visiting Picasso: The Notebooks and Letters of Roland Penrose*, Londres, Thames & Hudson, 2006, p. 120, notre traduction. **3** Brassaï, *Conversations avec Picasso*, Paris, Gallimard, 1964, p. 325. Brassaï s'est rendu à La Californie le 18 mai 1960. **4** Parmi les initiés ayant remarqué le caractère mauresque de la villa, on trouve : Pierre Daix (*Picasso créateur : la vie intime et l'œuvre*, Paris, Éd. du Seuil, 1987, pp. 338-339), Hélène Parmelin (*Picasso sur la place*, Paris, Les Belles Lettres, 2013 [1re éd. 1959], p. 178) et Antonina Vallentin (*Pablo Picasso*, Paris, Albin Michel, 1957, p. 435). **5** Jaime Sabartés a dit à Penrose que Picasso « demand[ait] à tout le monde si ce n'[était] pas une folie » (entrée du carnet de Penrose datée du 15 juillet 1955, *in* Elizabeth Cowling, *Visiting Picasso*, *op. cit.*, p. 130). **6** Antonina Vallentin, *Pablo Picasso*, *op. cit.*, p. 427. **7** Hélène Parmelin, *Picasso sur la place*, *op. cit.*, p. 218. **8** *Ibid.* pp. 189, 193.

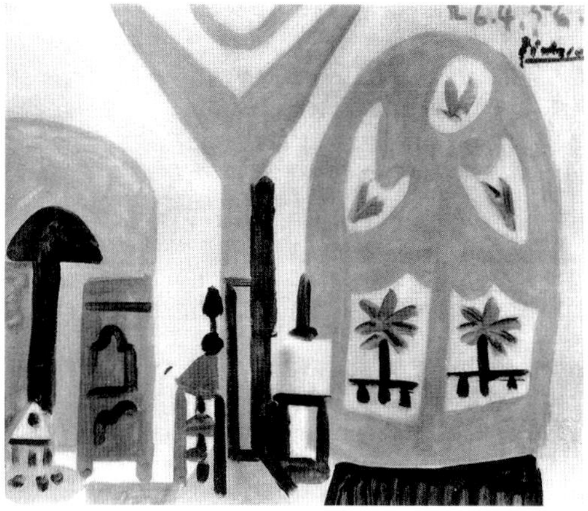

4. **L'Atelier**, 26 avril 1956
Huile sur toile, 46 x 55 cm
Collection particulière

Une deuxième série, de format horizontal, suivit au printemps 1956. La grisaille très impressionnante et émouvante sur laquelle porte cet article en fait partie [fig. 2, pp. 184-185]. D'après une inscription de Picasso à l'arrière du tableau, celui-ci fut peint le 29 avril 1956. Le peintre travaillait rarement sur d'aussi grandes dimensions dans les années 1950. Lorsqu'il le faisait, la volonté d'une prise de position forte le justifiait[9]. Ce fut assurément le cas ici. Le tableau attira l'attention de Penrose au cours d'une de ses visites régulières à Picasso, quelques jours plus tard. « Il y avait une grande toile entamée récemment, remarquait-il, une composition abstraite en monochromie[10]. »

Nous ne pouvons être certains que ce que nous voyons à présent est identique à ce que Penrose vit à l'époque, mais la toile actuelle suggère une spontanéité et une rapidité d'exécution extrêmes : les grands coups de pinceau de Picasso ont l'air aussi vifs que s'il venait tout juste de s'arrêter de peindre[11]. À ma connaissance, il n'y eut pas de croquis préparatoires, et le tableau ne porte la trace d'aucune esquisse au fusain[12]. Picasso a utilisé la vaste toile comme une feuille de papier, s'en remettant à la couche d'apprêt d'origine pour les zones blanches de la composition. Pour les demi-teintes, il dilua tant la peinture que les zones en question sont aussi translucides que des voiles; même les aires noires ne sont pas opaques. En de nombreux endroits, la peinture a coulé et dégoutté, tachant la base blanche. À l'exception de quelques endroits où de rapides corrections ont été apportées à la figure dans le plan complexe situé à gauche du tableau, rien ne laisse penser que Picasso ait douté : il était manifestement possédé par une idée parfaitement mûrie, complètement désinhibé. Le résultat est saisissant dans son économie de moyens et sa force brute. Quel que soit son statut à l'époque — terminé ou, comme Penrose l'a supposé, en cours —, la toile ne fut jamais exposée ni vendue du vivant de Picasso. Néanmoins, elle fut reproduite en 1961 dans le catalogue de David Douglas Duncan, qui recensait les tableaux peints à La Californie[13], puis en 1966 dans le catalogue raisonné de Christian Zervos, à sa place chronologique, sous le titre *L'Atelier*[14]. Ainsi, lorsqu'elle fit par la suite ses premières apparitions publiques dans les années 1980, elle n'était pas totalement inconnue[15].

Dans le catalogue de Zervos, *L'Atelier* apparaît juste après trois petits tableaux représentant l'atelier de Picasso dans un style faussement naïf[16]. C'est peut-être dans l'intention d'aider l'observateur à déchiffrer son imagerie indéniablement cryptique que Zervos la reproduisit sous l'un d'entre eux [fig. 4] et juste avant deux tableaux aux formes simplifiées, mais identifiables, représentant une femme assise dans un rocking-chair dans l'atelier de l'artiste [fig. 5][17]. Placée au cœur de cette séquence, la langue des signes que Picasso utilise dans *L'Atelier* devient intelligible.

Dans la partie gauche de la composition en trois volets, on reconnaît le cannage et le bois courbé d'un rocking-chair de style Thonet similaire à celui que possédait Picasso, mais ici transformé en une sorte de caractère chinois géant. Y est installée une pile de formes géométriques évoquant la sculpture cubiste de Lipchitz. Elle représente la femme assise portant un foulard noir qui figure dans de nombreuses scènes d'atelier peintes en 1956, ainsi que seule dans des quasi-portraits en pied [fig. 6]. La source d'inspiration de cette figure féminine était bien sûr Jacqueline, dont le goût pour le rocking-chair était tel qu'il devint réellement son attribut : dans certains de ses premiers portraits par Picasso — les plus tendres —, elle en avait déjà pris possession (pp. 152-153).

9 Picasso utilisa le même format, 195 x 260 cm, pour *Deux femmes sur la plage* en février 1956 (Musée national d'art moderne - Centre Pompidou, Paris) et pour sa première variation inspirée des *Ménines*, de Velázquez, en août 1957 (Museu Picasso, Barcelona]). **10** *in* Elizabeth Cowling, *Visiting Picasso: The Notebooks and Letters of Roland Penrose*, *op. cit.*, p. 162, notre traduction. Cette visite eut lieu le 3 mai 1956. **11** Je n'ai pas connaissance de photographies où l'on verrait *L'Atelier* antérieures à celles qui furent prises par David Douglas Duncan à La Californie durant l'été 1957. Au sujet des photos dans lesquelles on l'entrevoit derrière d'autres tableaux, voir Duncan, *The Private World of Pablo Picasso*, New York, The Ridge Press, 1958, p. 126. **12** Il existe peut-être des dessins non catalogués dont j'ignore l'existence. **13** David Douglas Duncan, *Picasso's Picassos: The Treasures of La Californie*, Londres, Macmillan & Co., 1961, p. 247. **14** Christian Zervos, *Pablo Picasso*, Paris, *Cahiers d'Art*, v 1966, p. 45, n° 101. **15** Elle fut exposée pour la première fois sous le titre *Rocking-chair à La Californie* dans *Picasso : 51 peintures 1904-1972*, Paris, Galerie Louise Leiris, 17 mai- 9 juin 1984, n° 33. **16** Tous trois sont datés « 26.4.56 » et ont les mêmes dimensions, 46 x 55 cm. **17** Z. XVII. 102-103. Tous deux sont datés « 30.4.56 ». *La Californie*, 1956 (p. 186) emploie la même iconographie.

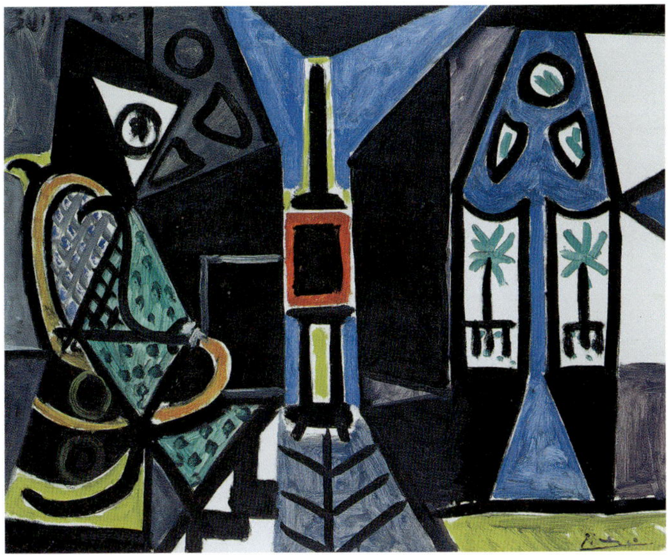

5. **Femme dans l'atelier**, 30 avril 1956
Huile sur toile, 81 x 100 cm
Museum Sammlung Rosengart, Lucerne

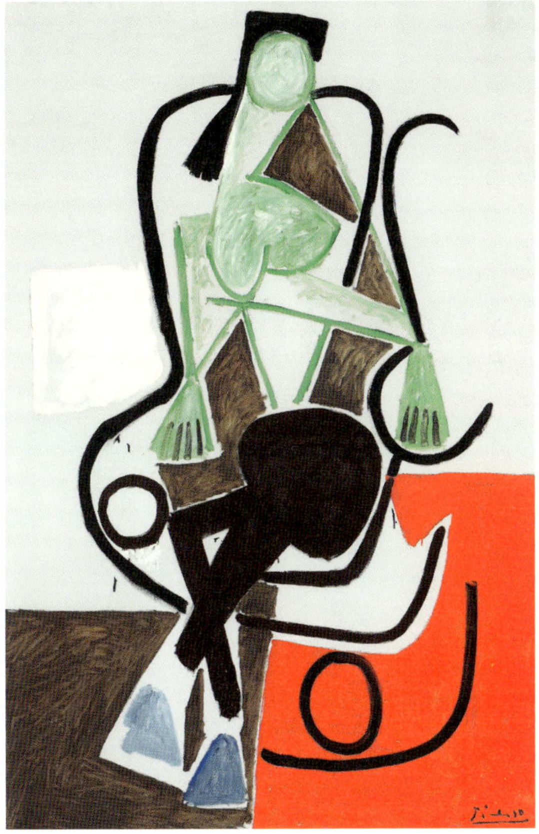

6. **Femme dans un rocking-chair II**, 25 mars 1956
Huile sur toile, 195 x 130 cm
Collection particulière

Le foulard noir était celui qu'elle portait aux corridas [18]. Quand ils étaient seuls, Jacqueline s'asseyait près de Picasso tandis que celui-ci travaillait : « un modèle de dévotion [19] ». Dans *L'Atelier*, la figure installée dans le fauteuil est si abstraite, si déshumanisée, qu'il semble ne subsister en elle aucune trace de la femme réelle. Pourtant, loin de paraître inanimées, les composantes organiques et géométriques qui se mêlent de façon tortueuse suggèrent un état de rupture et de lutte. Des notes privées de Penrose recèlent peut-être la clé de ces connotations inquiétantes. Bien que Jacqueline fût, selon lui, la compagne idéale pour Picasso, son état de santé était pour le moins troublant : « Elle souffre de troubles cardiaques nerveux très violents, douloureux et effrayants [20]. »

L'élément blanc — ou l'espace vide — séparant la femme/rocking-chair de la deuxième section de la composition représente de façon très simplifiée les jointures en forme d'Y omniprésentes dans la villa — de faux pilastres flanqués d'écoinçons —, qui reliaient les différents éléments cintrés (portes, fenêtres, miroirs encastrés, lambris). Soulignées par des moulures décoratives, fortement prononcées à la jonction de murs adjacents, elles devinrent un leitmotiv des « paysages intérieurs ». Dans l'un des plus volontairement naïfs d'entre tous (p. 187), elles prennent la forme ultra-simplifiée d'un simple Y jaune. Dans *L'Atelier*, la césure blanche nous informe que la femme occupe un espace différent des deux autres parties de la composition — un espace physiquement plus proche du spectateur. Sa taille et sa densité deviennent alors parfaitement logiques.

La deuxième section de *L'Atelier*, aux airs d'étendard, est plus énigmatique. Le disque blanc central défie le spectateur et tend à le fasciner : on a l'impression de se trouver face à quelqu'un. En un sens, c'est le cas car le disque est dérivé de la tête blanche sculptée posée sur une sellette qui apparaît de façon systématique dans la première série de peintures d'atelier [fig. 3]. On aperçoit la sculpture originale — la *Tête de femme* en céramique datée du 29 janvier 1953 — dans de nombreuses photographies de La Californie [fig. 1] [21]. Dans *L'Atelier*, le triangle noir dans lequel flotte le disque blanc et la forme triangulaire qui se trouve juste en dessous (blanche également) représentent le plateau et les pieds écartés de la sellette. Dans sa première série de « paysages intérieurs », Picasso avait souligné le motif géométrique d'ombre et de lumière piégé dans, et produit par, la structure à

18 Hélène Parmelin, *Picasso sur la place*, *op. cit.*, p. 218.
19 Elizabeth Cowling, *Visiting Picasso: The Notebooks and Letters of Roland Penrose*, *op. cit.*, p. 169. **20** *ibid*, p. 169. Le carnet en question est daté de juin-juillet 1956. **21** Musée national Picasso-Paris.

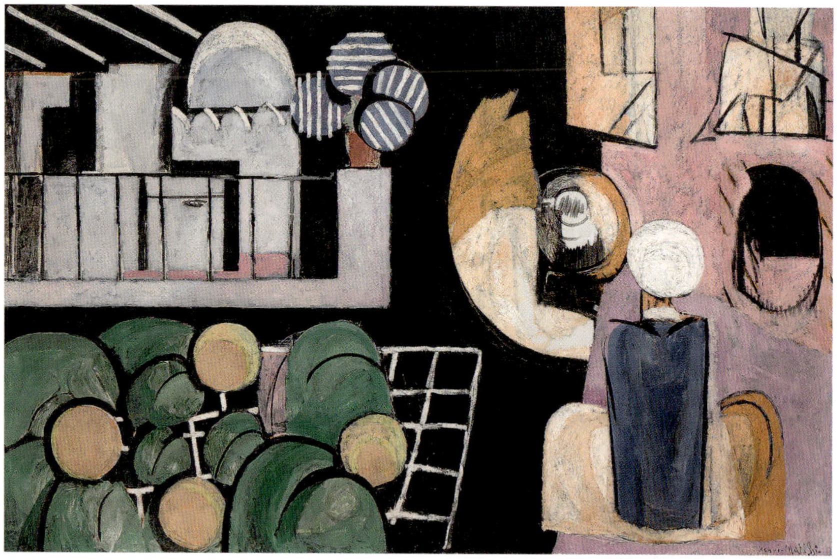

7. Henri Matisse
Les Marocains, 1915-1916
Huile sur toile, 181,3 x 279,4 cm
Museum of Modern Art, New York
don de M. et Mme Samuel A. Marx

claire-voie complexe de la sellette, faisant le lien avec celui du parquet. Les grandes sections noires et grises qui descendent du haut vers le bas de cette section de *L'Atelier* font peut-être référence à la structure du parquet et pourraient correspondre à une simplification extrême des motifs d'ombre et de lumière. Le mince rectangle blanc qui jouxte le bord inférieur de la toile — un rai de lumière, peut-être — marque quant à lui un recul spatial, nous informant que la sculpture posée sur la sellette se trouve au second plan, plus loin du spectateur que le personnage/rocking-chair. Dans d'autres tableaux de la deuxième série [par exemple fig. 4], la femme est installée à gauche d'une toile posée sur un chevalet[22]. Dans *L'Atelier*, Picasso a réuni des symboles de créativité issus des deux séries — la sculpture, le modèle féminin —, comme il se devait pour un tableau qui se voulait acte conscient de condensation.

Facilement identifiable, la fenêtre de l'atelier occupe la troisième section. Mais, ainsi représentée, elle a perdu ses voluptueuses courbes « art nouveau » et ressemble à une fenêtre gothique pointue, comme si l'atelier était en train de se transformer en église. Sa taille relativement réduite, la forme noire en perspective qui descend depuis sa base jusqu'au bas de la toile et la légèreté aérienne du gris pâle qui la dessine s'allient pour affirmer sa position d'arrière-plan. En bref, même si l'imagerie schématique de *L'Atelier* peut à première vue sembler cantonnée à la surface de la toile, elle préserve les premier, second et arrière-plans de la peinture en perspective classique. Le fait que, lus de gauche à droite, les trois panneaux rétrécissent légèrement et s'allègent d'un point de vue tonal renforce l'idée d'un recul progressif. Articulés pour former une unité continue, les panneaux central et de droite, plus éthérés, contrebalancent la lourde figure/rocking-chair.

Les surfaces de blanc pur, la translucidité des grandes zones grises et noires, la largeur et la hauteur importantes de la toile elle-même produisent ensemble une sensation de luminosité et d'espace — un hommage aux qualités précises qui avaient rendu La Californie irrésistible aux yeux de Picasso. Était-ce là une façon imaginaire de déblayer la villa de la masse d'objets qui, du fait de sa manie de l'accumulation, encombrait désormais ses moindres recoins, de la débarrasser de ses moulures tarabiscotées, en bref, de la purifier ? *L'Atelier* est si dématérialisé que Penrose prit le tableau pour une « composition abstraite », et peut-être Picasso avait-il effectivement l'intention de relever le défi que posait la peinture abstraite américaine contemporaine, qu'il connaissait au travers de reproductions dans des catalogues et revues d'art. Son hostilité envers l'art abstrait, exprimée dans des entretiens publiés dans l'entre-deux-guerres, s'enracinait plus profondément à mesure qu'il vieillissait et que cette tendance devenait toujours plus présente en Europe, et pas seulement aux États-Unis[23]. Lorsque Picasso réalisait des œuvres plus abstraites que de coutume, sa méthode consistait à concevoir un langage de signes simplifiés permettant de maintenir un vestige de lien avec la réalité extérieure, ce qu'il estimait nécessaire pour que l'art soit expressif et pour qu'il ait du sens. Même la partie centrale de *L'Atelier* maintient ce lien essentiel grâce aux implications figuratives du disque en forme de tête.

22 Voir aussi la série datée du 2 au 8 avril 1956 (Z.XVII.60-67).
23 L'hostilité de Picasso envers l'art abstrait se manifeste par exemple dans des entrevues avec Tériade (« Une visite à Picasso », *L'Intransigeant*, 27 novembre 1928, p. 6) et Zervos (« Conversation avec Picasso », *Cahiers d'art*, n°s 7-10, 1935, pp. 173-178). Au sujet de sa réaction négative à l'encontre de l'expressionnisme abstrait, voir Françoise Gilot et Carlton Lake, *Vivre avec Picasso*, Paris, Calmann-Lévy, 1965, pp. 251-253.

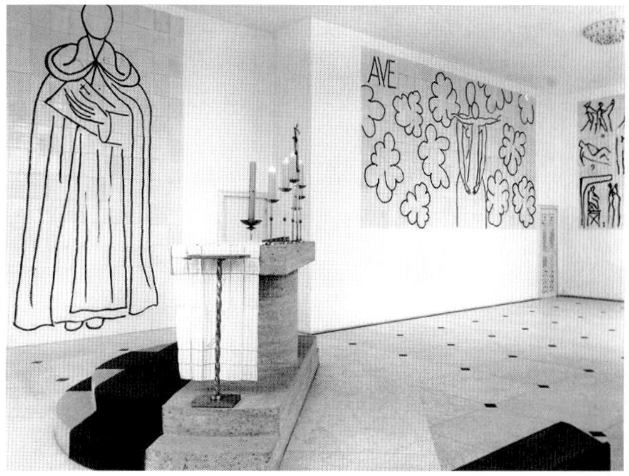

8. Intérieur de la chapelle du Rosaire, Vence
Panneaux de céramique de Matisse *La Vierge à l'Enfant* et *Le Chemin de croix*, vers 1951
Photographie d'Hélène Adant

Picasso partageait cette foi dans la puissance du signe avec Matisse, qui l'a évoquée dans des entretiens[24] et a même fourni une « table des images », présentée comme un abécédaire illustré, en accompagnement des planches de *Jazz*[25]. Le dialogue pénétrant que Picasso entretenait avec l'œuvre de Matisse s'intensifia suite à la mort de celui-ci le 3 novembre 1954, et il était le premier à admettre qu'il pensait aux odalisques de Matisse en peignant la série *Femmes d'Alger*[26]. Comme plusieurs auteurs l'ont signalé, les « paysages intérieurs » font référence aux dernières toiles de Matisse, les intérieurs de Vence peints en 1947-1948[27]. Mais *L'Atelier* se nourrit peut-être d'autres sources. Durant la Première Guerre mondiale, Matisse avait explicitement exprimé la volonté de se confronter au cubisme. En réponse au collage cubiste, il produisit certains de ses tableaux les plus importants et les plus expérimentaux[28]. On ne sait pas quand exactement Picasso a vu *La Leçon de piano*, *Les Marocains* [fig. 7] et *Femmes à la rivière* — tous trois achevés en 1916 — pour la dernière fois, mais il eut l'occasion d'admirer les deux derniers à Paris avant de s'installer à La Californie[29]. Dans tous les cas, les trois tableaux étaient fréquemment reproduits, et Picasso savait parfaitement que Matisse avait été influencé par son propre travail en les peignant.

L'Atelier présente plusieurs points communs avec ces trois peintures d'un point de vue général : des dimensions imposantes (seul *Femmes à la rivière* est nettement plus grand) ; un haut degré d'abstraction ; une atmosphère mystérieuse et métaphysique qui appelle une réaction mûrie par le temps et la réflexion. Il entretient également avec elles des similitudes plus précises. Peut-il être fortuit que dans chacune de ces peintures, comme dans *L'Atelier*, une structure compartimentée, avec des séparations très marquées entre les sections, contribue significativement à une sensation irrépressible d'expansion de l'espace ? Peut-il être fortuit que *La Leçon de piano* et *Femmes à la rivière* comportent des figures aux visages ovales vides et que, dans *Les Marocains*, le turban blanc de la figure de droite semble renvoyer son regard au spectateur, comme un visage sans traits ? D'ailleurs, le hiéroglyphe de Picasso évoquant la sculpture posée sur la sellette pourrait-il être inspiré en quelque façon de cette figure enturbannée, à l'étrangeté provocante, à cheval sur des zones adjacentes noire et mauve ? *Les Marocains* trouvaient sans doute une résonance particulière chez Picasso à cette époque du fait de ses références culturelles, comme *La Leçon de piano* du fait de la thématique autoréférentielle de l'atelier.

Lors de visites à Matisse à la fin des années 1940, Picasso avait observé la progression des plans de la chapelle du Rosaire, à Vence. Bien qu'ayant exprimé une profonde désapprobation du fait qu'un artiste prétendument agnostique travaille pour l'Église catholique, il était fasciné par ce qu'il voyait. Il se rendit au moins une fois à la chapelle après sa consécration et acheta même les cartes postales que l'on y vendait [fig. 8][30]. Dans la chapelle, il rencontra d'autres exemples saisissants du dispositif favori de Matisse : le visage ovale sans traits laissant au spectateur la liberté d'imaginer. Les vitraux projetaient des couleurs prismatiques intenses au cœur de l'édifice, mais l'impact des céramiques murales, représentant la Vierge à l'Enfant, saint Dominique et le Chemin de croix, reposait sur le contraste d'un noir de jais et d'un fond blanc immaculé. En outre, nous savons que, lorsqu'il rendit

24 Voir par exemple Louis Aragon, « Matisse-en-France », in *Henri Matisse. Dessins : thèmes et variations*, Paris, M. Fabiani, 1943. **25** Henri Matisse, *Jazz*, Tériade, Paris, 1947. **26** Roland Penrose, *Picasso*, Flammarion, Paris, 1982, p. 467. **27** Voir par exemple Yve-Alain Bois, *Matisse and Picasso*, Paris, Flammarion, en association avec le Kimbell Art Museum, 1998, pp. 231-236, et les textes de John Golding et John Elderfield, *in* Elizabeth Cowling, *et al.*, *Matisse Picasso*, cat. expo., Tate Publishing, 2002, pp. 297-305, 333-337. **28** La dette de Matisse envers le cubisme est réexaminée en détail dans Stephanie d'Alessandro et John Elderfield, *Matisse: Radical Invention 1913-1917*, cat. expo., The Art Institute of Chicago et The Museum of Modern Art, en association avec Yale University Press, 2010. **29** *Les Marocains* (Museum of Modern Art, New York) fut exposé en continu au musée national d'Art moderne de Paris entre le 6 septembre 1948 et juin 1949. *Femmes à la rivière* (The Art Institute of Chicago) fut exposé à la galerie Charpentier à Paris en 1950 (*Autour de 1900*, cat. 120). Toutefois, *La Leçon de piano* (Museum of Modern Art, New York) n'avait pas été exposée à Paris depuis sa présentation dans le cadre de l'exposition « Origines et développement de l'art international indépendant » au Jeu de Paume, de juillet à octobre 1937. **30** Au sujet de la visite de Picasso à la chapelle de Vence, voir André Malraux, *La Tête d'obsidienne*, Paris, Gallimard, 1974, pp. 14-15. Au sujet de ses visites à Matisse, lorsque ce dernier travaillait sur la conception de la chapelle, voir « Chronologie », Elizabeth Cowling, *et al.*, *Matisse Picasso*, *op. cit.*, pp. 386-389.

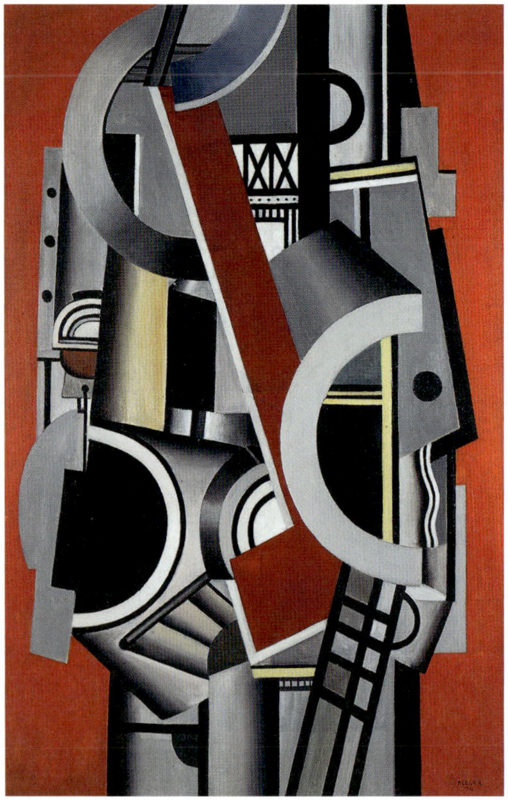

9. Fernand Léger
Élément mécanique, 1924
Huile sur toile, 146 x 97 cm
Musée national d'Art moderne
Centre Pompidou, Paris

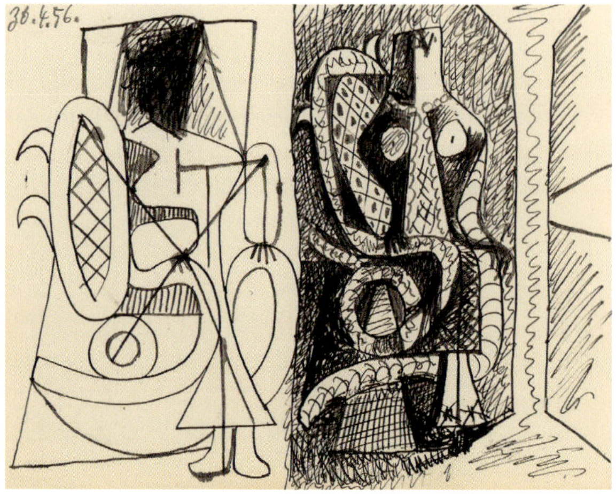

10. **Femme assise dans un rocking-chair**
30 avril 1956
Encre sur papier
33 x 41 cm
Feuille de carnet
Collection particulière
(Z.XVII.97)

visite à Matisse à l'Hôtel Régina à Nice en juin 1951, Picasso admira tout particulièrement les projets en papiers découpés de chasubles noir et blanc[31]. En bref, le monochrome austère qu'est *L'Atelier* pourrait être une réponse à la polarité noir/blanc du concept global de Matisse, et l'impression qu'une lumière éclatante se répand dans l'atelier par la fenêtre « gothique » est peut-être l'hommage de Picasso aux espaces rayonnants de l'intérieur de la chapelle, gravés dans la mémoire de son visiteur. En revanche, la tension et la dissonance qui habitent *L'Atelier* sont en contradiction absolue avec l'atmosphère harmonieuse et réjouissante de la chapelle. Ce caractère agressif du tableau est peut-être la raison pour laquelle Penrose estime que *L'Atelier* « rappelle davantage Léger » que Matisse[32].

Pierre Daix a affirmé que la mort soudaine de Léger le 17 août 1955 n'avait guère affecté Picasso : les deux anciens amis étaient selon lui « en fort mauvais termes », car Léger était jaloux de la plus grande renommée de Picasso en tant que peintre et de la plus haute estime dans laquelle le tenait le Parti communiste[33]. Dans *Vivre avec Picasso*, Françoise Gilot donne une version plus nuancée : bien que Picasso ne cherchât plus à fréquenter Léger, les deux hommes se croisaient de temps en temps dans des expositions parisiennes ou lors de leurs visites à Kahnweiler. Au printemps 1952, des retrouvailles eurent lieu à l'atelier de Picasso à Vallauris[34]. Selon elle, Picasso « aimait la peinture des débuts de Léger, et ce qu'il avait fait jusqu'en 1930, mais il appréciait assez peu ses toiles récentes », trouvant qu'elles étaient trop limitées : « C'est franc et ouvert, mais ça ne va pas au-delà du premier coup d'œil[35]. »

Penrose n'a pas précisé ce qui, dans *L'Atelier*, lui rappelait le travail de Léger, mais il pourrait bien s'agir du signe correspondant à la femme/rocking-chair. En effet, il présente une ressemblance frappante avec les structures alambiquées que l'on trouve souvent dans les œuvres de Léger, dans tous les genres et médiums tout au long de sa carrière. La plupart du temps, ces structures intrigantes associent et juxtaposent des éléments organiques et géométriques, concrets et abstraits ; et la plupart du temps, elles sont représentées en gros plan si bien que, même dans les dessins et peintures de petite dimension, elles dominent le champ visuel. Pour ne

31 Entrée du journal du père Couturier datée du 23 juin 1951, *in* Henri Matisse, M.-A. Couturier, L. B. Rayssiguier, *La Chapelle de Vence : journal d'une création*, dir. M. Billot, Paris, Le Cerf, 1993, p. 398. Picasso prêta une nouvelle toile à Matisse, *Paysage d'hiver*, 22 décembre 1950 (collection privée), et la posa sur la cheminée entre des maquettes de chasubles, face au lit de Matisse. **32** *in* Elizabeth Cowling, *Visiting Picasso*, *op. cit.*, p. 162.
33 Pierre Daix, *Picasso créateur : la vie intime et l'œuvre*, *op. cit.*, p. 338.
34 On trouve une photo de ces retrouvailles dans Carolyn Lanchner (dir.), *Fernand Léger*, cat. expo., Museum of Modern Art, New York, en association avec Harry N. Abrams, 1998, p. 284. **35** Françoise Gilot et Carlton Lake, *Vivre avec Picasso*, *op. cit.*, pp. 265-269.

citer que trois exemples : le motif à la complexité inouïe d'*Élément mécanique*, 1924 [fig. 9] ; la corde qui se faufile de part et d'autre de l'échelle dans *Composition aux trois figures*, 1932 [36] ; les formes tubulaires de la bicyclette qui s'enroulent devant la croix rouge dans *La Grande Julie*, 1945 [37].

De telles allusions aux œuvres « ouvertes et franches » de Léger dans une toile à l'atmosphère aussi sombre que *L'Atelier* laissent penser que Picasso — n'en déplaise à Daix — pleurait non seulement Matisse, mais aussi Léger. La mort d'un autre compagnon de l'héroïque période cubiste ne pouvait qu'être démoralisante, et puisque Léger (contrairement à Matisse) avait exactement l'âge de Picasso et qu'il semblait en parfaite santé, comme les constructeurs, acrobates et pique-niqueurs qui peuplaient ses dernières toiles, sa mort soudaine fut aussi un événement effrayant. Le tournage du *Mystère Picasso* dans la chaleur éreintante des studios de la Victorine, à Nice, avait épuisé Picasso et aggravé son hypertension artérielle ; son médecin avait insisté pour qu'il s'accorde un repos absolu et suive un régime alimentaire strict [38]. La crise cardiaque qui coûta la vie à Léger coïncida avec les dernières phases du tournage et sonna ainsi comme un terrible avertissement. L'angoisse de Picasso au sujet de sa propre santé était assurément exacerbée par les inquiétants épisodes de maladie dont souffrait Jacqueline : il en était venu à dépendre entièrement d'elle.

La monochromie austère de *L'Atelier* est bien sûr symboliquement adaptée à un tableau sur la mortalité — ou, faudrait-il dire, à un tableau déchaîné contre la mortalité ? L'absence de finitions conventionnelles et la rapidité d'exécution laissent imaginer un geste compulsif de la part de Picasso. C'était peut-être la motivation personnelle sous-jacente qui le conduisit à décider de ne pas porter l'œuvre au-delà de l'état où l'avait initialement mené l'instinct. Retravailler la composition, comme il l'avait fait dans le cas du grand tableau peint un peu plus tôt, *Femmes à la toilette* [39], a pu lui apparaître comme une vaine entreprise, puisque *L'Atelier* était — ou était devenu dans le processus de sa création — un tableau fondamentalement privé.

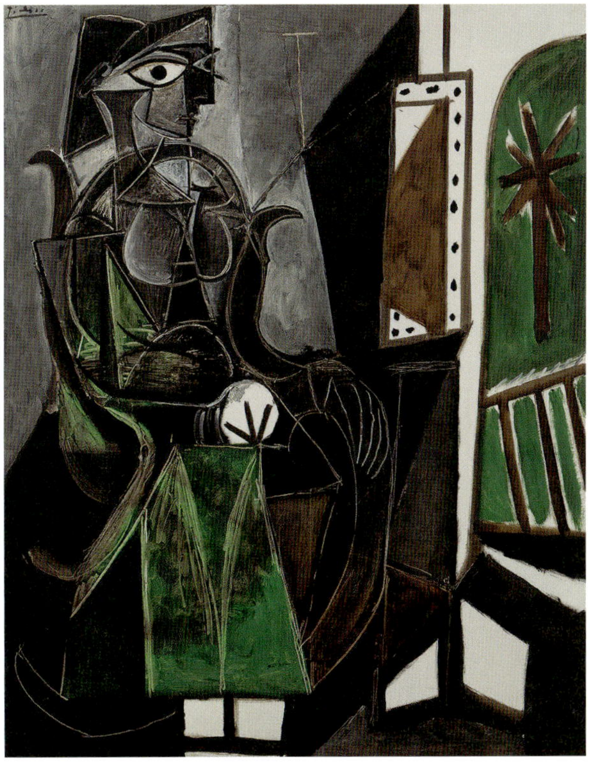

11. **Femme assise près de la fenêtre**, 11 juin 1956
Huile sur toile, 160 x 130 cm
Museum of Modern Art, New York

Il eut cependant des suites. Le lendemain, le 30 avril, outre les représentations de l'atelier plus petites, moins abstraites et moins sombres évoquées plus haut, Picasso réalisa un dessin à la plume directement dérivé de la femme/rocking-chair de *L'Atelier* [fig. 10]. Le motif apparaît deux fois et la deuxième version, plus ornementale, comprend l'élément en forme d'Y et le bord gauche de la section centrale. En réfléchissant à la façon dont il pourrait se servir de *L'Atelier* comme d'un tremplin pour une nouvelle composition, Picasso choisit d'humaniser la femme et d'en faire le sujet d'une composition verticale. Ce dessin fut le point de départ de *Femme assise près de la fenêtre* — un chef-d'œuvre destiné à être exposé au public puis vendu —, qui fut le fruit de nombreuses retouches apportées à la figure régalienne, plus grande que nature, de Jacqueline, trônant dans le rocking-chair [fig. 11] [40]. Par sa grandeur et son atmosphère lugubre, le tableau témoigne des origines qu'il trouve dans *L'Atelier* ; par son style figuratif, il anticipe la confrontation passionnée à l'œuvre de Velázquez que Picasso entamera un peu plus d'un an plus tard.

Note de l'auteur
Je veux dire toute ma reconnaissance à Jean-Louis Andral et Margarita Cortadella Segura pour m'avoir fourni des matériaux essentiels à ma recherche.

Traduit de l'anglais par Olivia Cooper-Hadjian

36 Léger, *Composition aux trois figures*, 1932, musée national d'Art moderne - Centre Pompidou, Paris. **37** Léger, *La Grande Julie*, 1945, The Museum of Modern Art, New York. **38** Picasso décrit son effondrement à Penrose lors d'une visite de ce dernier à Cannes, le 6 novembre 1955 (Elizabeth Cowling, *Visiting Picasso*, *op. cit.*, p. 135). **39** *Femmes à la toilette* (musée national Picasso-Paris) est daté du 4 janvier 1956, mais a traversé plusieurs phases de retouches et ne fut achevé qu'au printemps de cette année-là. **40** *Femme assise près de la fenêtre* fut présenté à l'occasion de l'exposition « Picasso : peintures 1955-1956 », galerie Louise Leiris, Paris, mars-avril 1957 (cat. 45).

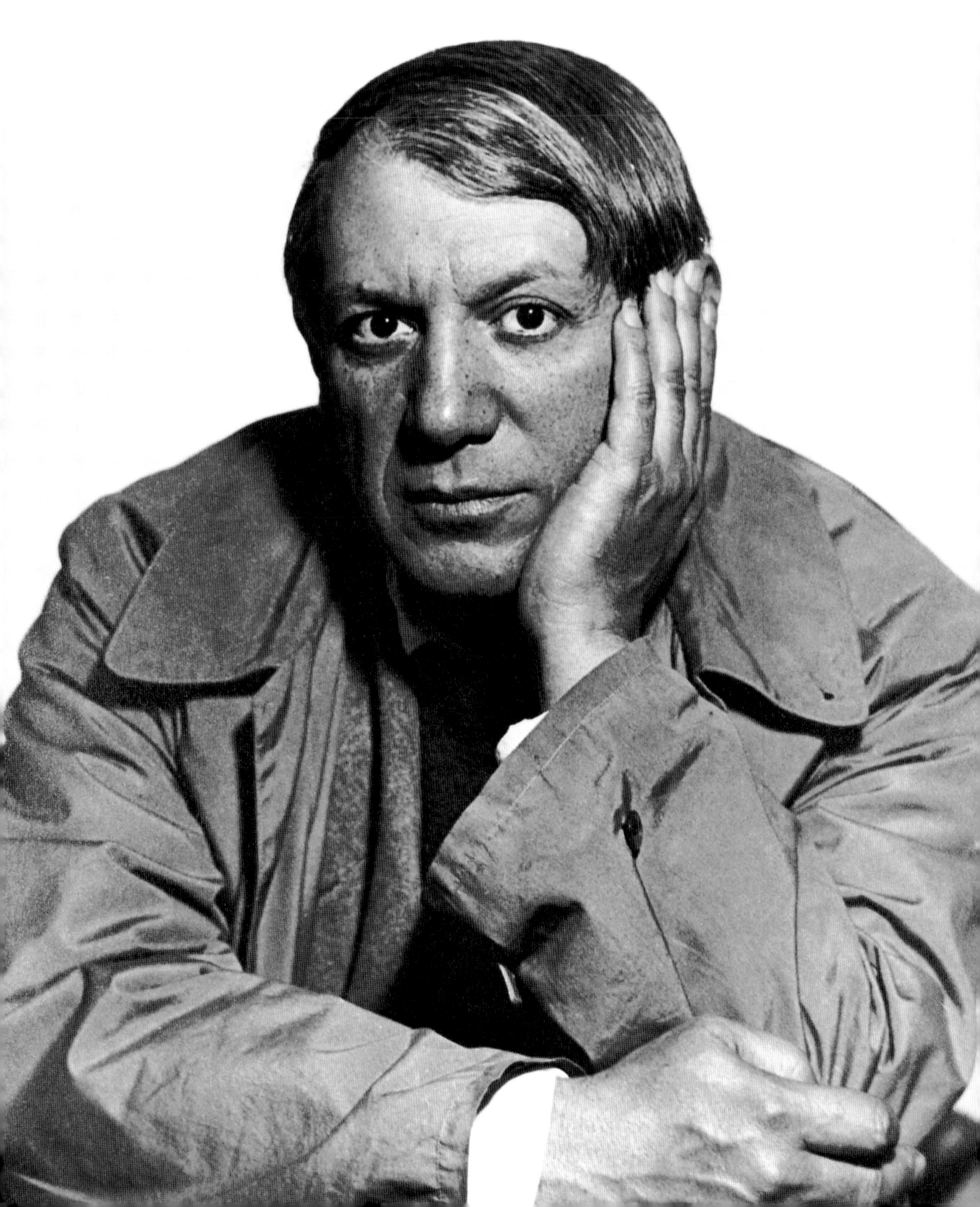

Le Baiser

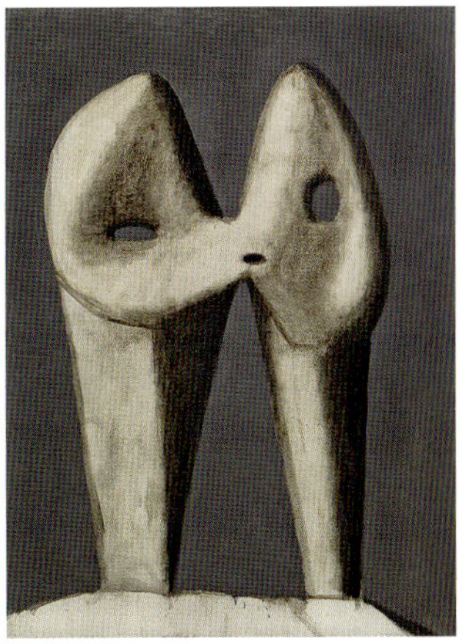

1. **Le Baiser**, 1929
Huile et fusain sur toile
73 x 54 cm (p. 111)

Pablo Picasso, 1933
Photographie
de Man Ray
(détail)

La production artistique de Pablo Picasso de la fin des années 1920 et du début des années 1930 comprend certaines pièces qui peuvent surprendre. Afin de mieux les appréhender, nous proposons de revenir sur deux moments significatifs de son œuvre: ses années initiatiques à Barcelone et sa fascinante progression expérimentale des années 1920.

Les processus créatifs de chacune des pièces de Picasso sont le résultat d'une accumulation de pratiques obtenue au moyen d'une recherche et d'une expérimentation constantes. Ces processus se reflètent à travers la formulation de vocabulaires plastiques nouveaux et multiples. L'interdépendance qui connecte des idées avec d'autres — celles d'une époque en particulier ou celles qui se développent au fil des ans — peut constituer un fil conducteur dans l'approfondissement des œuvres de la période qui nous occupe. Sans que l'on cesse de considérer l'œuvre de Picasso comme un travail continu, comme un tout, certains moments peuvent s'en extraire et nous aider à construire l'historique permettant de dévoiler le langage hermétique qui les articule.

Le Baiser, datant de 1929 [fig. 1 et p. 111], permet d'étudier comment Picasso développe l'idée de la représentation du couple uni par la passion lors d'un baiser ou d'une étreinte. Pour cela, il convient d'examiner tout d'abord les premières versions de cette œuvre dans la jeunesse du peintre, puis le dialogue qui s'engage entre son œuvre et celle d'Edvard Munch. Si la relation du peintre espagnol avec l'artiste norvégien a déjà été commentée à maintes reprises, il reste néanmoins à compiler et à approfondir divers points pouvant expliquer la présence référentielle du *Baiser* de Munch dans l'imaginaire de Picasso.

Même si cela ne doit pas nous étonner, le saut chronologique est significatif entre l'*Étreinte* initiale et les *Baisers* que le peintre réalise vingt-cinq ans plus tard. En effet, des idées et des formules ressurgissent après le passage du temps. Dans le cas qui nous intéresse, la nouvelle situation sentimentale de Picasso en 1927 sert de détonateur à la récupération d'une technique formelle apparemment oubliée. Le débat artistique que Picasso engage avec l'œuvre de Munch inclura plus tard son œuvre ainsi que des éléments caractéristiques du cubisme ou de divers virages stylistiques des années 1920. L'intense activité créative de la période antérieure aux œuvres de 1929 témoigne d'un travail ardu de perpétuelles recherche et transformation. Ainsi, certains carnets que Picasso utilisait comme champ d'expérimentation nous permettent d'explorer différents moments qui, dans leur ensemble, révèleront le processus métamorphique mobilisé pour créer des œuvres telles que *Le Baiser*.

Edvard Munch

Au cours de la dernière décennie du XIXe siècle, l'œuvre de Munch dépasse les frontières de sa Scandinavie natale pour connaître le succès en Allemagne, et en particulier à Berlin. Il participe au Salon des indépendants de Paris en 1896, 1898 et 1903[1]. Les premières années, bien qu'il ne rencontre pas la même reconnaissance que dans la capitale allemande, son œuvre trouve un écho considérable dans la presse française[2]. Durant cette première période, la critique parisienne

1 Elizabeth Prelinger, « Metal, Stone and Wood: Matrices of Meaning in Munch's Graphic Work », *in* Reinhold Heller, *et al.*, *Edvard Munch. The Life of the Soul*, New York, Museum of Modern Art, 2006, p. 239.
2 En 1896, dans la presse parisienne, on compte une vingtaine d'articles sur l'artiste; l'année suivante, et à l'occasion du Salon des indépendants, une dizaine de plus voient le jour. Rodolphe Rapetti, « Munch face à la critique française: 1893-1905 », *Munch et la France*, Paris, éd. Arne Eggum et Rodolphe Rapetti, Réunion des musées nationaux, 1991, pp. 18, 26.

n'est pas particulièrement bienveillante à son égard, hormis quelques exceptions. En effet, en juin 1896, il expose au Salon de l'art nouveau de la galerie Siegfried Bing[3] et, le même mois, August Strindberg — un de ses amis — lui consacre une critique dans la revue symboliste *La Revue blanche*[4], où il fait l'éloge de son œuvre. Influente dans la presse culturelle française, cette revue et *Mercure de France* permettent donc la diffusion de son nom et de ses peintures et gravures. Munch est ainsi présenté au lecteur français pour la première fois en 1893. En outre, et pour ne citer que deux exemples de l'attention qu'on lui porte, le critique Thadée Natanson, cofondateur de *La Revue blanche*, écrit longuement sur l'exposition individuelle de Munch à Christiania (l'actuelle ville d'Oslo) en 1895 et, le mois suivant, la revue publie une lithographie du *Cri*, accompagnée d'un texte de l'artiste en personne[5]. L'intérêt de Natanson pour le peintre ne faiblit pas, et il devient même un de ses principaux défenseurs.

Cette présence dans les médias français, pour ne pas mentionner la presse allemande, trouve une certaine résonance en Catalogne et, en août 1899, *Pèl & Ploma*[6] publie une brève critique laissant entendre que Munch n'a besoin d'aucune présentation. Parallèlement, sa présence au Salon des indépendants allait s'avérer essentielle pour qu'il se fasse connaître dans les circuits artistiques. Il est d'ailleurs probable que Picasso et son cercle d'amis artistes de la taverne *Els Quatre Gats* aient principalement été informés sur Munch et son œuvre par le biais de Santiago Rusiñol, Ramón Casas, Isidre Nonell ou Miquel Utrillo, qui voyagent durant les dernières années du siècle à Paris puis participent, aux côtés de Picasso et d'autres jeunes artistes, aux réunions d'*Els Quatre Gats*, inauguré en 1897, à Barcelone. La taverne sert de lieu de rencontre de la bohème et de l'intelligentsia du moment et publie un hebdomadaire éponyme qui aborde les curiosités culturelles du groupe. La revue est dirigée par Casas qui, plus tard, en juin 1899, lance avec Utrillo un autre hebdomadaire culturel, *Pèl & Ploma*, juste après l'arrêt de celui d'*Els Quatre Gats*. À cette époque, l'activité journalistique d'Utrillo est intense, puisqu'il est également correspondant pour le journal *La Vanguardia*[7] et couvre par conséquent tous les événements artistiques de la capitale française.

Nous sommes donc face à un groupe social réduit et interconnecté. Rappelons que Picasso fait sa première exposition à Barcelone à *Els Quatre Gats*, où il présente un grand nombre de portraits d'artistes, d'écrivains et d'intellectuels de son entourage, qui fréquentent assidûment la taverne. Cette exposition est faite peu de temps après que Casas, un des principaux peintres de la ville, expose également au même endroit un ensemble de portraits des grandes figures de la culture barcelonaise, c'est-à-dire de la génération antérieure à celle dont Picasso fait le portrait. Par ailleurs, Rusiñol expose en 1899 dans la galerie Bing[8], qui avait également présenté des œuvres de Munch trois ans plus tôt. Picasso ne cache pas son admiration pour Rusiñol ; il réalise plusieurs portraits de lui et ne tarde pas à lui rendre visite dans sa maison et atelier de Sitges au début du siècle. En termes artistiques, Robert Rosenblum signale des parallèles entre les œuvres de Rusiñol, de Casas et de Munch, ainsi que le versant symboliste dans lequel les trois évoluent[9]. Casas, Utrillo et, dans une moindre mesure, Rusiñol participent à diverses publications culturelles de l'époque. Ils peuvent en un sens témoigner du grand intérêt que les artistes et intellectuels catalans portaient à la culture parisienne, comme en attestent la multitude d'articles sur le sujet publiés à cette époque dans les revues et les journaux culturels barcelonais tels que *Els Quatre Gats*, *Joventut*, *Pèl & Ploma*, *Catalunya artística* ou *Luz*.

Nous savons avec certitude qu'une des versions du *Baiser* de Munch est exposée au Salon des indépendants de 1896, et, à en croire l'artiste, c'est à cette occasion que le public français commence à s'intéresser à son œuvre[10]. Néanmoins, il n'existe pas de documentation spécifique expliquant quand, où et comment Picasso a connu l'œuvre de Munch. Nous ne savons pas non plus avec exactitude quelles sont les gravures de l'artiste norvégien qui circulaient à Barcelone et si l'*Album des peintres graveurs* de Vollard, publié la même année, ou les illustrations de Munch pour le programme de l'œuvre d'Henrik Ibsen, *Peer Gynt*, étaient connus[11]. À Paris, non seulement les xylographies et les gravures de Munch sont présentes dans le monde de l'art, mais elles sont également largement reproduites et donc, diffusées[12]. Plus tard, en 1903, l'artiste scandinave se rend justement à Paris dans l'intention d'organiser une grande exposition ; il loue un

3 Elizabeth Prelinger, « Metal, Stone and Wood », *op. cit.*, p. 228. **4** August Strindberg, « L'exposition Edvard Munch », *La Revue blanche* 10, 1896, p. 525-526. **5** Sasha Newman, « Nudes and Landscapes », in Colta Feller Ives, *et al.*, *Pierre Bonnard, The Graphic Art*, New York, The Metropolitan Museum of Art, 1989, p. 205, note 49. **6** « Publicacions artistiques rebudes », *Pèl & Ploma*, 12, 1899, s/n [3]. **7** Francisco Calvo Serraller, « Edvard Munch y España, una afinidad excéntrica », in *Edvard Munch*, Madrid, Ministerio de Cultura, 1984, p. 51-52. **8** « De París », *Pèl & Ploma*, 5, 1899, s/n [3]. **9** Robert Rosenblum, « Edvard Munch: algunos cambios de contexto », *in Edvard Munch*, Madrid, Ministerio de Cultura, 1984, p. 63. **10** Arne Eggum, « Munch tente de conquérir Paris (1896-1900) », *in Munch et la France*, *op. cit.*, p. 212. **11** De la même manière, il existe dans la ville un intérêt pour le théâtre moderne scandinave, et les œuvres de Strindberg et d'Ibsen sont largement commentées dans la presse. **12** Pierre Daix et Georges Boudaille, *Picasso 1900-1906*, Barcelone, Blume, 1967, p. 25.

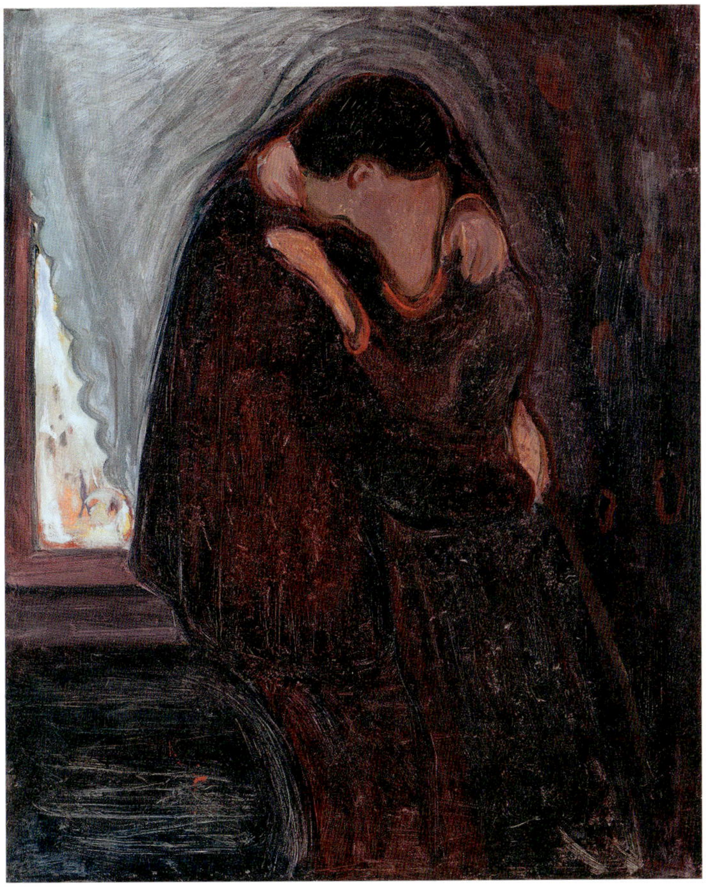

2. Edvard Munch
Le Baiser, 1897
Huile sur toile, 99 x 81 cm
Munchmuseet, Oslo

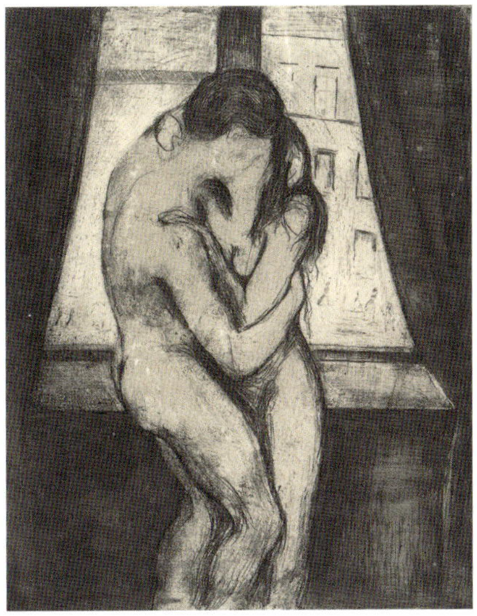

3. Edvard Munch
Le Baiser, 1895
Gravure à l'eau-forte et pointe sèche
sur papier, 35 x 28 cm
Kunsthalle, Hambourg

atelier sur le boulevard Arago, où il conserve un grand nombre d'œuvres pendant plus d'un an. L'exposition n'aura finalement pas lieu puisqu'il doit s'absenter de la ville, mais il laisse l'atelier sous la responsabilité de Ludvig Karsten, alors chargé de faire connaître les œuvres aux personnes qu'il jugera opportunes[13]. Karsten est un jeune artiste proche de Munch, ami de Picasso, de Matisse et de son entourage. Bien qu'on ne puisse pas le confirmer, il ne serait pas étonnant que, lors de son retour à Paris, Picasso, dans son infinie curiosité, ait visité le studio pour mieux connaître l'œuvre de Munch, qui, après avoir exposé au Salon des indépendants de 1903, consigne ses œuvres chez Julius Meier-Graefe, dans sa nouvelle galerie Maison moderne[14]. Picasso aurait donc connu l'œuvre de Munch de ses propres yeux ou en ayant vu une réplique dans les cercles sociaux artistiques de Barcelone ou de Paris.

Malgré le manque de documentation, l'œuvre de Picasso fait office de témoin, car elle présente des traits irréfutables pouvant attester qu'au cours de cette période l'Espagnol connaissait l'œuvre de Munch, et en particulier *Le Baiser*. La première version de Munch date de 1892: le tableau est dominé par l'espace, et l'artiste place le couple à l'extrême droite du cadre; ce faisant, il intègre au processus une importante charge psychique[15]. Seul le contour du visage de l'homme est défini. Dans les versions postérieures, et particulièrement dans celle de 1897 du Munchmuseet [fig. 2], le rôle du couple est central, il n'est pas assujetti par l'espace, leurs corps s'enlacent dans une étreinte et leurs visages se fondent en un intense baiser. Aucun trait ne définit les visages, et aucun contour ne dessine le lieu où se termine un visage et où commence l'autre. Les chairs sont marquées de légères variations qui octroient un certain volume à une zone abstraite, elles se présentent comme une seule et même forme, tel un tout, comme s'il s'agissait d'un magma existentiel.

Munch a utilisé la gravure pour créer différentes versions du *Baiser* au cours des cinq dernières années du XIXe siècle. Parmi les huiles précédemment citées, il peint en 1895 une eau-forte [fig. 3] où les visages sont légèrement différenciés par un changement de nuance et où l'absence de traits mène ce couple existentiel vers le chemin inéluctable de la conjonction totale. L'espace est défini par une grande fenêtre et son rideau. Ces éléments

13 Arne Eggum, « Munch et le fauvisme », in *Munch et la France*, *op. cit.*, p. 296, 308. **14** *Idem, ibidem*, p. 298. **15** Paloma Alarcó, « Edvard Munch. Arquetipos », Madrid, Museo Thyssen-Bornemisza, 2016, p. 20.

gagnent en présence puisqu'ils encadrent et centrent les amants dans l'image. Munch présente alors le couple nu, comme si un homme et une femme primitifs avaient été transportés dans un intérieur de la fin du XIXe siècle. L'érotisme et la sensation d'isolement sont manifestes. Cette image iconique d'amour et de désir profond transcende toutes les représentations précédentes dans le monde de l'art, et comme le définit Strindberg en 1896, en écrivant à propos d'une des versions exposées dans la galerie Bing, le « *Baiser* [est] la fusion de deux êtres[16] ».

La thématique est largement abordée en Europe lors du changement de siècle par Auguste Rodin, Gustav Klimt ou Constantin Brancusi, pour ne citer que les plus connus. Il est probable que, lors de son premier voyage à Paris, Picasso ait pris connaissance du *Baiser* de Rodin grâce à la chronique sur l'Exposition universelle que *Joventut* publie en août 1900[17]. En outre, un des artistes les plus prolifiques traitant ce thème à l'époque est Théophile Steinlen[18], connu par Picasso grâce à ses fréquentes apparitions dans les médias de masse français et en raison de l'admiration que la presse culturelle barcelonaise lui accorde. De fait, on mentionne fréquemment l'artiste français dans *Pèl & Ploma* et on le retrouve dans les pages de la revue *Gil Blas*, publication dont José Ruiz Blasco, le père de Picasso, est un assidu lecteur. Il existe même un dessin et plusieurs croquis du portrait que son fils fait de lui où l'on peut apercevoir l'en-tête de la publication sortir de la poche de sa gabardine[19]. En 1896, Steinlen publie *Le Baiser* dans l'hebdomadaire satirique allemand *Simplicissimus*. L'experte de l'œuvre de Munch, Patricia Bergman, considère que le Français s'inspire alors directement de l'œuvre du Norvégien[20], ce qui sous-entendrait que Steinlen ait pu l'avoir vue lors de l'exposition de la galerie Bing de 1896. Plus tard, en 1898, *Le Baiser* illustre le roman *Peyrabeithe*, de Serge Bassat[21], puis, en 1900, il apparaît de nouveau dans les numéros de *Gil Blas* du 31 mars et du 1er juin 1900[22]. Cela favorise donc la multiplication des confluences entre les artistes en créant une ambiance artistique fertile traversée par différentes formes ou styles dont Munch est l'épicentre.

16 *Le Baiser* est la première œuvre qu'il mentionne dans sa critique. Voir August Strindberg, « L'exposition Edvard Munch », *La Revue blanche* 10, 1896, p. 525-526. **17** Enrich Clarassó, « La escultura en la exposición de 1900 », *Joventut 29*, 1900, p. 455. **18** Pour davantage d'informations sur Steinlen et Picasso, voir : Claire Stoullig, *et al.*, *Steinlen y la época del 1900*, Barcelone, Genève, Museu Picasso / musées d'Art et d'Histoire, 2000. **19** Pablo Picasso, *El padre del artista con un ejemplar de* Gil Blas *en el bolsillo*, crayon noir sur papier filigrané, Museu Picasso, Barcelone, 1899, MPB110.032. **20** Patricia Bergman, « Edvard Munch y la mujer », *in* Paloma Alarcó, *Edvard Munch. Arquetipos*, *op. cit.*, p. 97. **21** Anthony Blunt et Phoebe Pool, *Picasso, The Formative Years. A Study of Sources*, Londres, Studio Books, 1962, pp. 65-66. **22** María Teresa Ocaña, « Los años de la eclosión: Barcelona-Madrid-París, 1900-1904 », in *Picasso. La Formación de un genio. 1890-1904*, Barcelone, Lunwerg, 1997, p. 239. En 1902, Steinlen réalise une nouvelle version du *Baiser*. Phoebe Pool, *Picasso*, 1962, s/n [62-63].

Premières étreintes et premiers baisers

Nous trouvons pour la première fois dans la production artistique de Picasso le motif de l'étreinte et du baiser dans un ensemble d'œuvres, surtout des dessins datés de 1899 à 1903, réalisés à Barcelone et à Paris. Ces œuvres marquent l'intérêt initial de l'artiste pour cet acte humain aussi intime que basique. Même si dans un premier temps il est problématique de déterminer si tous les dessins sont reliés les uns aux autres, on peut avancer avec certitude qu'ils sont le résultat d'un travail continu dans lequel Picasso cherche la distillation d'une image mentale avec laquelle s'exprimer. Ce processus se répète au long de sa vie, et ses dessins comme ses carnets constituent des éléments essentiels pour déchiffrer le processus métamorphique auquel il soumet ses idées et ses formes.

Durant cette période, Picasso réfléchit à différentes idées dans le but de réaliser une grande œuvre. Il existe un nombre important de dessins et de petites huiles à la thématique religieuse qui l'amènent à peindre *La Première Communion*[23]. On retrouve le même processus avec des œuvres telles que *Science et Charité*[24] ou *Les Derniers Moments*, qu'il expose lors de l'Exposition universelle de Paris de 1900, une toile aujourd'hui disparue[25]. Il existe un croquis sur papier[26] et un autre sur toile[27] où un homme assis à côté d'un lit embrasse une figure inclinée ; à droite se trouvent une table de nuit et une lampe de chevet, et sur le dessin on discerne tout juste le contour des visages qui s'unissent. Picasso met l'accent avec un noir profond sur les mèches de cheveux et de barbe masculine alors même qu'il réduit les traits féminins à une légère ligne qui conclut la base du nez et à un simple trait pour la bouche. Sur la petite huile, il n'y a aucun trait, et, au lieu des deux visages, on aperçoit une tache grisâtre qui rappelle l'œuvre de Munch. La composition, avec la position du lit et de la malade ainsi qu'avec la présence de la table de nuit et de la lampe de chevet, se maintient dans l'œuvre finale. Nous sommes donc face à des esquisses qui relient ces deux œuvres à l'huile qu'il présente lors de l'Exposition universelle, et que nous connaissons grâce à une radiographie[28] et grâce à l'*Étude pour Les derniers moments*[29]. Ainsi, nous

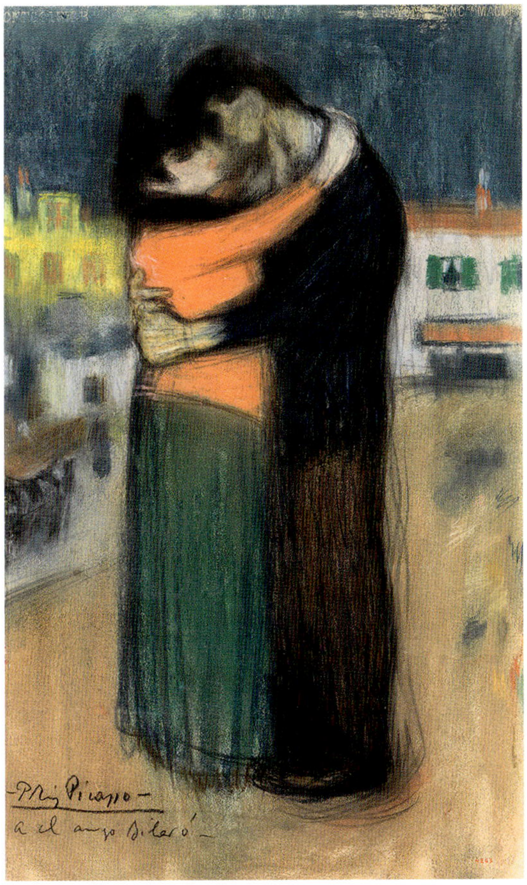

4. Pablo Picasso
L'Étreinte, Paris, 1900
Pastel sur papier, 59 x 35 cm
Museu Picasso, Barcelone

nous trouvons face à des œuvres qui connectent plusieurs idées, plusieurs projets ensemble. Deux études préliminaires pour *Les Derniers Moments* se relient, par leurs thématique et chronologie, avec un autre ensemble d'œuvres, que l'on pourrait considérer comme des parties d'un processus, qui inclut *L'Étreinte* de 1900 [fig. 4], dans laquelle on pourrait notamment voir un des germes de *l'Étreinte* de 1903[30], du musée de l'Orangerie.

Dans l'ensemble de dessins antérieurs à 1903[31], il existe un croquis, *Le Baiser*[32], qui pourrait être le premier de cet ensemble. Les visages s'y rejoignent, alors même que la femme tente d'éloigner la partie supérieure de son corps de celui de l'homme en plaçant avec hésitation son bras contre la poitrine masculine pour retenir ses mouvements; les traits, bien que schématisés, sont encore clairement définis. Dans les deux dessins nommés *Le Baiser*[33], préambules à *L'Étreinte* de 1900, on observe un couple qui s'embrasse. Leurs corps se trouvent dans un degré distinct de proximité, et la définition des traits du visage varie en un trajet inéluctable jusqu'à disparaître. Cependant, la composition, le style du trait et le sentiment que projettent ces dessins ne les différencient pas des nombreuses autres œuvres similaires réalisées par des artistes antérieurs à Picasso.

Picasso se rend à Paris pour la première fois à l'automne 1900. Il y reste jusqu'à la fin de l'année et y revient à quatre reprises avant de s'y établir. Le jeune Ruiz Picasso, comme il avait alors coutume de signer, se retrouve dans une ville en pleine effervescence. L'Exposition universelle est à son apogée, et on imagine sans peine les impressions d'un jeune homme de dix-neuf ans faisant partie des cinquante et un millions de visiteurs qui, comme lui, se sont rendus dans la ville durant l'exposition[34]. Cet éclatement de lumières, de couleurs, de mouvements et de bruits a un effet immédiat sur son œuvre. La transformation que connaissent les dessins antérieurs à *L'Étreinte* de 1900 est indéniable. La scène est déplacée à Montmartre[35], et les personnages s'embrassent au milieu de la rue, à la vue de tous. Picasso, grand observateur du comportement humain et de la vie de la rue depuis son enfance à La Corogne, reproduit une attitude qui surprend si on la compare aux pratiques espagnoles de l'époque, se prêtant peu à ce type de démonstrations affectives en public[36]. L'homme et la femme s'enlacent alors de manière dévouée, sans aucune hésitation de sa part à elle ou sans aucun espace pour empêcher le contact des corps. Leurs mentons se confondent en une ombre. L'intensité de la couleur et du dessin met en évidence une nouvelle force dans ses œuvres. La position du couple ressemble à celle du *Baiser* de Steinlen, alors que la facture, la couleur et la

23 Pablo Picasso, *La Première Communion*, Barcelone, janvier-mars 1896, huile sur toile, Museu Picasso, Barcelone. **24** Pablo Picasso, *Science et charité*, Barcelone, 1898, huile sur toile, Museu Picasso, Barcelone.
25 Picasso réutilise la toile des *Derniers Moments* pour y peindre *La Vie*, 1903, huile sur toile, Cleveland Museum of Art, 1945.24.
26 Pablo Picasso, *Le Baiser*, Barcelone, vers 1899, crayon Conté sur papier, Museu Picasso, Barcelone, MPB111.547R. **27** Pablo Picasso, *Au chevet d'un malade*, Barcelone, 1899-1900, huile sur toile, Museu Picasso, Barcelone. **28** Pour une étude approfondie du processus créatif de *La Vie*, voir: Reyes Jiménez et al., *Viaje a través del azul:* La Vie, Barcelone, Museu Picasso, 2013; et Marilyn McCully et Robert McVaugh, « New Light on Picasso's *La Vie* », *The Bulletin of the Cleveland Museum of Art* 65/2, 1978, pp. 66-71. **29** Pablo Picasso, *Étude pour « Les derniers moments »*, Barcelona, 1899-1900, fusain, gomme mie de pain et traits de crayon noir sur papier, Museu Picasso, Barcelone. **30** Pablo Picasso, *L'Étreinte*, 1903, pastel, musée de l'Orangerie, Paris. **31** Pablo Picasso, *Le Baiser* et *Couple enlacé*, carnet, Barcelone, hiver 1899-1900, fusain sur papier imprimé, musée national Picasso-Paris, MP 1990-93.10V et 39V. **32** Pablo Picasso, *Le Baiser*, Barcelone, 1899, crayon graphite sur papier, Museu Picasso, Barcelone. **33** Pablo Picasso, *Le Baiser*, Barcelone, avril 1899, crayon Conté sur papier, Museu Picasso, Barcelone, MPB110.735. Pablo Picasso, *Le Baiser*, Barcelone, avril 1899, crayon Conté et crayon graphite sur papier filigrane, Museu Picasso, Barcelone. **34** « Paris 1900. La ville spectacle », Petit Palais, musée des Beaux-Arts de la ville de Paris, http://www.petitpalais.paris.fr/expositions/paris-1900, consulté le 1er mars 2017.
35 María Teresa Ocaña, « Los años de la eclosión », in *Picasso. La Formación de un genio. 1890-1904*, *op. cit.*, p. 239. **36** Josep Palau i Fabre, *Picasso vivo (1881-1907)*, Barcelone, Ediciones Polígrafa, S.A., 1980, p. 207.

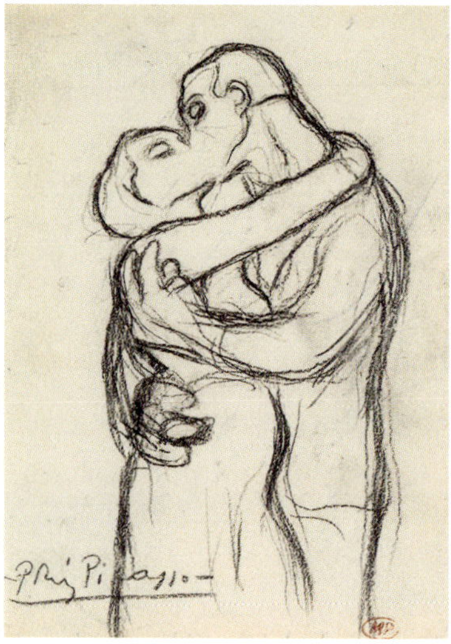

5. **L'Étreinte**, vers le 3 septembre 1901
Crayon Conté sur papier, 14,1 x 11 cm
Musée national Picasso-Paris

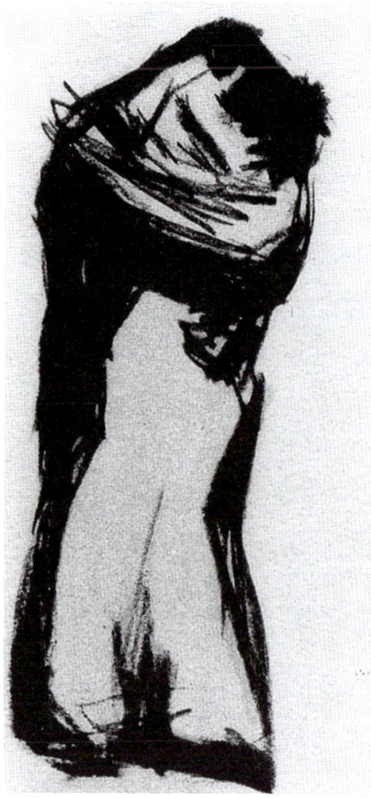

6. **L'Étreinte**, 1901
Crayon sur papier, 18 x 13 cm
Zervos VI, 320

composition s'en distinguent nettement. L'œuvre a été recoupée et la partie du côté gauche, supprimée[37], tout en disposant le couple au centre alors qu'originellement il était déplacé vers la droite, comme les amants dans la première version de 1892 du *Baiser* de Munch[38].

Les œuvres parisiennes de Picasso témoignent d'un esprit nouveau. Dans d'autres dessins [fig. 5 et 6] ou dans *L'Étreinte* du musée Pouchkine de la même année 1901, le désir devient évident[39] dans le trait violent et rapide, ou dans la conjonction des corps et la fusion des visages, imprégnés de l'esprit de Munch. Comme tant de fois dans son œuvre, les idées réapparaissent au fil des ans sous une nouvelle configuration. Bien que l'origine de ces idées et leur processus créatif particulier perdurent, le débat artistique avec l'œuvre d'autres artistes inclut progressivement sa propre œuvre et fait partie d'une évolution continue en dépit d'une intermittence dans certains cas. Ce n'est qu'à la fin des années 1920 que Picasso renouvelle son intérêt en créant des corps qui se fondent et ne deviennent qu'un, mais sous un nouveau vocabulaire plastique.

Vers les baisers sculpturaux des années 1920 et 1930

Certains dessins issus des carnets dont on a connaissance permettent de suivre le processus artistique conduisant Picasso des plages de l'Atlantique aux huiles qui nous occupent. La fermeté des formes sculpturales que l'on observe dans ces peintures, grâce à une modélisation subtile, a autant à voir avec ces années d'intense activité sculpturale[40] qu'avec une pratique héritée de sa jeunesse lorsqu'il copiait des illustrations et des moulages de sculptures de la Grèce et de la Rome antique. Les formes pierreuses aux contours et insinuations sensuels, ainsi que les figures monstrueuses de trait informel des peintures et dessins de l'époque, acquièrent une vie propre grâce au pinceau et au crayon de Picasso.

Au cours des années 1910, la ligne gagne une place singulière. Gertrude Stein définit ce changement de modèle au moment de créer :

« [...] les formes cubistes étaient remplacées par des surfaces et des lignes, les lignes, plus importantes que tout, avaient une existence propre. Il peignait non plus au moyen des objets, mais au moyen des lignes [...][41]. »

Le processus créatif d'un grand nombre d'œuvres durant les années suivantes passe par une expérimentation où la ligne devient fondamentale dans l'articulation de nouveaux vocabulaires plastiques. En pleine période du cubisme, Picasso travaillait de nouveau avec un vocabulaire figuratif, comme en témoigne par exemple l'*Homme moustachu accoudé à une table* (p. 98). Son retour au style classique allait le conduire, dans sa constante

37 La partie gauche du tableau recoupée se trouve aujourd'hui dans une collection privée. La signature de Picasso dans l'angle inférieur gauche de *L'Étreinte* laisse penser que le changement a très certainement été réalisé par l'artiste en personne. Comme nous le savons, il signait seulement les œuvres qui sortaient de son atelier, et la signature comme la dédicace semblent être contemporaines à l'œuvre. **38** Edvard Munch, *Le Baiser*, 1892, huile sur toile, Nasjonalmuseet, Oslo. **39** Pablo Picasso, *L'Étreinte*, 1900, huile sur toile, musée des beaux-arts Pouchkine, Moscou.
40 À partir de 1927, Picasso commence à travailler sur un projet sculptural à la mémoire de Guillaume Apollinaire qui ouvrira une période d'intense production de sculptures. **41** Gertrude Stein, *Picasso*, Paris, Christian Bourgois éditeur, 2006, p. 49.

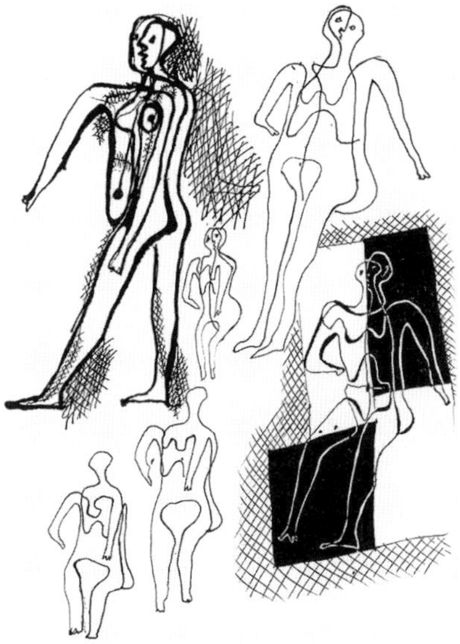

7. **Carnet** (MP 1870-41R)
Juan-les-Pins, 28 juin-1er août 1925
Encre de Chine sur papier Ingres
Musée national Picasso-Paris

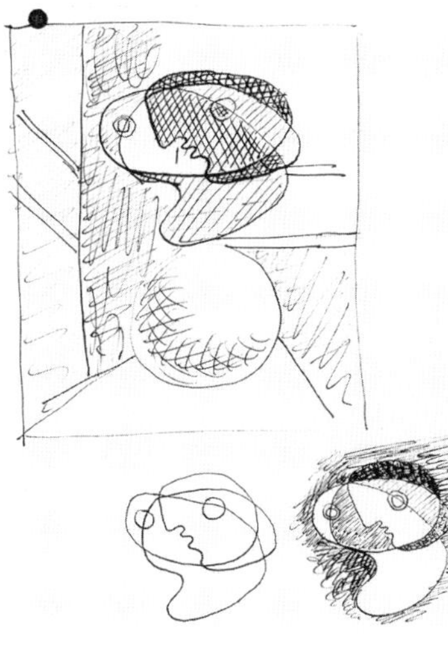

8. **Carnet** (MP 1872-2R)
Juan-les Pins, août-22 septembre 1926
Encre de Chine, gouache et huile
sur papier Ingres
Musée national Picasso-Paris

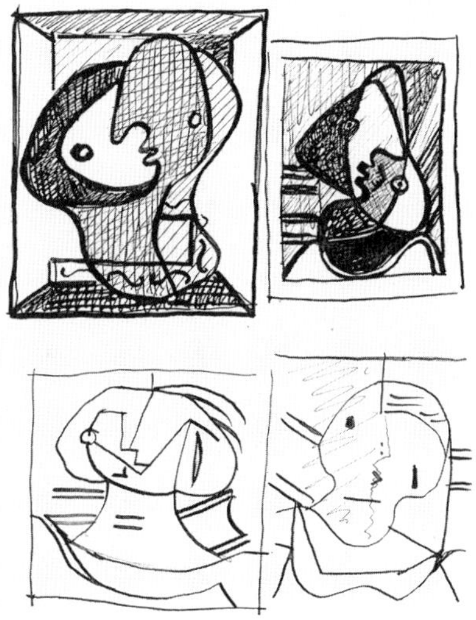

9. **Carnet** (MP 1875-3R)
Juan-les Pins, août-22 septembre 1926
Encre de Chine, gouache et huile
sur papier Ingres
Musée national Picasso-Paris

recherche de nouvelles formes d'expression, à la représentation de figures (notamment du corps humain) faites de volumes monumentaux et de déformations gigantesques, récurrentes dans ses œuvres au début des années 1920. Cette monumentalité sculpturale sera reflétée dans des œuvres postérieures telles que *Visage*, *Le Baiser* ou *Buste* (p. 108, p. 111, p. 110). De la même manière, au milieu des années 1920, certaines œuvres comme *L'Atelier de la modiste*[42] de 1926 révèlent une fragmentation des formes clairement liée au cubisme, où la ligne et la segmentation jouent un rôle décisif. Il apparaît nécessaire d'étudier attentivement les carnets de Picasso des années antérieures à 1929 pour pouvoir discerner le processus artistique et mieux comprendre les œuvres de la fin de la décennie.

Certains dessins qu'il réalise dans le carnet de Juan-les-Pins de l'été 1925[43] permettent de constater ce processus de transformation : la ligne et la fragmentation des formes deviennent des protagonistes. À la page 41R [fig. 7], Picasso définit la figure avec son contour, à l'aide d'un détail ponctuel. Dans le croquis se trouvant en haut à droite, il expérimente en délinéant dans un premier temps certaines parties du corps : chaque côté du visage, la poitrine, l'estomac et le pubis. Le tout est englobé au sein d'une ligne continue qui définit le corps. Dans la figure centrale du bas de la page, l'espace triangulaire vide représente le pubis, en réalité identifié par son absence, en créant ainsi un jeu « positif/négatif » dans le processus. Ce jeu entre matière et vide constitue un élément clef dans le processus d'expérimentation. Un autre carnet[44], daté de l'été suivant, nous aide à comprendre comment le contour linéaire alimente le processus de fragmentation des corps. À la page 2R [fig. 8], sur le croquis du bas à gauche, la tête est définie par les lignes qui la divisent en deux parties : le cou et le côté gauche du visage d'une part, et d'autre part, le côté droit. Dans les deux autres esquisses de la même page et dans les deux du haut de la page suivante [fig. 9], certaines des zones sont ombrées, sans doute pour mettre en valeur la fragmentation de l'ensemble. En général, l'observateur tarde un peu à prendre conscience de ce que ces dessins représentent, dans la mesure où chaque fragment acquiert une vie propre, assume une autonomie tout en continuant à appartenir à un tout. Dans le croquis du haut de la page 3R [fig. 9], à gauche, la tête est divisée en six segments : le plus sombre à droite donne du volume à l'ensemble. On observe la partie droite du visage en blanc, et le cou et la partie gauche du visage en gris, ombré avec des lignes verticales et horizontales. Complètement à droite, le cheveu, de couleur claire, peut-être blond, est fait de lignes plus délicates en diagonale. Enfin, les deux cercles qui marquent les yeux ferment l'ensemble.

42 Pablo Picasso, *L'Atelier de la modiste*, Paris, [janvier 1926], huile sur toile, musée national d'Art moderne - Centre Pompidou, Paris. **43** Pablo Picasso, carnet, Juan-les-Pins, du 28 juin au 1er août 1925, plume et encre de Chine sur papier Ingres, musée national Picasso, Paris, MP39 .1870R - 43R. **44** Pablo Picasso, carnet, Juan-les-Pins, août22- septembre 1926, plume, encre de Chine, gouache et huile sur papier Ingres, musée national Picasso, Paris, MP1872.

L'ombrage ou son absence ainsi que le contour créent une lecture ambiguë en donnant à chaque fragment une autonomie propre, à l'image de celle d'un couple en train de s'embrasser. D'autre part, chaque segment est autonome et chacun se mue en une forme corporelle indépendante et annonciatrice des corps qui peuplent les œuvres de la fin de la décennie, comme *Le Baiser* et *Buste*.

Dans le carnet de Dinard[45], commencé début juillet 1928, on trouve un spectaculaire ensemble de dessins avec des configurations osseuses monumentales d'une grande beauté. Au début du mois d'août, Picasso commence à créer des personnages monstrueux, et ce processus permet de découvrir comment les baigneuses de *Deux femmes courant sur la plage*[46] de 1922 furent soumises à une métamorphose importante et comment elles acquirent lentement mais inexorablement des formes déstructurées nous menant à des déformations dessinées avec une ligne libre et informelle. Dans ce processus métamorphique, Picasso travaille deux lignes d'expérimentation : distorsions biomorphiques et synthèses géométriques. Les processus créatifs de l'une comme de l'autre s'alimentent entre eux, convergent en un chemin qui nous mène vers d'autres œuvres telles que *Le Baiser* (p. 111), *Le Baiser, fond rouge* (p. 109), *Tête sur fond bleu* (p. 109), *Buste* (p. 110), *Femme étendue au soleil* (p. 115) ou *Femmes jouant à la balle sur la plage* (p. 114). Ces œuvres ne se nourrissent plus seulement de la constante recherche plastique des dernières années mais sont également une synthèse de fondements cubistes et d'un vocabulaire plastique assimilé durant sa jeunesse, qui sous une expérimentation constante aboutissent à ces images surprenantes.

Peintures sculpturales

Nous sommes succinctement revenus sur le processus créatif purement formel que Picasso mène à bien dans la réalisation d'œuvres qu'il crée à la fin des années 1920 et au début de la décennie suivante. Il existe de multiples facteurs conjoncturels en lien avec la production de cette période que nous mentionnerons brièvement : l'attraction que Picasso ressent pour des formations naturelles telles que certaines crêtes ou des mégalithes préhistoriques[47], son désir de créer des sculptures monumentales, sa passion pour les collections d'os d'animaux ou son inclination pour l'ambiance intellectuelle et artistique parisienne dominée par les surréalistes.

À l'été 1927, Picasso réalise une série de dessins dans l'intention d'en faire des sculptures monumentales, qu'il souhaite disposer sur toute La Croisette à Cannes[48]. Il pourrait s'agir d'une fantaisie, mais ce désir non assouvi s'exprime de manière subliminale à travers certaines peintures, dessins et sculptures qu'il crée au cours de cette période. Les têtes de *Visage* (p. 108), dans *Le Baiser* (p. 111) ou *Buste* (p. 110), reposent sur un élément ambigu pouvant être assimilé à un soubassement ou à une base plus conforme à la sculpture qu'à la représentation d'un torse humain. Selon Brassaï, les tons qui dominent ces peintures entrent dans une période sculpturale où les tons monochromatiques évoquent des représentations picturales de sculptures factices[49]. Ces peintures de palette réduite sont conçues avec une présence volumétrique propre à la sculpture qui crée une rencontre extraordinaire du dessin et de la peinture avec la sculpture.

Picasso collectionne des os d'animaux (rhinocéros, brebis et autres) qu'il dispose à Paris et dans la remise de son château à Boisgeloup[50]. Il est fasciné par la manière avec laquelle les formes concaves et convexes des os s'intègrent les unes aux autres comme si elles étaient originellement modelées dans de l'argile[51]. Il n'est donc pas surprenant de retrouver dans le carnet de Dinard une variété de formes osseuses supradimensionnées, articulées à travers un vocabulaire érotique débordant. Des œuvres telles que *Le Baiser* (p. 111) sont un exemple de peinture avec des formes sculpturales osseuses d'une grande sensualité et dont la lecture ambiguë joue un rôle important.

Sommes-nous face à un couple qui se fond dans un baiser, ou face à une tête sectionnée depuis le bas du dos, exposée comme s'il s'agissait d'un livre ouvert ou même d'un pelvis avec ses extrémités inférieures. Est-ce la représentation d'une sculpture réalisée en os ou en pierre ou une représentation monstrueuse du corps humain ? Ces questionnements et la multiplicité des interprétations constituent une partie intrinsèque de son appréciation. Dans le cas de *Visage* (p. 108), est-on face à une confrontation violente entre deux têtes ou face à une seule qui s'exprime de manière sulfureuse ? *Buste* (p. 110) est-il un baiser passionné, une copulation entre deux corps extrêmement réduits ou un buste avec un minimum de traits comme points de référence ? Il existe des perceptions plus évidentes que d'autres, et l'ambiguïté devient alors un élément significatif — un produit du processus métamorphique.

Au milieu des années 1920, Picasso, attiré par le mouvement intellectuel naissant du moment, fraternise avec

45 Pour consulter le carnet dans son intégralité, voir : Werner Spies, *Pablo Picasso: Wege zur Skulptur. Die Carnets Paris und Dinard von 1928 aus der Sammlung Marina Picasso*, Munich, Prestel Verlag, 1995.
46 Pablo Picasso, *Deux femmes courant sur la plage (La Course)*, Dinard, été 1922, gouache sur contreplaqué, musée national Picasso, Paris, MP78. **47** Picasso visite les falaises de Pourville, en Normandie, et porte un intérêt tout particulier aux dolmens de Carnac, en Bretagne. Voir John Richardson, *A Life of Picasso. The Triumphant Years, 1917-1932*, New York, Alfred A. Knopf, 2007, pp. 366-368, 377-378. **48** Christian Zervos, « Projets de Picasso pour un monument », *Cahiers d'art* 8-9, 1929, pp. 341-353. **49** Gyula Brassaï, *Conversations avec Picasso*, Paris, Gallimard, 1964, p.29. **50** *Ibid.*, p. 105.
51 *Ibid.*, p. 105-106

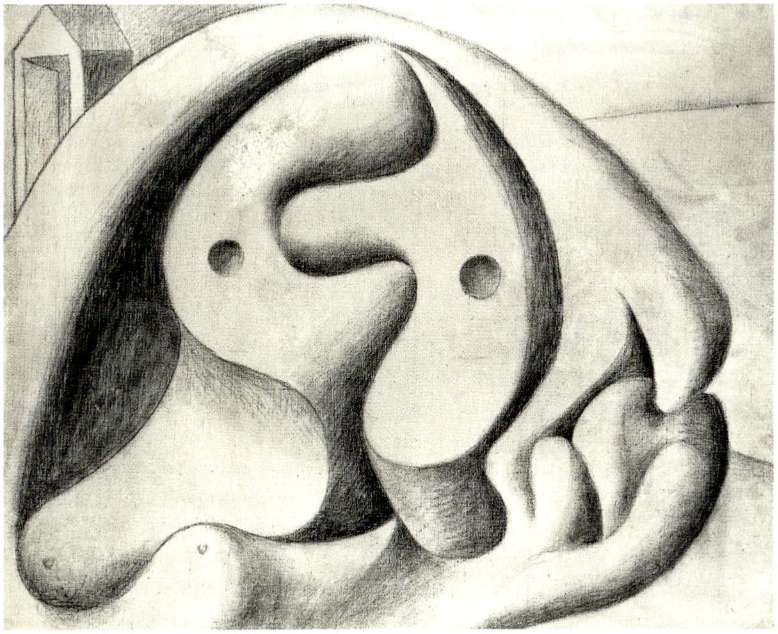

10. **Baigneuse sur la plage**
8 janvier 1931
Fusain sur toile
65 x 81 cm
Collection particulière

de nombreux membres du groupe et accepte avec plaisir l'admiration qu'ils lui portent. Depuis tout jeune, l'artiste noue davantage d'amitiés avec des poètes et des écrivains qu'avec des peintres. Il n'est donc pas surprenant que des sources littéraires comme celles d'André Breton, Paul Éluard ou René Crevel alimentent l'imaginaire de Picasso durant cette période[52]. Ina Conzen considère que le concept d'« androgyne primordial », que Breton reprend de Platon, insuffle de nombreuses œuvres de cette période : « La rencontre transcendantale de deux moitiés complémentaires produit une fusion complète de chacune d'entre elles, les rendant impossibles à distinguer l'une de l'autre[53]. » Dans *Visage* (p. 108), nous percevons un corps sculptural fragmenté en deux parties qui, sans être identiques, se raccordent à la perfection.

Le Baiser

À la fin des années 1920 et au début des années 1930, Picasso réalise un nombre considérable d'œuvres où il représente la conjonction de deux figures, que ce soit des visages, des bustes ou des corps entiers [fig. 10]. Dans certaines d'entre elles, comme dans *Le Baiser* (p. 111), la passion implicite incite à un processus métamorphique où les parties se fondent en un baiser transformateur. Dans d'autres, la confrontation entre les figures s'articule à travers des baisers dévorants, des dents menaçantes, des formes anguleuses et des couleurs criardes, distillant une violence sexuelle inquiétante.

Pour faire ressortir une passion débordante, Munch utilise comme technique le plan partagé des parties charnues des visages se fondant entre elles. Dans son cas, l'évident contenu érotique de son baiser est accompagné d'une forte charge d'anxiété existentielle propre à la période de fin du siècle dans laquelle il vit. La transformation, dans les mains de Picasso, de cette même technique obtient des résultats différents et, dans le cas du *Baiser* (p. 111), elle parvient à exprimer un mélange de passion et de tendresse à travers la sinuosité des formes, la délicate facture et les douces tonalités qu'il emploie.

Picasso compose le tableau de manière à ce que le spectateur s'y relie depuis un apparent point de vue subordonné. De cette façon, il obtient une dimension monumentale propre à la sculpture à grande échelle. Les formes allongées qui supportent et donnent de la stabilité aux têtes semblent avoir une double fonction : des cous qui unissent les têtes avec des torses, ou bien des supports stylisés qui joignent la partie supérieure de la sculpture avec des bases trapézoïdales. L'ombrage des formes projette une sensation volumétrique qui leur octroie une forte qualité sculpturale. Enfin, le coloris employé nous conduit de manière subliminale à penser à des corps osseux, pierreux, métalliques, et même sablonneux.

L'étude des dessins de Picasso permet donc de pénétrer le processus métamorphique et expérimental de l'artiste pour mieux comprendre la structuration du langage mystérieux et hermétique qui articule des œuvres telles que *Le Baiser*.

52 Ina Conzen, *Picasso Bathers*, Stuttgart, Staatsgalerie/Ostfildern-Ruit, Hatje Cantz Publishers, 2005, p. 90.
53 *Ibid.*

Traduit de l'espagnol
par Laura Leonetti

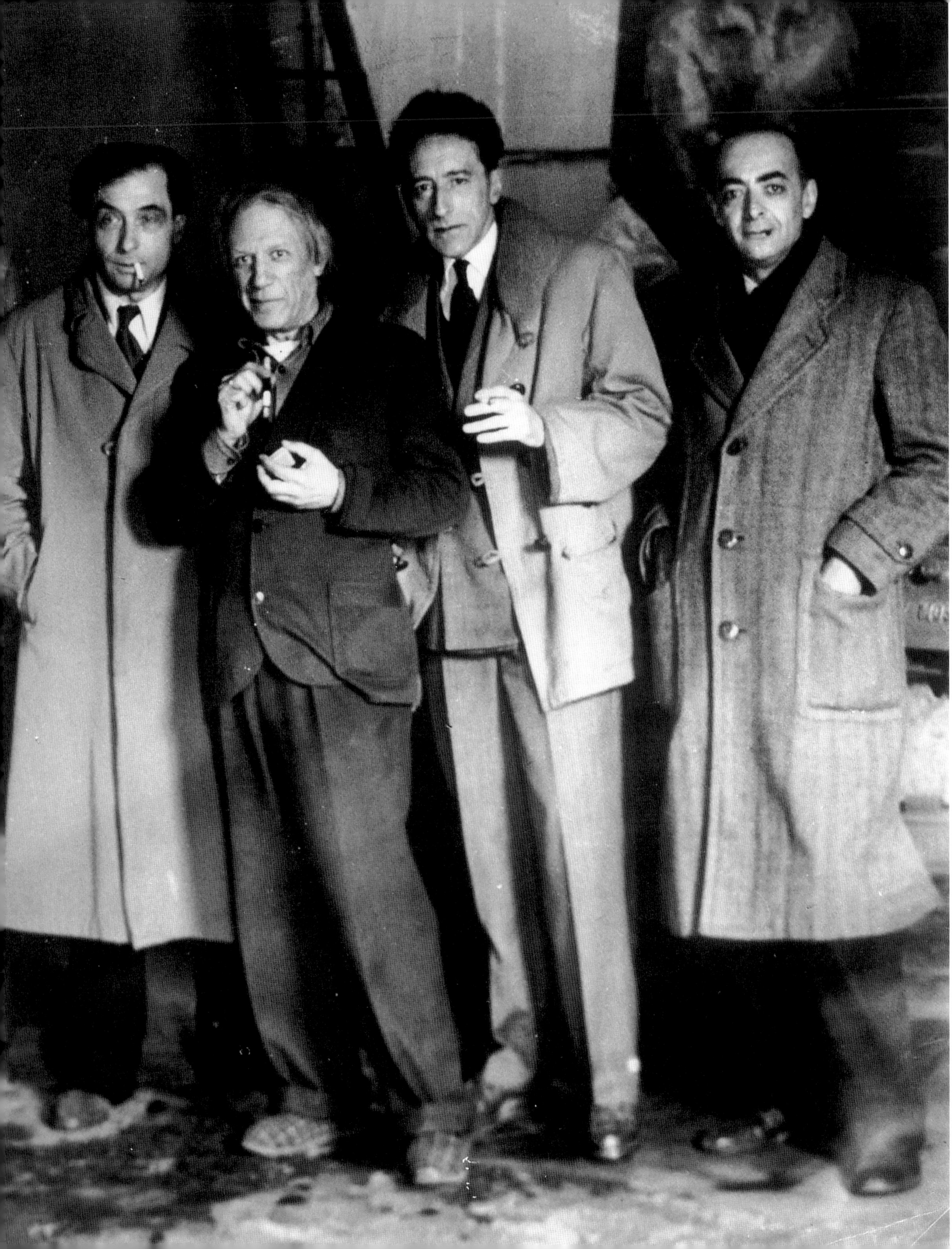

Peter Read

« L'éternel inventeur » : Picasso et ses livres illustrés (1905 à 1973)

De gauche à droite : Reverdy, Picasso, Cocteau et Brassaï, Paris, 1939 (détail)

Picasso aimait bricoler, fabriquer, construire. Sa dextérité de prestidigitateur et sa curiosité pénétrante l'ont encouragé aussi à côtoyer des imprimeurs, des ferronniers, des potiers et d'autres « intermédiaires » géniaux, qui lui ont transmis une part de leur savoir-faire. Sa disponibilité pratique et intellectuelle favorise sa participation, entre 1905 et 1973, à la création de plus de cent cinquante livres[1], qui lui permettent de dialoguer avec des poètes contemporains, quelques grands auteurs du passé, des éditeurs indépendants et des artisans exceptionnels.

Lorsque Picasso décide de collaborer à la conception d'un livre, s'il n'écarte pas un rapport direct entre ses dessins et des éléments spécifiques sélectionnés dans le texte littéraire, il tend à privilégier d'autres formes de correspondance entre le mot et l'image. En 1911, par exemple, quand il illustre de quatre eaux-fortes cubistes *Saint Matorel*, de Max Jacob, il choisit de représenter un personnage du roman, Mademoiselle Léonie, ainsi que le couvent où se retire Matorel. Les multiples plans fracturés des gravures correspondent, également, à la « nature fantasque » de Léonie[2] et aux dissociations saccadées qui caractérisent le récit[3]. Dans toutes ses interventions livresques, Picasso va imposer une tension modulable entre de telles spécificités littéraires et les priorités plastiques qui lui orientent la main. L'équilibre fluctuant entre l'appel du mot et la présence souveraine de l'image se conforme, de fait, aux principes même du cubisme, voire de toute la production de Picasso, figurative mais antimimétique, partagée entre l'évocation du sujet et l'autonomie esthétique de l'œuvre d'art. La parole poétique et le geste plastique sont, en outre, fondés tous deux sur un refus commun de l'expression discursive, et la conscience de cette complicité essentielle permettra à Picasso de s'octroyer régulièrement une marge importante de liberté créatrice, parfois en décalage avec le texte, toujours en accord avec l'évolution de ses propres préoccupations artistiques.

Picasso ne cède à certains auteurs qu'une seule illustration, tandis qu'il marque sa fidélité à d'autres poètes, favorisant souvent ceux qui prennent une part active dans la production matérielle des livres. C'est le cas, par exemple, de Pierre-André Benoit, poète, imprimeur et éditeur, avec lequel Picasso réalisera dix-sept livres, entre 1956 et 1967. Iliazd (Ilia Zdanevitch), autre collaborateur privilégié, avait appris le métier d'imprimeur en Géorgie, où il confectionnait des livres futuristes. Devenu Parisien, il fait paraître en 1940 *Afat* (pp.120-121), publié à l'enseigne de sa propre maison d'édition. Tiré à soixante-quatre exemplaires, l'ouvrage comprend soixante-seize sonnets en russe, dont trois évoquent Picasso. Ce dernier ornera le livre de quatre gravures au burin et à l'eau-forte, représentant une dormeuse et des couples d'amoureux, et de deux arabesques au lavis, portant en lettres coufiques les mots *Afat* (qui signifie à la fois « malheur » et « femme très belle ») et *Madjusiya* (« sorcière »). Se fiant à l'atelier Lacourière pour les gravures et à l'imprimerie Union pour la typographie, toujours en majuscules et en police Gill, Iliazd réalisera en association avec Picasso huit autres publications d'une élégance inégalable. Leur ultime collaboration, *Pirosmanachvili 1914*, sera tirée à soixante-dix-huit exemplaires en décembre 1972. Il s'agit d'un hommage au peintre géorgien Niko Pirosmani, qui en 1969 avait bénéficié d'une exposition au Louvre. Le livre réunit la traduction en français d'un article qu'Iliazd avait consacré à Pirosmani en 1914 et une pointe sèche, signée par Picasso, représentant l'artiste barbu, arborant un couvre-chef à larges bords, debout devant son chevalet,

1 Sebastian Goeppert, Herma Goeppert-Frank et Patrick Cramer, *Pablo Picasso : catalogue raisonné des livres illustrés*, Genève, Patrick Cramer, 1983. **2** Voir Jeanne-Yvette Sudour, « Le souffle de l'encre : Picasso et le livre illustré », in *Picasso : la passion du dessin*, sous la direction de Dominique Dupuis-Labbé, Paris, Rmn, 2005, p. 178-193 (p. 180-181). **3** Voir Gérard Bertrand, *L'Illustration de la poésie à l'époque du cubisme, 1909-1914, Derain, Dufy, Picasso*, Paris, Klincksieck, 1971, p. 96, note 30.

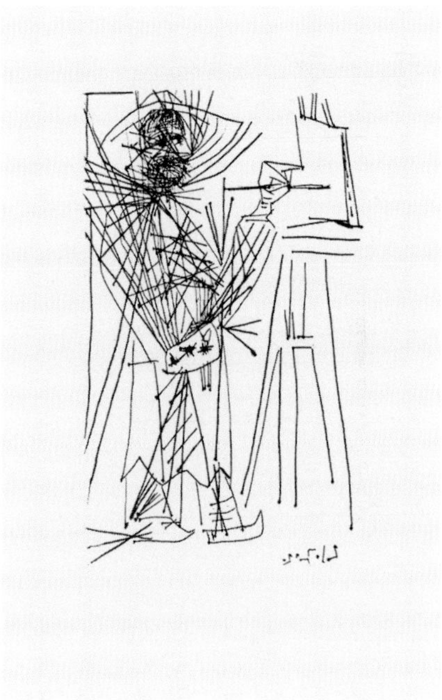

1. Gravure pour *Pirosmanachvili 1914* d'Iliazd
Éd. Le Degré Quarante et Un
Paris, 1972

palette et pinceau à la main [fig. 1]. Picasso prolonge ainsi une série importante de dessins qu'il a réalisés entre mai et juillet 1970, représentant tous les âges d'un peintre, de la jeunesse à la vieillesse, toujours au travail[4]. Un autre dessin, daté du 3 février 1971, montre un artiste barbu, assez âgé, coiffé d'un chapeau de paille, devant son chevalet, pinceau et palette en main (musée Réattu, Arles). Au verso, Picasso a écrit « Un peu Matisse », mais l'ensemble des métamorphoses du peintre infatigable constitue une récapitulation de sa propre vie d'artiste. Lorsqu'en 1972 il offre à Iliazd un dernier frontispice, Picasso clôt enfin la séquence représentant un peintre toujours à l'œuvre. En réalisant le portrait imaginaire de Pirosmani, il se projette aussi dans la peau du célèbre artiste autodidacte que l'on a souvent nommé « le Douanier Rousseau géorgien ».

Pendant les années d'Occupation, les choix de partenariat éditorial que fait Picasso impliquent souvent un positionnement moral, voire politique. Décidé à rester à Paris et à y poursuivre son travail, il compte parmi ses camarades Paul Éluard et Robert Desnos et se rapproche de Georges Hugnet, poète, artiste, relieur, imprimeur et éditeur, né en 1906. Ami et traducteur de Gertrude Stein, Hugnet connaît Picasso depuis les années 1920. En 1934, l'artiste lui offre une eau-forte originale, *Joueuses de ballon*, datée du 7 décembre 1932, pour les vingt-huit exemplaires de tête de sa *Petite Anthologie Poétique du Surréalisme*, publié aux éditions Jeanne Bucher. Dans « L'iconoclaste », article paru d'abord dans *Cahiers d'art* en 1935, Hugnet rappelle sa découverte des papiers collés et autres œuvres cubistes de Picasso, capables à ses yeux de bouleverser le réel et de reconfigurer le monde, et dont l'exemple aurait suscité dans sa propre écriture un jaillissement continu d'associations irrationnelles. Il découvre aussi dans l'art de Picasso une synthèse essentielle de l'éthique et de l'esthétique à même de braver les menaces d'un régime totalitaire : « Picasso donne une belle leçon de courage et de révolte. Il sait, nous savons que nous serions parmi les premières victimes du fascisme, de l'hitlérisme français, celui-ci ne nous sous-estimant pas[5]. »

Exclu du groupe surréaliste en 1939, Hugnet trouve auprès d'Éluard et de Picasso des appuis fiables. Durant les années de guerre, il rencontrera Picasso presque tous les jours, dans son atelier de la rue des Grands-Augustins et dans un restaurant avoisinant qu'ils nomment « Le Catalan », où Desnos les rejoindra régulièrement[6]. Hugnet lance alors une collection de publications clandestines : entre octobre 1940 et décembre 1941, il fera paraître une série initiale de quatre petites plaquettes, de format oblong, à l'italienne (145 x 97 mm). Le premier volume, *Non vouloir*, orné d'un dessin de Joan Miró, imprimé à l'encre rouge, sera tiré à vingt-six exemplaires, signés par le poète. Les trois plaquettes suivantes seront *Pablo Picasso*, *Marcel Duchamp* et *Au dépens des mots*, respectivement imprimées à l'encre brune, bleue et dorée, illustrées par Picasso, Duchamp et Valentine Hugo. Chacune sera tirée à deux cents copies et les exemplaires de tête, sur de beaux papiers, seront signés par le poète et, en ce qui concerne Picasso et Duchamp, par l'artiste.

Évoquant le climat sinistre qui pèse sur la capitale, *Non vouloir* énonce un message de révolte explicite :

> Je considère ces maisons ces arbres
> [tous ces cœurs vivants.
> Je considère ces hommes
> [toutes ces forces perdues.
> Je refuse.

Publié en octobre 1940, c'est le premier poème de résistance paru à Paris.

Pour *Pablo Picasso*, Hugnet reprend un poème datant de janvier 1940 dans lequel le mot « valsez » revient dix-neuf fois, faisant virevolter les destins, les lits, les loups et la vie foisonnante d'une forêt nocturne, tout autour d'un point central, où « L'homme est assis sur son talus d'aurore ». Toutes les certitudes se trouvent déstabilisées, et il en résulte, selon Francis Dumont, un portrait « véridique »

4 Christian Zervos, *Pablo Picasso*, Paris, *Cahiers d'Art*, vol. XXXII, 1977, nos 74-85, 115-120, 148-242. **5** Georges Hugnet, « L'iconoclaste », Paris, *Cahiers d'art*, 1935, 10e année, nos 7-10, pp. 218-219 ; repris dans Georges Hugnet, *Pleins et déliés : souvenirs et témoignages 1926-1972*, La Chapelle-sur-Loire, Guy Authier, 1972, pp. 133-136. **6** Georges Hugnet, *Pleins et déliés*, *op. cit.*, pp. 295, 346.

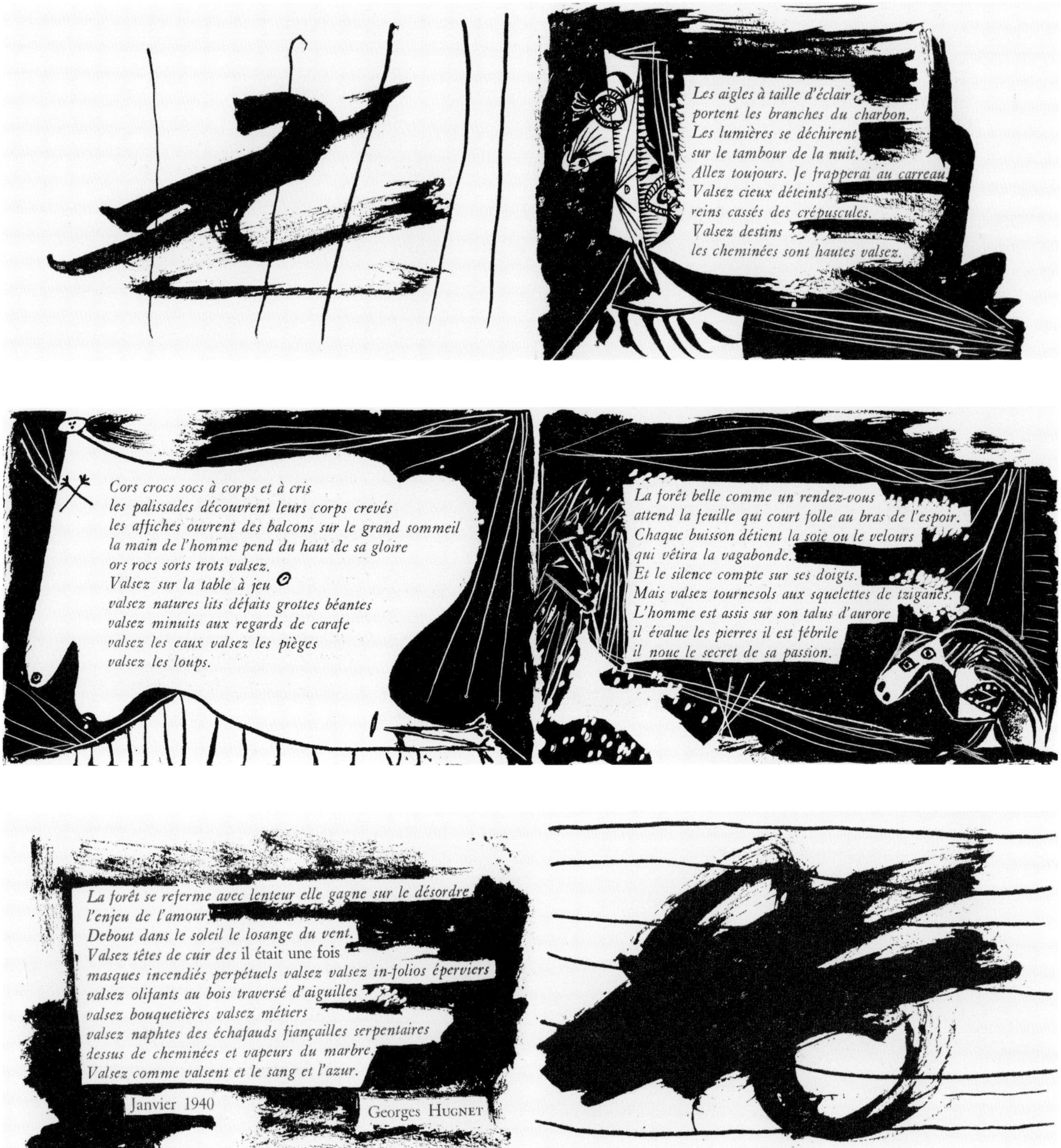

2. Zincographies pour *Picasso*
de Georges Hugnet
Éd. Georges Hugnet, Paris, 1941

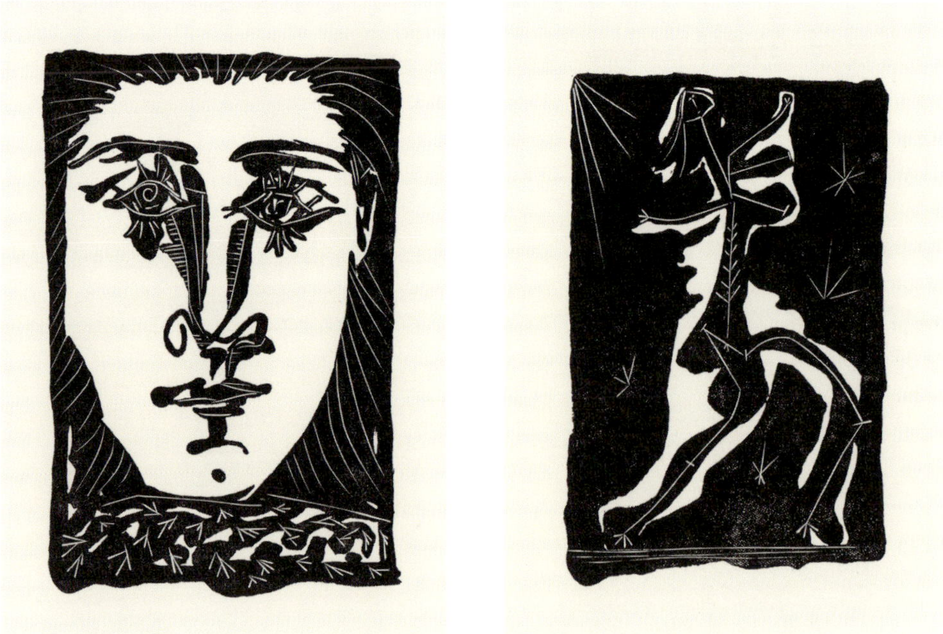

3. Zincographies pour *Non vouloir*
de Georges Hugnet
Éd. Jeanne Bucher, Paris, 1942

de Picasso, « d'après une ressemblance inspirée », en forme de « kaléidoscope » et de « tourbillon »[7]. Le poème est divisé en quatre segments de 9, 10, 9 et 10 vers, répartis sur quatre feuillets, et la maîtrise éditoriale de Hugnet est confirmée, comme le remarque Serge Linarès, par un réseau métaphorique qui évoque, dès l'ouverture, des formats de papier (« aigles ») et la gravure (« taille »), auxquels répondent, vers la fin, des « in-folios éperviers[8] ».

Pablo Picasso est illustré de six zincographies originales de Picasso [fig. 2], dont trois retravaillées en taille-douce, et le tirage de tête comprend vingt exemplaires sur vélin de Rives et six sur japon nacré. Les illustrations témoignent de l'engagement entier de Picasso dans la création de la plaquette[9]. Réalisées à l'encre noire, elles renforcent l'aspect symétrique de l'ensemble, car Picasso encadre le poème de deux idéogrammes abstraits, vigoureusement dessinés hors texte, tous deux placés sur une grille de traits parallèles. Chacun des quatre segments du poème est entouré par un dessin de Picasso, qui laisse l'encre s'étaler dans les marges du feuillet, nuit noire qui cerne la clarté centrale de la zone poétique. L'encre de Picasso pénètre également dans l'espace du poème, s'infiltrant parmi les vers, stratégie graphique qui annonce celle qu'il appliquera plus tard dans *Le Chant des morts* de Pierre Reverdy (ill. pp. 148-149). Dans *Pablo Picasso*, l'artiste introduit, aussi, un brin d'humour grinçant, en entourant les trois premiers segments du texte de formes et de figures féminines, volumineuses et caricaturales, avant d'encastrer la conclusion dans une composition entièrement abstraite.

Non vouloir affiche un esprit d'insoumission explicite. Dans *Pablo Picasso* et dans les deux autres plaquettes de la série, la charge subversive est constituée d'une alliance entre la beauté insolente de l'objet, l'affirmation d'une intraitable liberté d'expression et la mention finale « Made in France », en langue anglaise pour agacer le régime de Vichy. Par la suite, Hugnet continuera sa politique d'insubordination éditoriale en faisant paraître en 1943, par exemple, *Le Petit*, texte obscène de Georges Bataille. Son appartement au 9 ter, boulevard du Montparnasse devient, en outre, un entrepôt de faux papiers d'identité et un centre de distribution d'autres publications clandestines, tels *La Main à plume* et *L'Honneur des poètes*, auxquelles il contribue par des poèmes signés Malo le Bleu. Il y broche aussi des livres pour les Éditions de Minuit[10]. Picasso, pour sa part, s'associera en avril 1942 à une nouvelle édition de *Non vouloir*, encore aux éditions Jeanne Bucher. Le texte éponyme y sera accompagné de cinquante-trois autres poèmes récents de Hugnet, tous partagés entre indignation et révolte, parmi lesquels sont réparties quatre zincographies de Picasso

7 Francis Dumont, « Poésie fraîche. Georges Hugnet », postface dans Paul Éluard, *Sur les pentes inférieures*, s. l. [Paris], imprimerie L. Beresniak, s. d. [1941] (œuvre imprimée sur un grand feuillet plié en quatre, tirée à 36 exemplaires, numérotés et signés par Éluard). **8** Serge Linarès, *Picasso et les écrivains*, Paris, Citadelles et Mazenod, 2013, p. 239. **9** Hugnet avait offert à Picasso un manuscrit autographe de « Pablo Picasso », calligraphié à l'encre rouge, signé et daté de janvier 1940, sur un double feuillet de papier à lettres décoré du dessin imprimé d'un nid d'oiseau (Archives Picasso). **10** James Phillips, *Georges Hugnet (1906-1974) : « le pantalon de la fauvette »*, Paris, Lettres Modernes, 1991, pp. 41, 92.

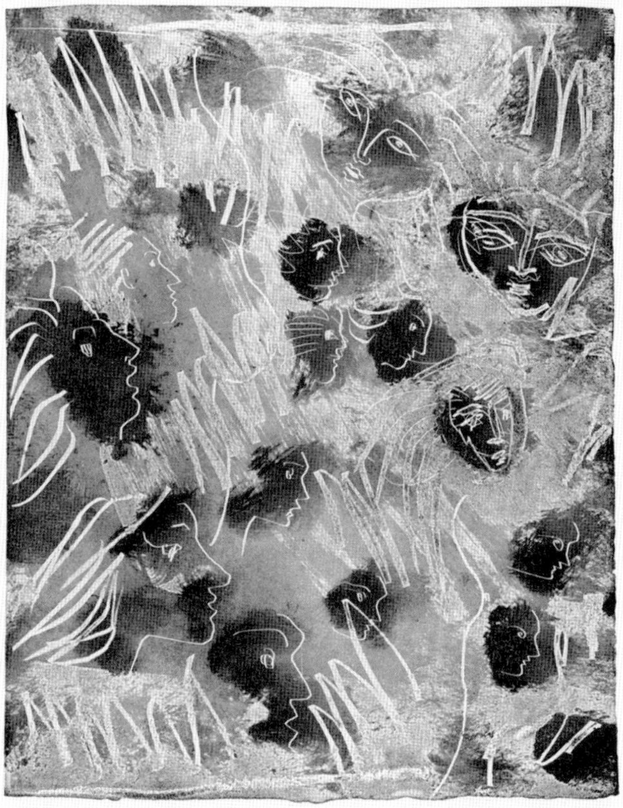

4. Phototypie pour *La Chèvre-Feuille* de Georges Hugnet
Éd. Robert-J. Godet, Paris, 1943

représentant des figures féminines [fig. 3]. En agençant des aplats contrastés en noir et blanc, Picasso confère aux zincographies l'apparence de gravures sur bois. Leur placement suit une certaine logique : l'image d'une tête de femme (Dora Maar) est située face au vers « Dors sous ton portrait qui veille », et une femme qui court sur un fond sombre se trouve vis-à-vis de la question « Qui caracole dans le noir ? ». Le tirage sera de quatre cent vingt-six copies numérotées, et les vingt-six exemplaires de tête, signés par l'auteur et l'artiste, s'accompagneront d'une suite supplémentaire de quatre estampes, chacune de couleur différente (bleu, rouge, jaune et vert), suivies d'une planche qui les superpose en noir et en couleurs[11].

Le 3 août 1943, Hugnet adresse à Picasso le tapuscrit d'une nouvelle collection de poèmes[12] qui paraîtront à l'automne, ornés d'illustrations de Picasso, chez Robert Godet, jeune éditeur résistant qui produit sous l'Occupation une série de livres audacieux, distribués sans l'autorisation de la censure. En mai 1944, il éditera *Contrée*, de Robert Desnos (p. 135), recueil insurrectionnel, illustré par Picasso et tiré à deux cent treize exemplaires[13]. Intitulé *La Chèvre-feuille*, ce nouvel ouvrage de Hugnet et de Picasso porte, toutefois, la mention « Autorisation N° 23.125 », ce qui le sort de la clandestinité. Il s'agit d'une histoire d'amour impossible qui a brisé le cœur du narrateur, résolu néanmoins à échapper au brouillard qui l'étouffe. La bande de couverture apporte comme précision : « Un jour la Chèvre-Feuille me déclara : "Vous écrivez en vers libres parce que c'est moins difficile." » Hugnet relève le défi en imposant à cette poésie de fin d'amour, divisée en vingt-huit séquences, une versification classique et diversifiée. Sa poésie bascule vers la clarté communicative qui caractérise alors les écrits d'Aragon, d'Éluard et de Desnos.

Tiré à cinq cent trente-quatre exemplaires (plus quelques autres hors commerce), l'ouvrage est orné de six illustrations de Picasso hors texte, constituées de photographies de dessins, retouchées à l'eau-forte et reproduites en phototypie et en négatif, procédé qui produit des effets de profondeur et de transparence. La planche d'ouverture présente la tête d'une jeune femme dessinée quatorze fois, de face et de profil [fig. 4]. Émergeant d'un fond brumeux, ce mirage onirique communique parfaitement un état d'obsession amoureuse. Les planches suivantes montrent d'abord une femme-fleur, chèvrefeuille incarné, et ensuite plusieurs jeunes femmes dévêtues, assises ou s'étirant, dans des postures qui rappellent le *Bain turc* d'Ingres et *Les Demoiselles d'Avignon*. Dans les vingt-cinq exemplaires de tête, signés par l'auteur et l'artiste, s'insère une suite supplémentaire des illustrations, tirées à part en trois couleurs à l'imprimerie Lacourière. Éluard participe à l'ouvrage en y ajoutant un prière d'insérer « Pour Georges Hugnet », constitué des quatorze réflexions numérotées que lui inspire le « poème inépuisable ». Parmi elles : « Au tournant d'un sein, le poète soudain s'émerveille d'échapper aux contingences insignifiantes. Ce qui l'inspire va l'éterniser. » L'aventure personnelle du poète acquiert ici, en effet, une résonance allégorique considérable : au cœur des années de nuit et de brouillard, un ouvrage associant des images de Picasso à des paroles de Hugnet et d'Éluard transmet nécessairement un appel à l'espérance.

11 Sur une carte postale datée du mardi 28 avril 1942 (Archives Picasso), Hugnet remercie Picasso pour les dessins « absolument merveilleux » que celui-ci vient de lui remettre, lui promettant de lui apporter le samedi suivant des épreuves accompagnées de clichés des images. **12** Dans la carte postale qui accompagne les poèmes, Hugnet remercie Picasso de l'avoir soutenu pendant la période difficile qu'il vient de traverser : « Tu m'as aidé à vivre. » (Archives Picasso.) **13** Peter Read, « Picasso et Robert Desnos, 1923-1945 : "une exigence de liberté" », *suivi de* « Lettres de Robert et Youki Desnos », in *Cahier de l'Herne Picasso*, sous la direction de Laurent Wolf, avec la collaboration d'Androula Michaël, Paris, L'Herne, 2014, pp. 285-299.

En 1954, enfin, Hugnet fait paraître *Ici la voix*, longue rhapsodie en vers libres mêlés de strophes classiques, composée en 1942 et 1943, dont des extraits ont paru en 1944 dans *Europe* et *L'Éternelle revue*, signés Malo le Bleu. Ponctué de pics de colère, *Ici la voix* est émaillé de références à quelques grands poèmes d'Apollinaire et scandé par des refrains, tels « Arrêtez-vous chansons » et « Paris où es-tu ? ». Hugnet y déroule des scènes et des faits marquants de la vie parisienne sous l'Occupation, comme le marché noir, l'étoile jaune, les noms d'emprunt des résistants, « Marlborough... Picasso... César... Iphigénie... », les représailles, l'appel insistant de « la radio d'Hitler » et des émissions de Londres, de Moscou et d'Amérique. Dédié « À Pablo Picasso », le livre tiré à six cents exemplaires paraît aux Éditions Seghers sous une couverture ornée d'une gravure de l'artiste espagnol [fig. 5], variante d'une « femme assise » déjà parue dans le *Non vouloir* de 1942. Dans les soixante exemplaires de tête, sur vergé de Hollande à grandes marges, rayonne un hors-texte à double page, reproduction d'un dessin de Picasso, signé et dédicacé à Hugnet, daté « Paris, 6 septembre 1944 », soit douze jours après la libération de la capitale. Le dessin à l'encre et au lavis représente le beau profil d'un jeune homme, dont la sérénité confirme la foi dans l'avenir qui clôt le poème.

En septembre 1954, Picasso affirmera que, parmi tous ses livres illustrés, celui qu'il préfère est *Le Chant des morts*, de Pierre Reverdy[14]. Issu d'une famille méridionale de tailleurs de pierre, de sculpteurs et de viticulteurs, Reverdy rencontre Picasso à l'automne 1910. Poète, critique et théoricien de l'image, il travaille aussi comme correcteur de presse, crée et dirige la revue *Nord-Sud* et sera l'artisan de ses premiers livres de poésie, se montrant particulièrement attentif à la typographie et à la mise en page. En 1922, son recueil *Cravates de chanvre*, tiré à cent trente-deux copies, est orné de son portrait par Picasso, qui enrichit les exemplaires de tête de deux eaux-fortes, dont l'une est affiliée aux *Baigneuses* qu'il a dessinées pendant l'été 1920, l'autre présentant une réplique de *Trois femmes à la fontaine*, sanguine sur toile de l'été 1921.

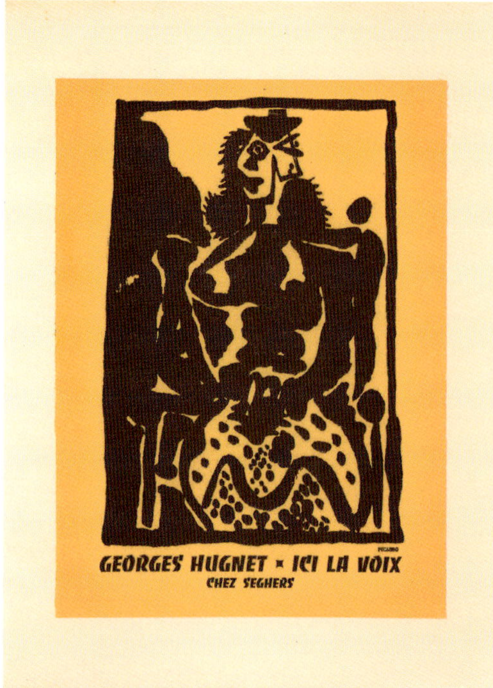

5. Gravure pour *Ici la Voix*
de Georges Hugnet
Éd. Seghers, Paris, 1954

En 1926, Reverdy s'installe avec son épouse dans la Sarthe, auprès de l'abbaye de Solesmes, mais en 1943, il préférera vendre leur maison plutôt que de la partager avec des militaires allemands. Gardant le silence, craignant même que la poésie l'ait définitivement abandonné, il ne retrouvera sa voix qu'après la Libération, avec *Le Chant des morts*, dont il achèvera l'écriture en janvier 1945. Reverdy devait affirmer que, suite à la guerre, toute écriture nouvelle ne pouvait qu'être « complètement saturée » par les événements récents[15]. Modulé par l'actualité, *Le Chant des morts* s'élève néanmoins au-dessus des circonstances transitoires afin d'atteindre une portée universelle. « L'art se sert du réel, dira le poète. Malheur à lui s'il prétend le servir[16]. »

L'éditeur Tériade, qui se charge de la publication de l'ouvrage, décide d'y reproduire un manuscrit autographe du poète, pour que chaque feuillet porte la trace matérielle de ses gestes, mouvementés et dissymétriques. Ayant vu une maquette, Picasso accepte de fournir des

14 Elizabeth Cowling, *Visiting Picasso : The Notebooks and Letters of Roland Penrose*, London, Thames and Hudson, 2006, p. 90. **15** Réponse à une enquête dans *Les Étoiles*, 12 février 1946, *in* Pierre Reverdy, *Œuvres complètes*, t. II, édition d'Étienne-Alain Hubert, Paris, Flammarion, 2010, p. 1221-1223. **16** Pierre Reverdy, *Œuvres complètes*, t. II, *op. cit.*, p. 1081.

illustrations, comme en témoigne une lettre datant du début février 1945, où Reverdy l'invite à confirmer sa décision positive[17]. En déployant un vocabulaire graphique constitué de traits, de gouttes et de cercles fluides, Picasso adapte un système d'expression en points et en lignes, affilié aux cartes astronomiques, qu'il avait développé dans ses carnets des années 1920 et qui s'épanouira en novembre 1948 dans sa toile monumentale *La Cuisine*. Formellement restreint mais richement polysémique, unifié par le choix d'une seule couleur, le graphisme qu'adopte Picasso rejoint les options lexicales et syntaxiques de Reverdy, qui a lui-même souligné « la simplicité des moyens » mise en œuvre dans ses poèmes[18]. D'un pinceau assez large, trempé d'encre rouge, Picasso rehausse les vers et s'infiltre dans le corps du texte. À la lucidité atemporelle des mots correspond le graphisme abstrait qui les accompagne. *Le Chant des morts* est constitué d'une suite de quarante-trois poèmes, réunis en un écoulement ininterrompu, sans titres ni ponctuation. La trame graphique que tisse Picasso en accentue la cohésion, tandis que les traînées rouges offrent une transposition visuelle du texte poétique, qui évoque « les mailles du vent », « les interstices du temps », « le tamis des jours flétris », tout en déclarant : « Je rôde entre les traits de sang / Qui dessinent le corps du monde ». Les deux écritures, rouge et noire, s'imbriquent et s'entremêlent, et leur complicité impose au récepteur une appréhension intégrale et simultanée de l'espace livresque, à la fois plastique et littéraire, auditif et visuel.

Suite à quelques problèmes techniques, Picasso termine ses lithographies en mars 1948, à Vallauris, dans l'atelier Madoura, où il travaille sous le regard des céramistes Suzanne et Georges Ramié, en compagnie de Reverdy et parfois du lithographe Fernand Mourlot, qui vient récupérer les dernières plaques en zinc. En s'inspirant du *scriptorium* d'avant l'ère de Gutenberg, le poète, le peintre, l'éditeur et les imprimeurs ont créé un livre manuscrit « enluminé de lithographies originales », comme le précise l'achevé d'imprimer daté du 30 septembre 1948. Ils ont construit ensemble un chef-d'œuvre absolu, novateur, actuel et intemporel.

Pendant l'Occupation, les livres qu'il a choisi d'illustrer ont permis à Picasso d'affirmer sa présence active au cœur de la capitale, de vivre l'histoire plutôt que de la subir, d'entretenir un espace créatif d'insoumission fraternelle et de défendre une liberté d'expression exemplaire. En outre, pendant soixante-huit années, à partir de 1905 et jusqu'à la fin de sa vie, Picasso n'aura cessé d'orner des textes contemporains et historiques de dessins, de gravures et de lithographies en tous genres, étendant sans cesse les possibilités de chaque médium, les adaptant à tous les formats, déployant toute la diversité stylistique de son répertoire, amplifiant la portée de la parole poétique, ouvrant de multiples voies de communication entre l'art et la littérature. Il en résulte que, dans le domaine du livre illustré, Picasso mérite pleinement le titre d'« éternel inventeur » que lui a décerné Reverdy en 1948, quand le poète et l'artiste travaillaient côte à côte, à la poterie Madoura[19].

17 Pierre Reverdy, lettre datée du 3 février 1945, citée par François Chapon dans sa « Préface » à Pierre Reverdy, Pablo Picasso, *Le Chant des morts*, Paris, Gallimard, « Poésie », 2016. **18** S. Laforêt (Pierre Reverdy), « Chroniques. Livres », *Nord-Sud*, n° 15, mai 1918, s. p. **19** « À Pablo Picasso / l'éternel inventeur », ouverture d'un des poèmes manuscrits que Reverdy a gravés sur des plaques de terre, cuites dans le four de chez Madoura, en mars 1948. Pierre Reverdy, *Œuvres complètes*, t. II, *op. cit.*, p. 1426.

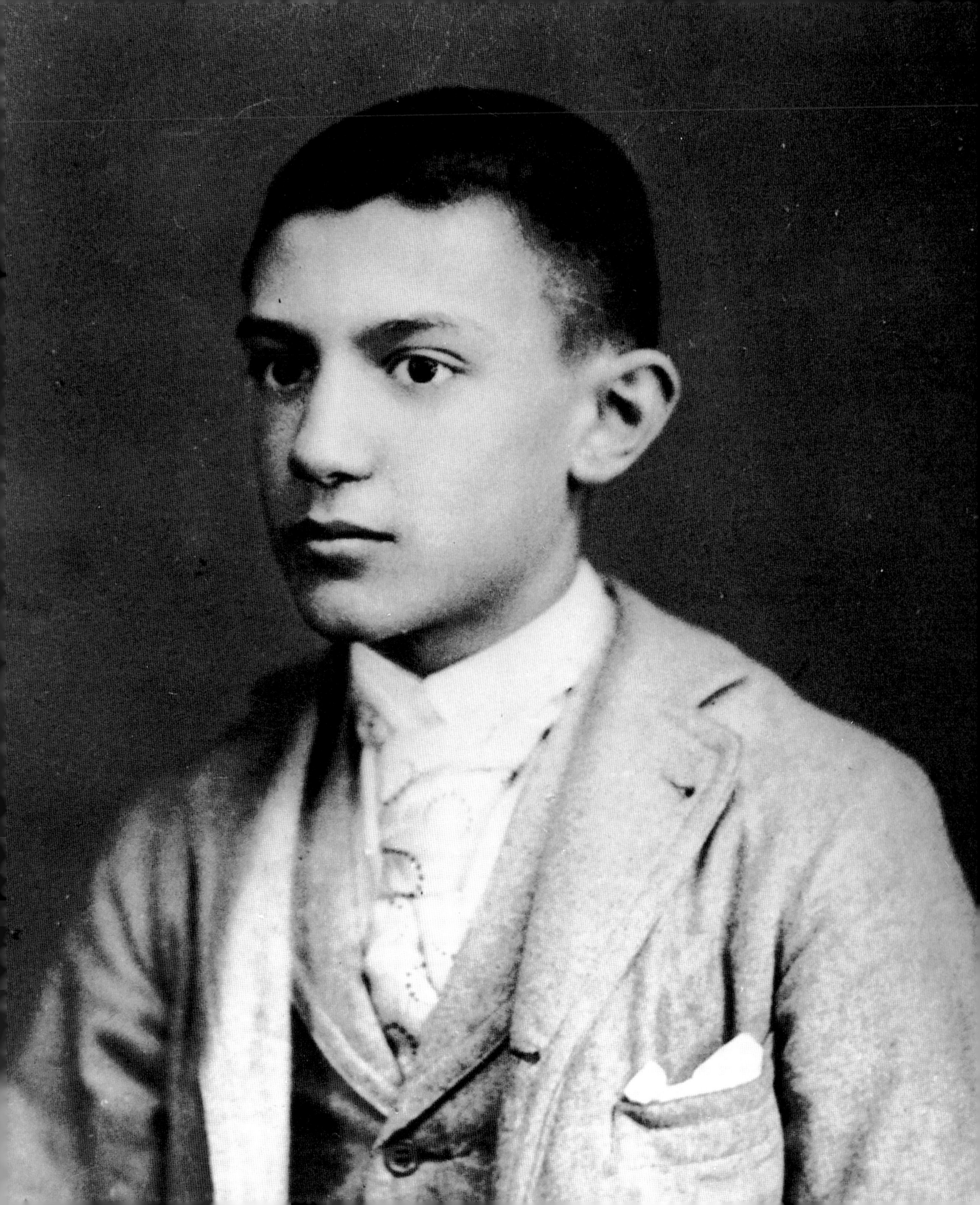

Portrait
de Pablo Picasso
à quinze ans
Barcelone, 1896
(détail)

Picasso avant Picasso

Les premiers essais en peinture de Picasso, sous l'impulsion de son père José Ruiz Blasco, peintre et conservateur du musée provincial de Malaga, datent de 1888, alors qu'il n'a que sept ans. Mais c'est d'abord à l'institut Da Guarda à La Corogne, où Don José est nommé professeur en 1891, que celui-ci enseignera véritablement à son fils le dessin, puis à l'école des Beaux-Arts de Barcelone à partir de 1895. Picasso complètera brièvement ses études à l'Académie San Fernando de Madrid en 1897. Les peintures, portraits et paysages qu'il réalise alors et signe de son nom de naissance sont d'un style académique, influencé par le classicisme de l'enseignement reçu et par les œuvres naturalistes de son père, colombophile, qui peignit souvent les nombreux pigeons qu'il élevait. À son retour à Barcelone en 1898, Picasso abandonne l'enseignement officiel et décide de suivre sa propre voie, encouragé en cela par sa rencontre avec les animateurs du mouvement moderniste catalan au sein du café *Els Quatre Gats*. Picasso exécute alors de nombreux portraits de personnalités rencontrées dans ce café. En octobre 1900 il se rend pour la première fois à Paris pour visiter l'Exposition universelle. À son retour à Barcelone, il abandonne au printemps 1901 le patronyme paternel et signe alors ses toiles du nom de sa mère, Picasso, comme dans ce paysage méditerranéen où l'on voit sa palette évoluer vers des couleurs vives et une touche fragmentée que l'on retrouvera dans les œuvres montrées l'été suivant, lors de sa première exposition parisienne à la galerie Ambroise Vollard.

José Ruiz Blasco
Pigeon, *c.* 1895
Huile sur toile
47,5 x 35 cm

José Ruiz Blasco
Pigeon, 1895
Huile sur toile
45 x 31 cm

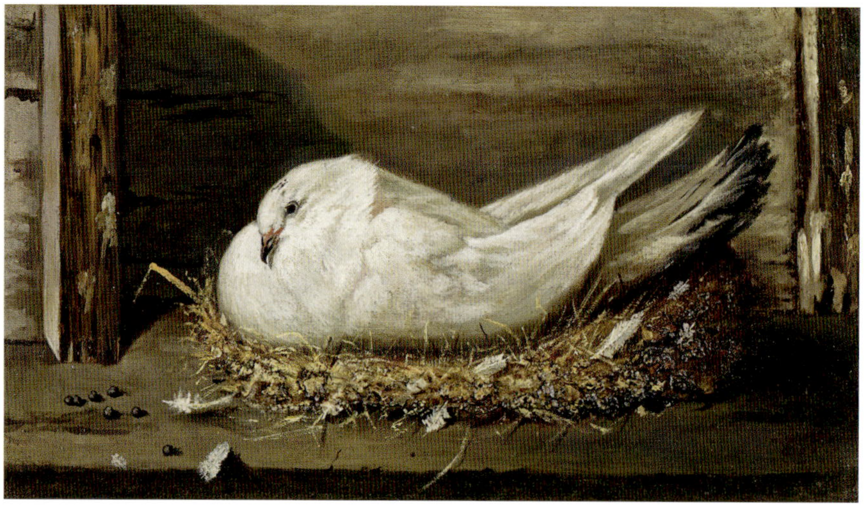

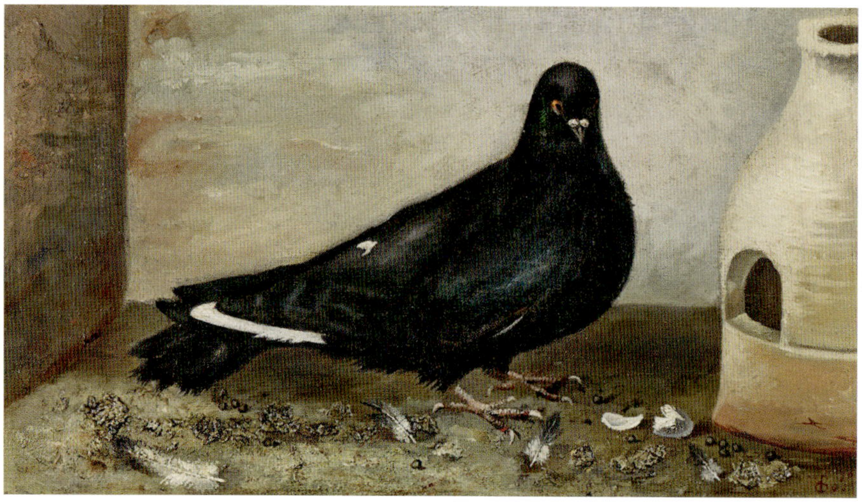

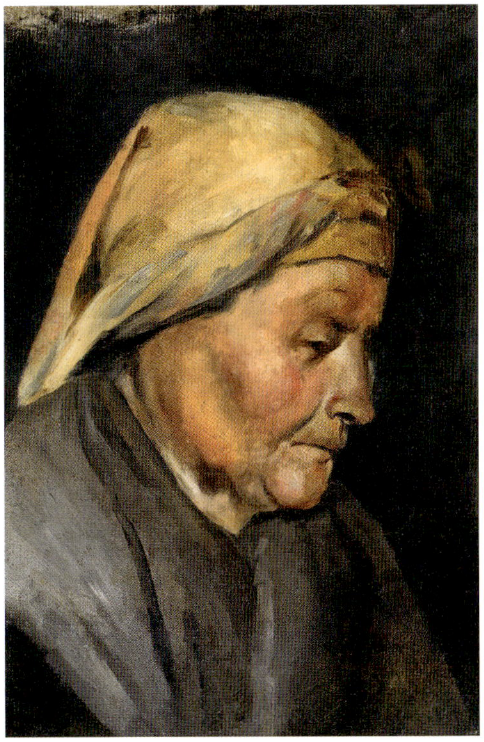

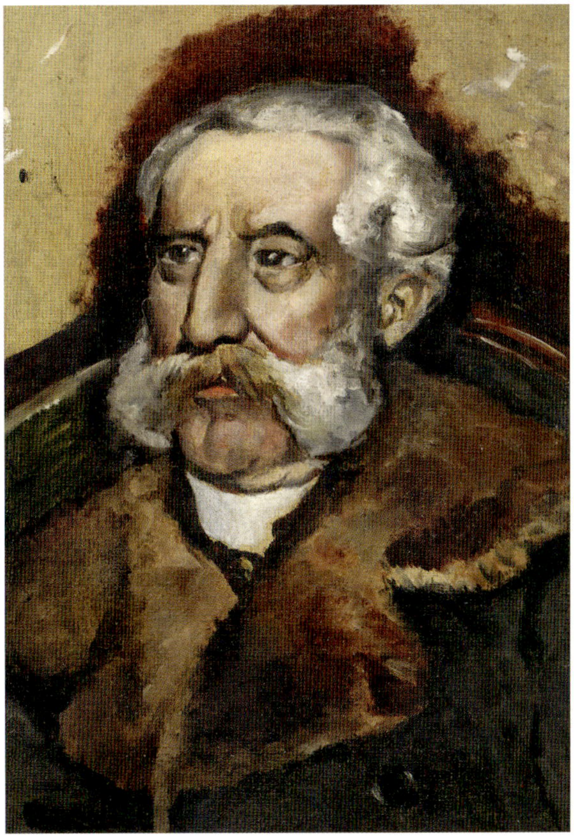

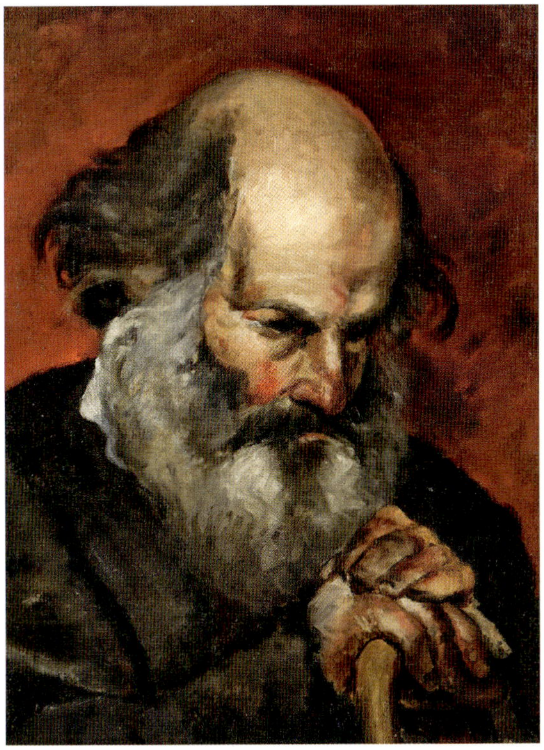

Portrait
de vieille paysanne
1895
Huile sur toile
marouflée sur carton
45 x 31 cm

Portrait de vieillard
c. 1895
Huile sur toile
marouflée sur carton
47,5 x 35 cm

Portrait d'homme barbu
aux cheveux blancs
1895
Huile sur toile, 52 x 37 cm

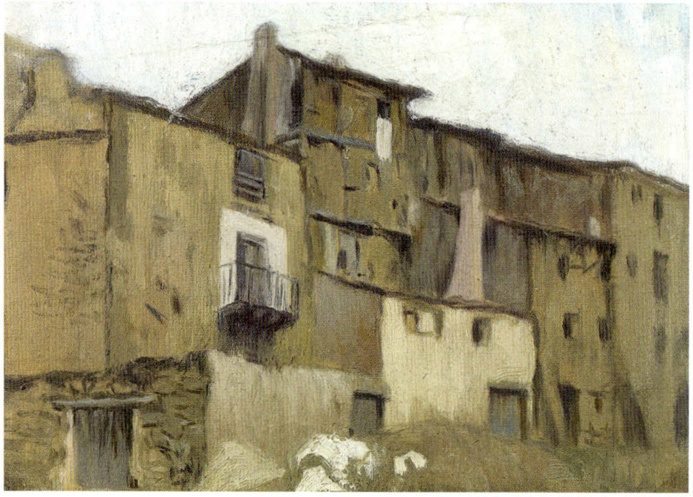

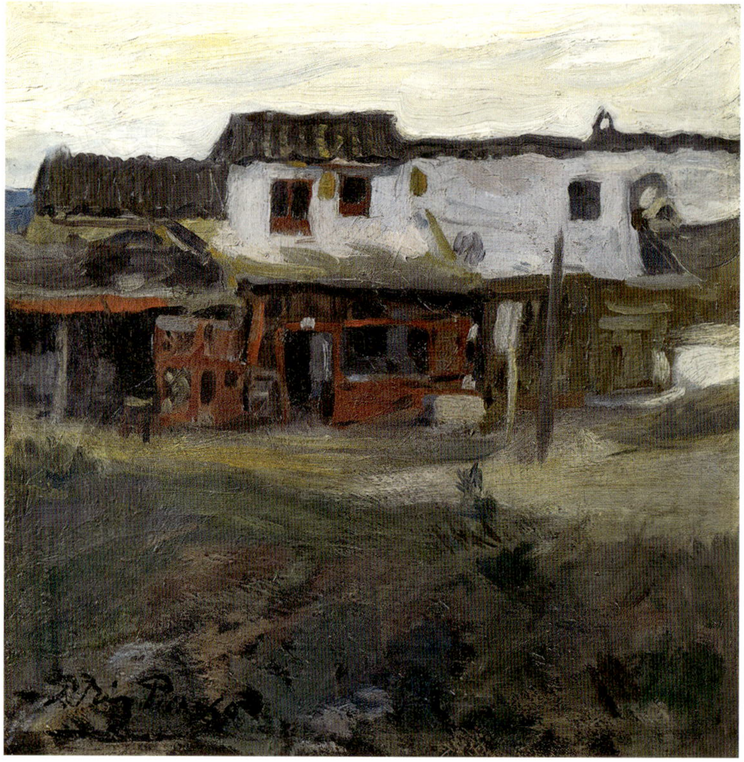

Paysage méditerranéen (village), 1898
Huile sur toile
marouflée sur carton
26,5 x 38,5 cm

Maison en Espagne, *c.*1898
Huile sur toile
48 x 48 cm

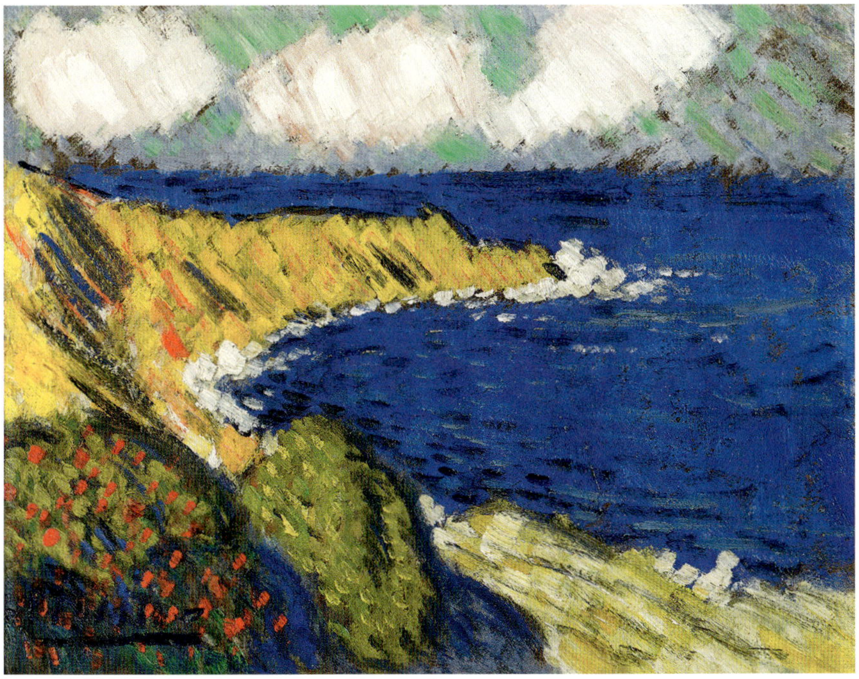

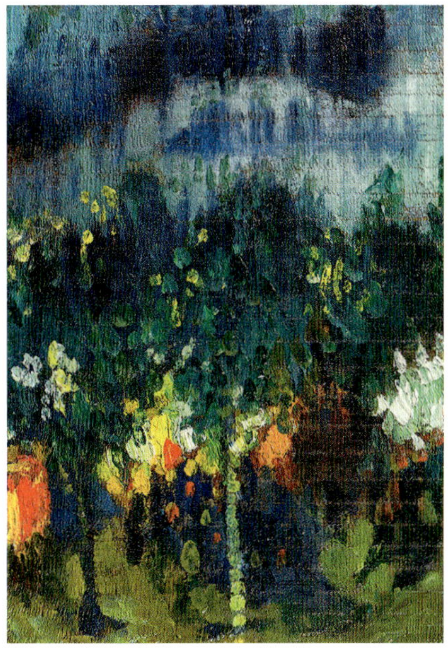

La Baie, *c.*1901
Huile sur carton
27,5 x 36,5 cm

Sous les arbres la nuit, 1901
Huile sur bois
23 x 16 cm

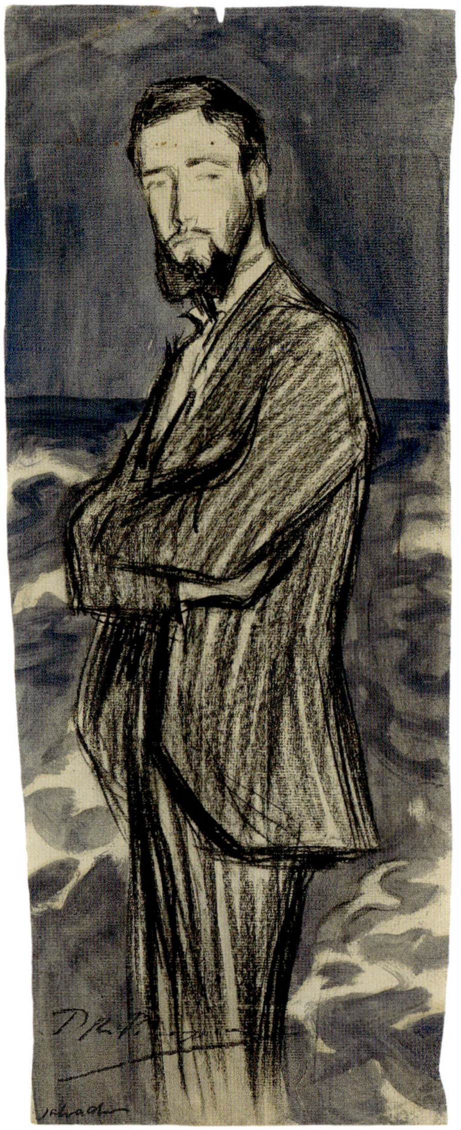

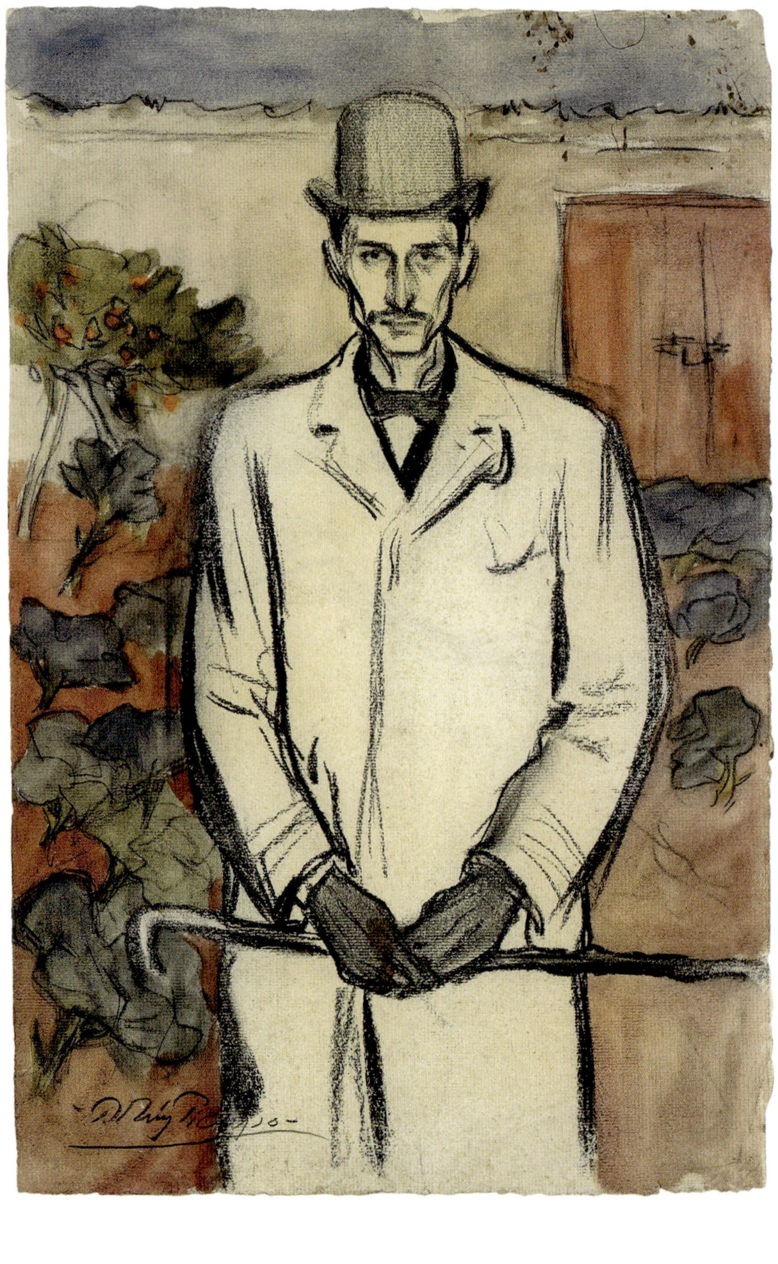

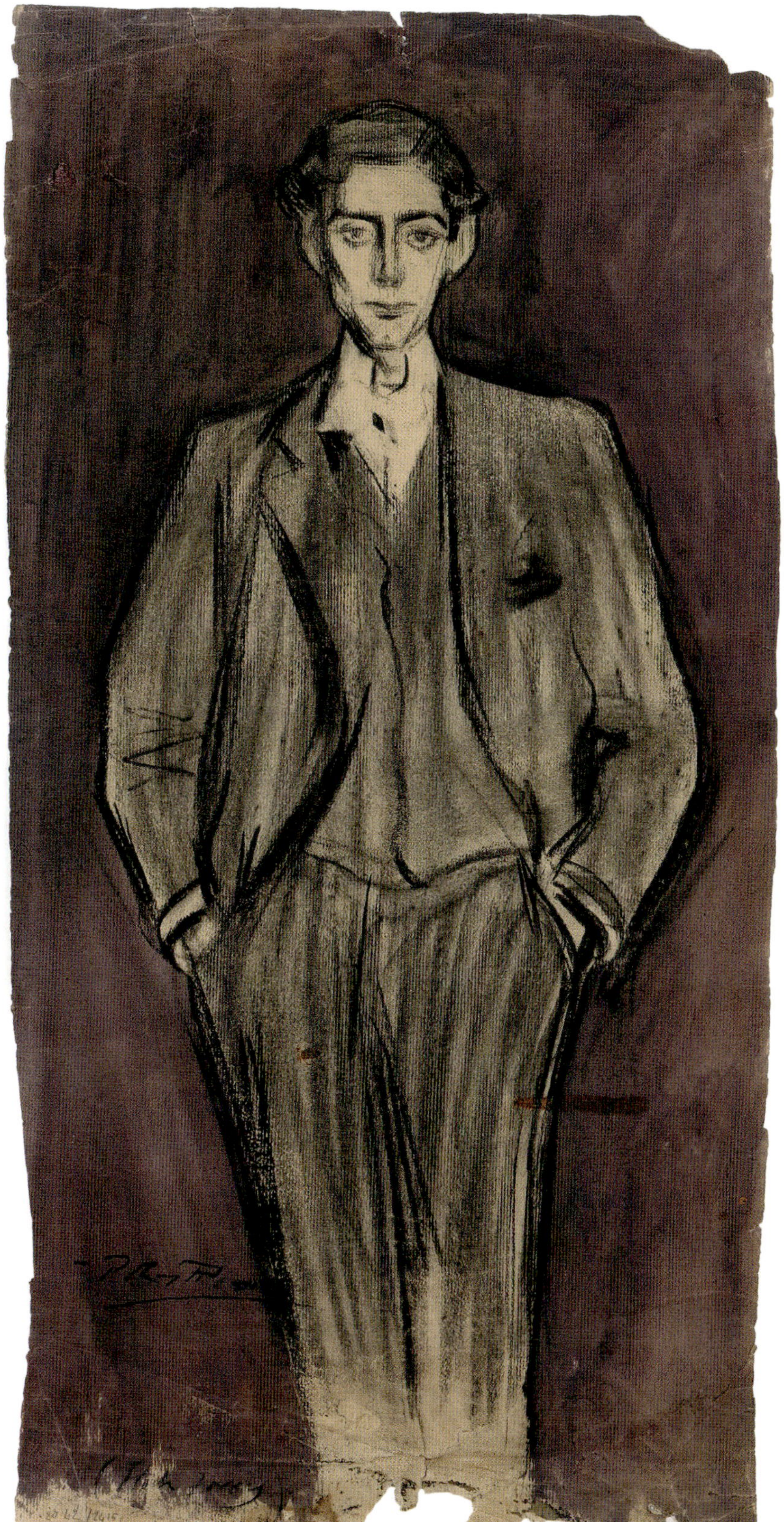

Jeune Homme 3/4 gauche sur fond de mer, 1899
Crayon Conté et couleurs à l'essence sur papier
47 x 19 cm

Jeune Homme avec chapeau sur fond jaune, 1899
Fusain et aquarelle sur papier
48,5 x 32 cm

Jeune Homme debout (Portrait de Josep Maria Folch i Torres), 1899
Fusain et aquarelle sur papier
62,5 x 32,6 cm

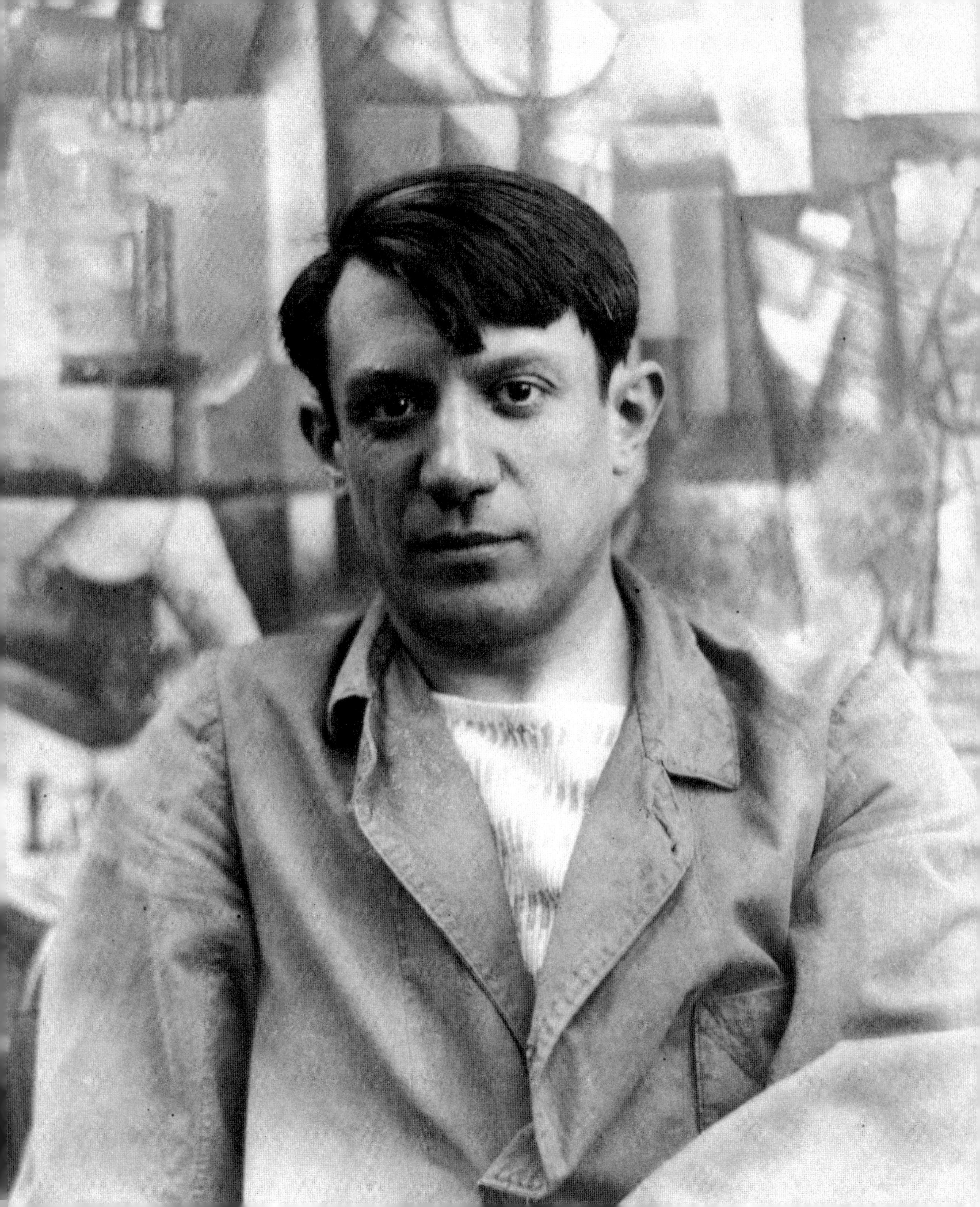

Pablo Picasso
devant *L'Aficionado*
à la Villa les Clochettes,
Sorgues, 1912
(détail)

Cubismes

Picasso décide de s'installer à Paris en 1904 et prend un atelier au Bateau-Lavoir à Montmartre. Il rencontre alors les poètes André Salmon et Guillaume Apollinaire ainsi que Fernande Olivier qui deviendra son modèle et sera sa compagne pendant sept ans. Les années suivantes, les découvertes successives de Van Gogh, de Seurat, d'Ingres, de Gauguin et de l'art ibérique, auront des conséquences immédiates sur l'évolution de sa création, ainsi que celle de l'art africain, comme le montrent les Nus de 1908, contemporains du tableau le plus connu de cette époque *Les Demoiselles d'Avignon*, conservé au MoMA de New York, dans lequel la perspective et les canons traditionnels de la beauté sont oubliés, avec une schématisation des formes et une volonté de représenter les volumes sans avoir recours au clair-obscur. Mais à partir de 1905, c'est l'œuvre de Cézanne que Picasso va essentiellement interroger pour y puiser les fondements de la révolution esthétique qu'il accomplira en compagnie de Georges Braque pour représenter objets et personnages de la façon la plus réaliste, tels qu'ils existent en eux-mêmes et dans notre esprit, le cubisme. Cubisme dit analytique dans un premier temps : l'espace pictural hérité de la Renaissance est abandonné et le tableau se construit à l'aide de polyèdres juxtaposés, en même temps que la palette se réduit à des tons gris et ocres. Puis cubisme dit synthétique : la profondeur, ramenée dans le plan de la toile, est montrée par plans superposés, la superposition étant représentée par des transparences ; les contours des figures et des objets se défont, et sont recréés en combinant simultanément des aspects différents, la couleur devenant ainsi dissociée dans sa fonction picturale de la forme. « Un des points fondamentaux du cubisme visait à déplacer la réalité, notait Picasso ; la réalité n'était plus dans l'objet, elle était dans la peinture. » Picasso poursuivra ses expérimentations jusqu'au début des années 1920, et simultanément alors avec des œuvres d'inspiration néo-classique suggérées par son voyage en 1917 à Rome, Naples et Pompéi au cours duquel il fait la connaissance d'une danseuse des Ballets russes, Olga Khokhlova, qu'il épousera l'année suivante.

Autoportrait, 1906
Huile sur toile
39 x 30 cm

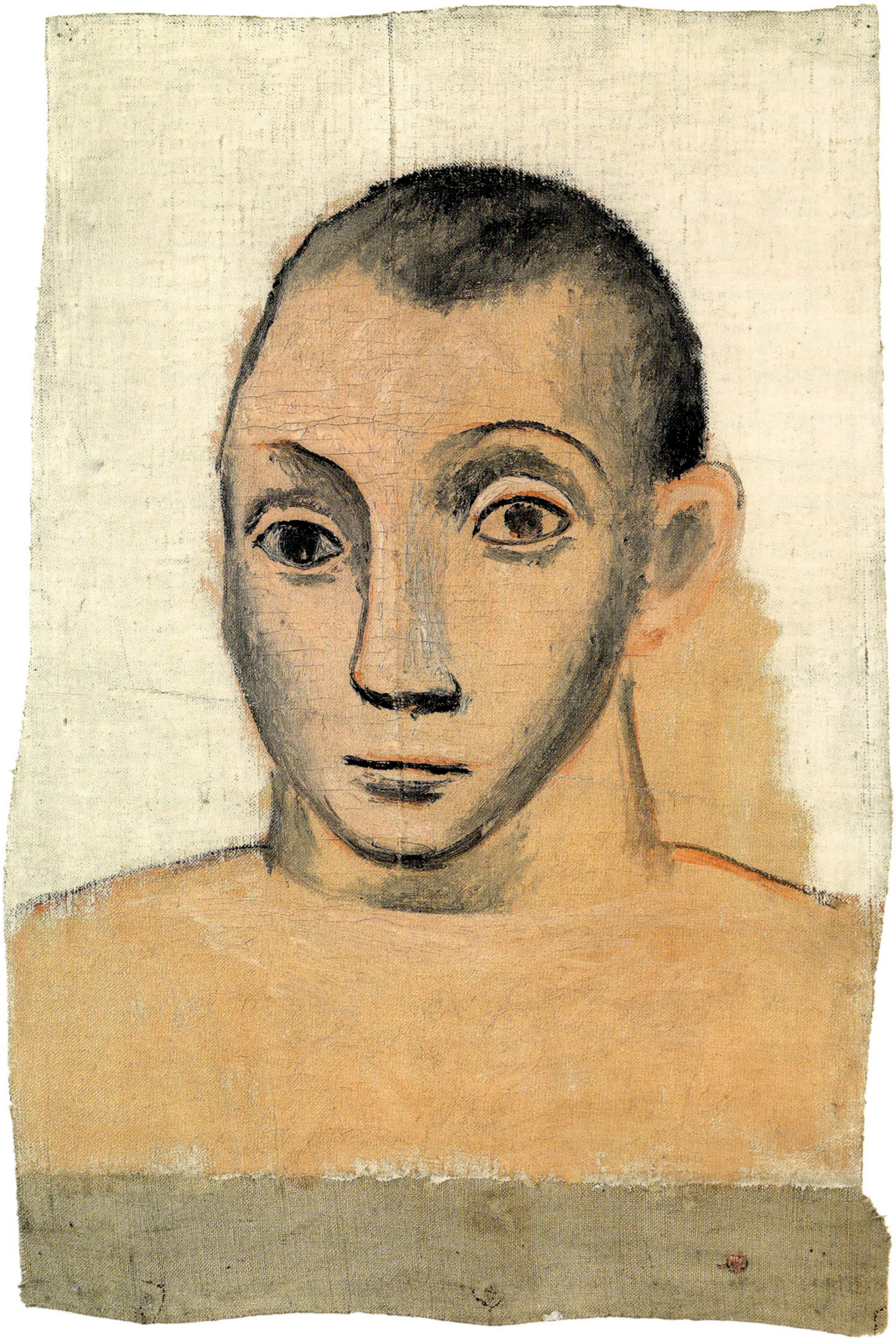

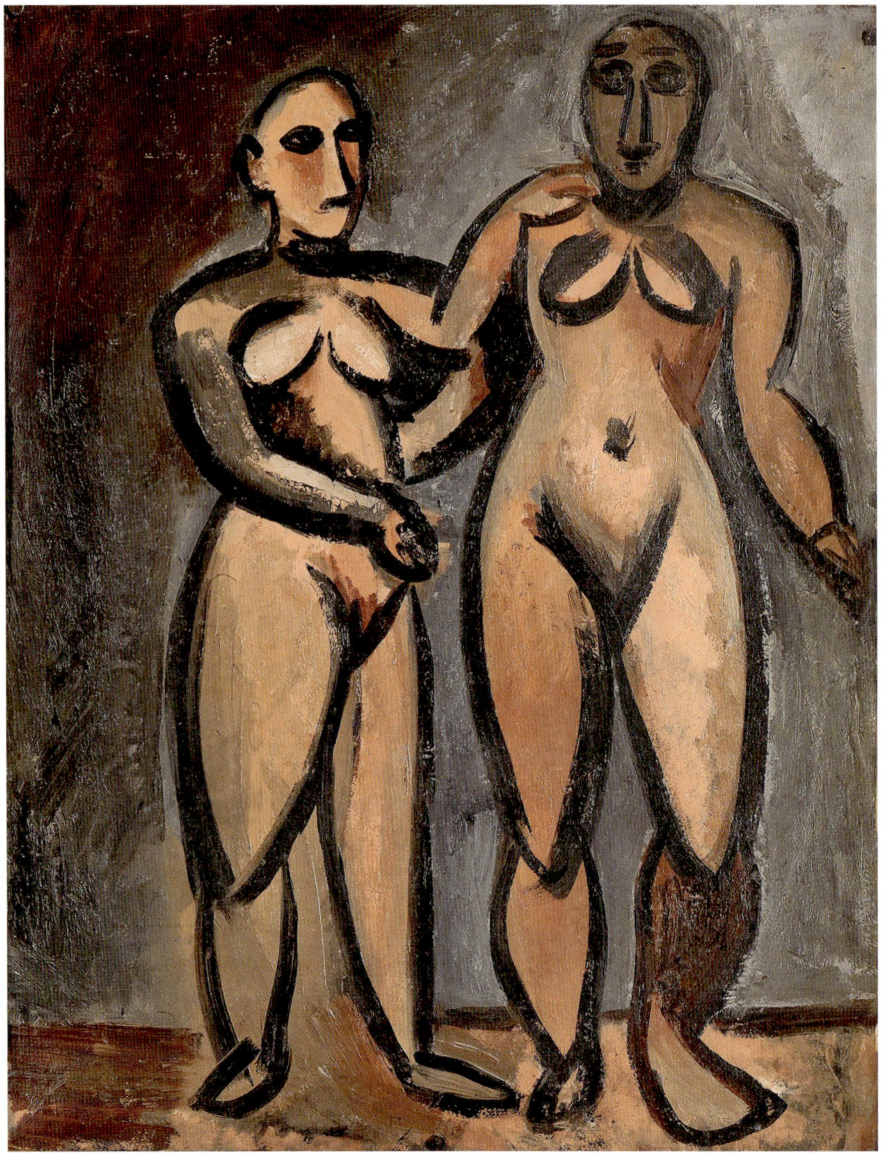

Deux femmes nues debout, 1908
Huile sur carton
41 x 33 cm

Femme nue de face, 1908
Huile sur bois
67 x 26 cm

Femme nue de profil, 1908
Huile sur bois
67 x 26 cm

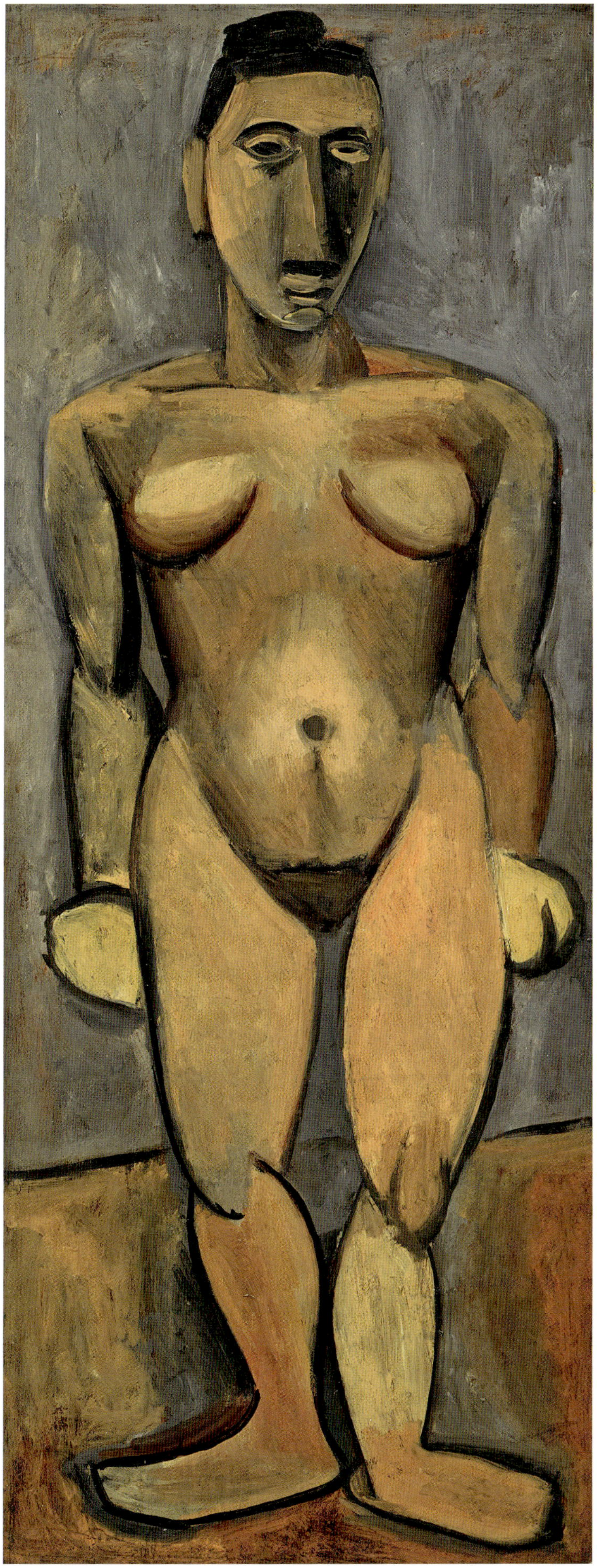
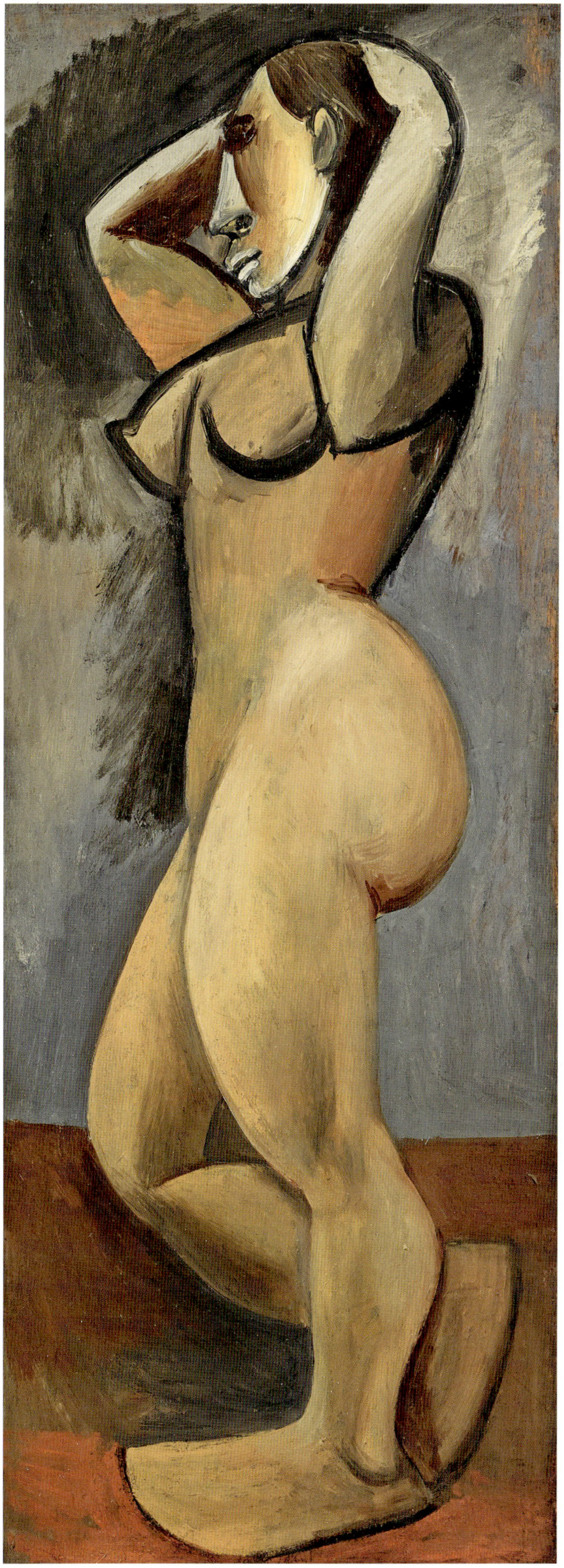

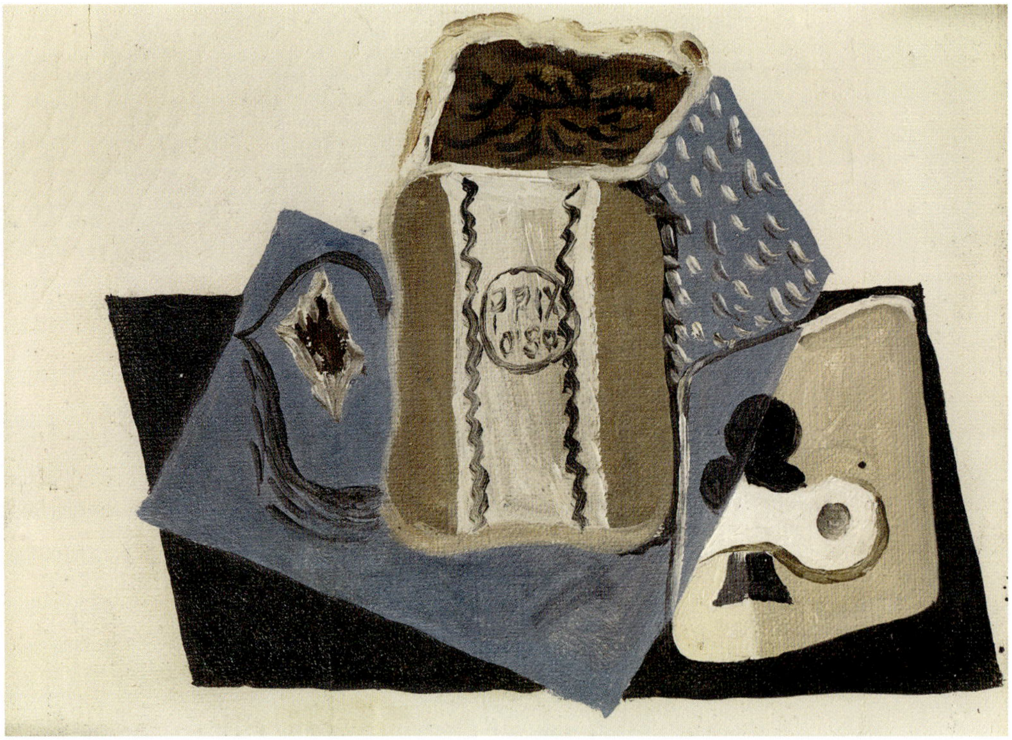

Composition
à l'as de trèfle et boîte, 1914
Huile sur toile
16 x 22 cm

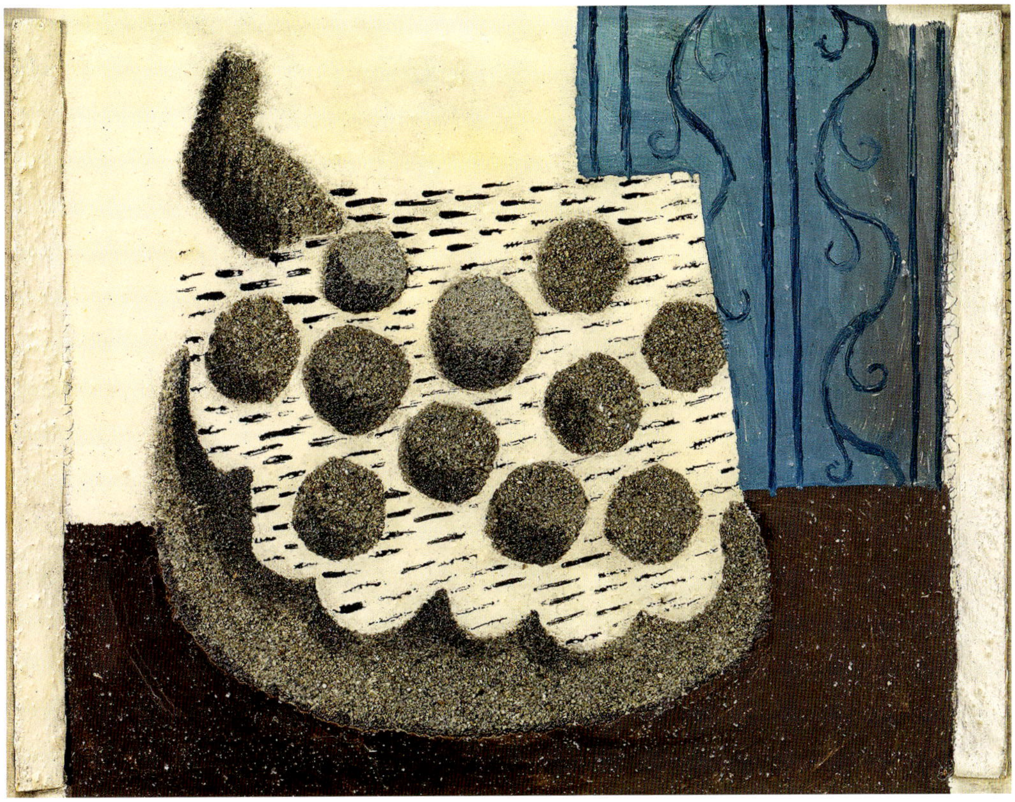

Poêlon et Décoration, 1914
Huile et sable sur bois
13,5 x 14,5 cm

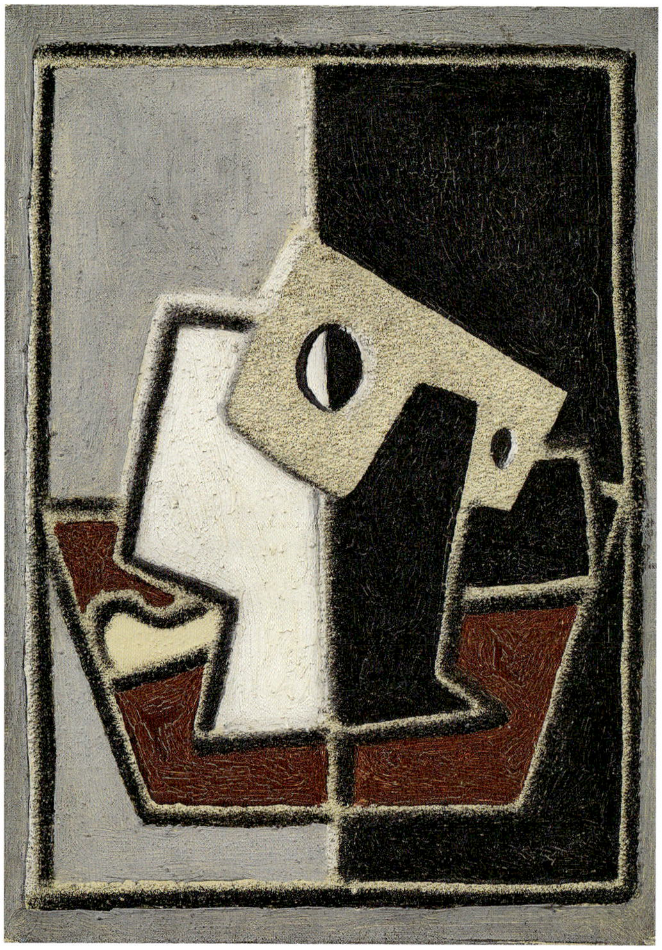

Nature morte pipe et verre, 1918
Huile sur toile
22 x 16 cm

Homme au fauteuil, 1916-1917
Huile sur toile
80 x 65 cm

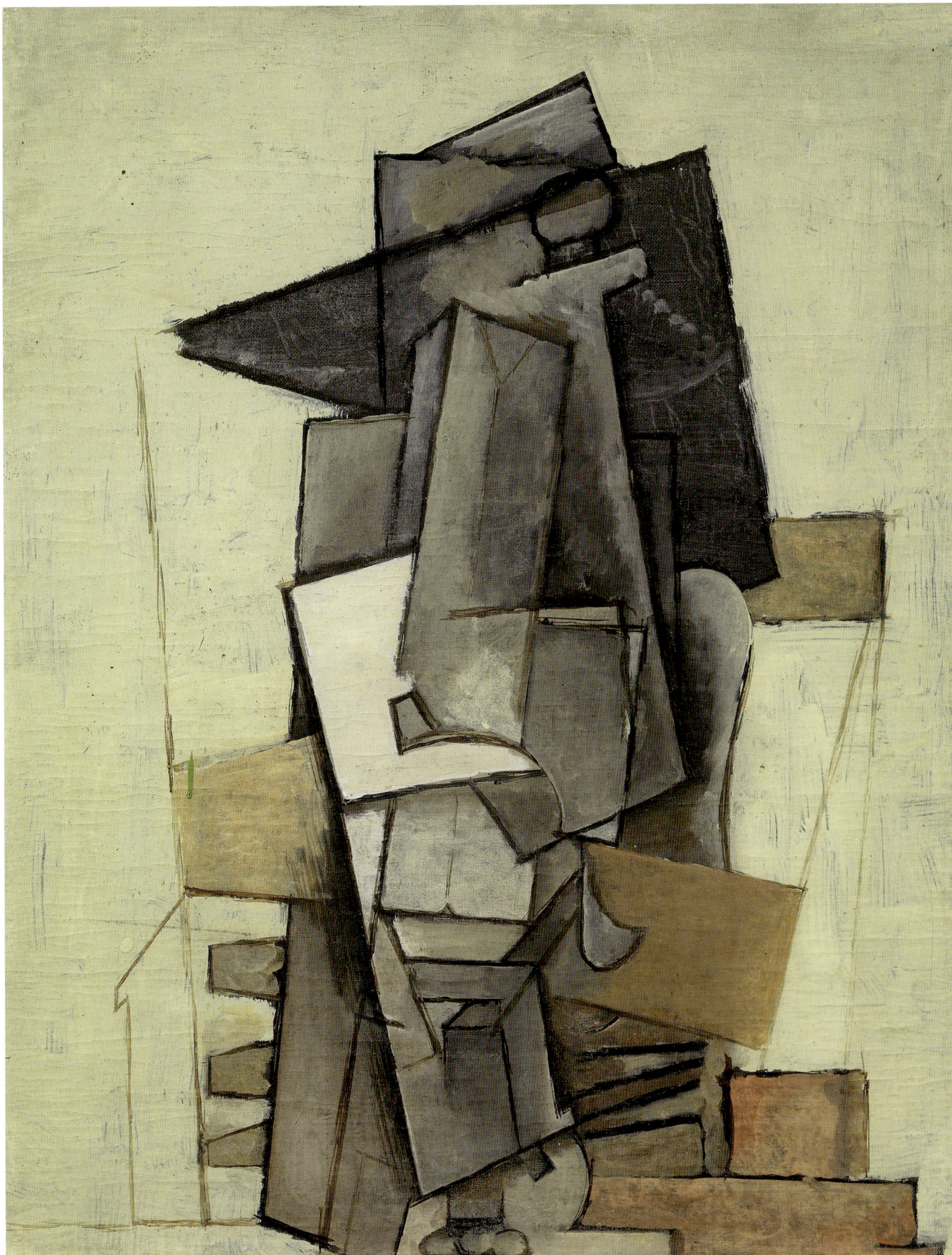

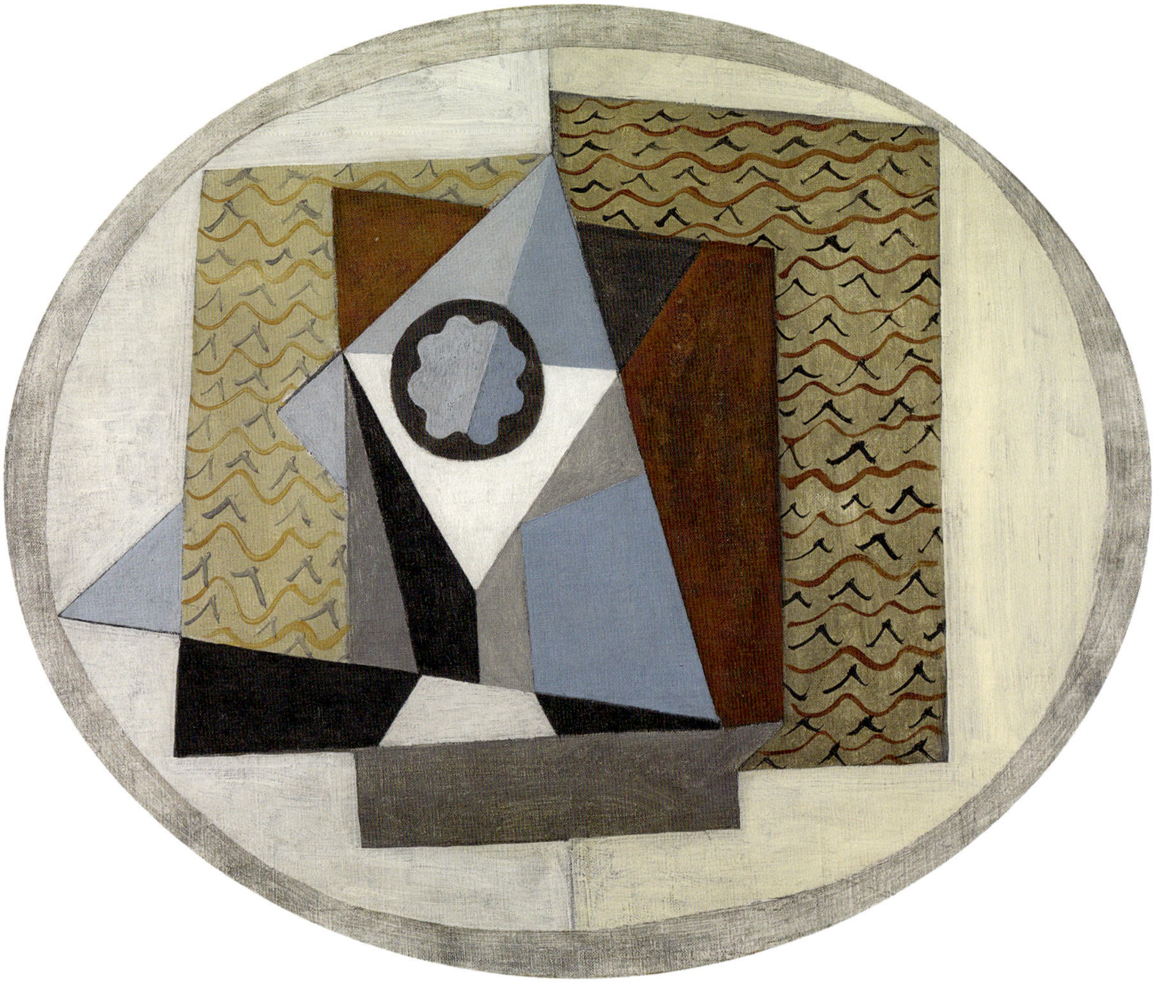

Composition ovale, 1918
Huile sur toile
38 x 46 cm

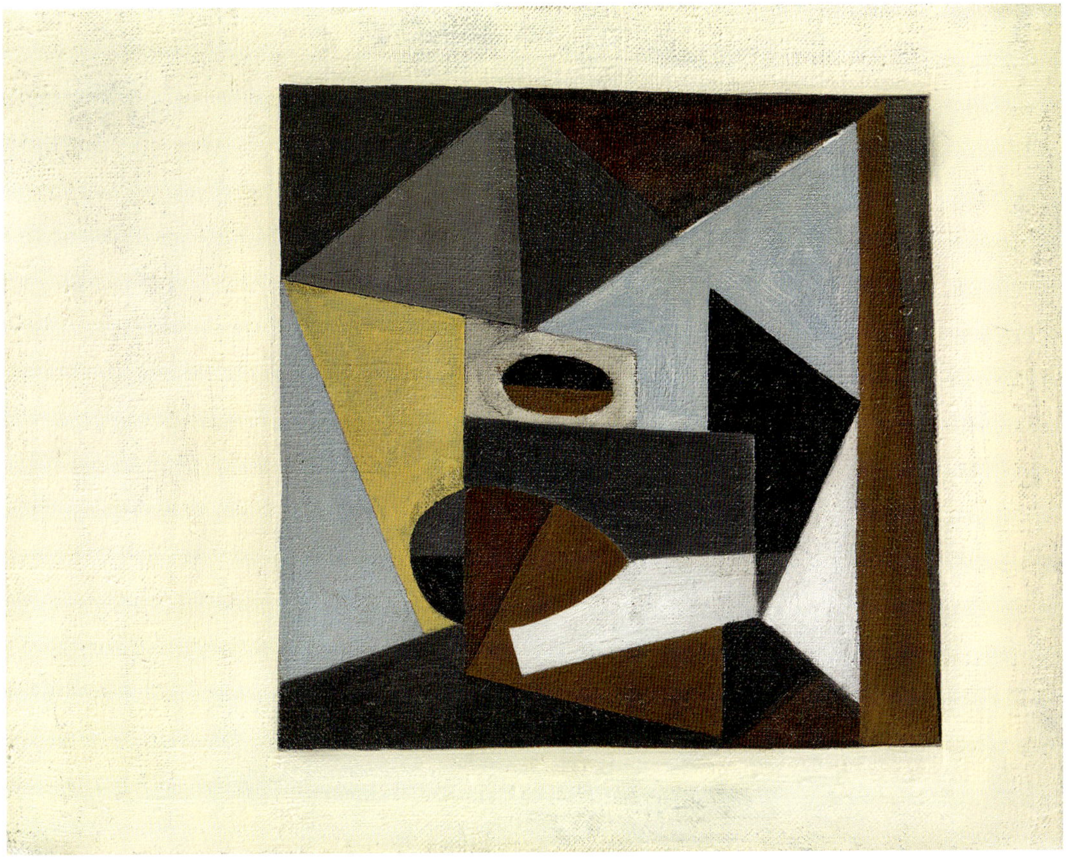

Composition géométrique, 1918
Huile sur toile
27 x 32 cm

Portrait de femme, 1920
Huile sur toile
115 x 88 cm

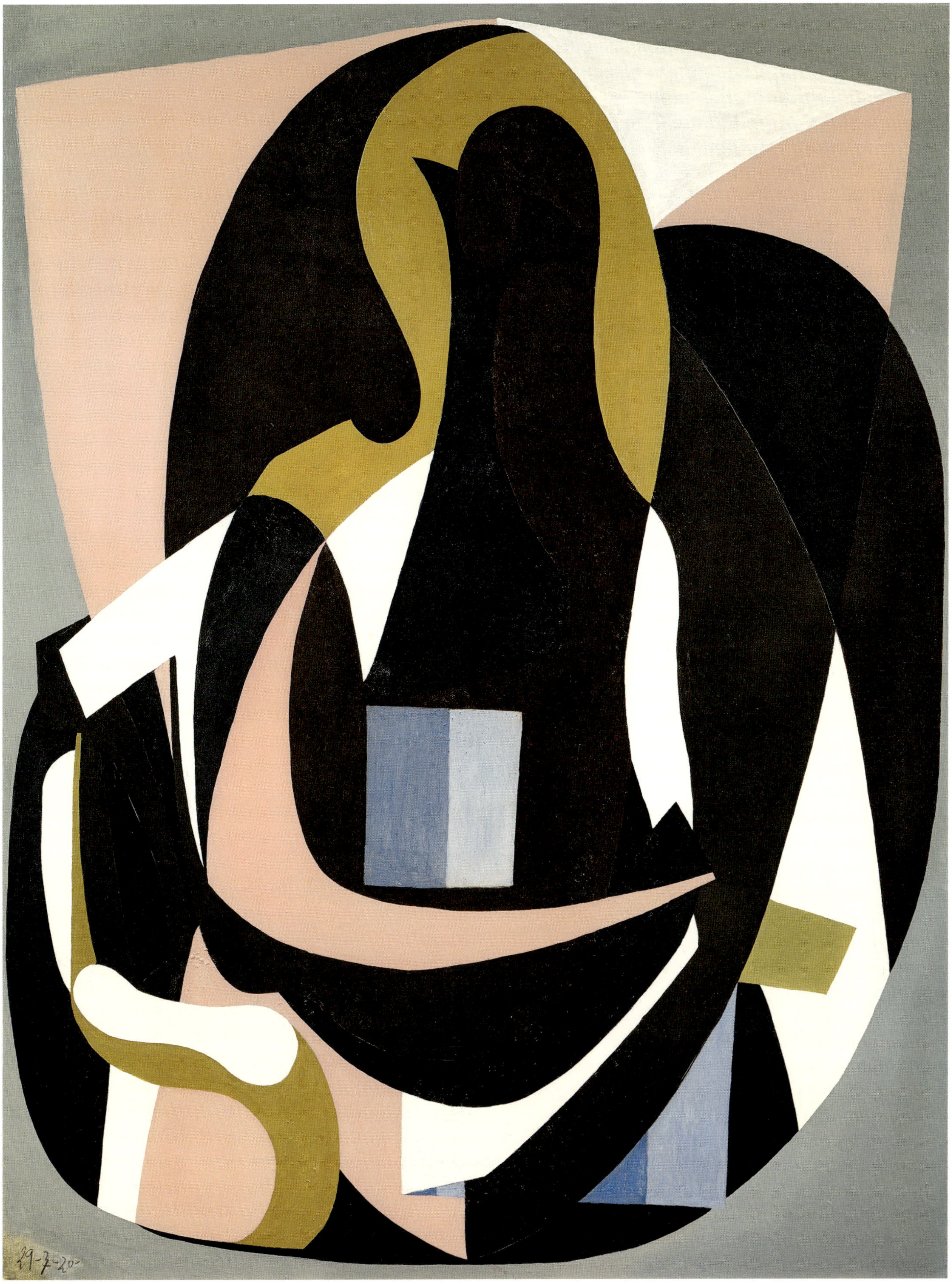
29-7-20-

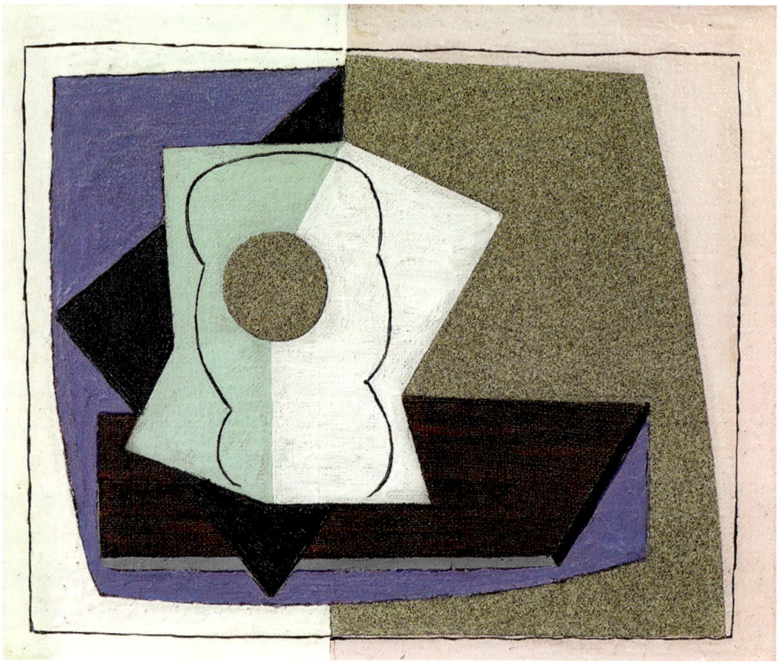

Compotier
à la planche de bois, 1923
Huile, sable et encre de Chine
sur toile
22 x 27 cm

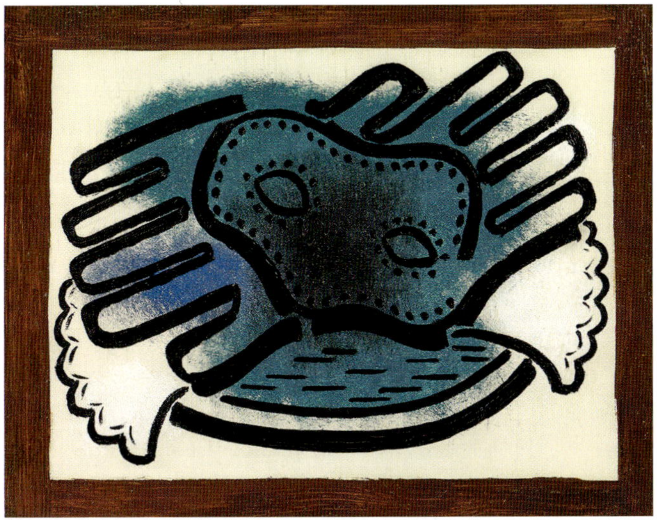

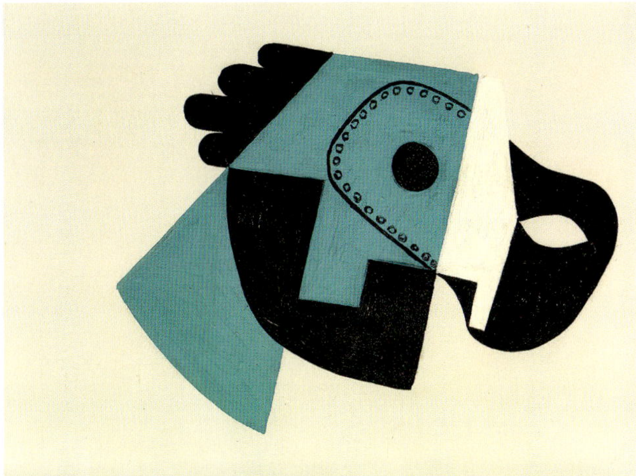

Masque et Gant, c.1923
Huile sur toile
27 x 35 cm

Composition
avec masque et gant, 1923
Huile sur toile
24 x 33 cm

Mains et Loup, 1923
Huile sur toile
38 x 46 cm

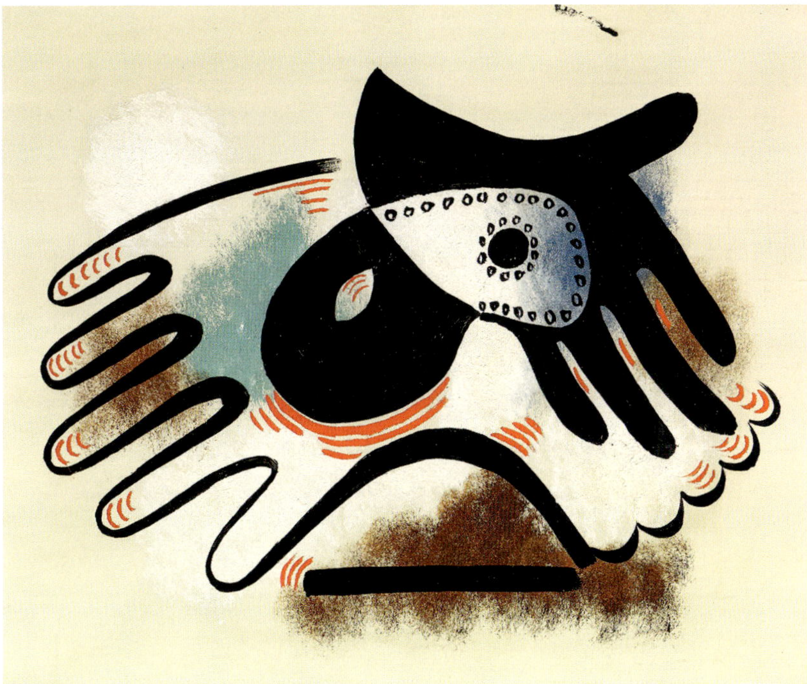

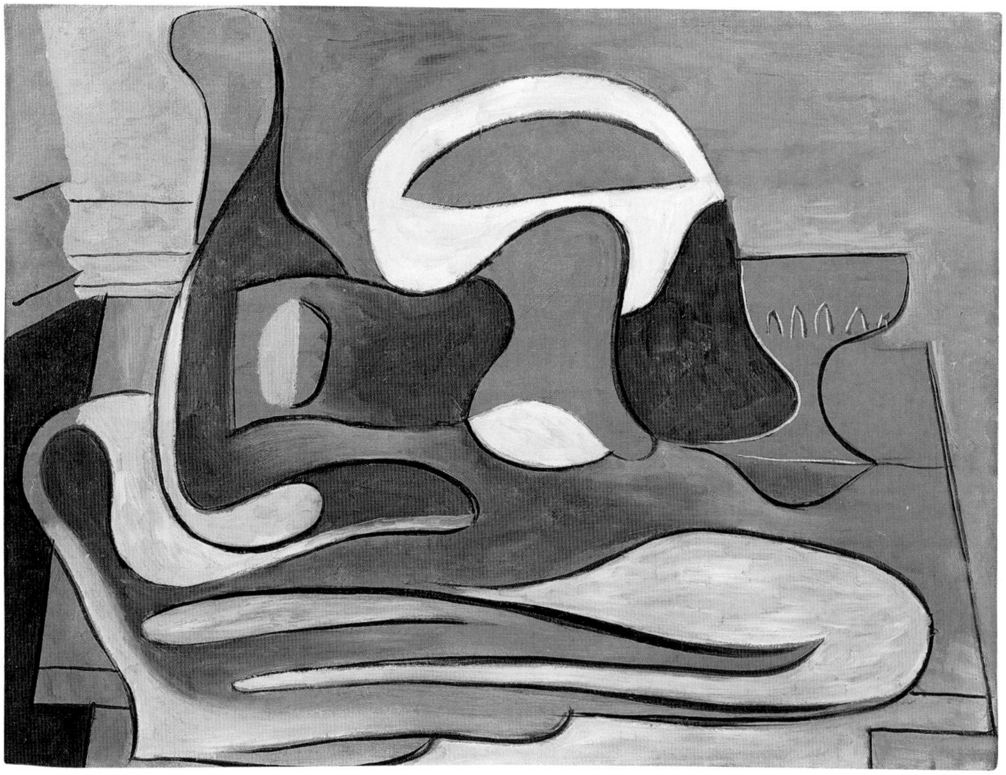

Nature morte au verre, 1925
Huile sur toile
54 x 73 cm

Nature morte à la palette et au chevalet, 1926
Huile sur toile
130 x 97 cm

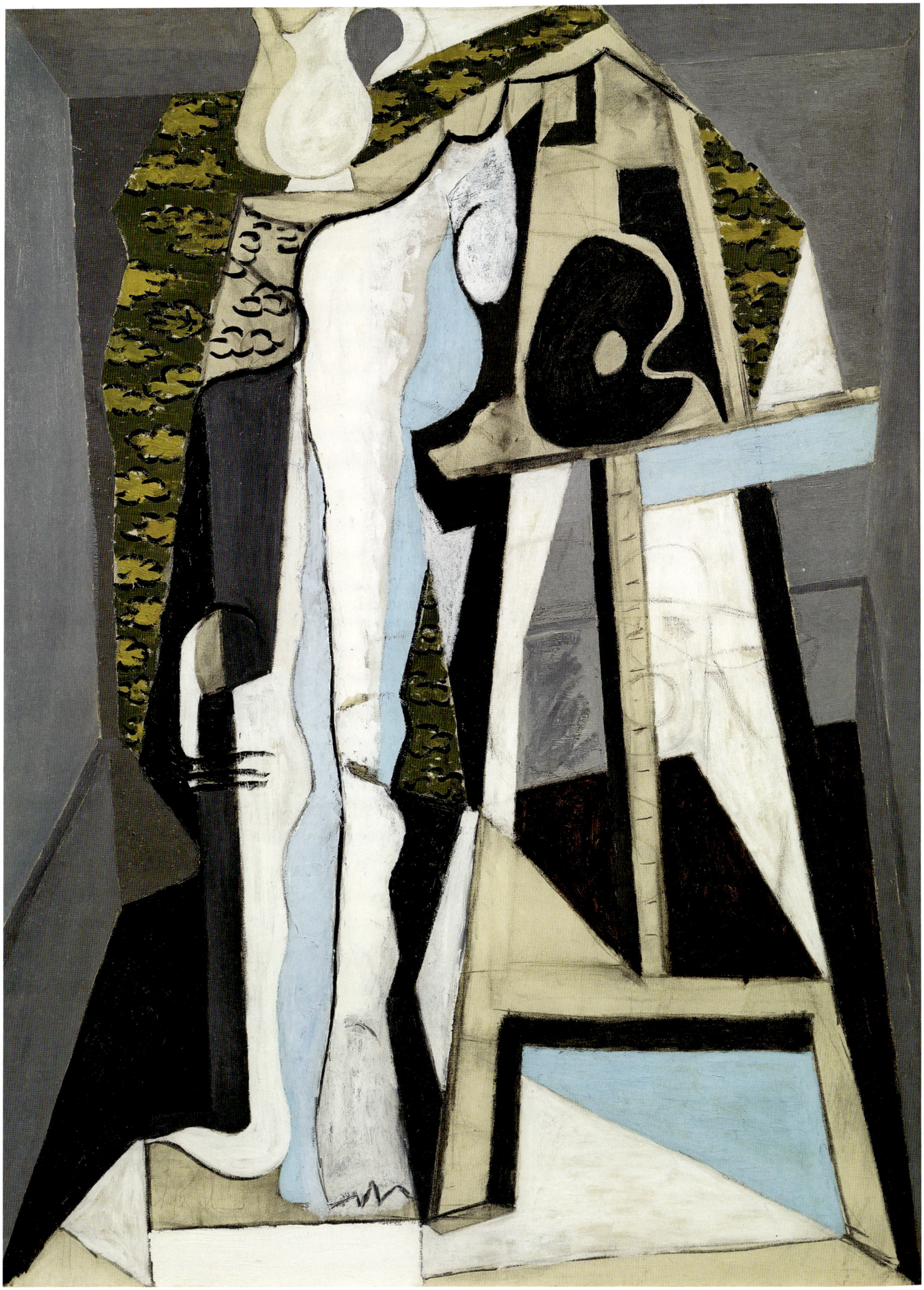

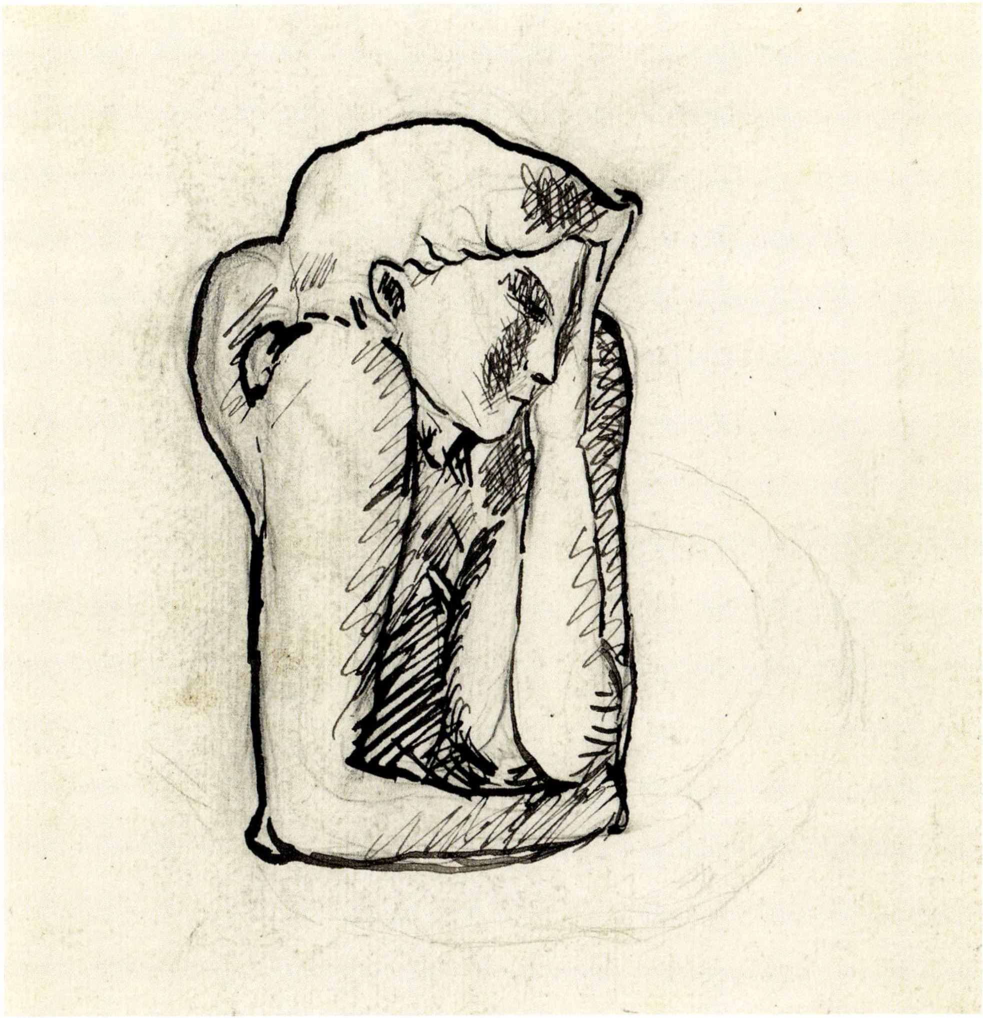

Buste de femme pensive
1901-1902
Encre de Chine sur papier
11 x 11 cm

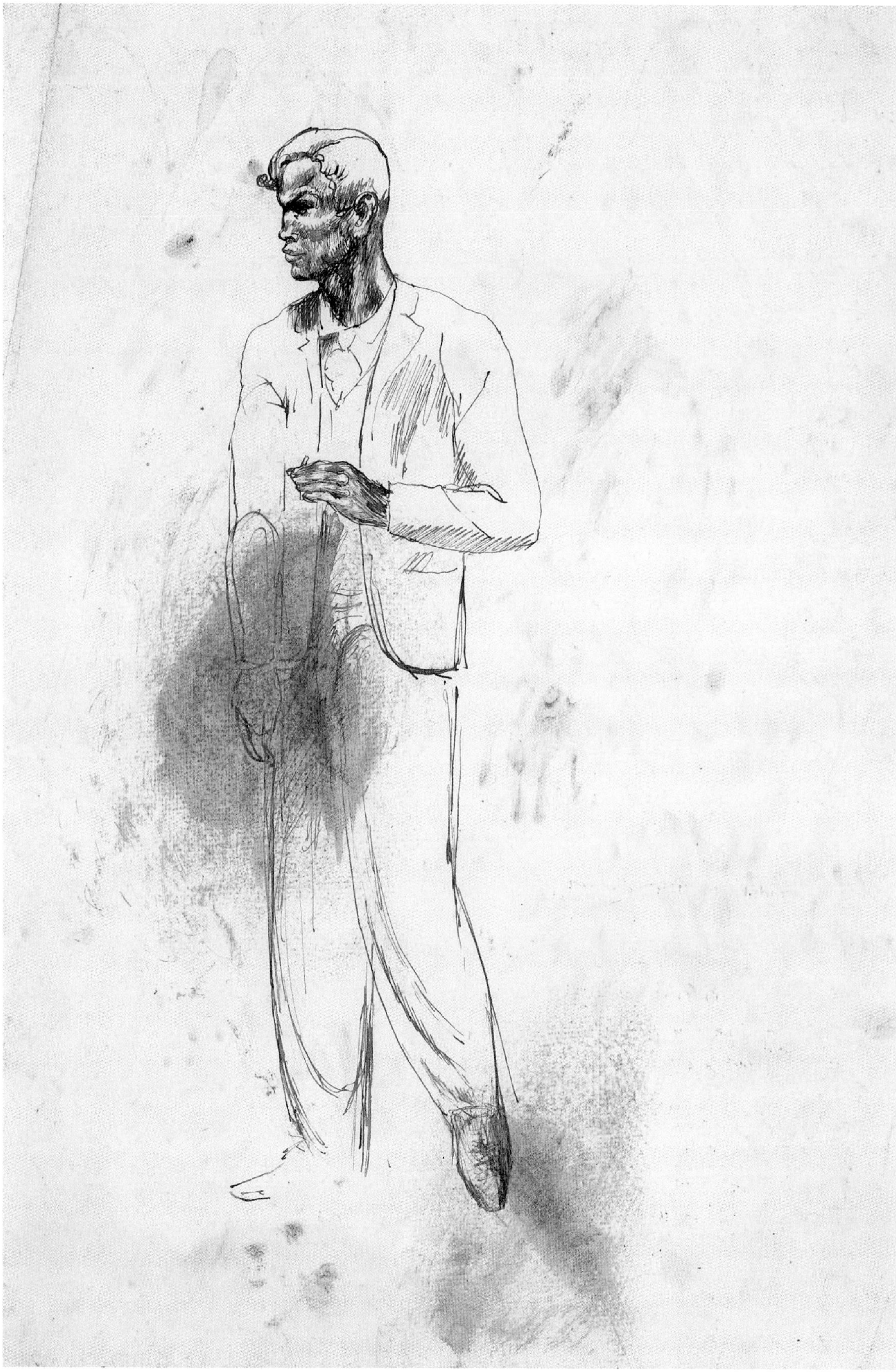

Portrait d'homme debout
1902-1903
Plume d'encre de Chine
sur papier
33,5 x 23,5 cm

Vieillard nu grelottant, 1902
Encre sur carton au dos
d'une carte imprimée
13 x 9 cm

Une Vieille, 1903
Encre de Chine sur papier
12,5 x 10 cm

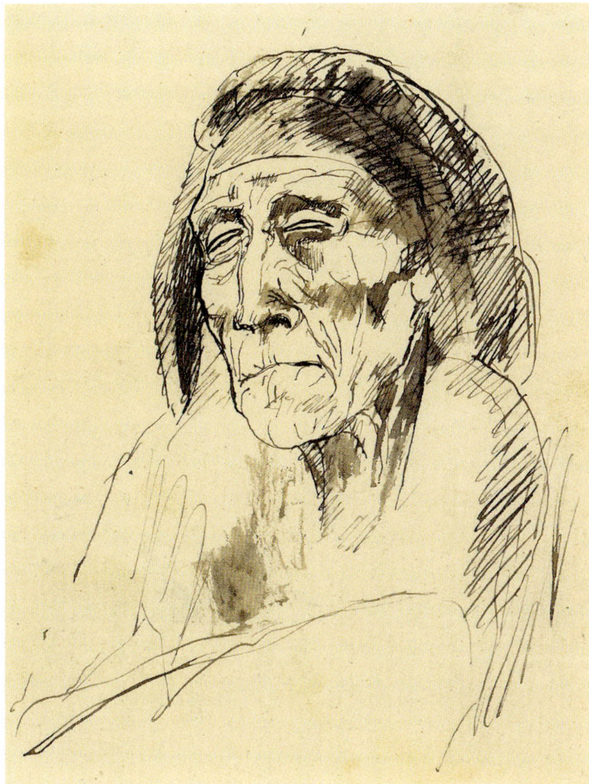

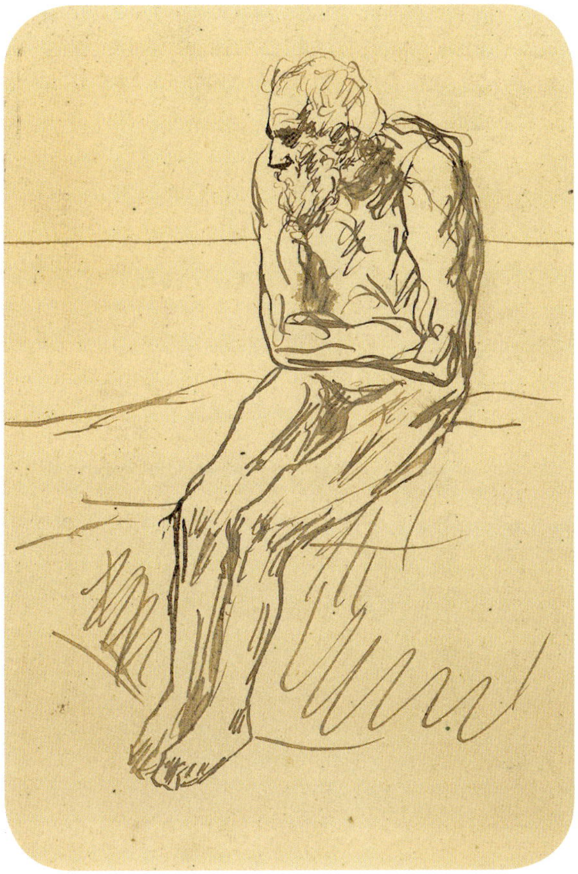

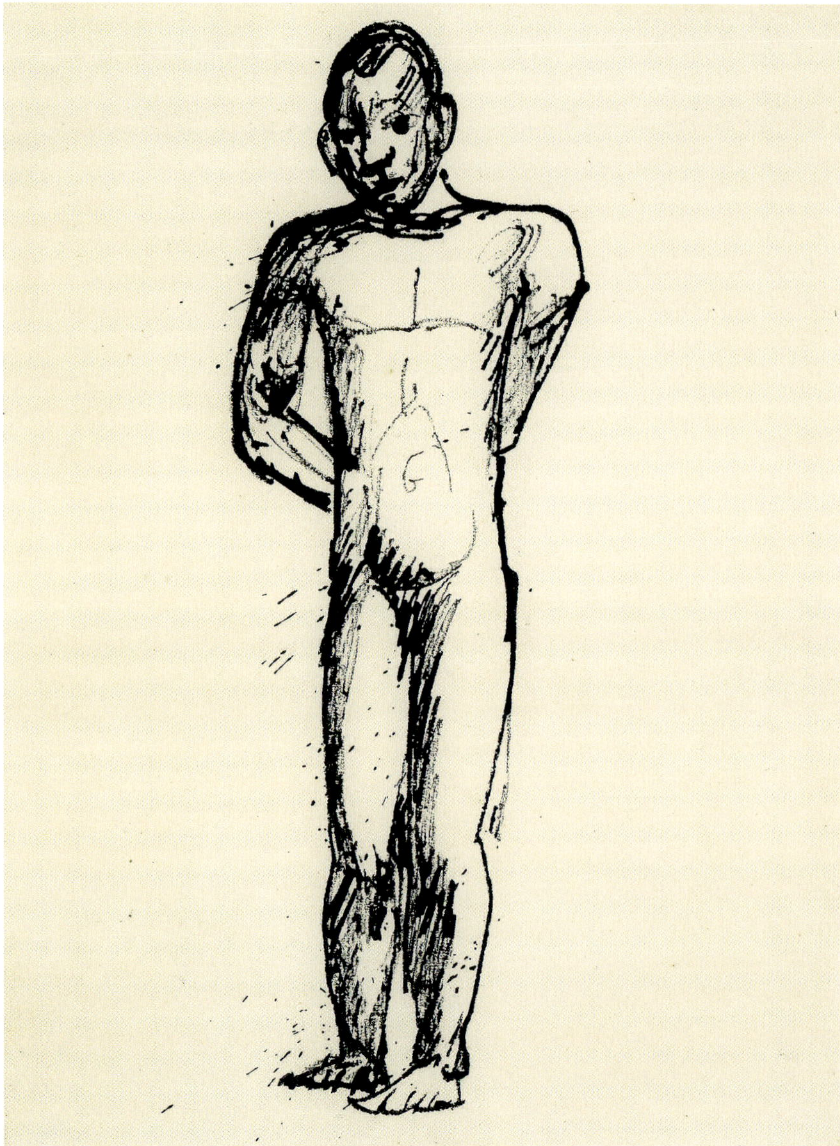

Étude de nu, 1906
Encre de Chine sur papier
32 x 24 cm

Buste de femme, 1906-1907
Fusain sur papier
62 x 47 cm

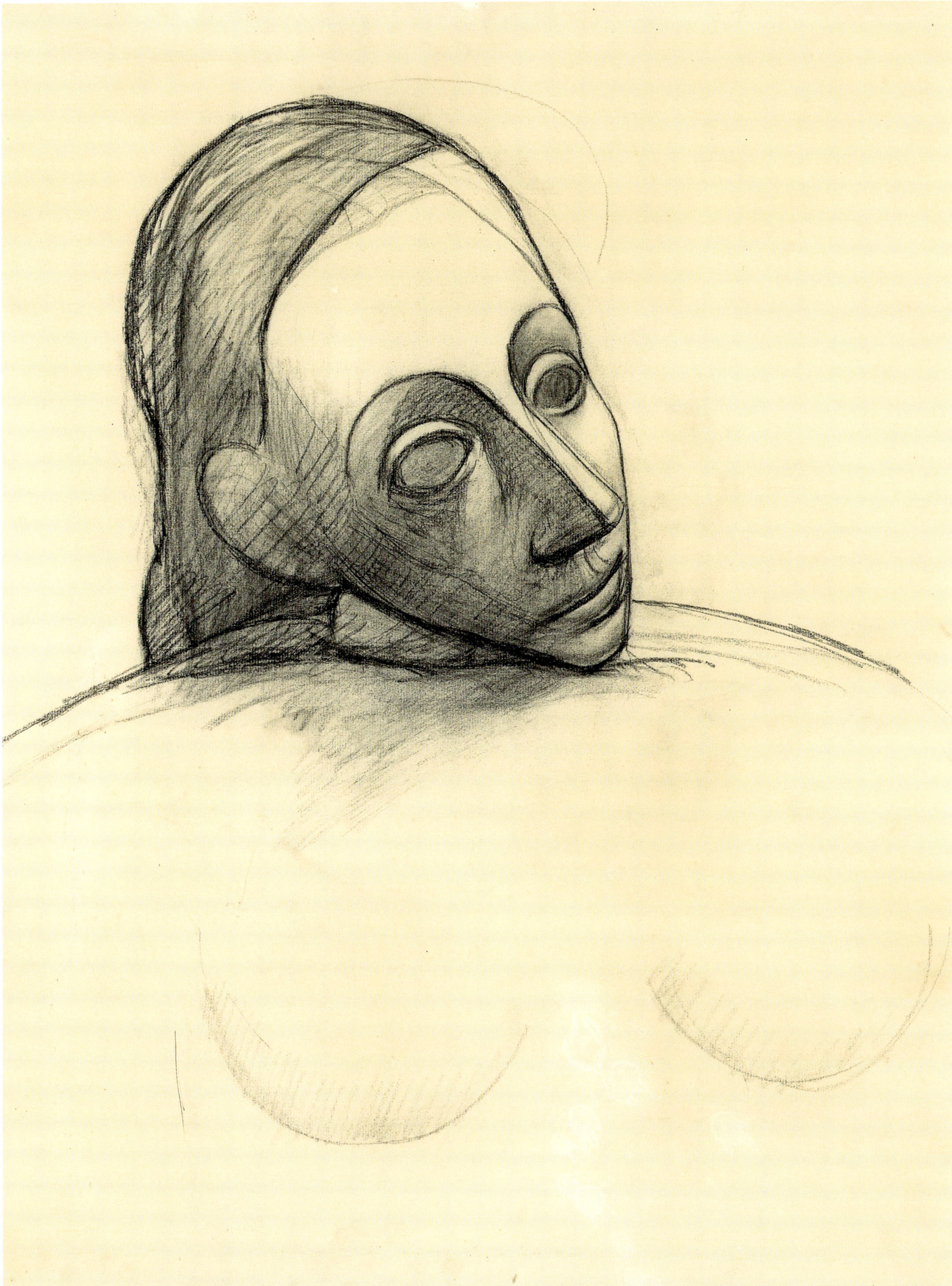

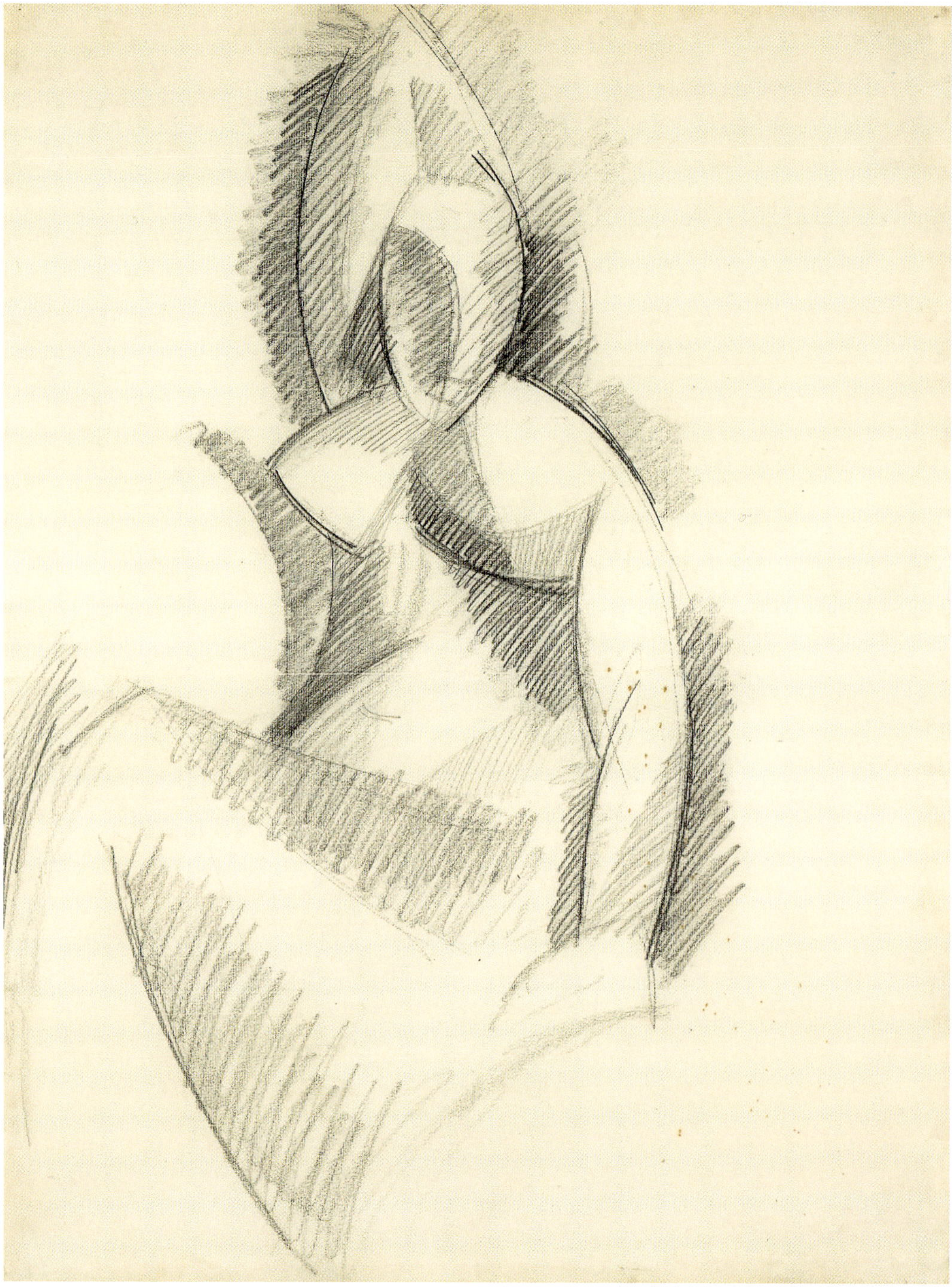

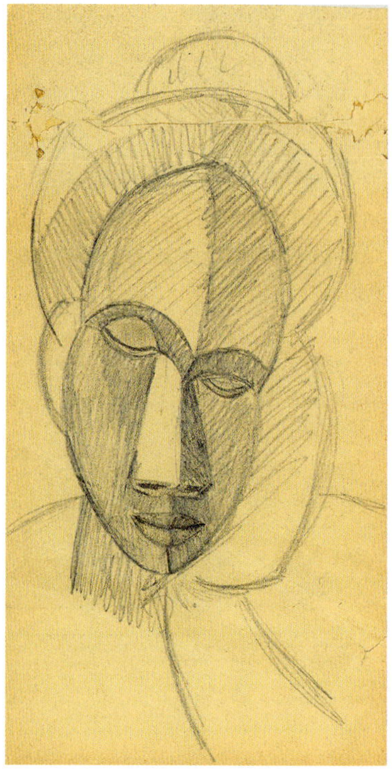

Buste de femme assise, 1908
Fusain sur papier
63 x 47 cm

Visage féminin, 1907-1908
Crayon sur papier
24,5 x 13 cm

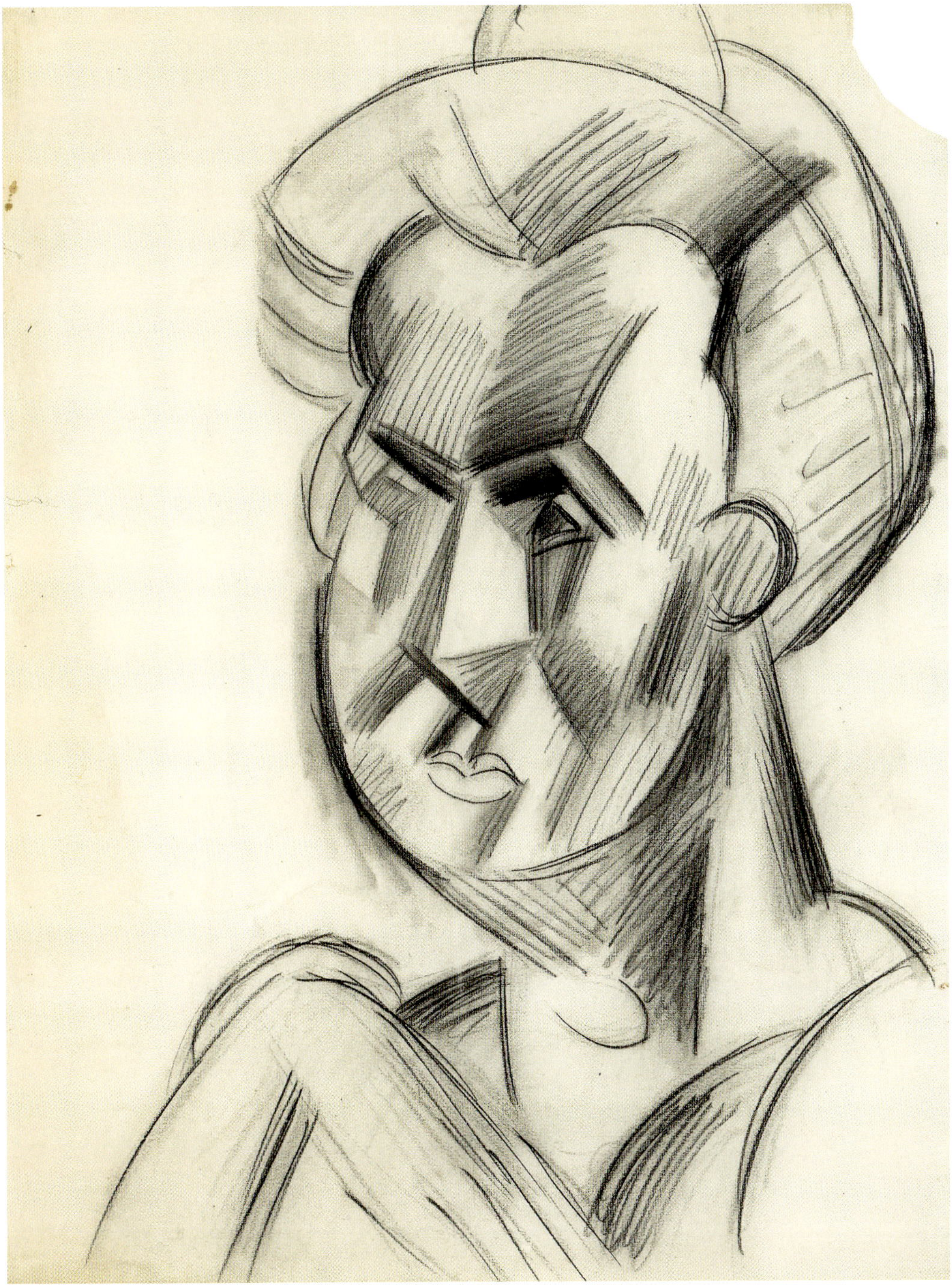

Tête de femme, 1909
Fusain sur papier
63,3 x 48,8 cm

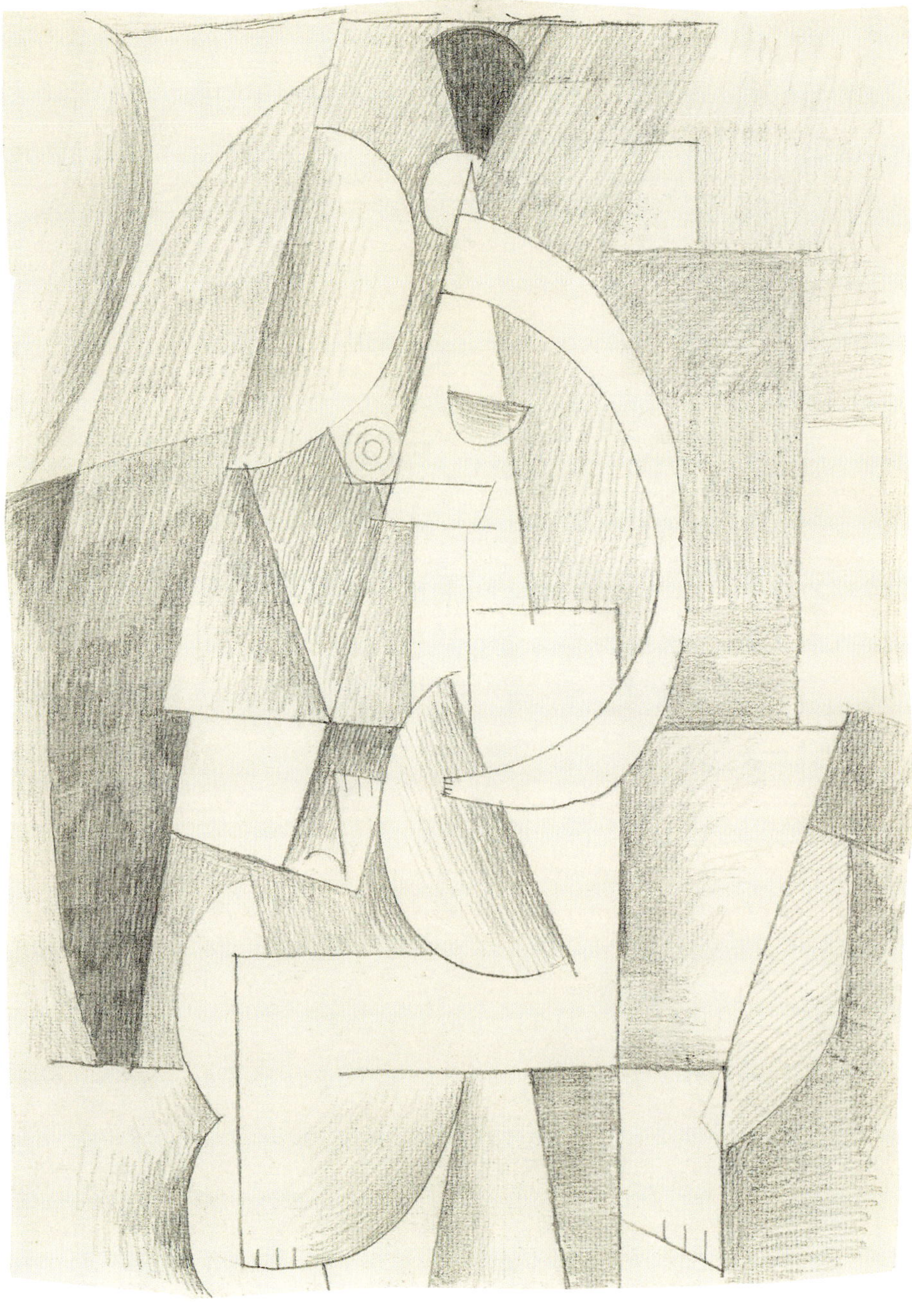

Personnage, 1914
Crayon sur papier
30,5 x 22 cm

Visage, 1912-1913
Fusain sur papier
66 x 51 cm

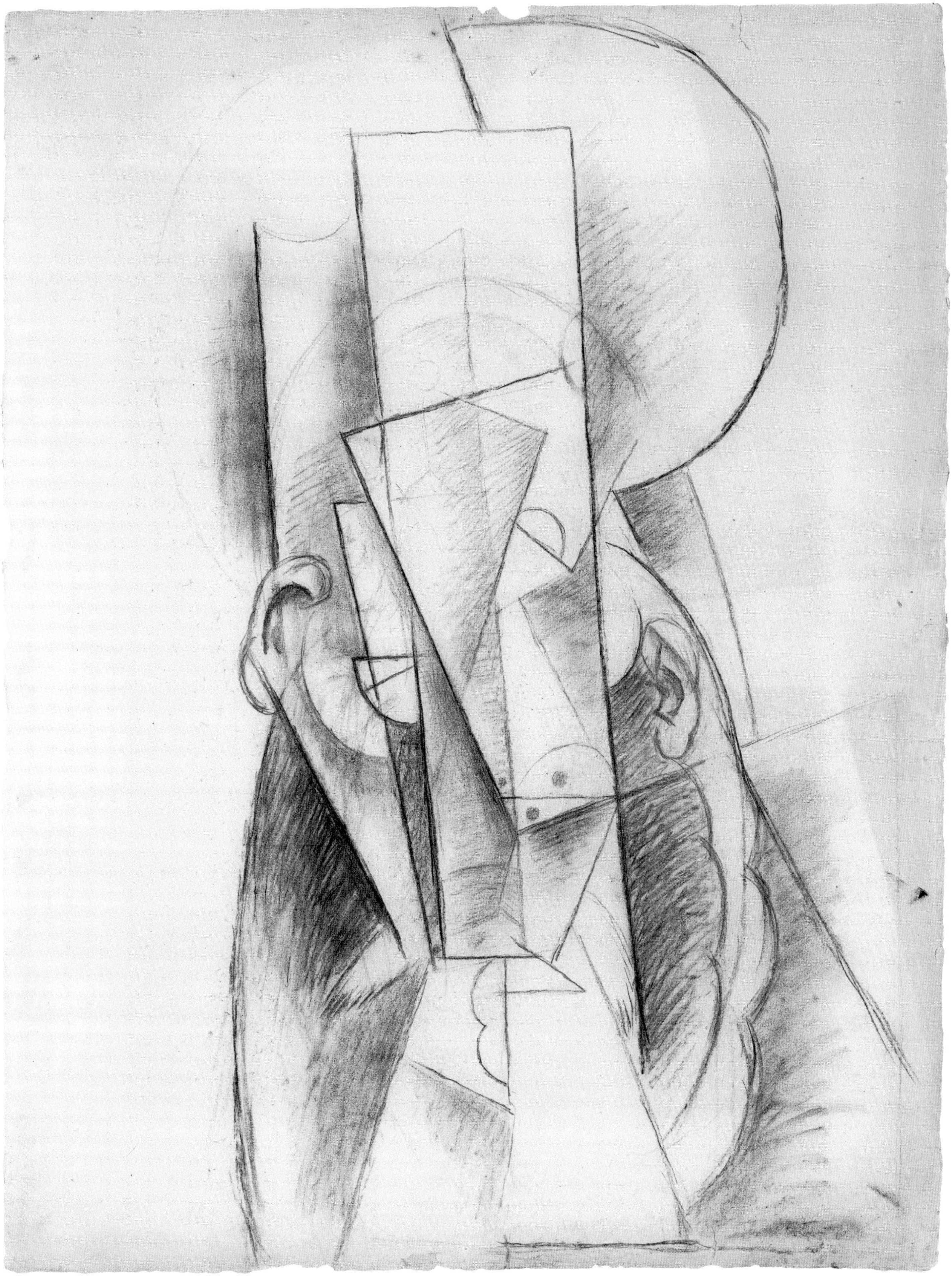

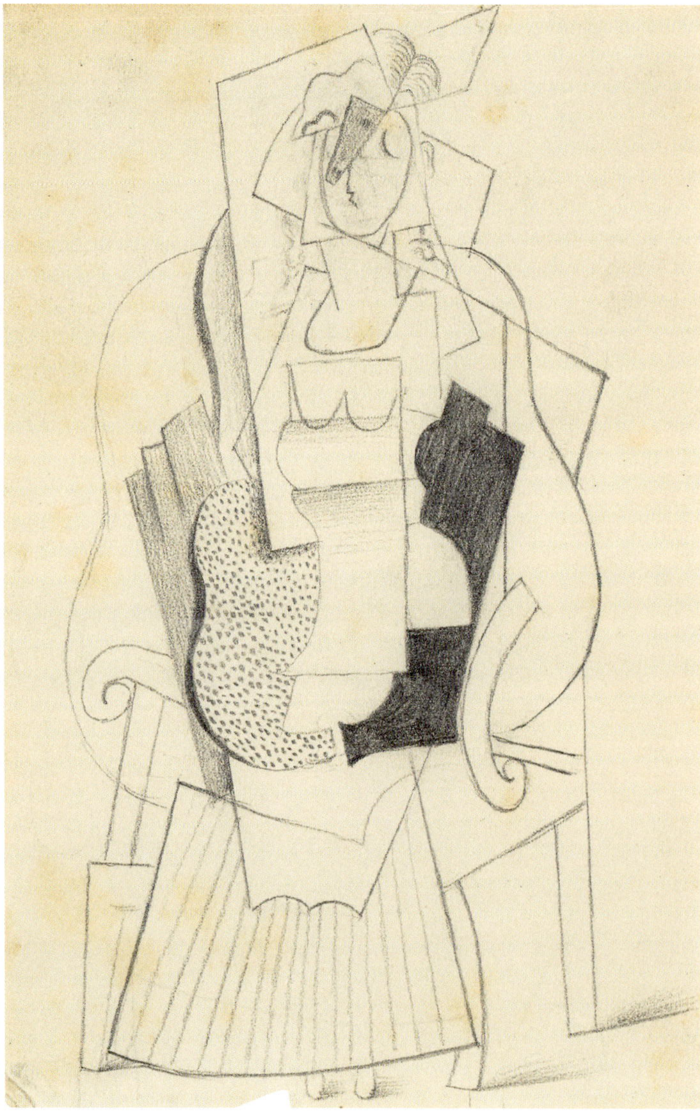

Femme
dans un fauteuil, 1914
Crayon sur papier
20 x 13,5 cm

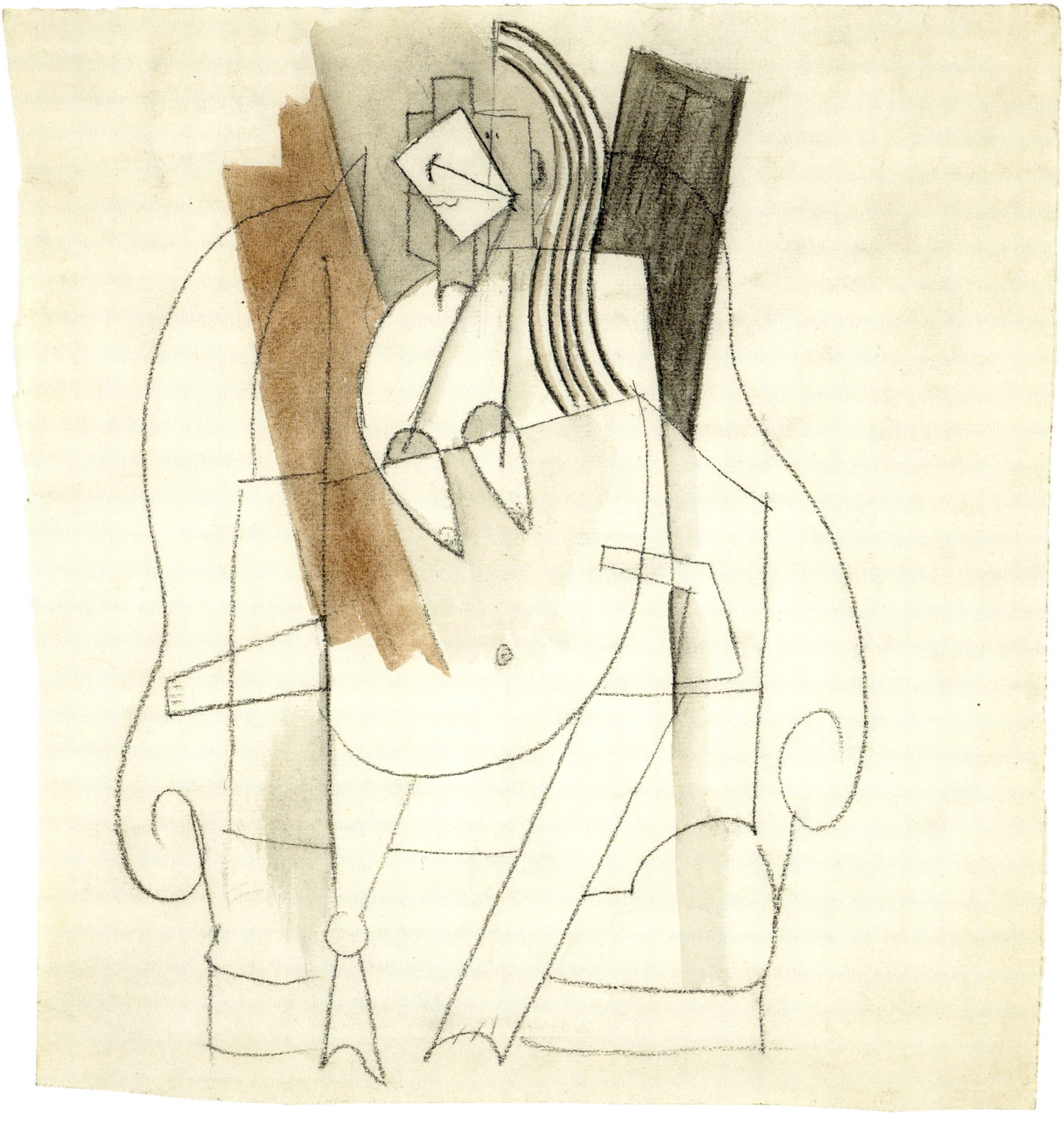

Femme assise dans un fauteuil, 1914
Crayon Conté
et couleurs à l'essence
sur papier
29 x 27 cm

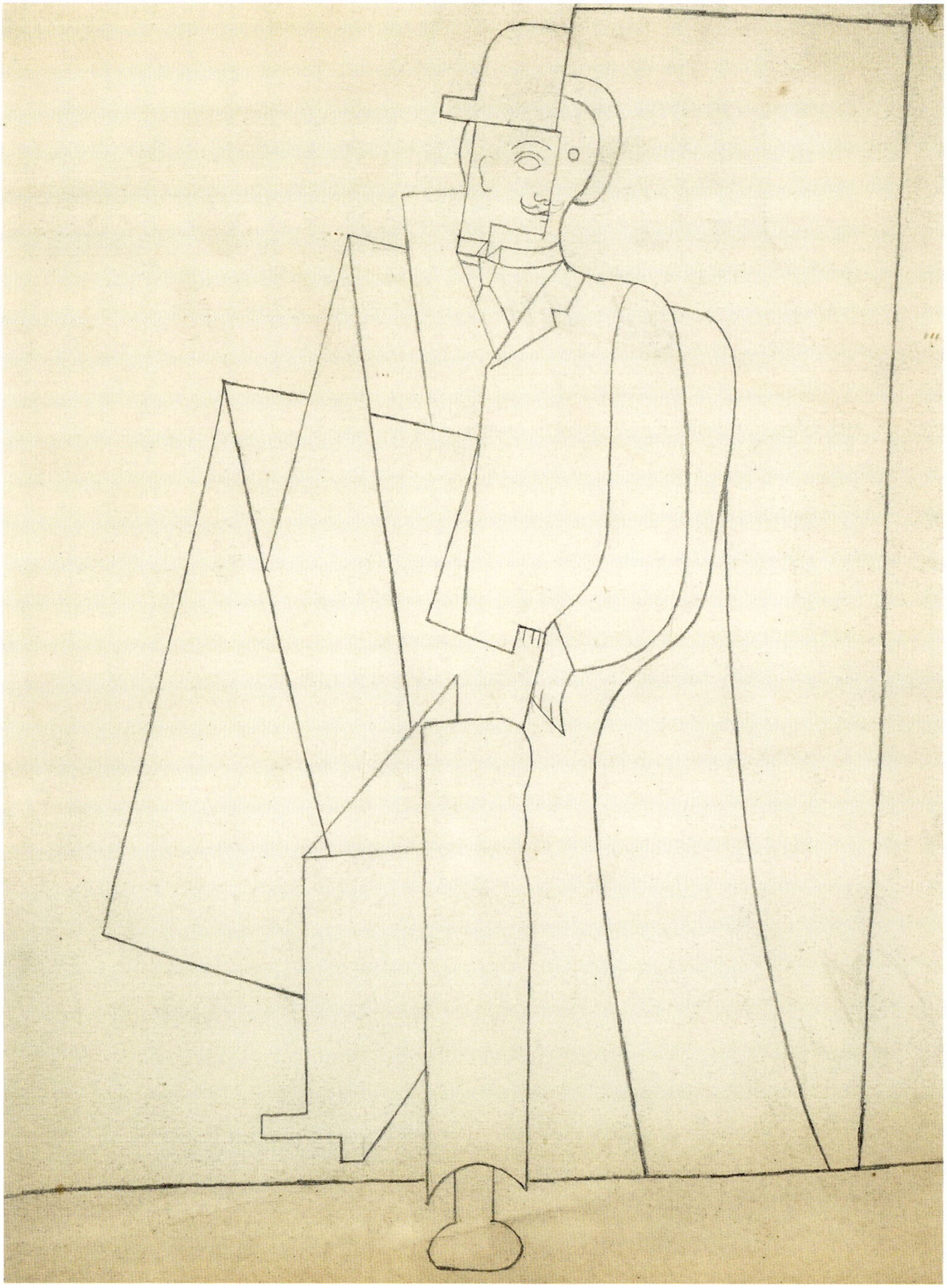

Homme au chapeau, 1915
Crayon sur papier
32,5 x 25,5 cm

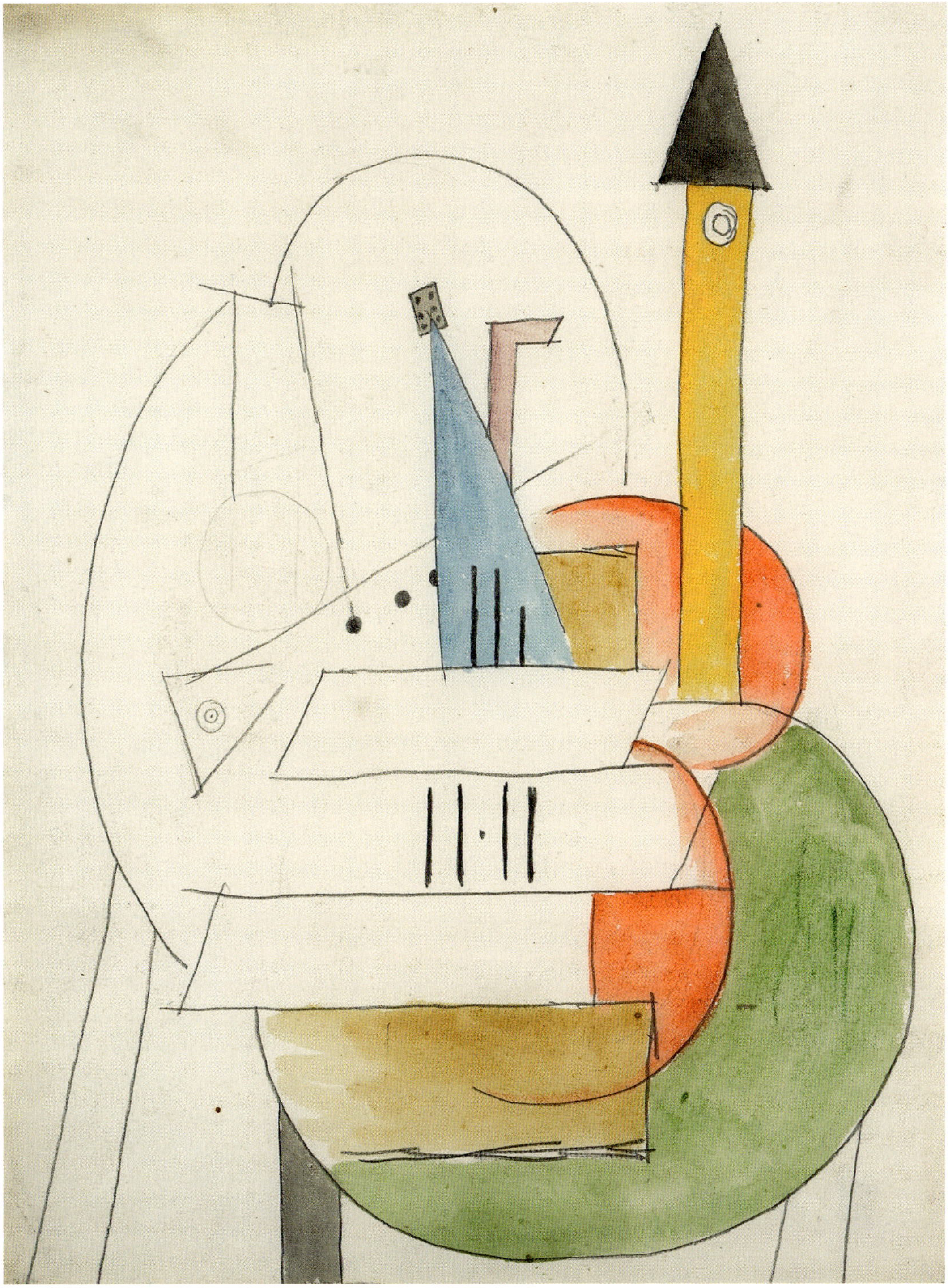

Instruments de musique sur une table ronde, 1915
Crayon et aquarelle sur papier
31,5 x 23 cm

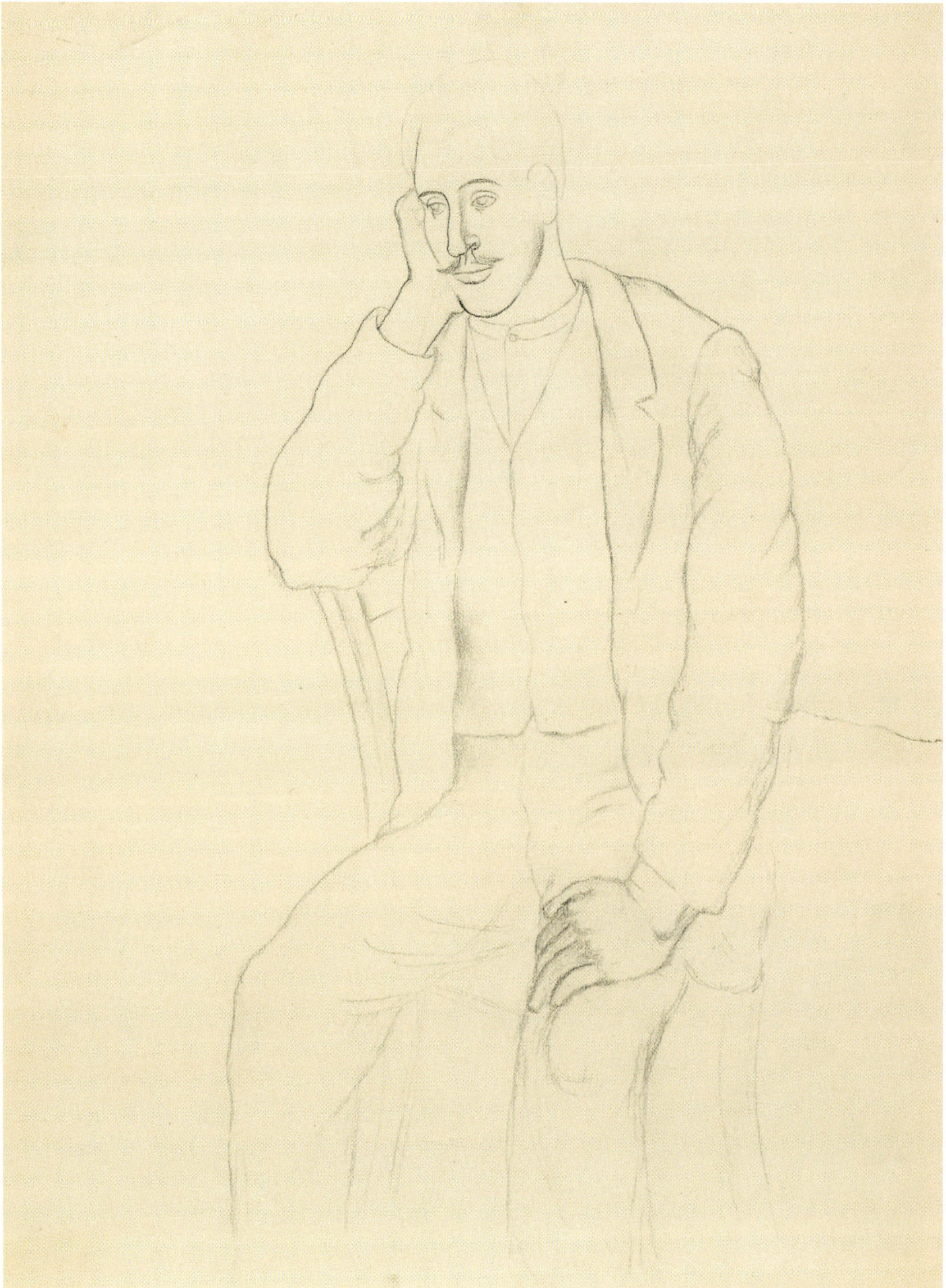

Homme moustachu accoudé à une table, 1914
Crayon sur papier
31 x 24 cm

Autoportrait, 1917
Crayon sur papier
34 x 23,5 cm

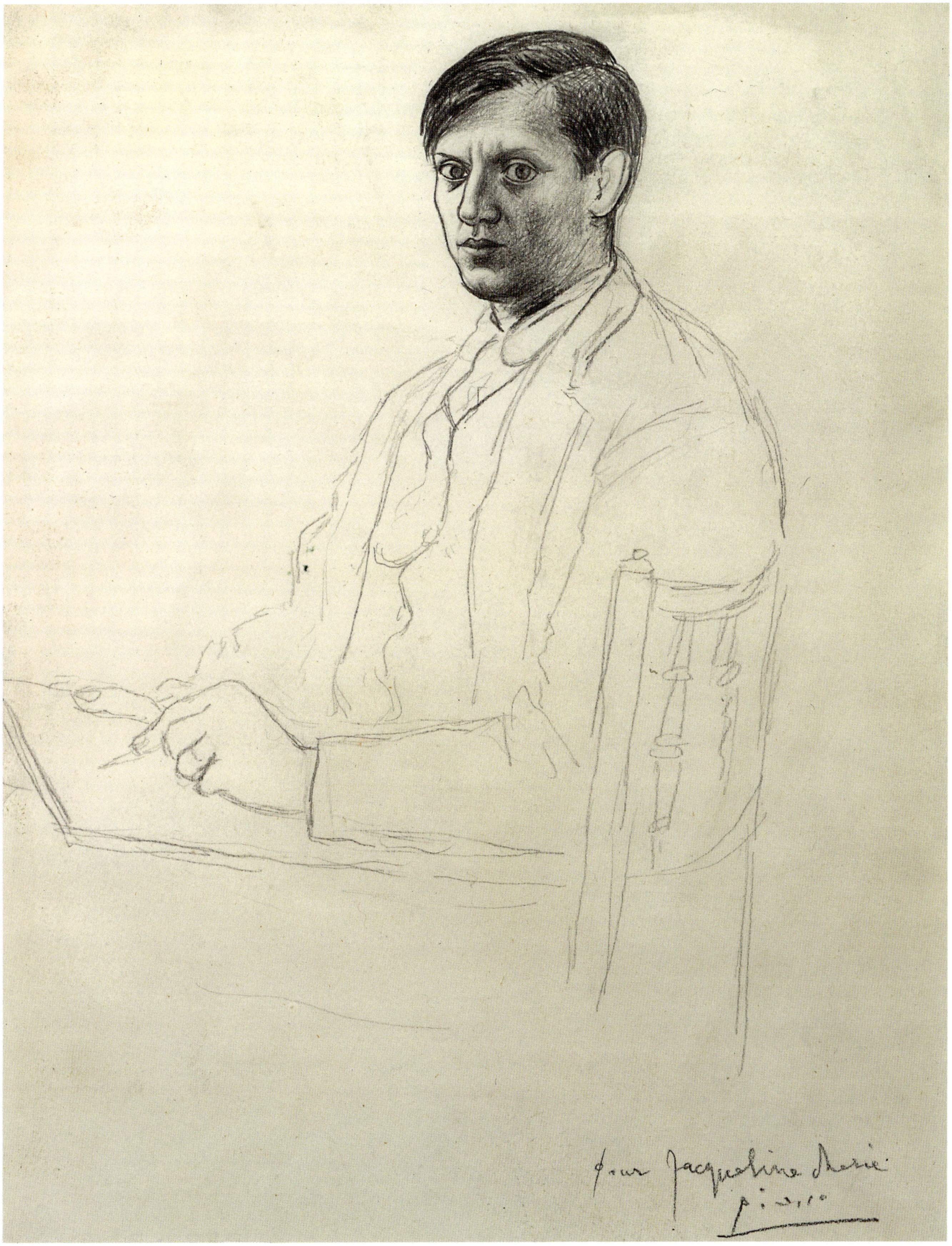
Pour Jacqueline chérie
Picasso

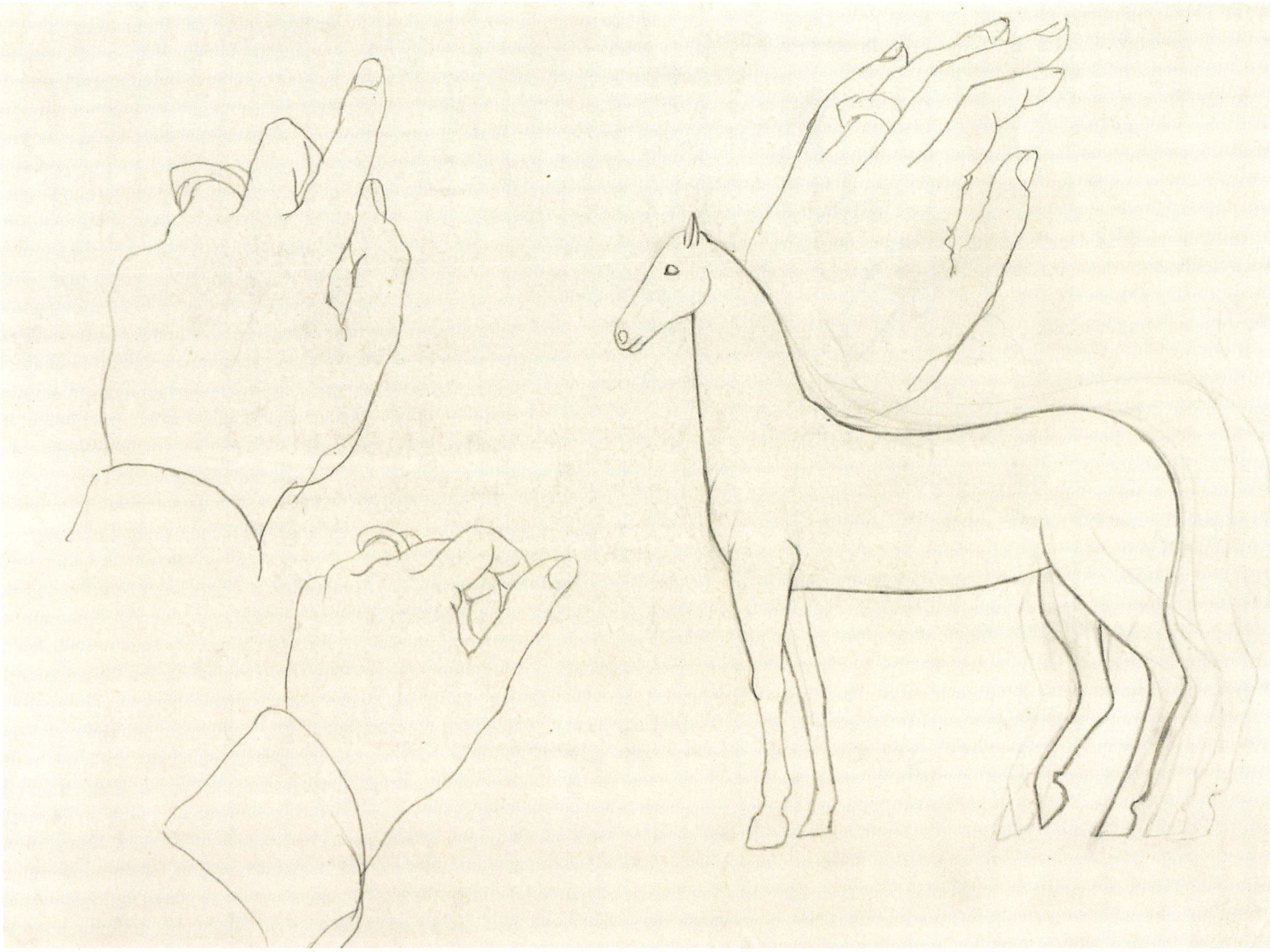

Trois études de main avec une bague, étude de cheval, 1917
Crayon sur papier
20,5 x 28,5 cm

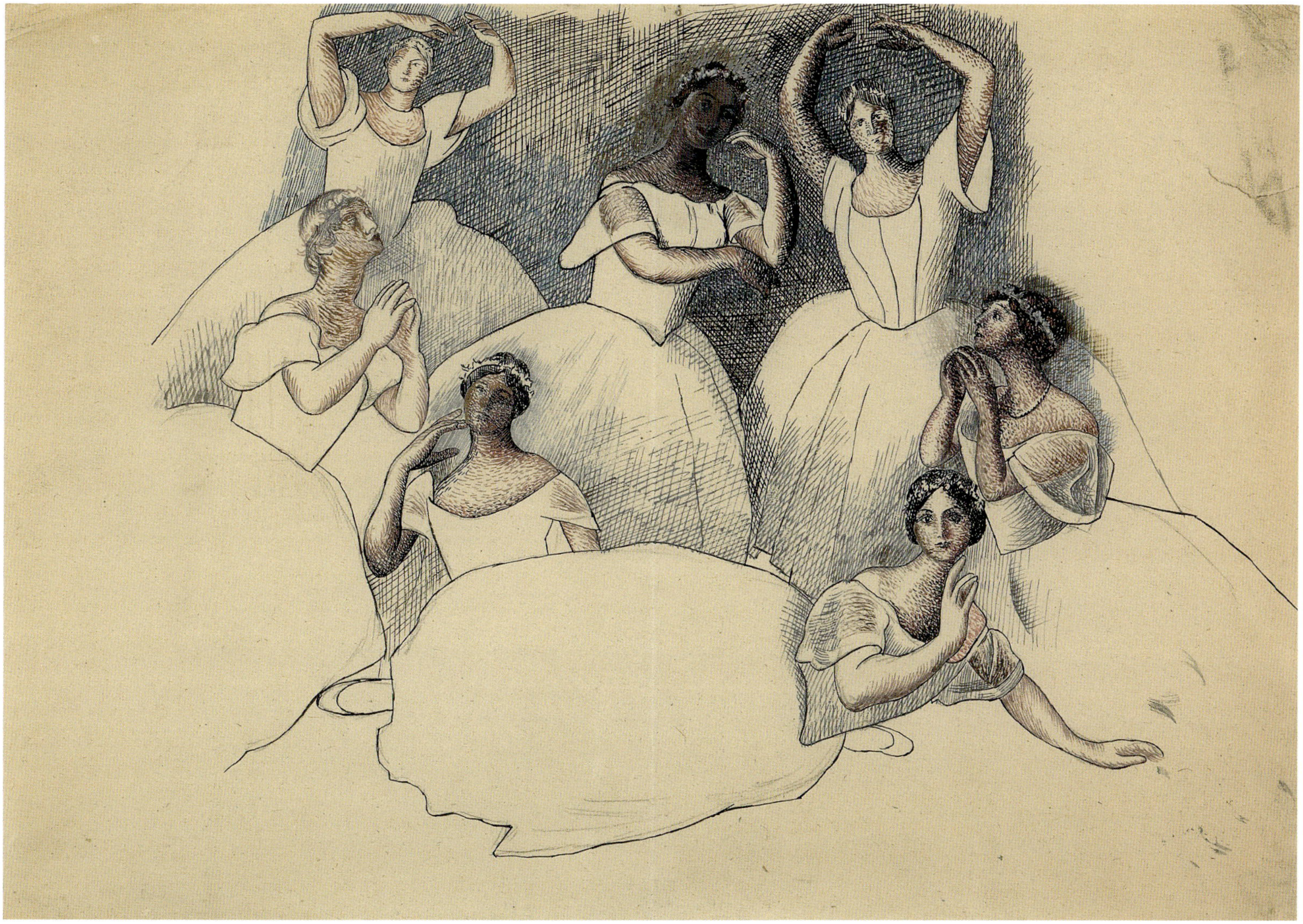

Groupe
de sept danseuses, 1919
Encre de Chine
et aquarelle sur papier
26,5 x 39,5 cm

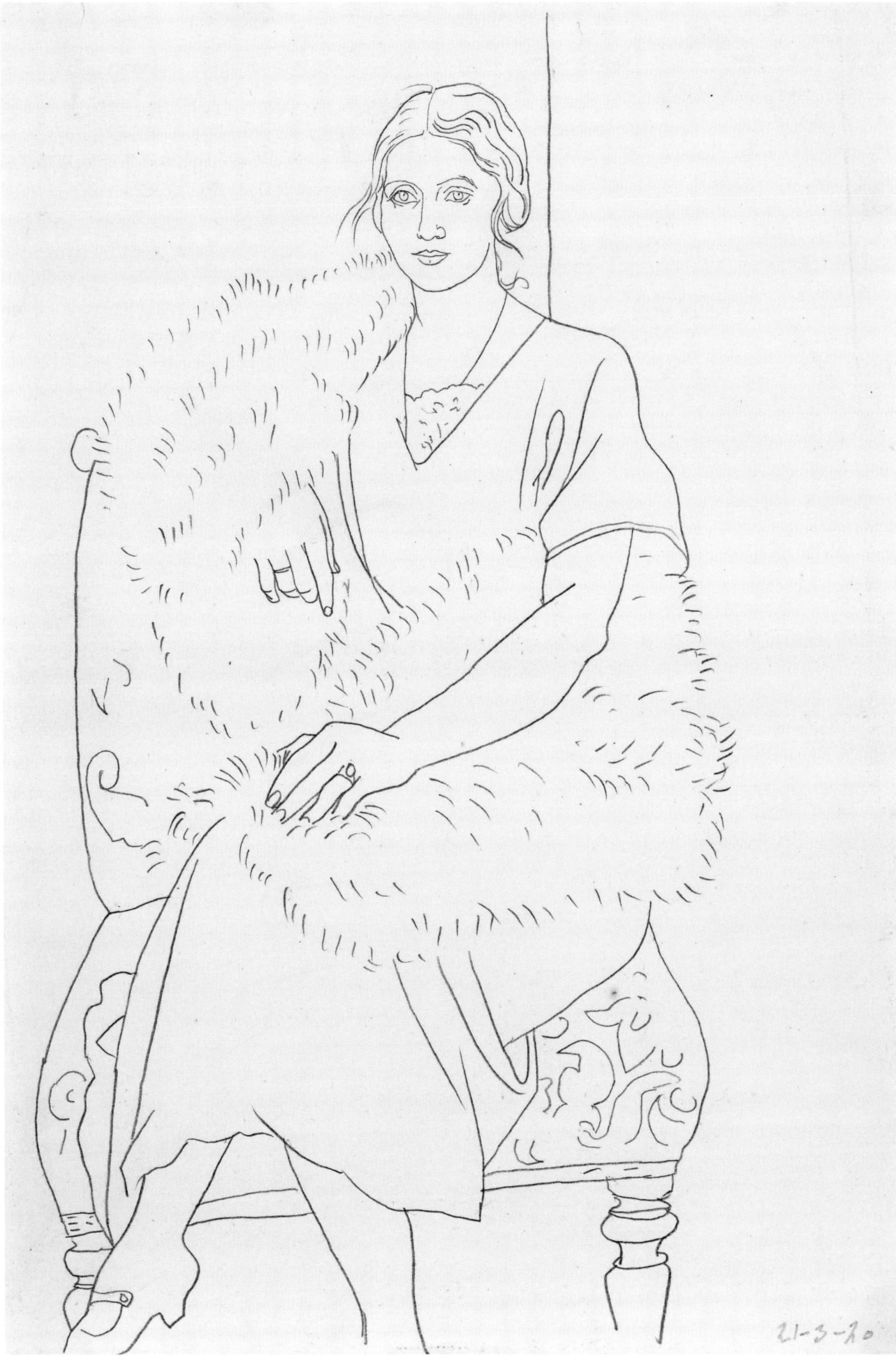

Femme assise dans un fauteuil, 1920
Crayon sur papier
34 x 23,5 cm

Portrait de femme accoudée dans un fauteuil
1920
Crayon sur papier
37 x 27 cm

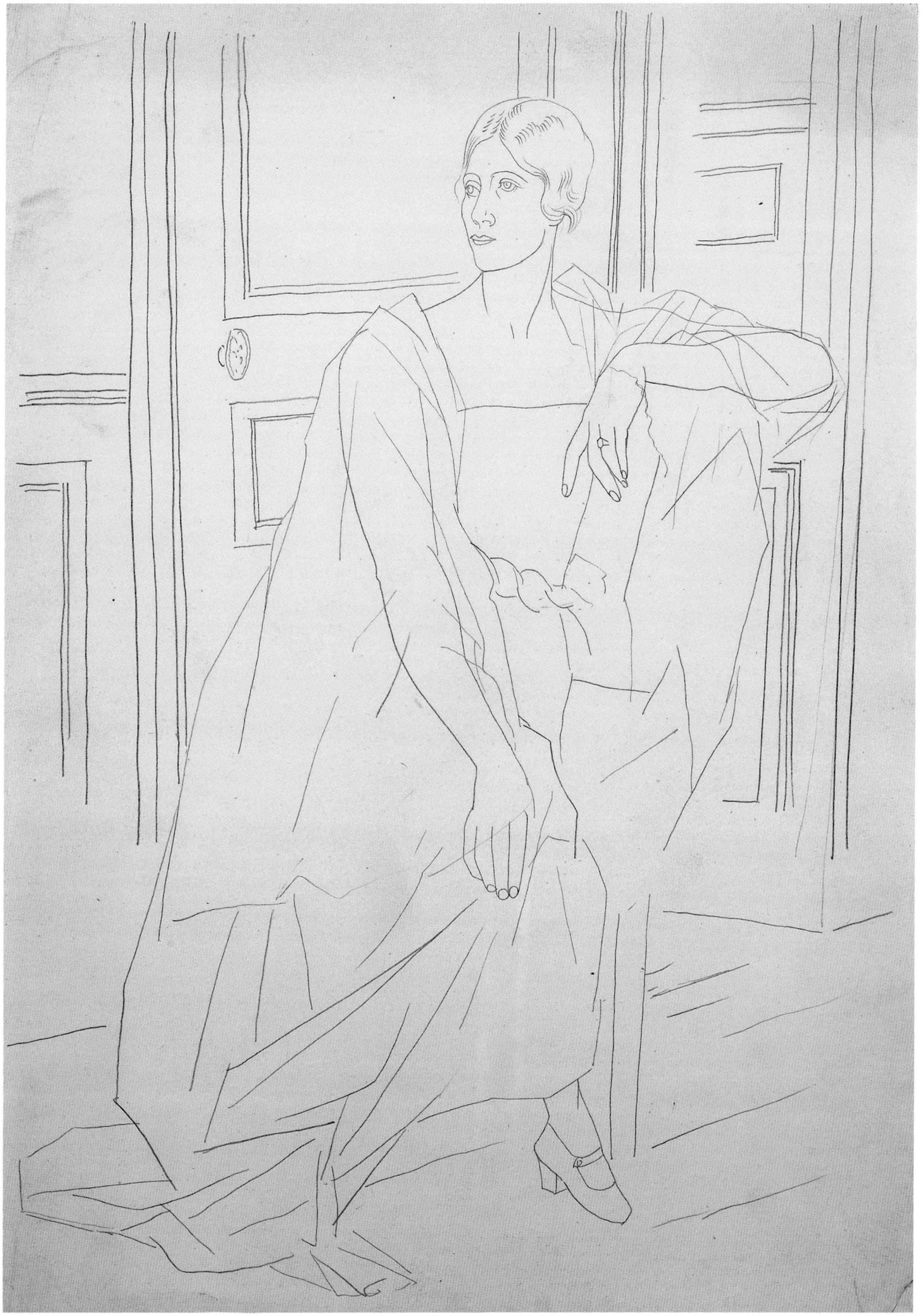

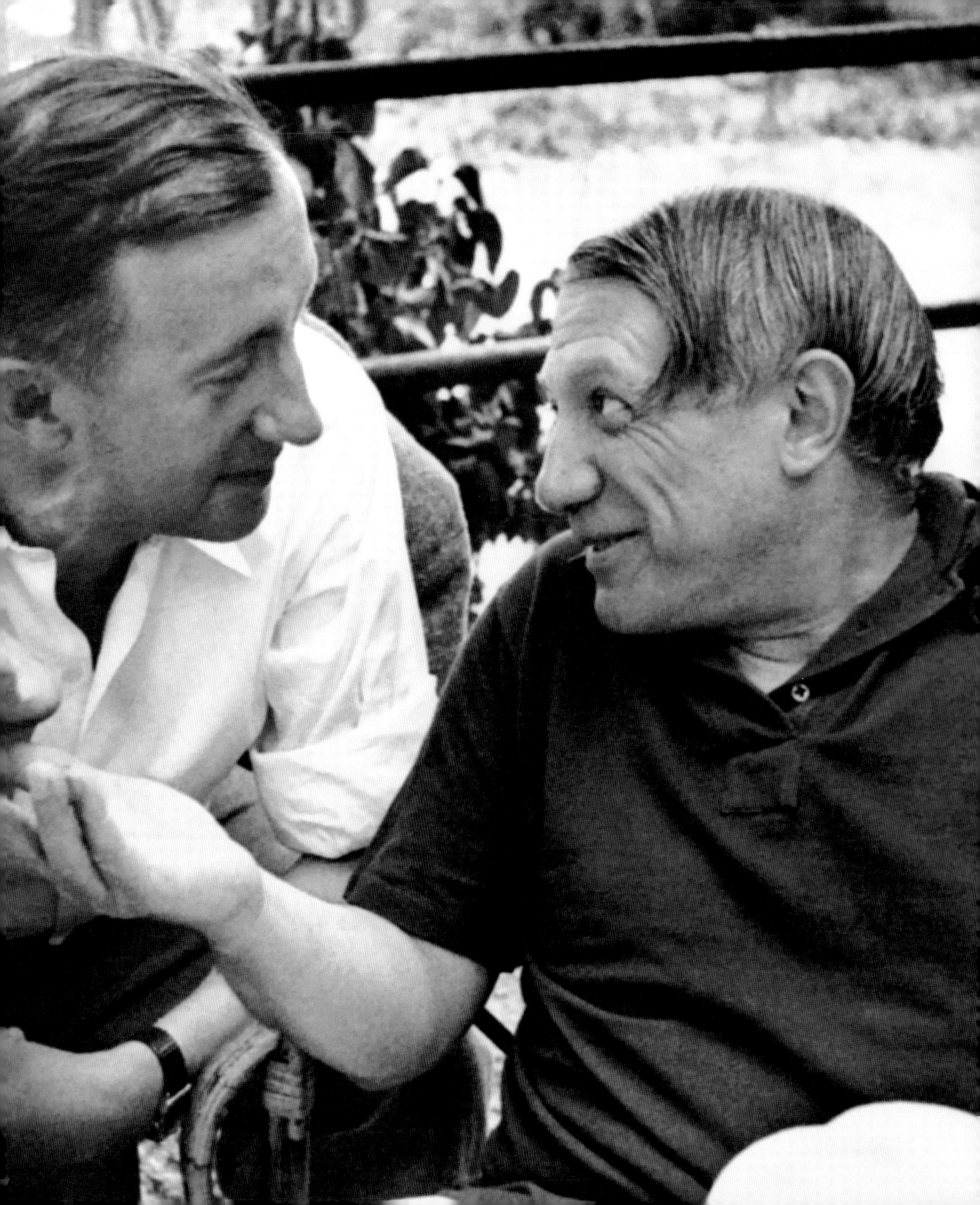

Paul Éluard
et Pablo Picasso,
Mougins, 1937
Photographie
de Man Ray
(détail)

Métamorphoses

À partir de 1925, les difficultés vécues dans sa vie conjugale, ajoutées à la rencontre en 1927 d'une jeune femme âgée de dix-sept ans, Marie-Thérèse Walter, avec laquelle il va entamer une liaison clandestine, vont précipiter la transformation du corps féminin par l'artiste en un signe organique et rythmique exprimant la sensualité. Aux représentations surréalisantes d'Olga, souvent violentes et énigmatiques, à ces visages angulaires aux nez coupants comme des dagues, dans les bouches desquels surgissent des dents prêtes à mordre, viennent s'ajouter ainsi des images beaucoup plus calmes, recueillies, de jeunes femmes athlétiques aux formes épanouies, étendues au soleil, ou jouant à la balle sur la plage, métaphores érotiques du désir et de l'énergie que Marie-Thérèse inspire au jeune quinquagénaire. C'est aussi l'époque où se manifeste à nouveau dans l'œuvre le thème — cher à la période rose — du cirque, en liaison sans doute alors avec la naissance de son fils Paul, et où apparaît aussi la figure du Minotaure comme double de l'artiste.

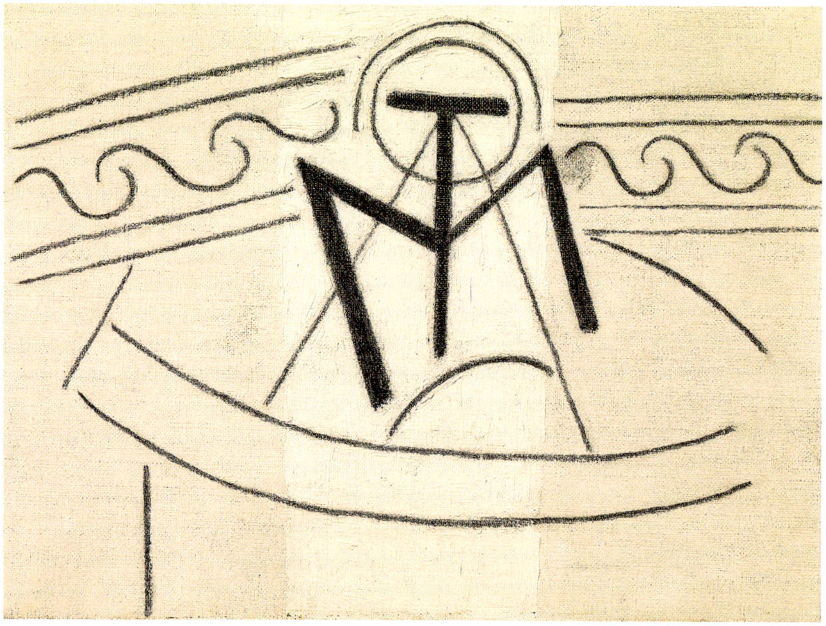

Composition, 1927
Crayon et huile sur toile
16 x 22 cm

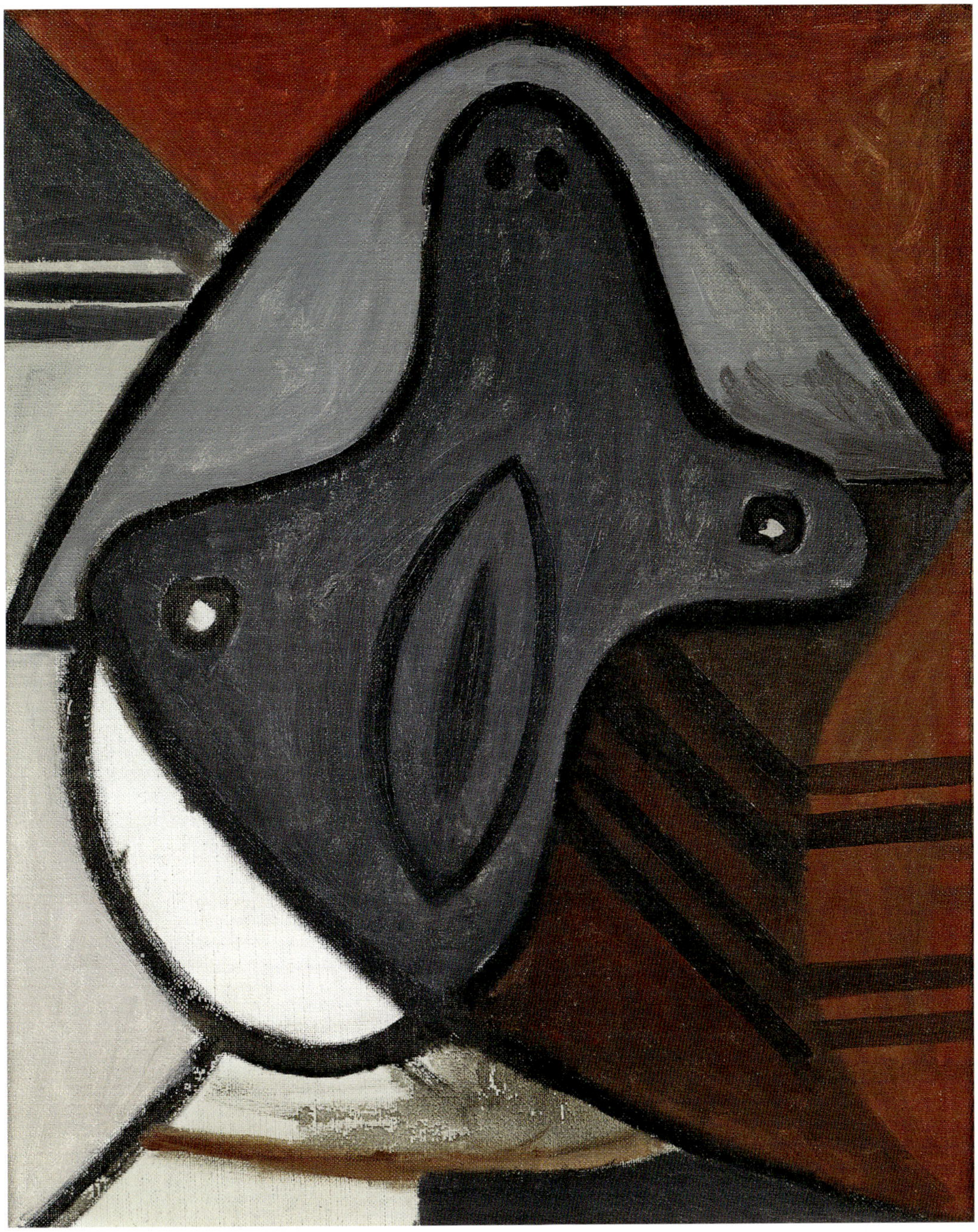

Tête sur fond brun, 1927
Huile sur toile
46 x 38 cm

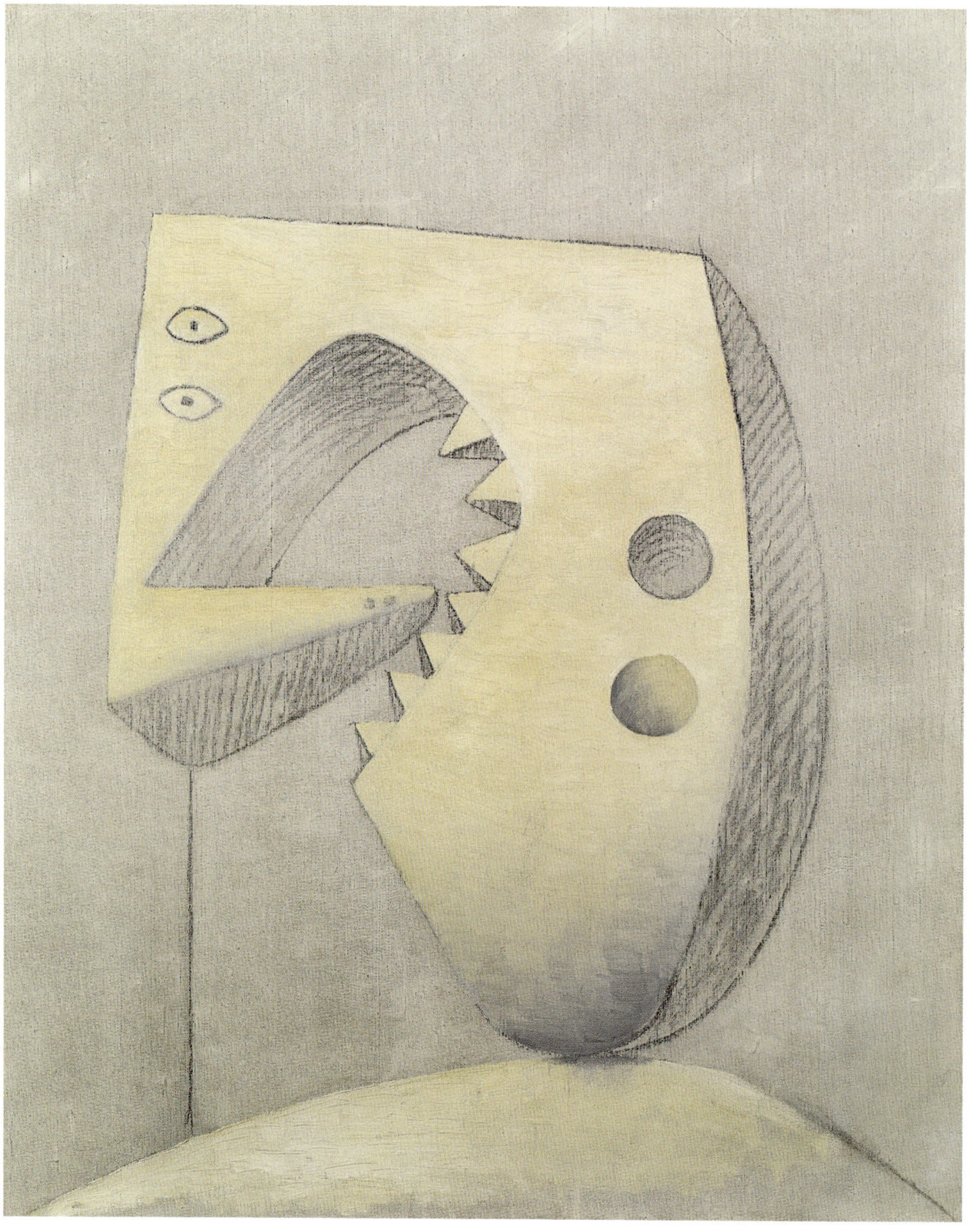

Visage, 1929
Crayon, fusain et huile sur toile
65 x 54 cm

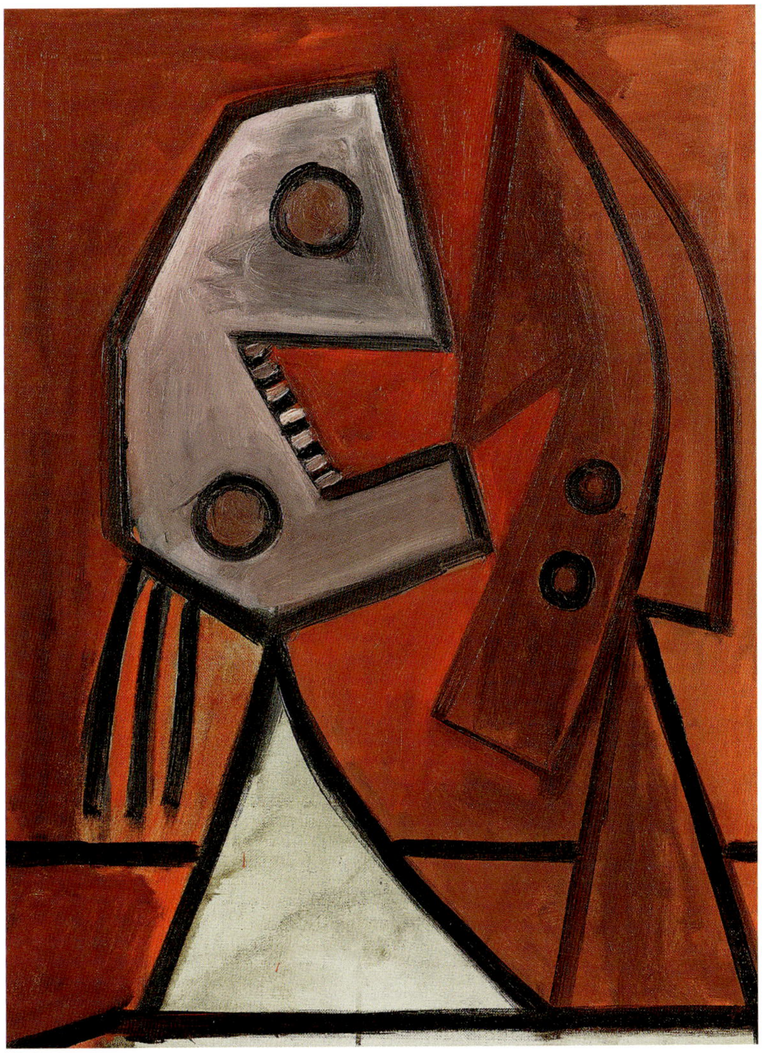

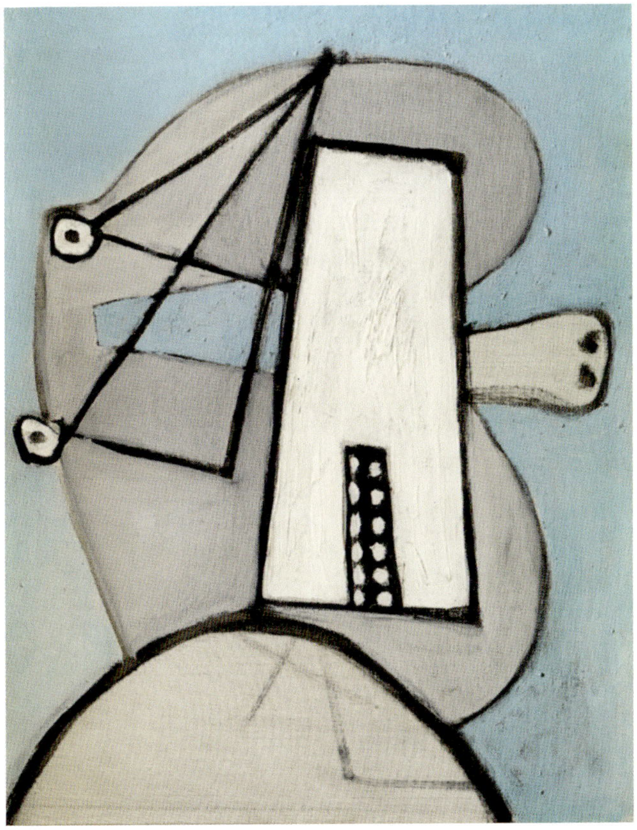

Le Baiser, fond rouge, 1929
Huile sur toile
61 x 46 cm

Tête sur fond bleu, 1929
Huile sur toile
41 x 33 cm

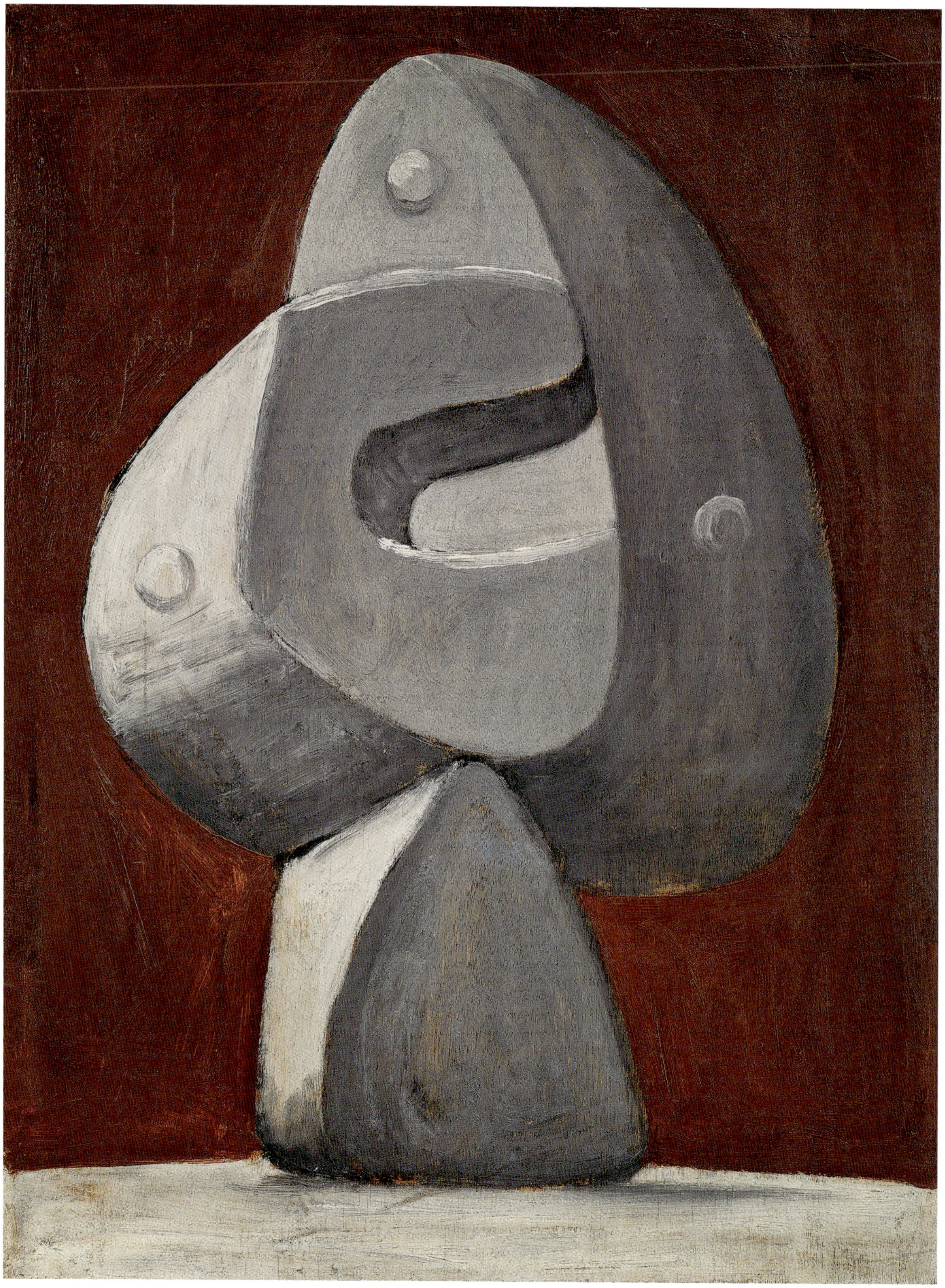

Buste, 1931
Huile sur bois
65 x 51 cm

Le Baiser, 1929
Huile et fusain sur toile
73 x 54 cm

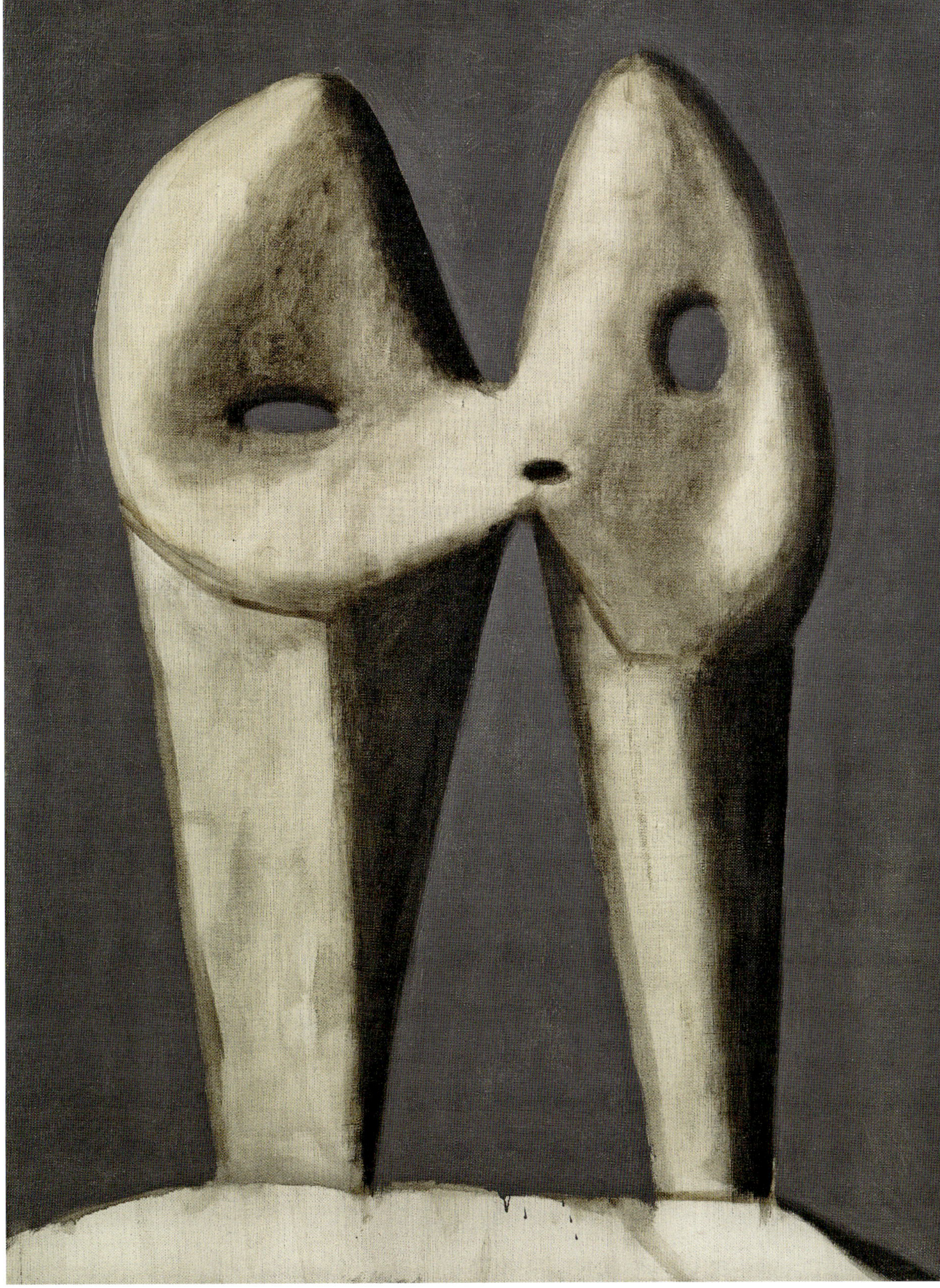

Femme étendue au lampadaire, 1929
Huile sur toile
46 x 61 cm

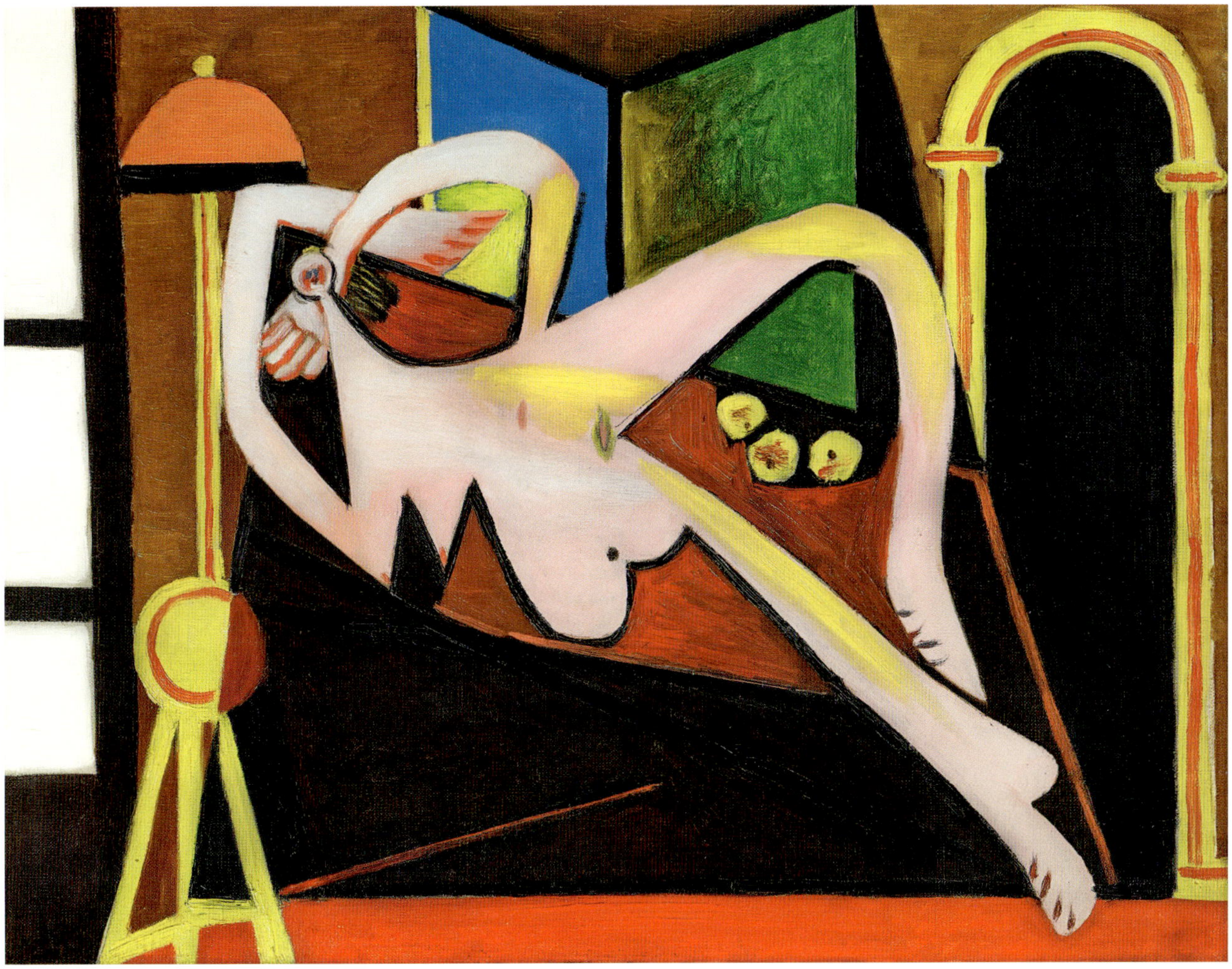

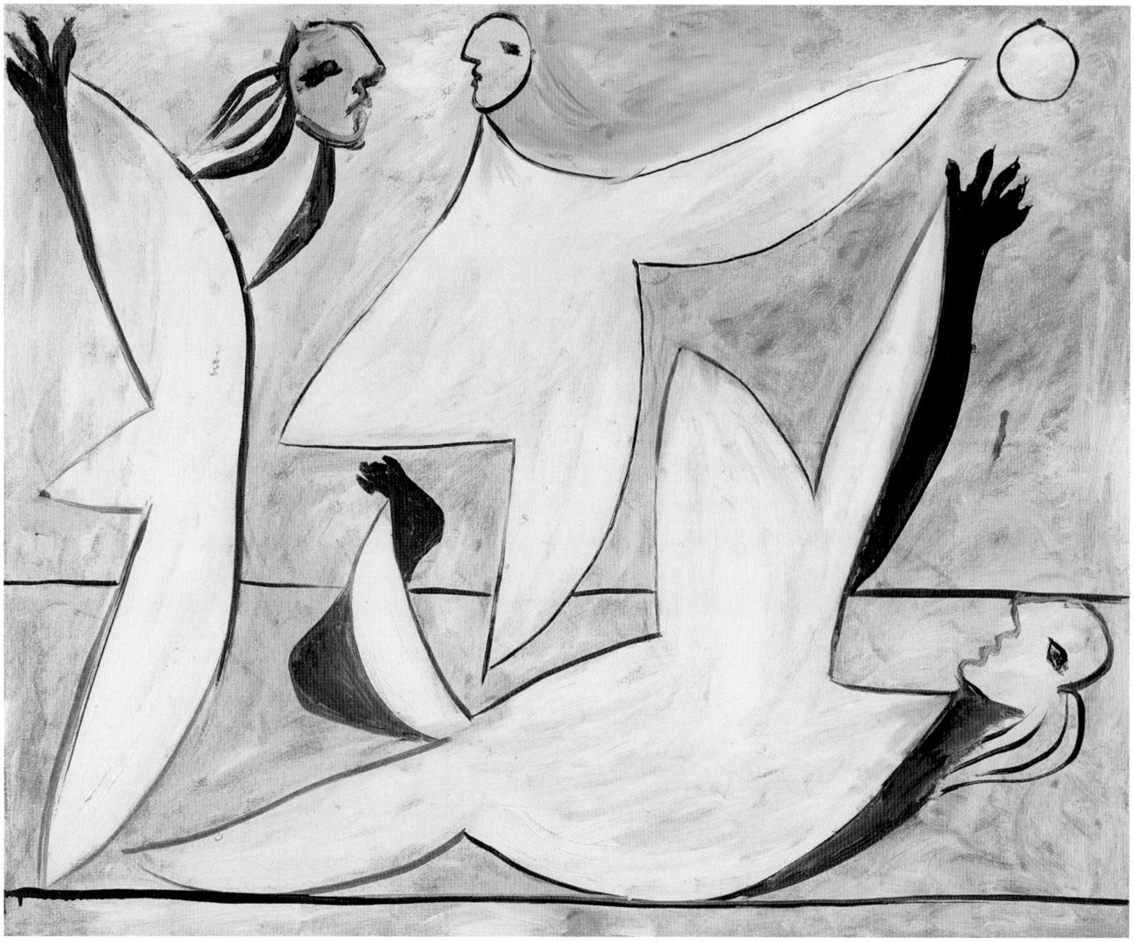

Femmes jouant à la balle sur la plage, 1932
Huile sur toile
81 x 100 cm

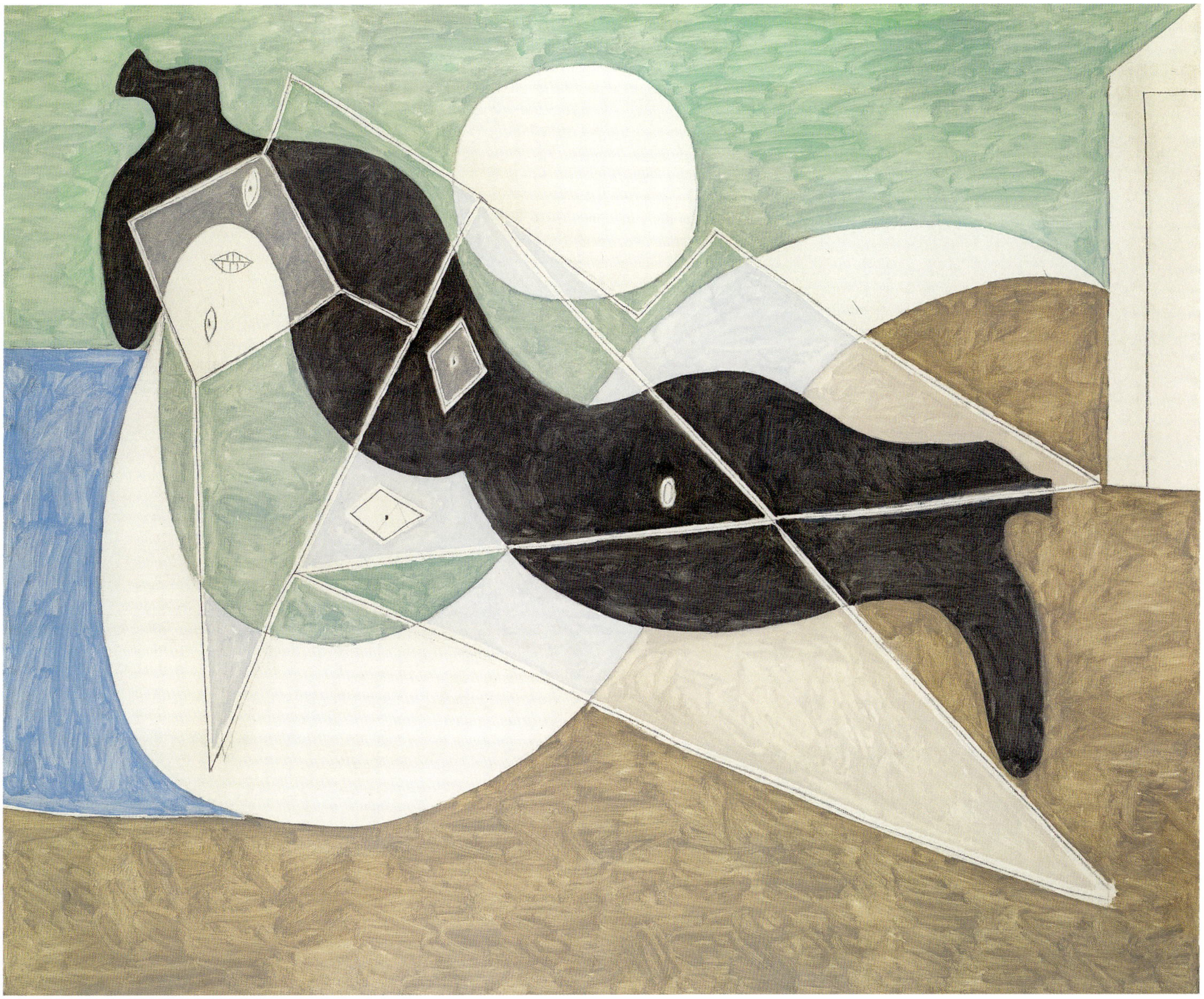

Femme étendue au soleil, 1932
Huile et crayon sur toile
130 x 162 cm

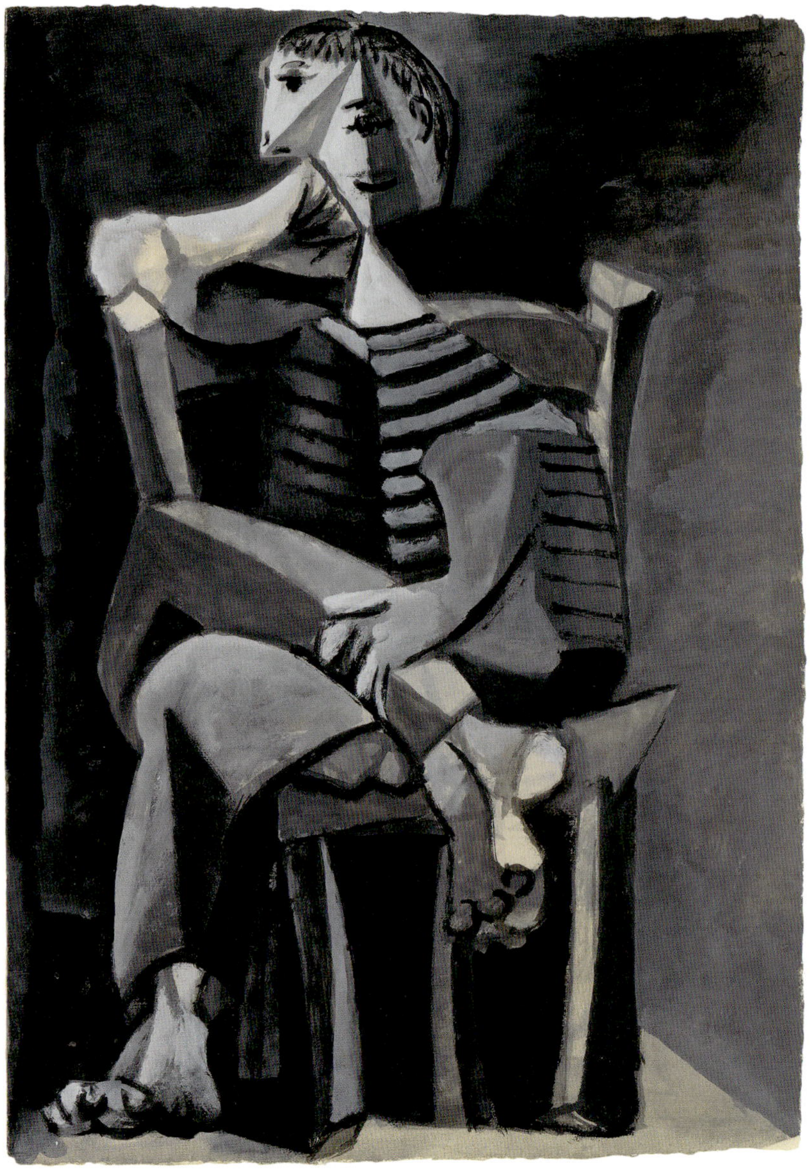

Homme assis dans un fauteuil les jambes croisées, 1939
Gouache sur papier
63 x 46 cm

Cheval et Taureau, 1934
Huile sur toile
65 x 54 cm

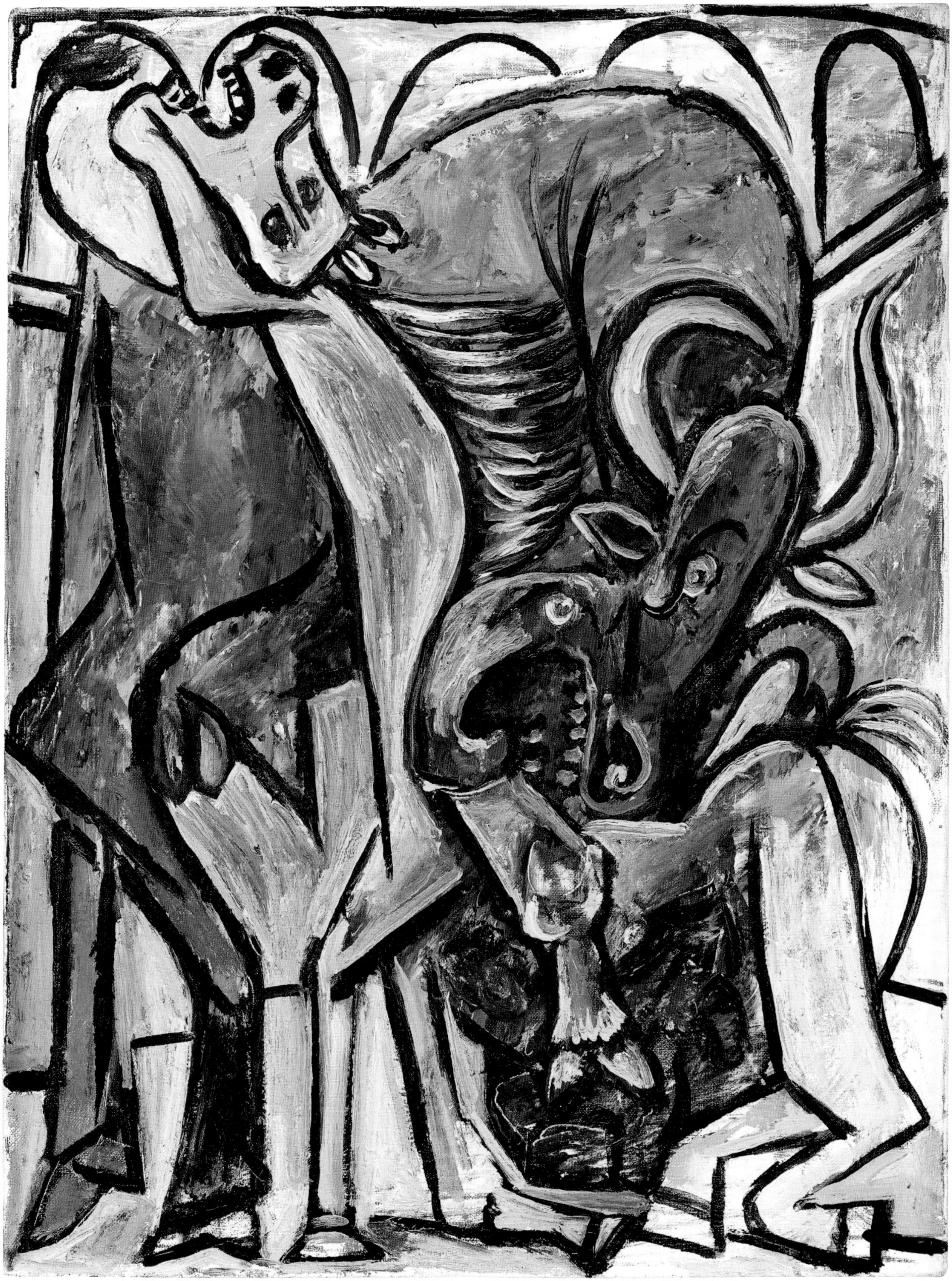

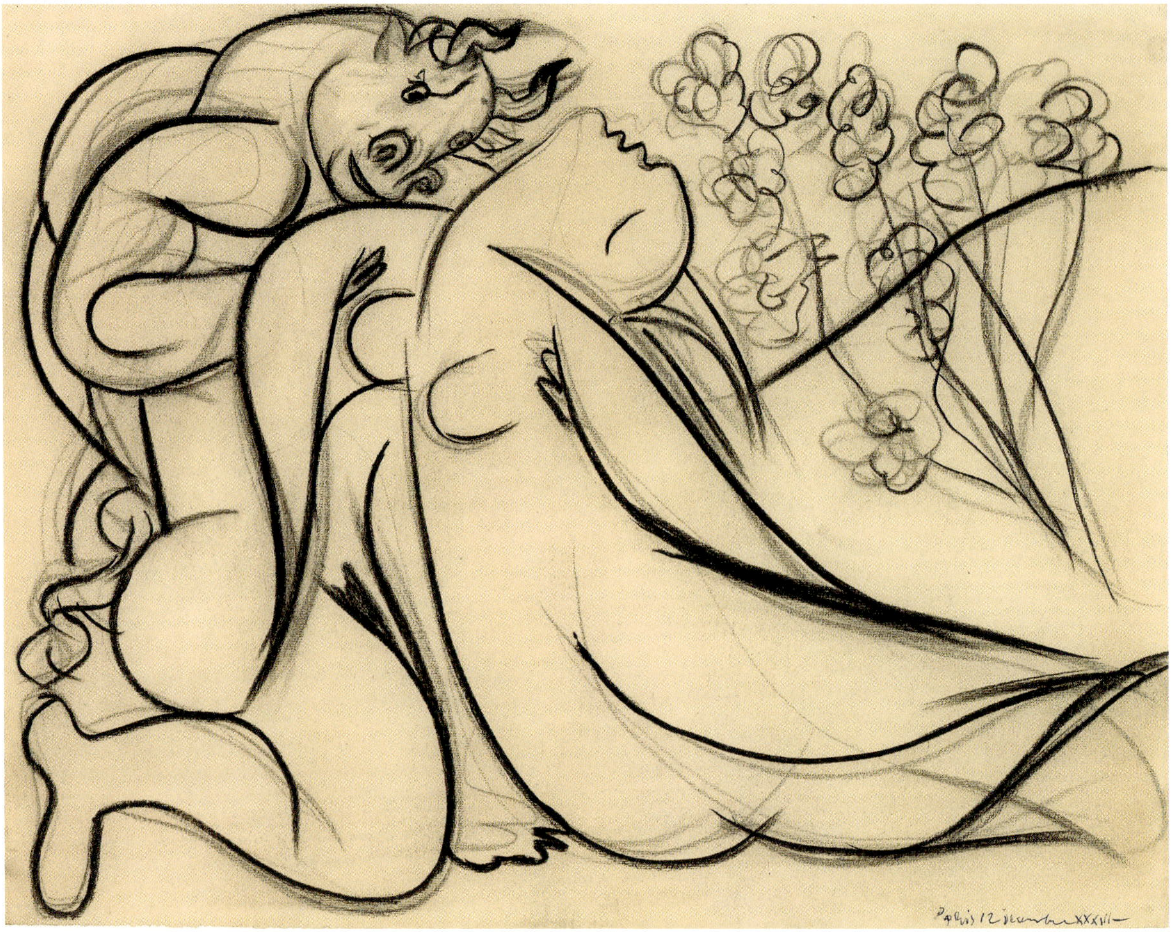

Minotaure et Nu, 1933
Fusain sur papier
47,5 x 62 cm

Le Cirque, 1933
Huile sur toile
41 x 33 cm

Visage profil gauche, 1937
Encre de Chine sur papier
45,5 x 29,5 cm

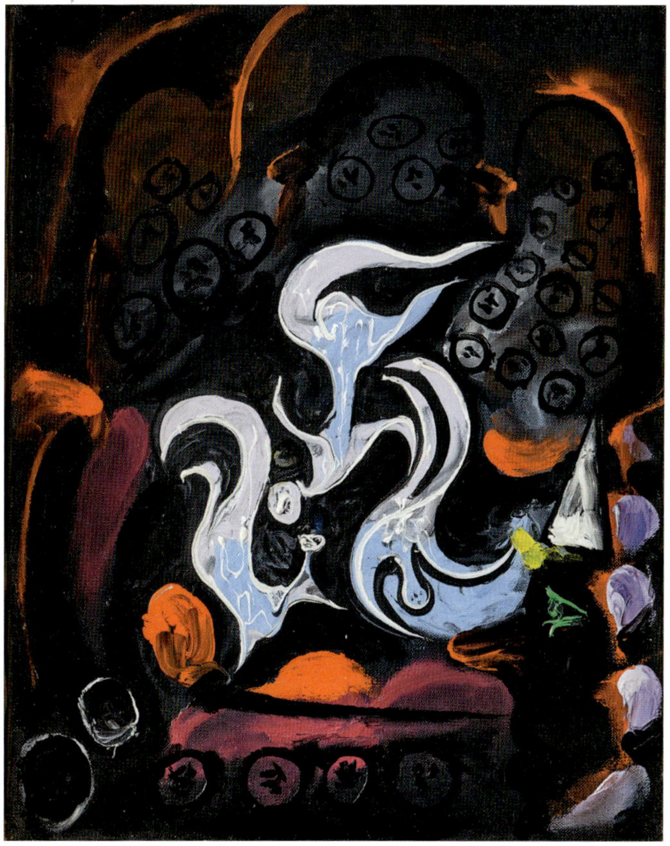

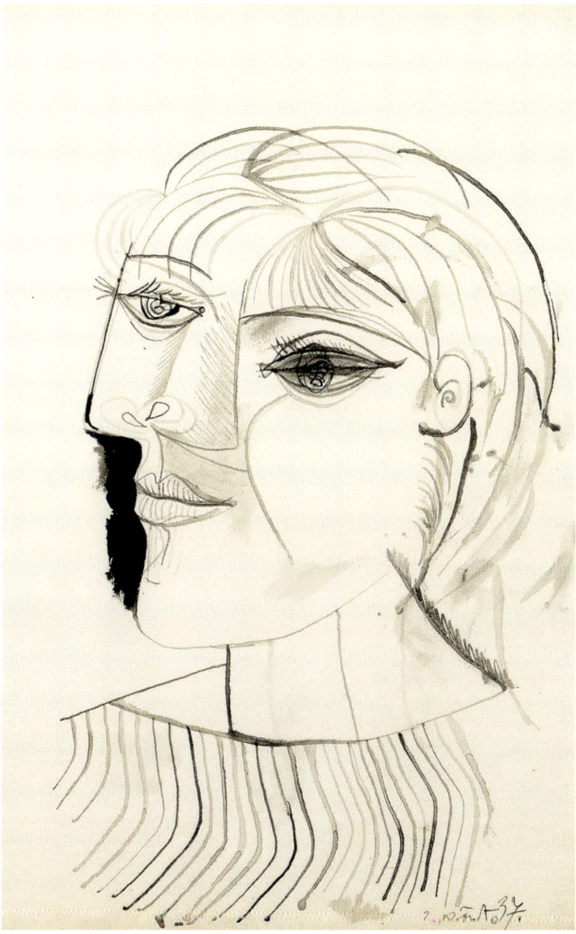

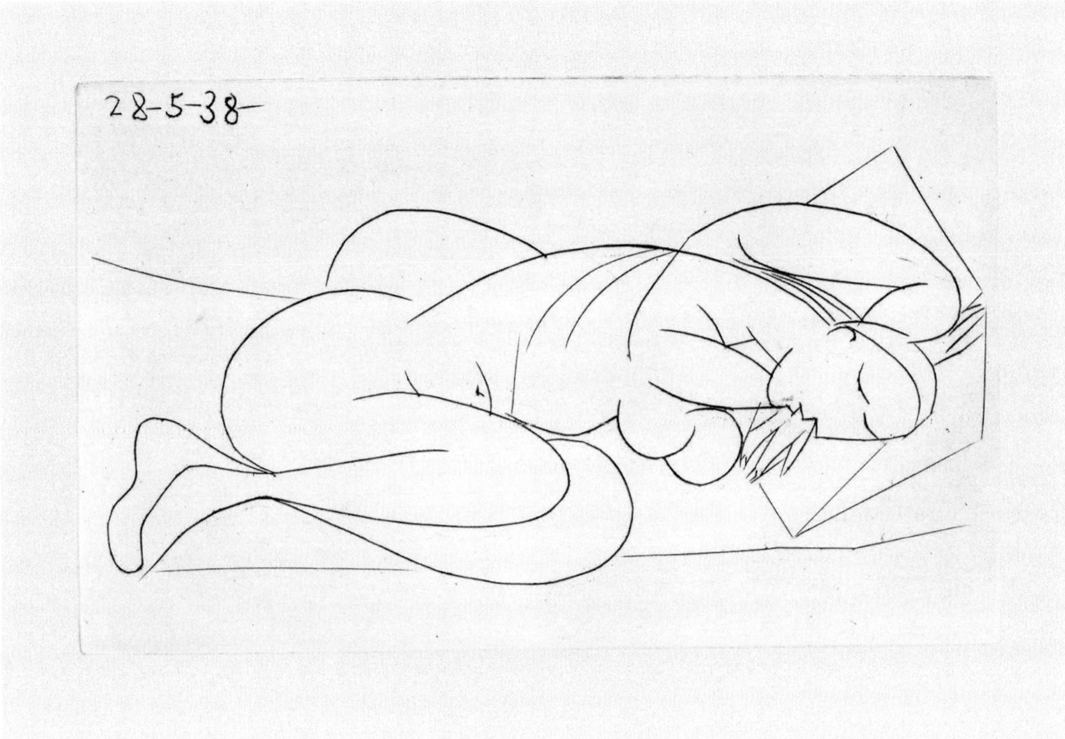

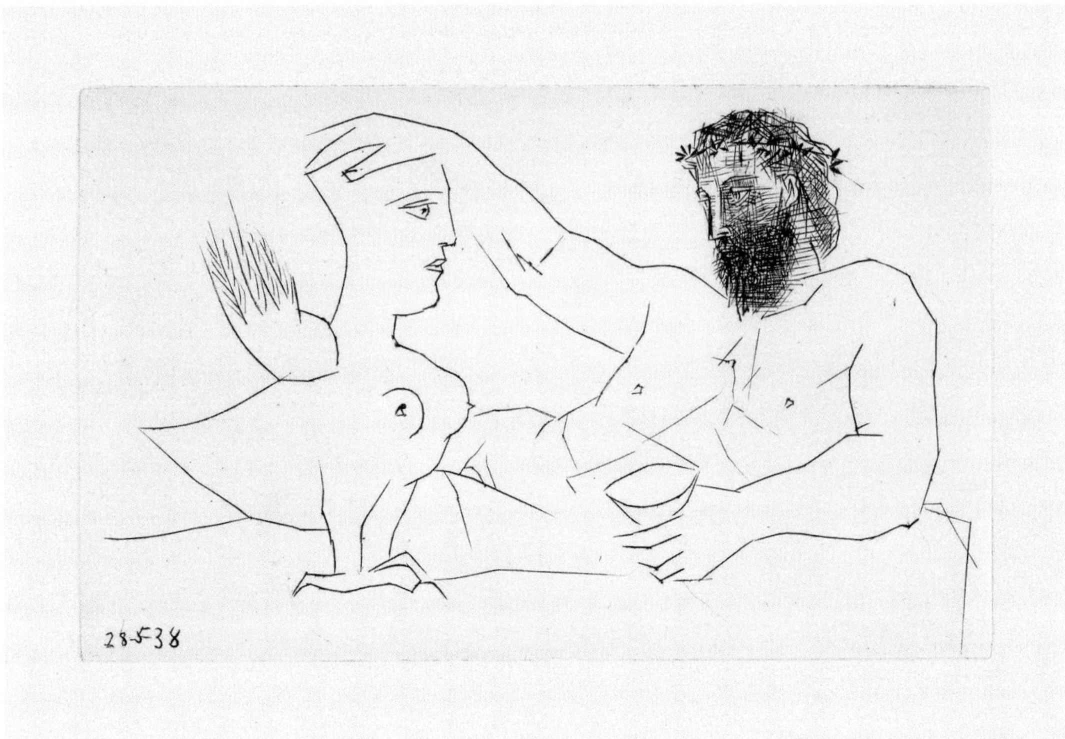

Gravures pour ***Afat***, d'Iliazd
Éd. Le Degré Quarante et Un
Paris, 1940

Dormeuse, 28 mai 1938

Buveur caressant sa chimère, 28 mai 1938

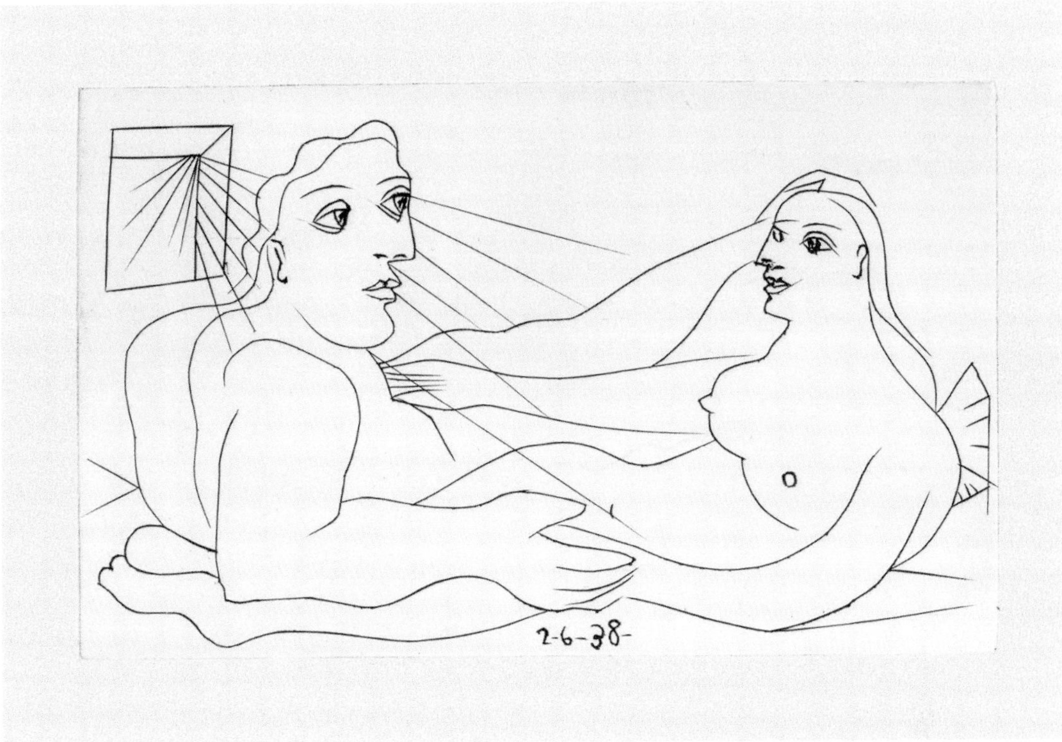

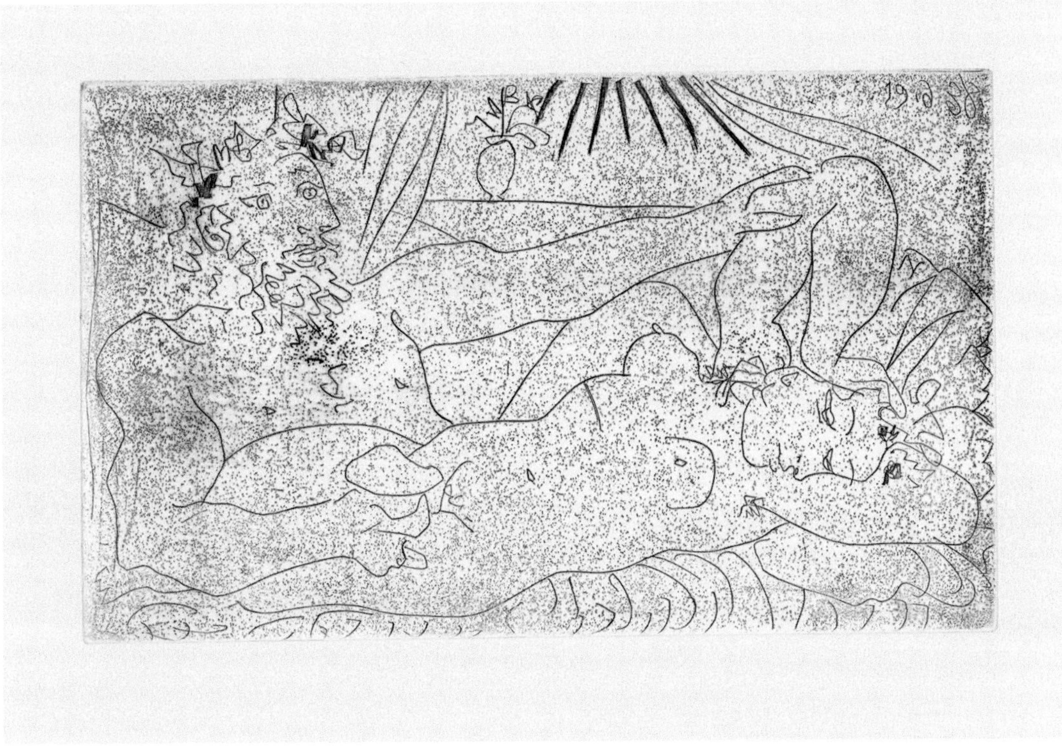

Couple, 2 juin 1938

Buveur caressant une femme allongée, 1er état
19 juin 1938

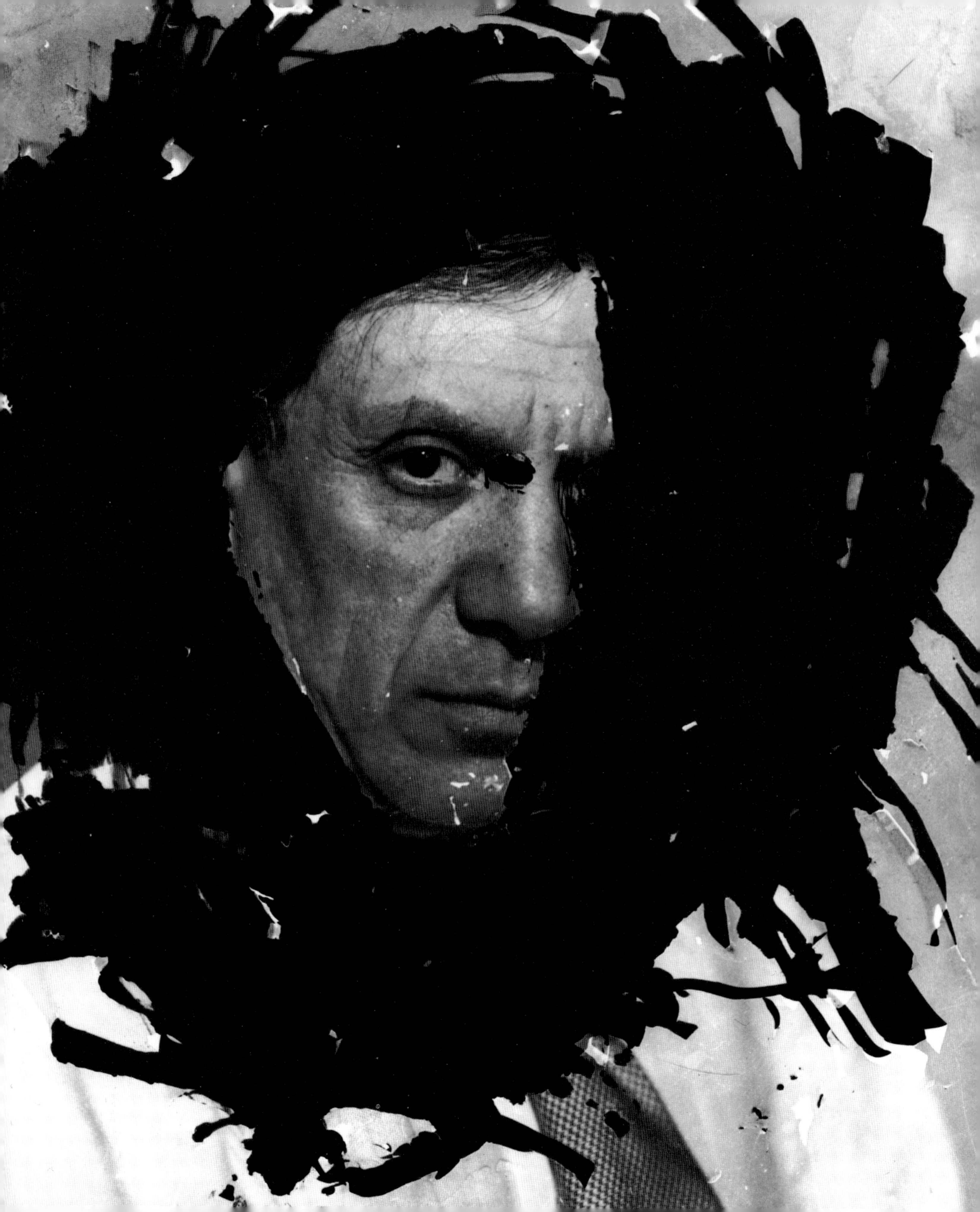

Portrait
de Pablo Picasso,
studio du 29, rue d'Astorg
Paris, 1935
Photographie
de Dora Maar
(détail)

Les années de ténèbres

1935 voit survenir trois événements importants dans la vie de Picasso : sa séparation d'avec Olga, la naissance de Maya, sa fille avec Marie-Thérèse, et la rencontre avec Dora Maar. Cette crise existentielle profonde a pour conséquence un arrêt momentané de la production picturale de l'artiste qui exorcise sa souffrance par l'écriture de poèmes. L'année suivante débutera sa liaison avec Dora qui sera maintenant son modèle et qui photographiera dans l'atelier de la rue des Grands-Augustins, que Picasso occupe à partir de 1937, les différentes étapes de création de *Guernica*, le grand tableau que Picasso crée à la suite du bombardement de la ville basque par l'aviation nazie en soutien à Franco, et qu'il montrera au pavillon espagnol de l'Exposition internationale des arts et techniques dans la vie moderne à Paris en 1937. Une angoisse croissante, une tension permanente à l'approche du nouveau conflit mondial se font sentir dans sa peinture à travers de nouvelles découvertes et métaphores formelles, inspirées par le corps et le visage humains, le plus souvent celui de Dora Maar qui devient « la femme qui pleure ». Natures mortes, vues d'atelier, paysages de Paris révèlent l'enfermement de l'artiste lorsque la guerre éclate dans la capitale, à travers une palette aux tons de plus en plus violents et durs.

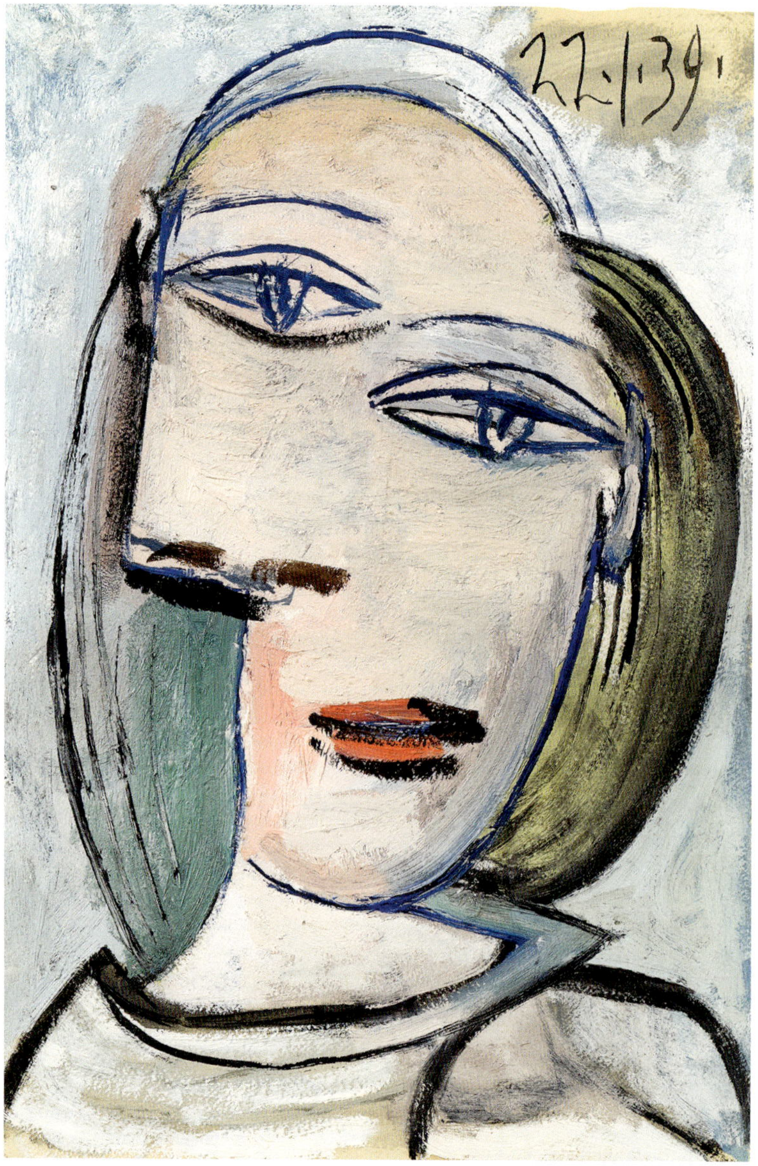

Portrait de femme, 1939
Huile sur papier
49 x 29 cm

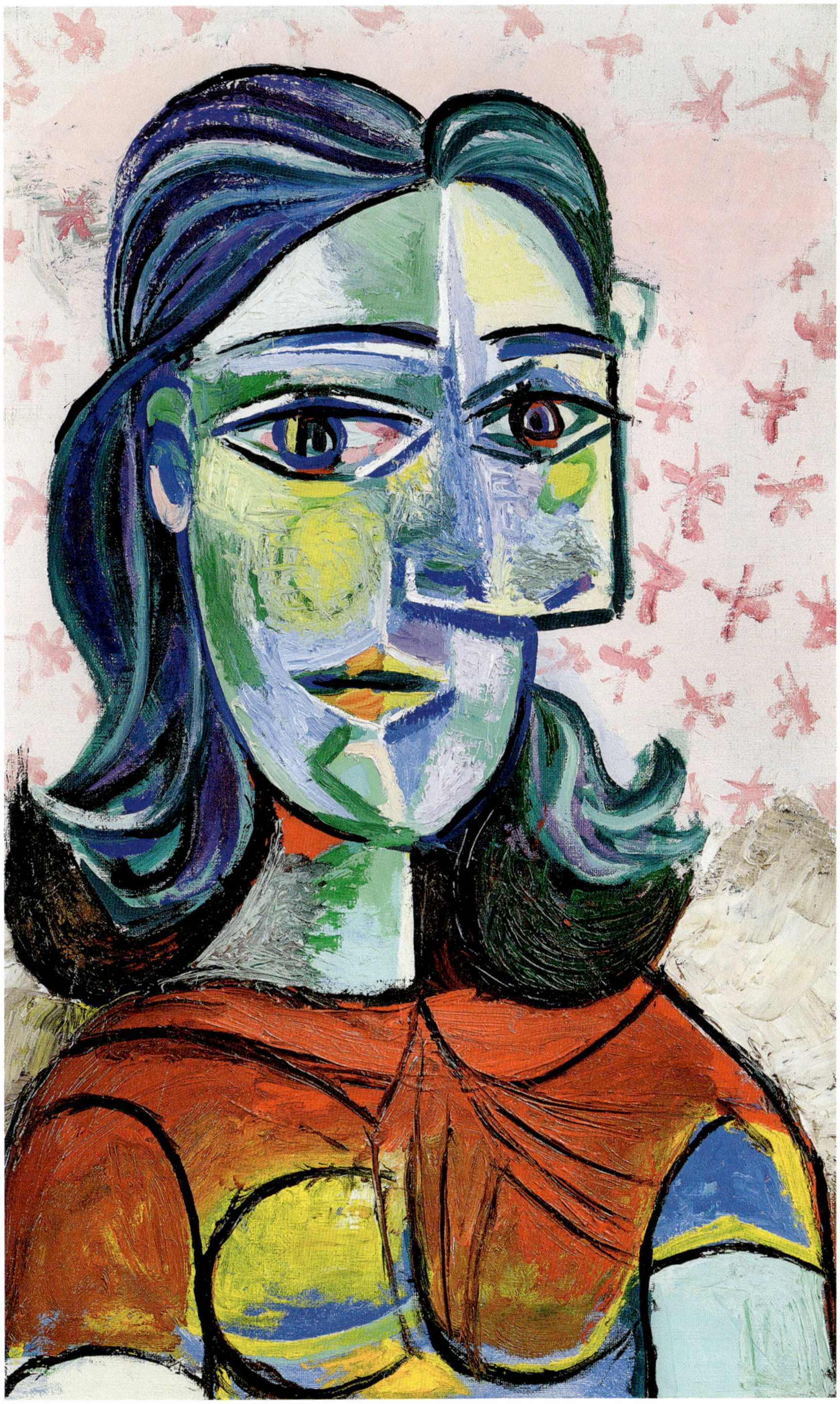

Buste de femme
sur fond rose, 1939
Huile sur toile
61 x 38 cm

Femme au fauteuil sur fond rose, 1939
Huile sur toile
92 x 73 cm

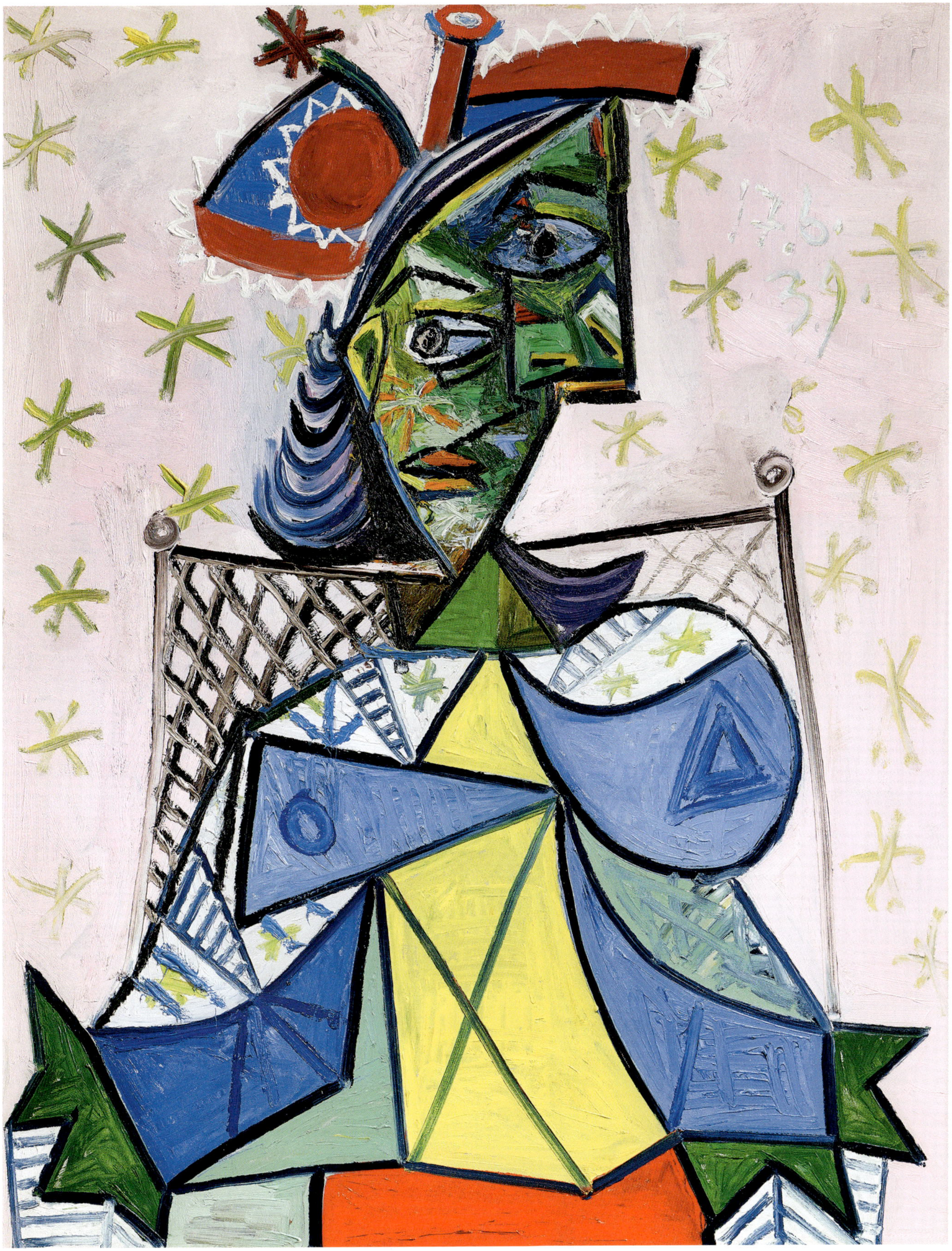
17.6.
39.

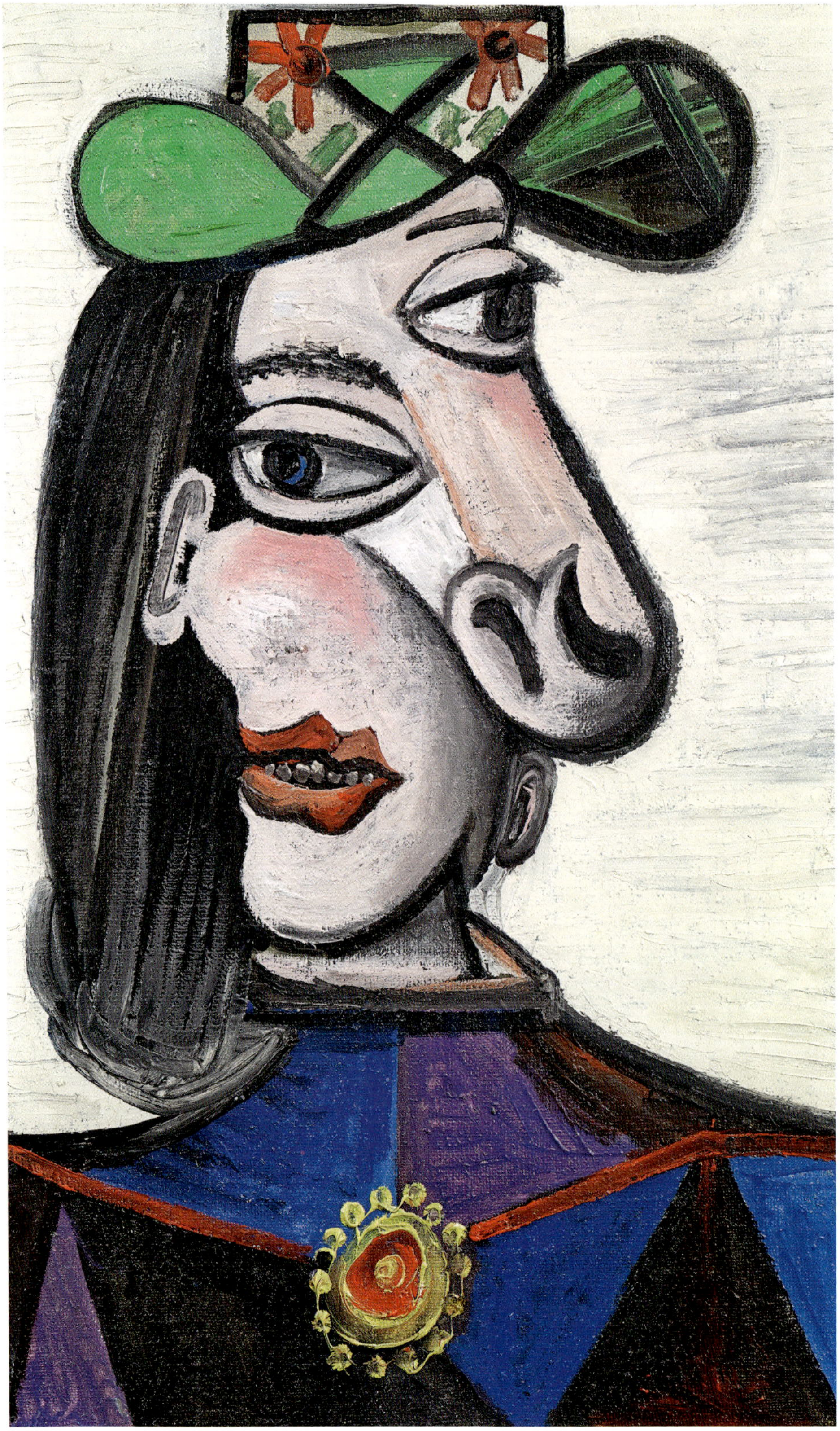

Femme au chapeau vert et à la broche, 1941
Huile sur toile
61 x 38 cm

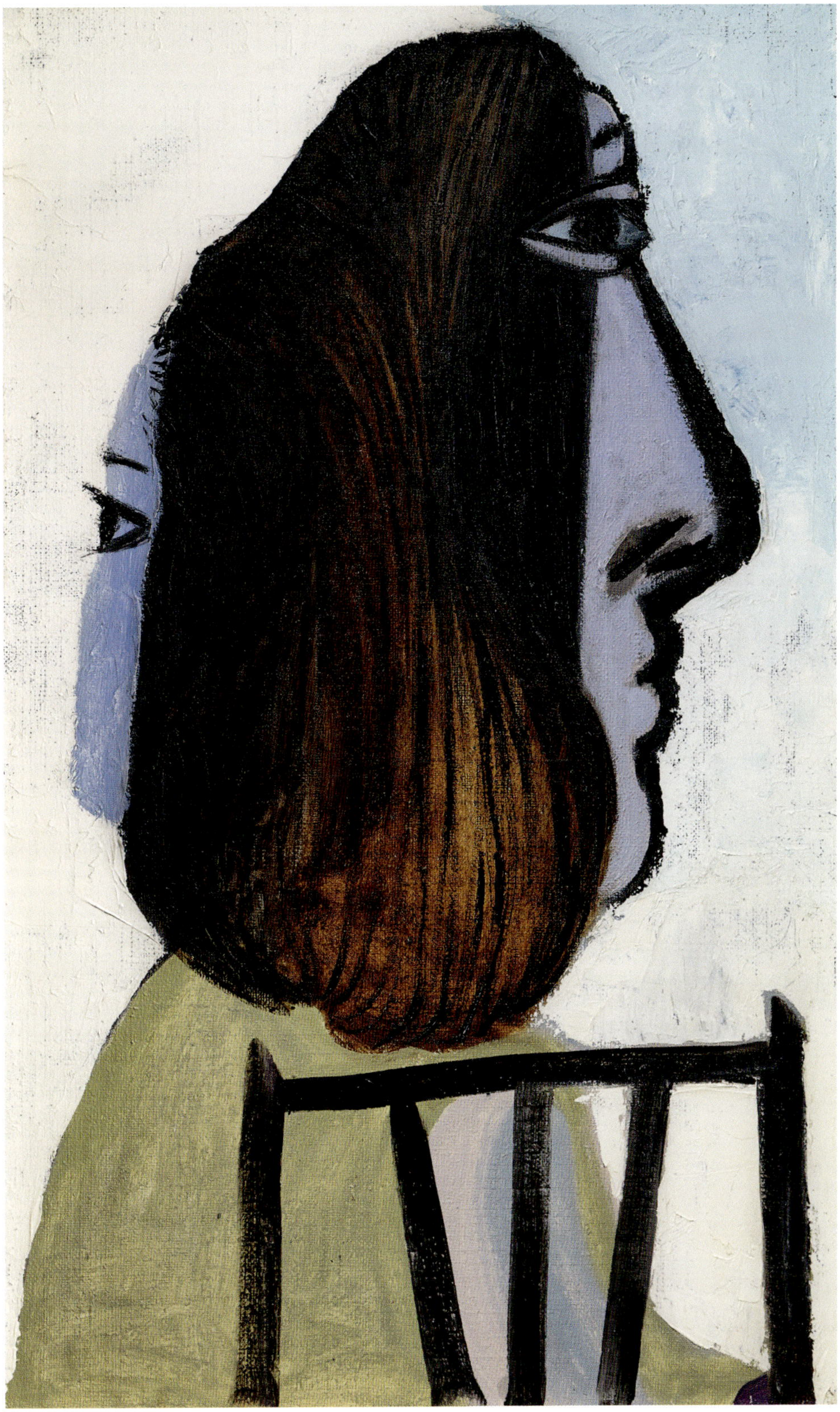

Visage à deux profils, 1941
Huile sur toile
61 x 38 cm

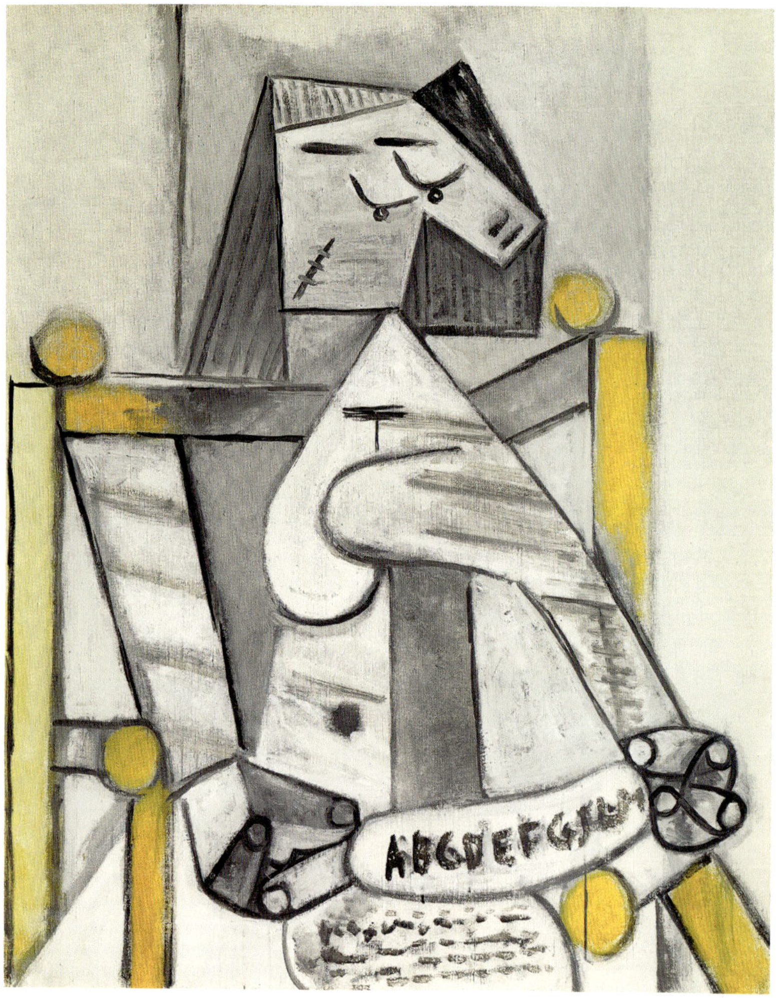

Femme assise avec abécédaire, 1941
Huile sur toile
100 x 81 cm

Femme au rocking-chair, 1943
Huile sur toile
100 x 81 cm

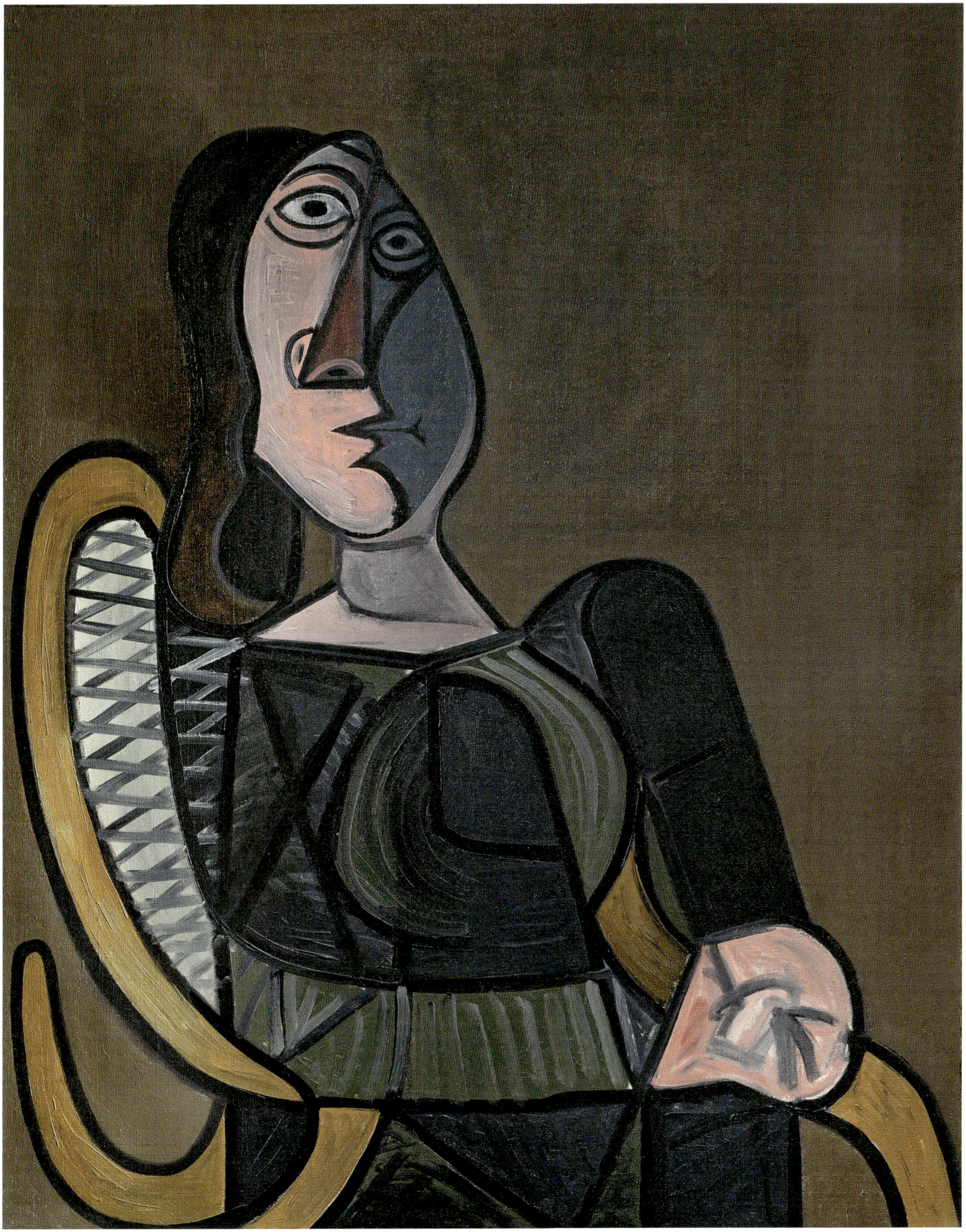

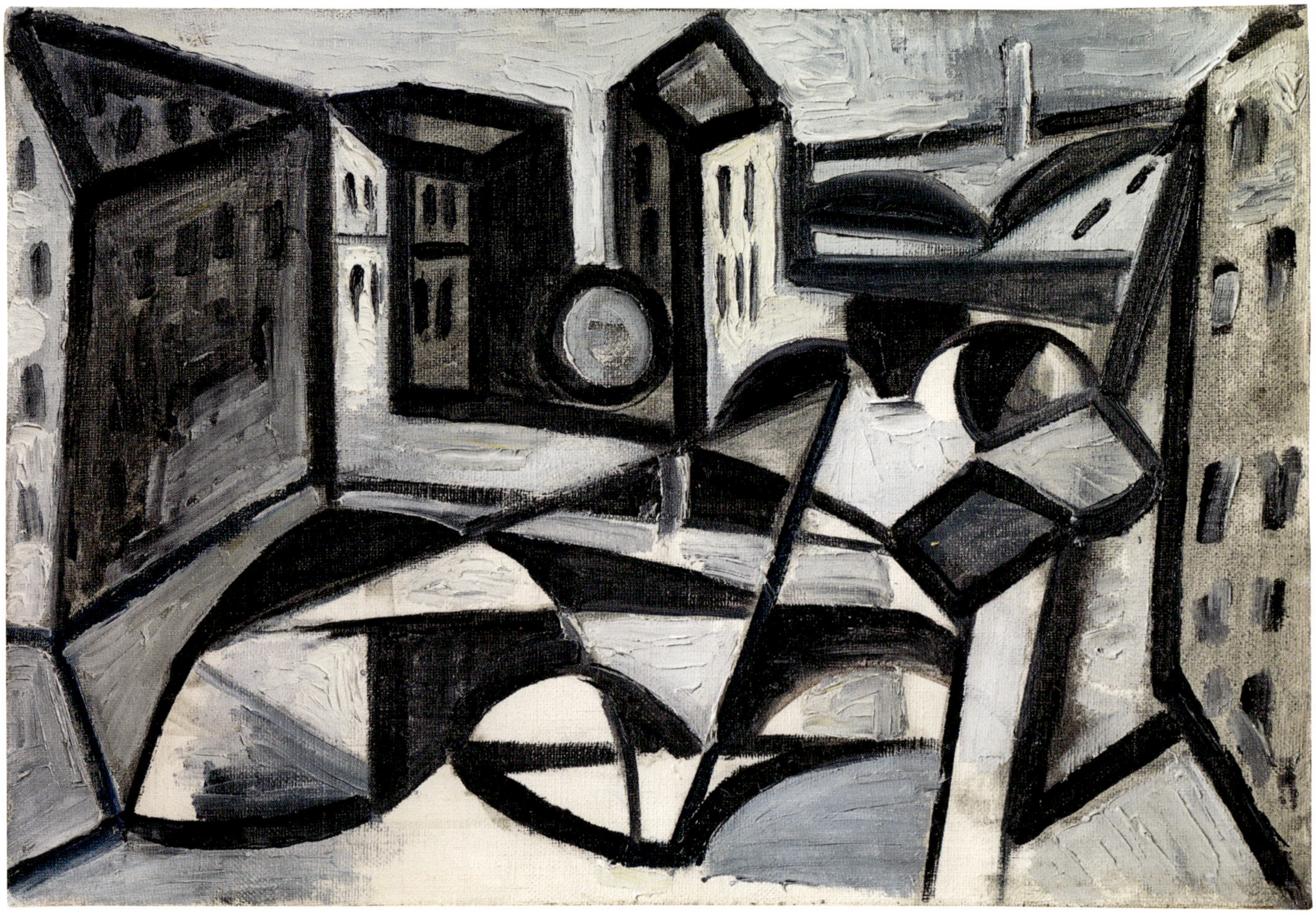

Bords de Seine, 1944
Huile sur toile
22 x 33 cm

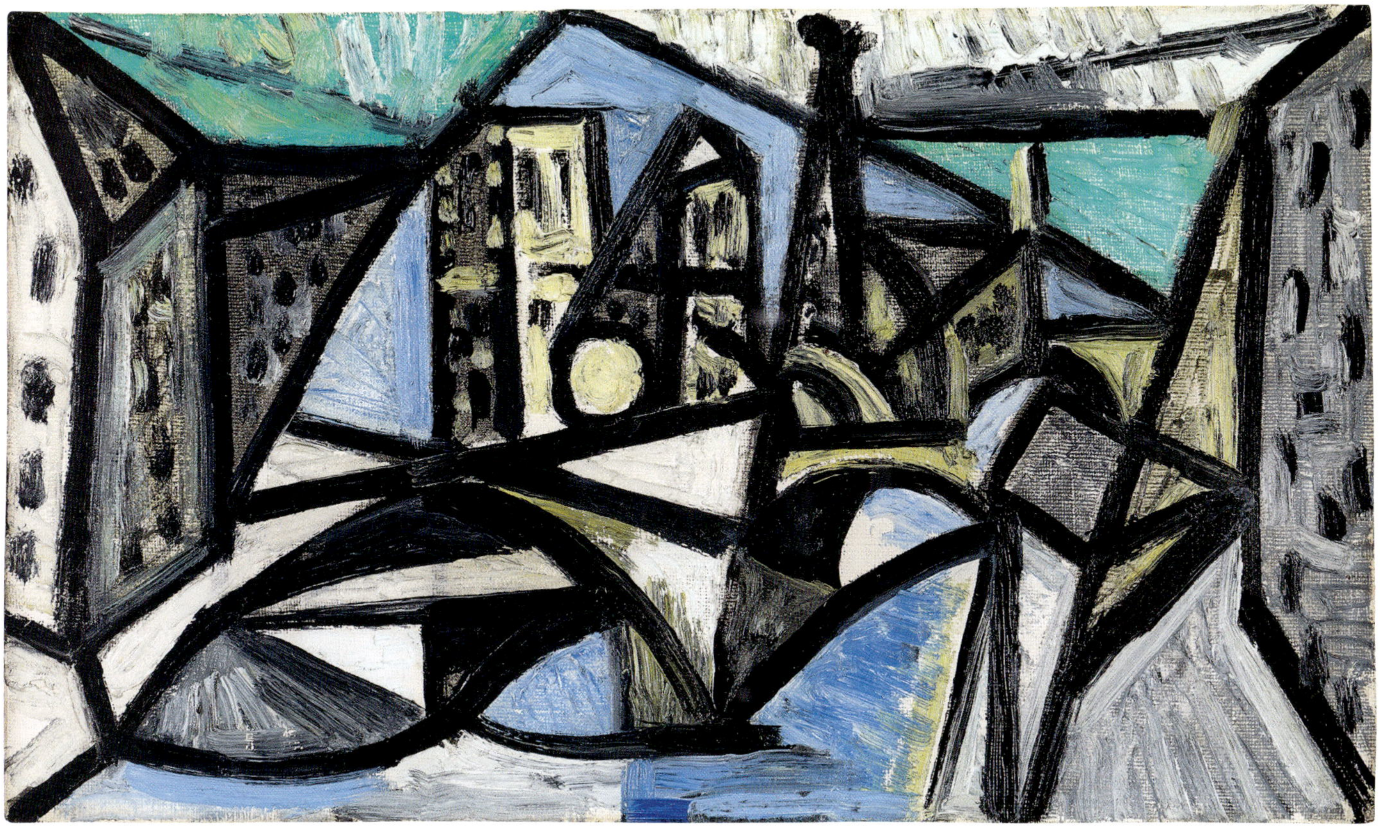

Notre-Dame, 1944
Huile sur toile
19 x 33 cm

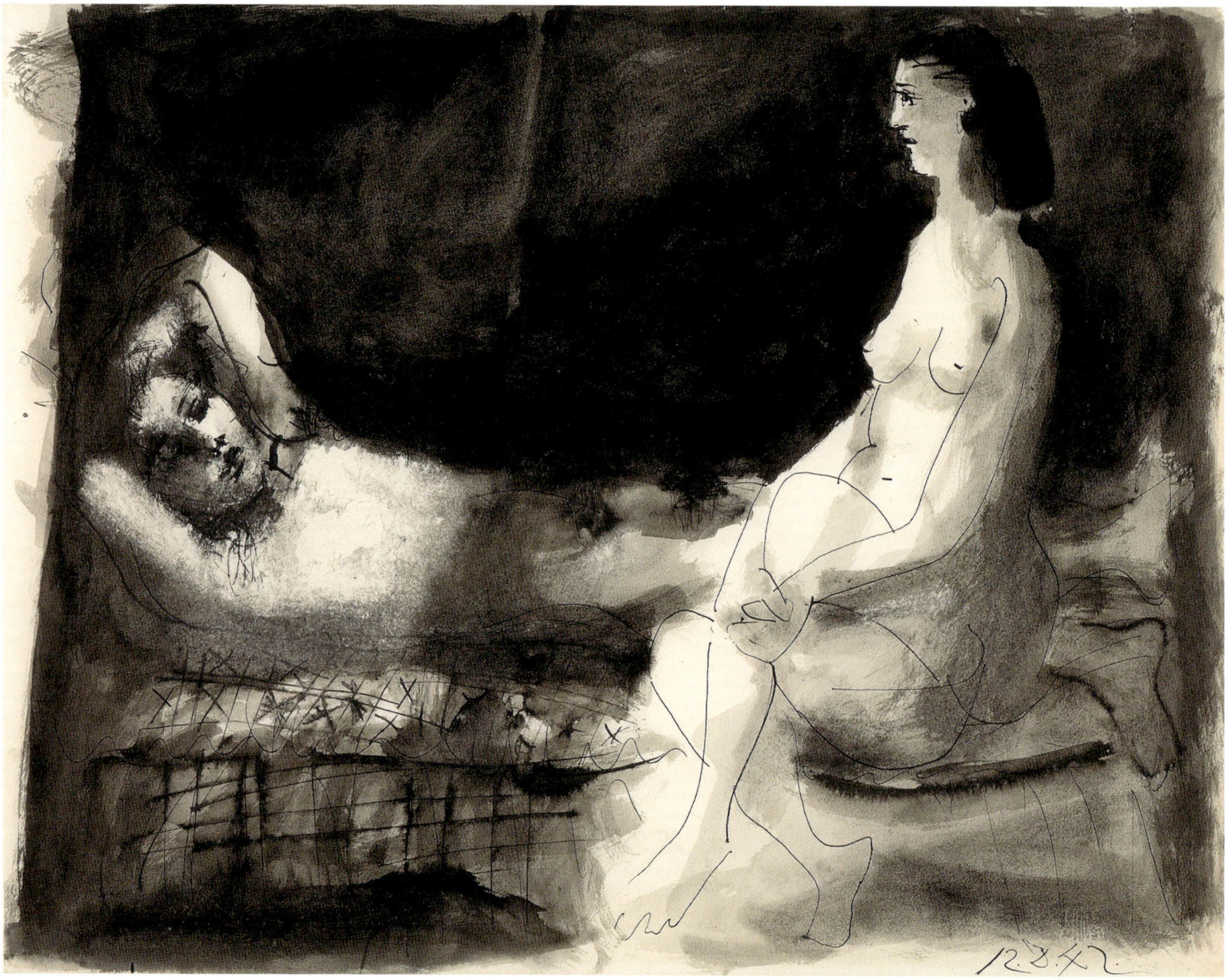

Femme nue regardant sa compagne, 1942
Encre de Chine sur papier
50,5 x 65,5 cm

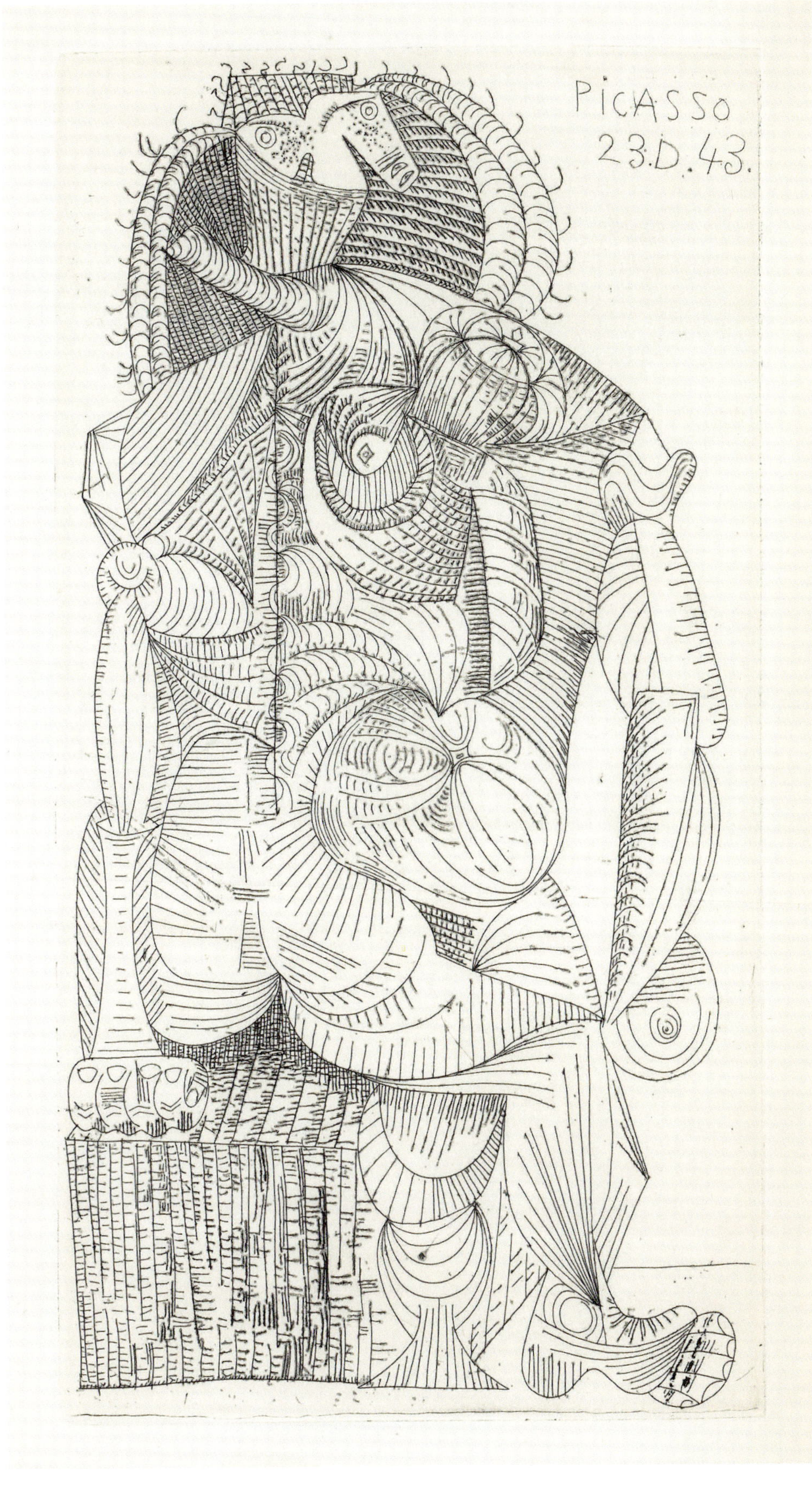

Eau-forte pour ***Contrée***
de Robert Desnos
Éd. Godet, Paris, 1943

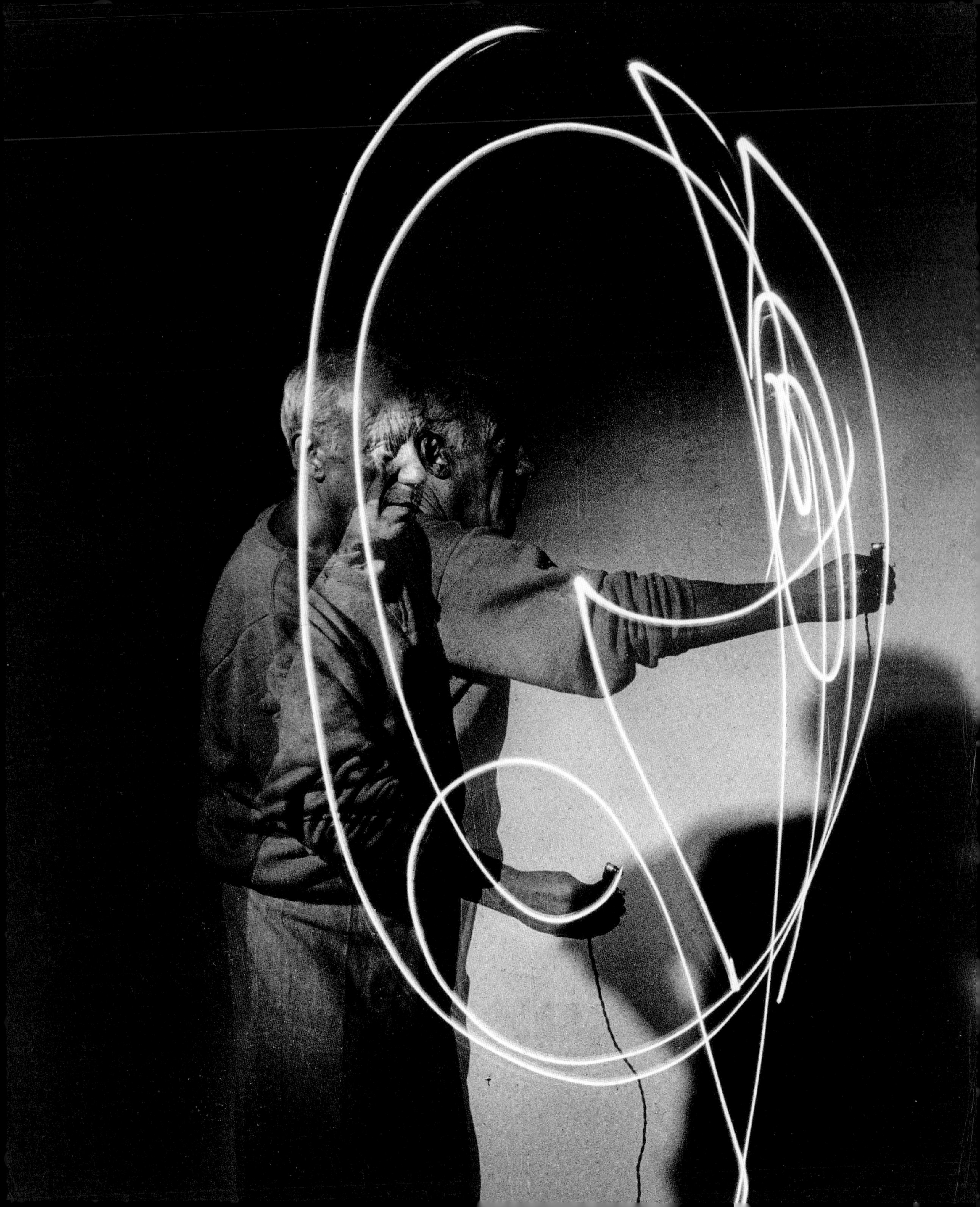

Pablo Picasso dessinant
au crayon lumineux :
Coquillage, 1949
Photographie de Gjon Mili
(détail)

L'après-guerre

La Libération apporte à Picasso un nouveau souffle de créativité. La liberté retrouvée lui permet de reprendre sa fréquentation assidue avant-guerre de la Côte d'Azur qu'il avait découverte en 1920 et où il se rendra presque chaque année jusqu'en 1939, et cette fois en compagnie d'une nouvelle muse, elle-même peintre, Françoise Gilot, jeune femme de vingt-deux ans rencontrée durant l'hiver 1943. Pendant dix ans, cette relation qui lui donnera deux enfants, apportera à l'artiste une nouvelle vie familiale, qui contribuera à son renouveau créatif. Par ailleurs, la découverte en 1946 de l'atelier Madoura à Vallauris, ville de potiers, lui donnera envie de renouer avec ses précédents essais de céramique, avec un succès tel qu'il décidera d'y acheter une maison en 1948, pour y vivre avec Françoise et leur fils Claude, né en 1947, et bientôt Paloma, née en 1949. Cet environnement méditerranéen éveille dans son œuvre des résonances mythologiques, avec l'apparition de tout un peuple de nymphes, de centaures, de faunes et de satyres. À soixante-cinq ans, c'est l'âge pour Picasso de la *Joie de vivre*.

Portrait de femme assise, 1946
Crayon sur papier
66 x 50 cm

Femme étendue à la main gigantesque, 1945
Huile sur toile
73 x 100 cm

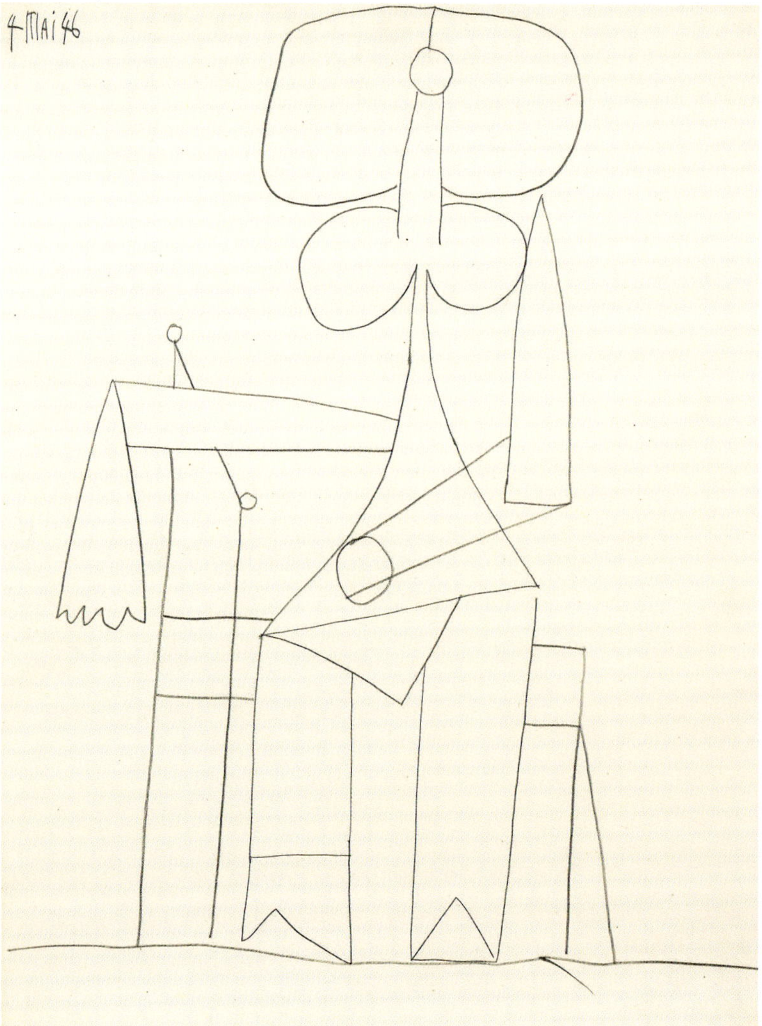

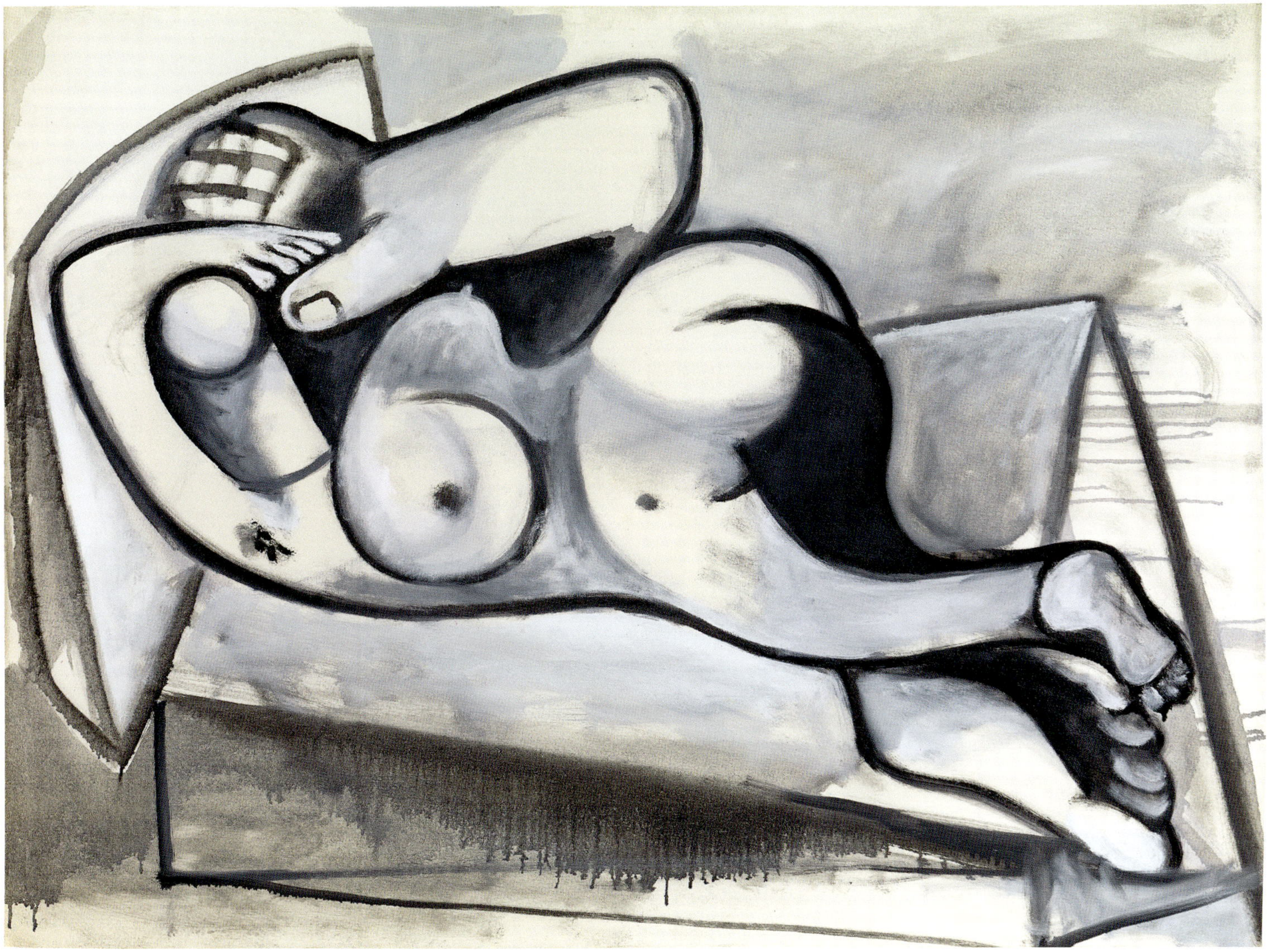

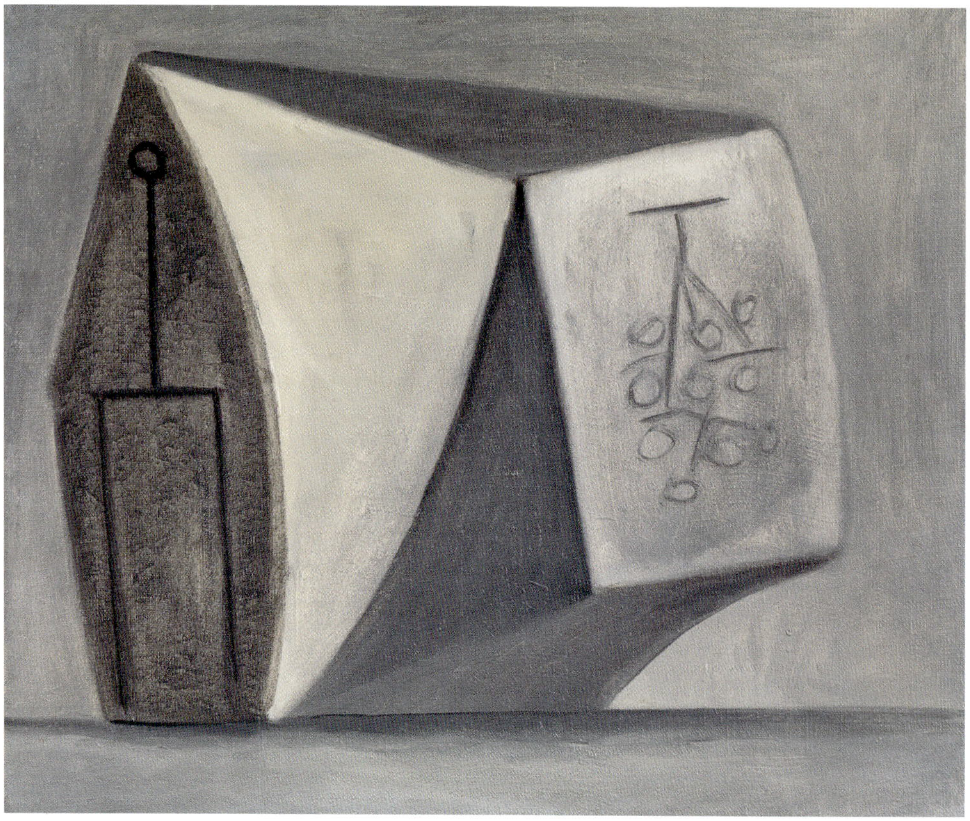

Nature morte
à la grappe de raisins, 1946
Huile sur toile
46 x 55 cm

Femme à la robe rouge, 1946
Huile sur bois
99,8 x 80,3 cm

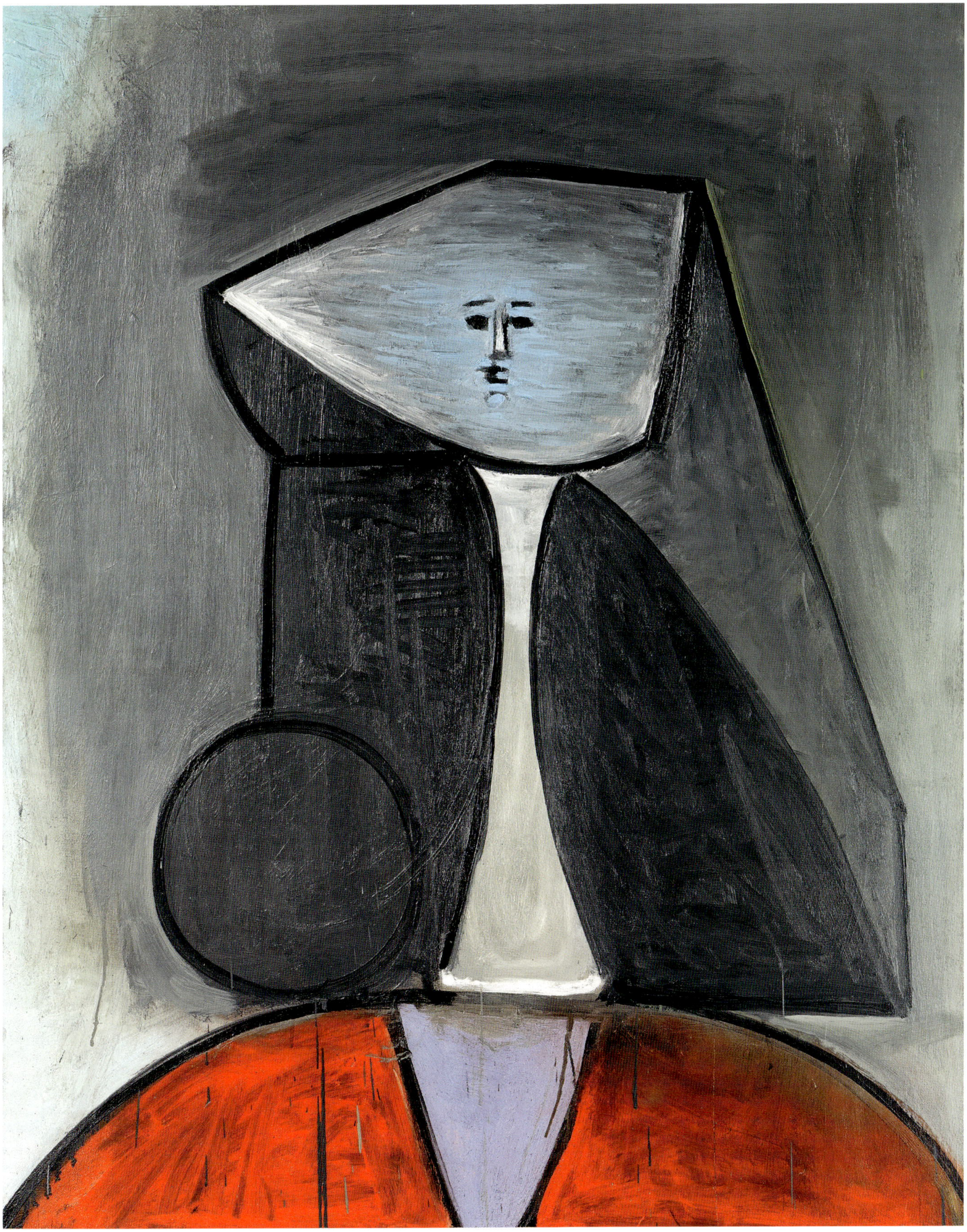

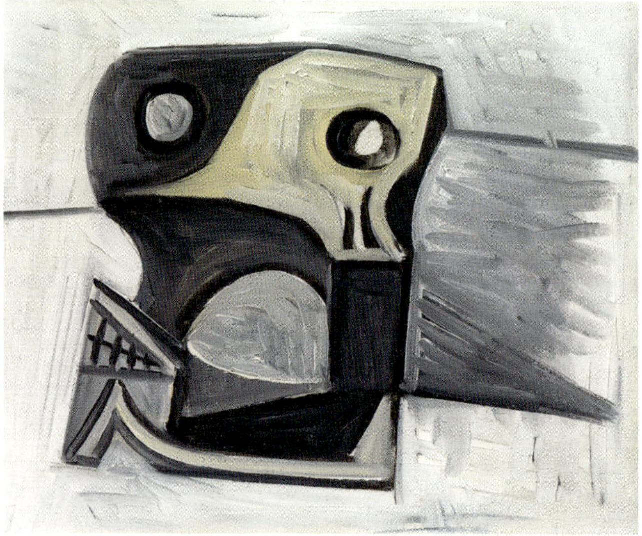

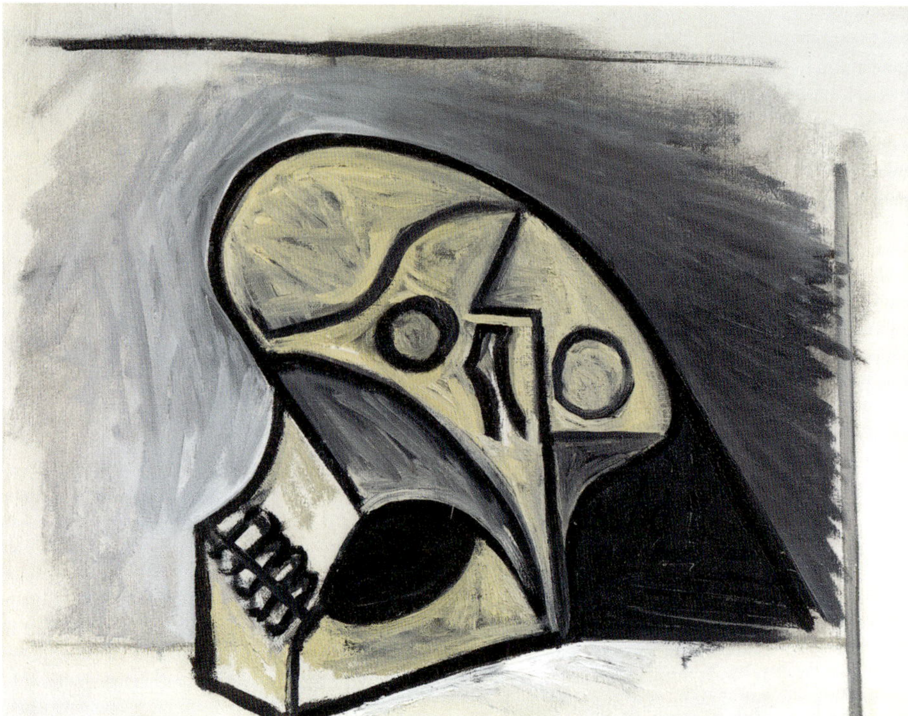

Tête de mort, 1946
Huile sur toile
31 x 41 cm

Tête de mort, 1946-1947
Huile sur toile
46 x 55 cm

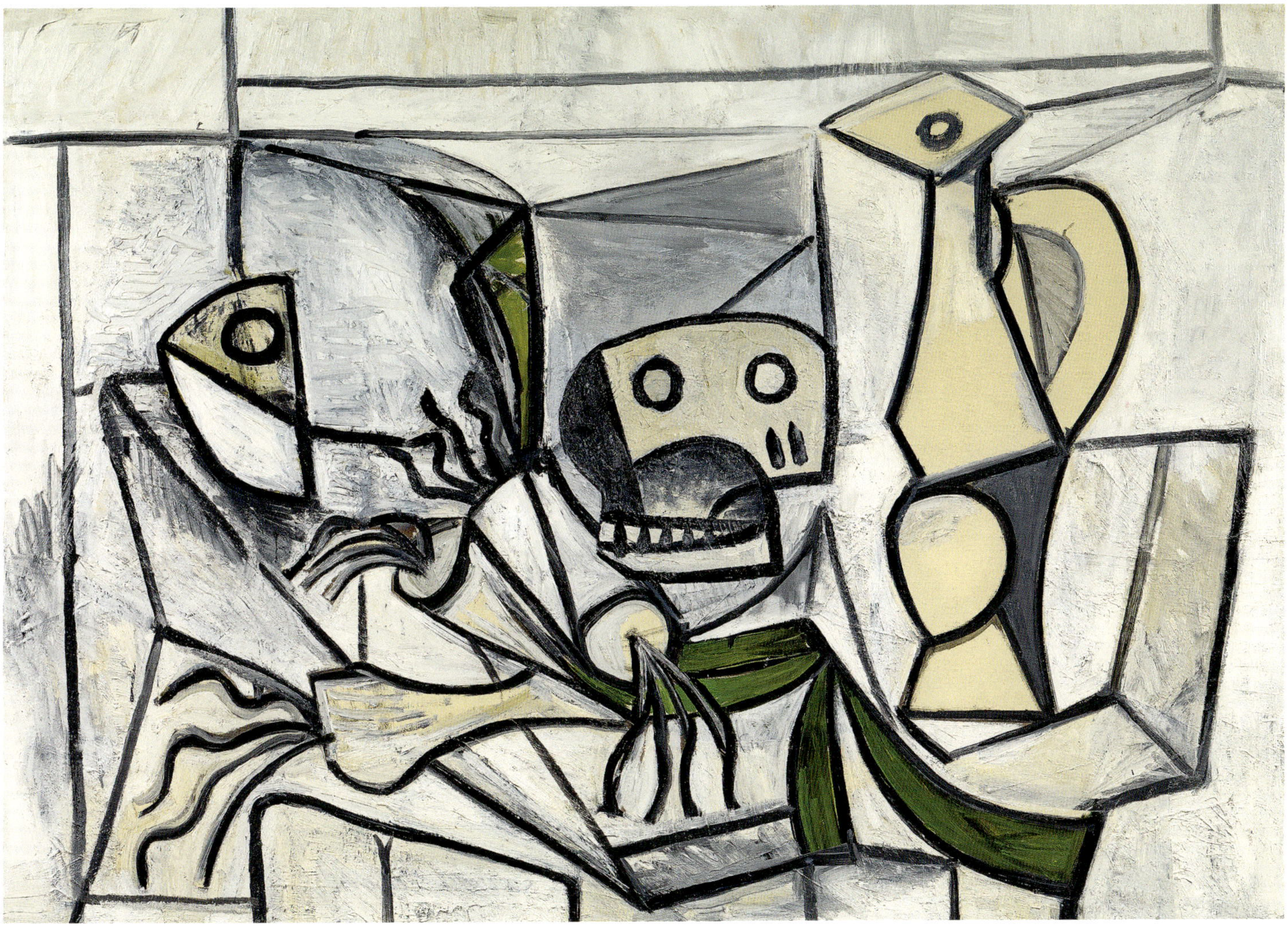

Nature morte, cruche, crâne et tête de poisson
1945-1946
Huile sur toile
81 x 116 cm

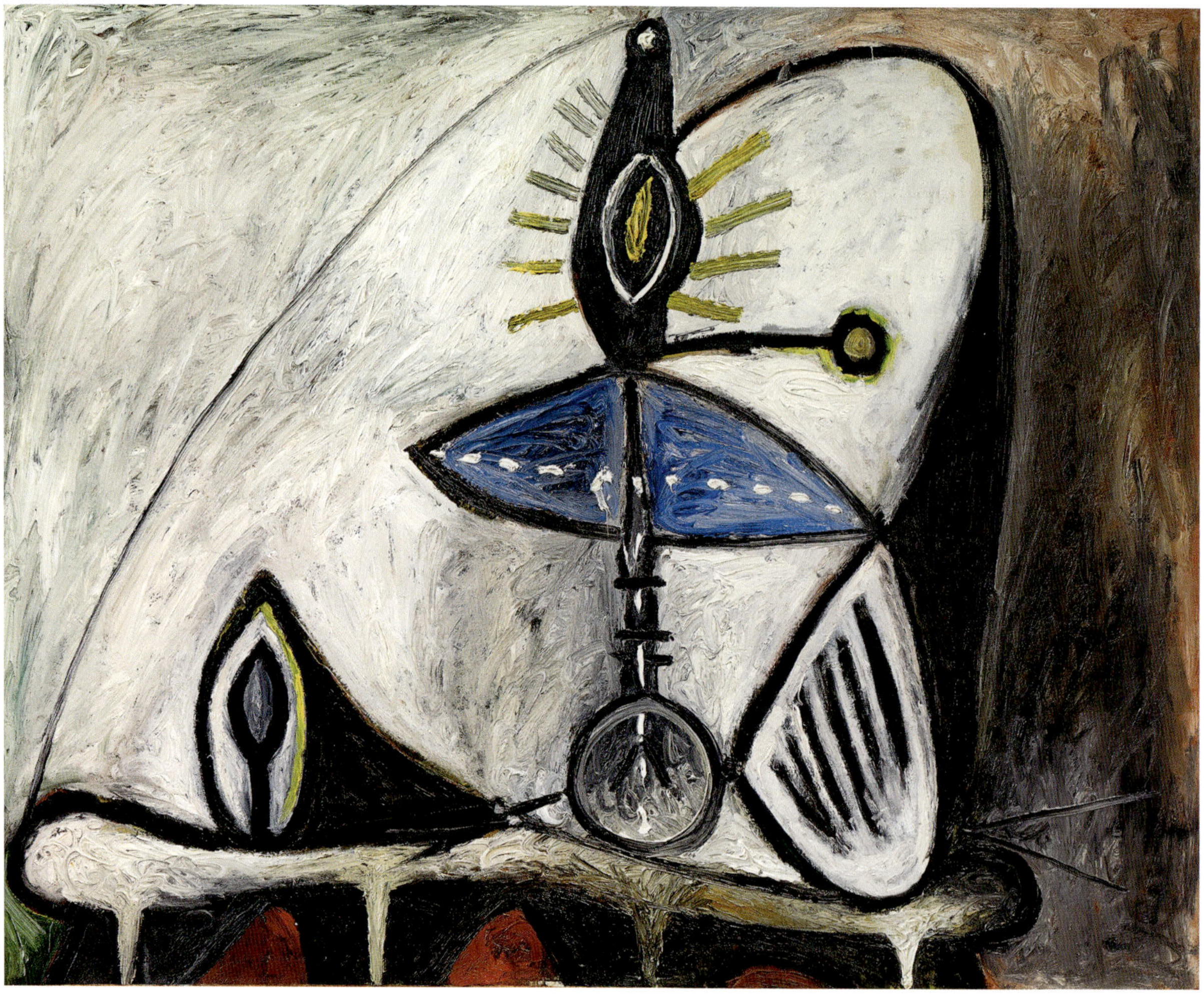

Nature morte à la lampe, 1947
Huile sur toile
73 x 92 cm

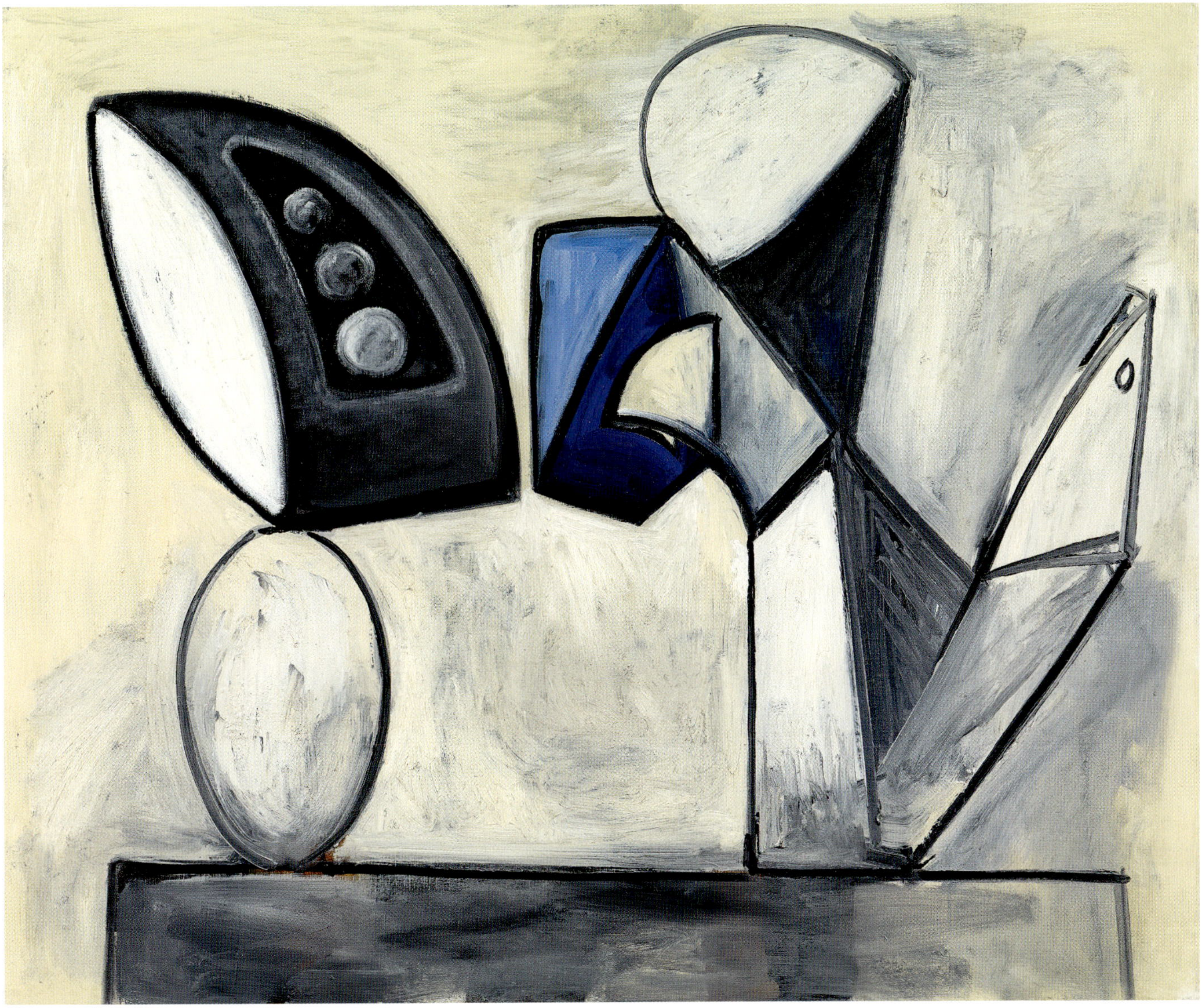

Composition, 1947
Huile sur toile
81 x 100 cm

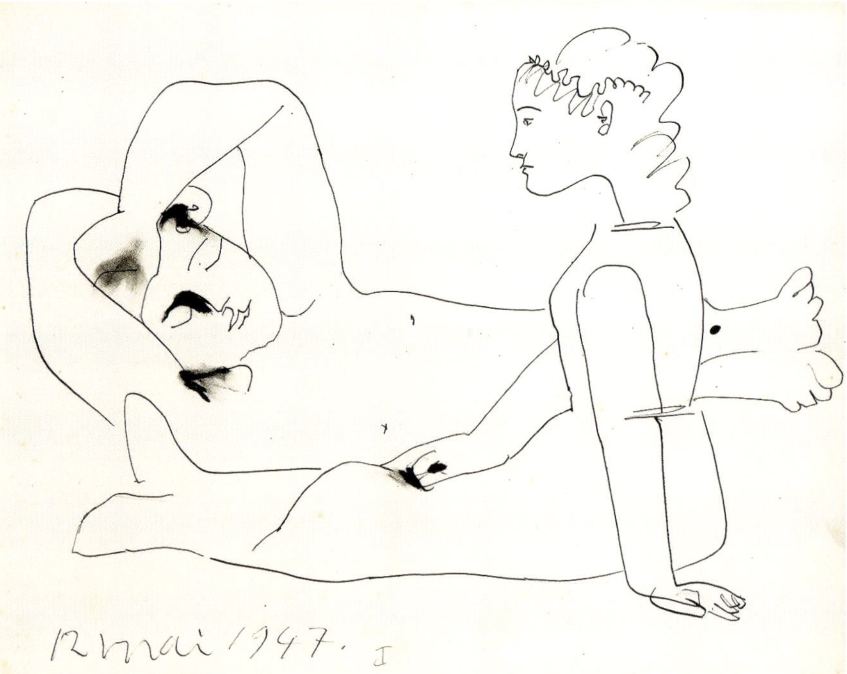

La belle endormie, 1947
Encre de Chine sur papier
50,5 x 66 cm

Vache sur fond noir, 1948
Huile sur toile
64,5 x 53,8 cm

Paysage
vu de la fenêtre, 1948
Huile sur toile
81 x 100 cm

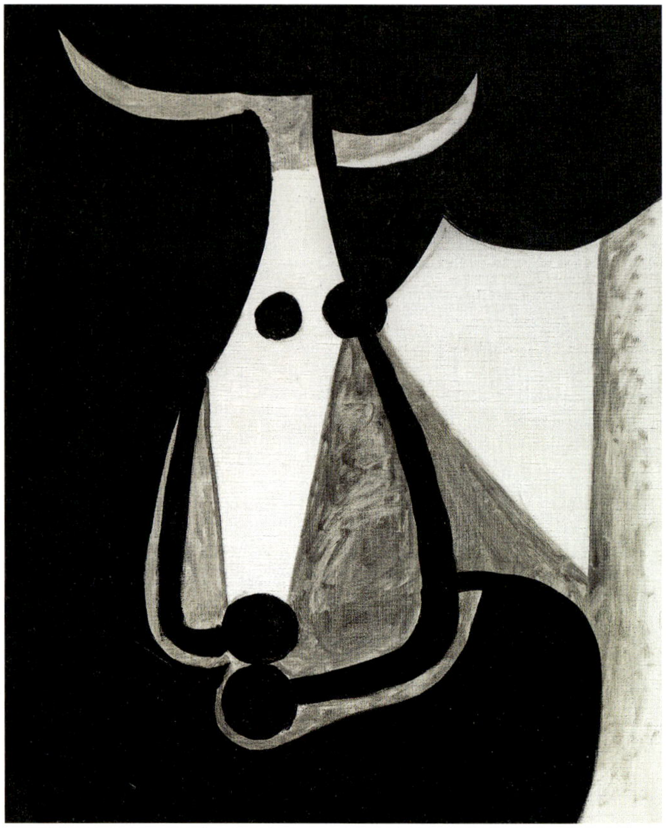

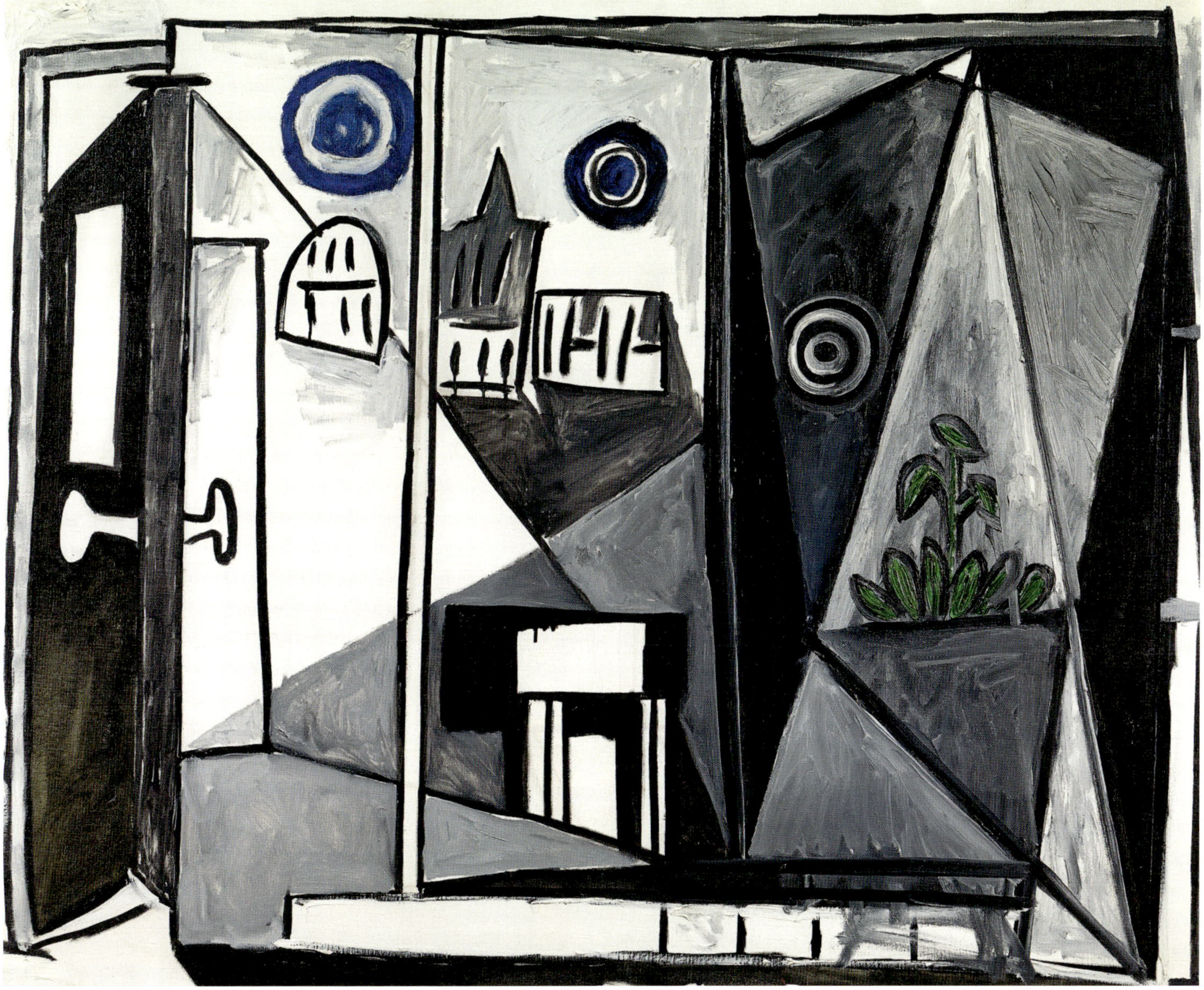

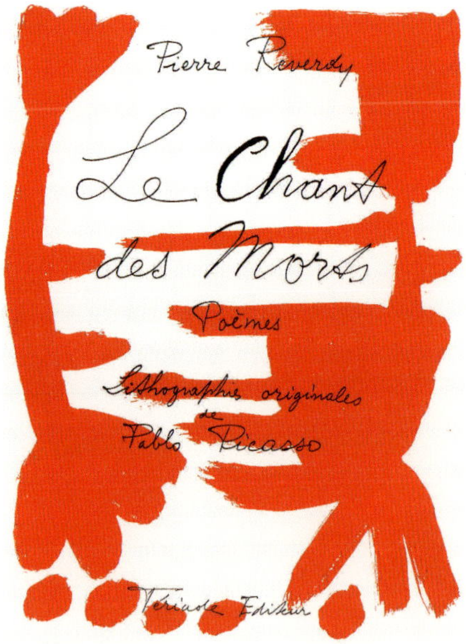

Lithographies
pour ***Le Chant des morts***
de Pierre Reverdy
Éd. Tériade, Paris, 1948

Page de titre

Pages 88 et 89
Poème sans titre
(« Longue portée »)

Pages 92 et 93
Poème sans titre
(« Lettre morte »)

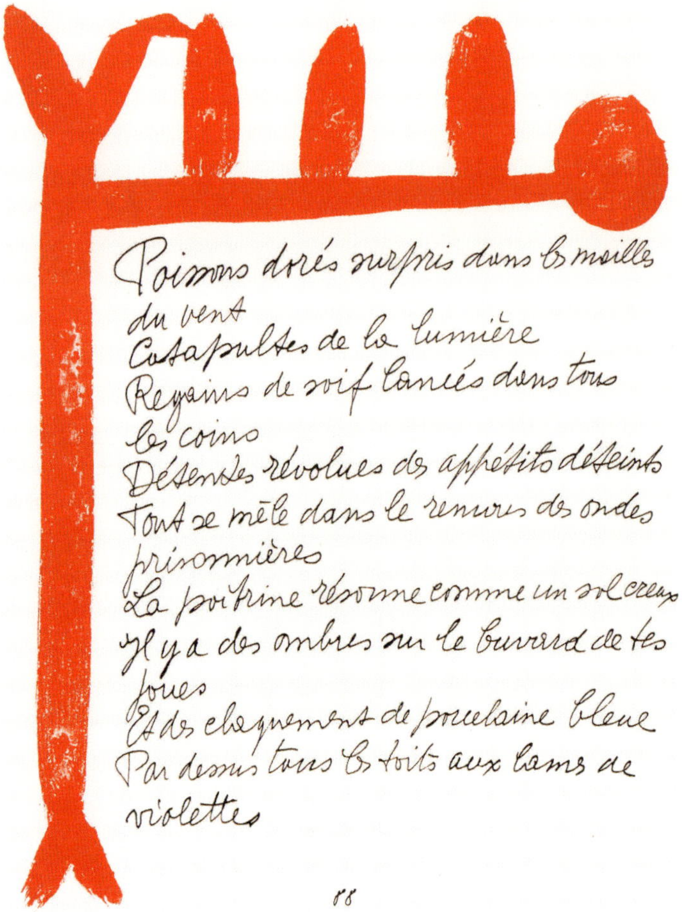

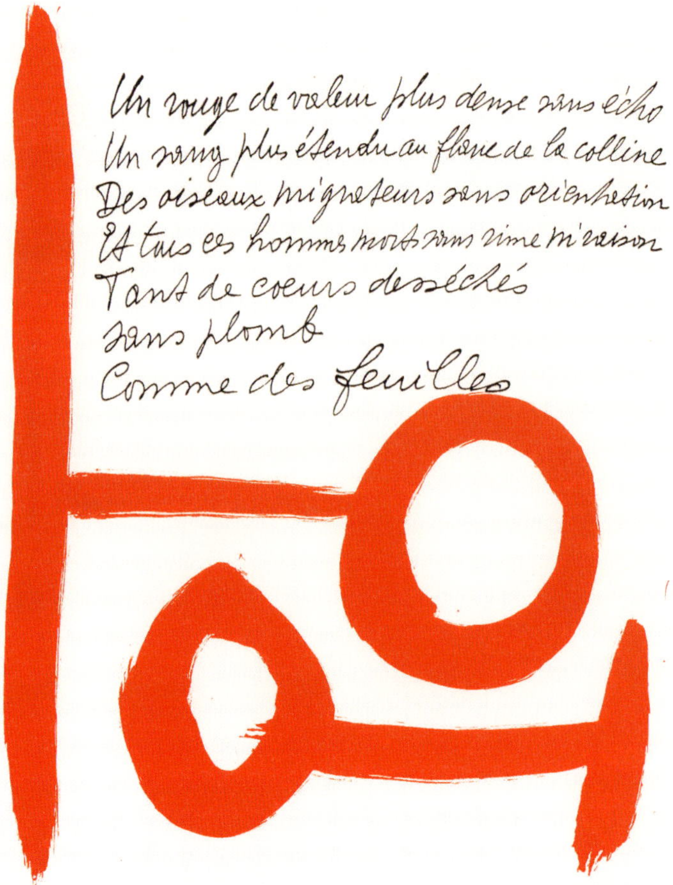

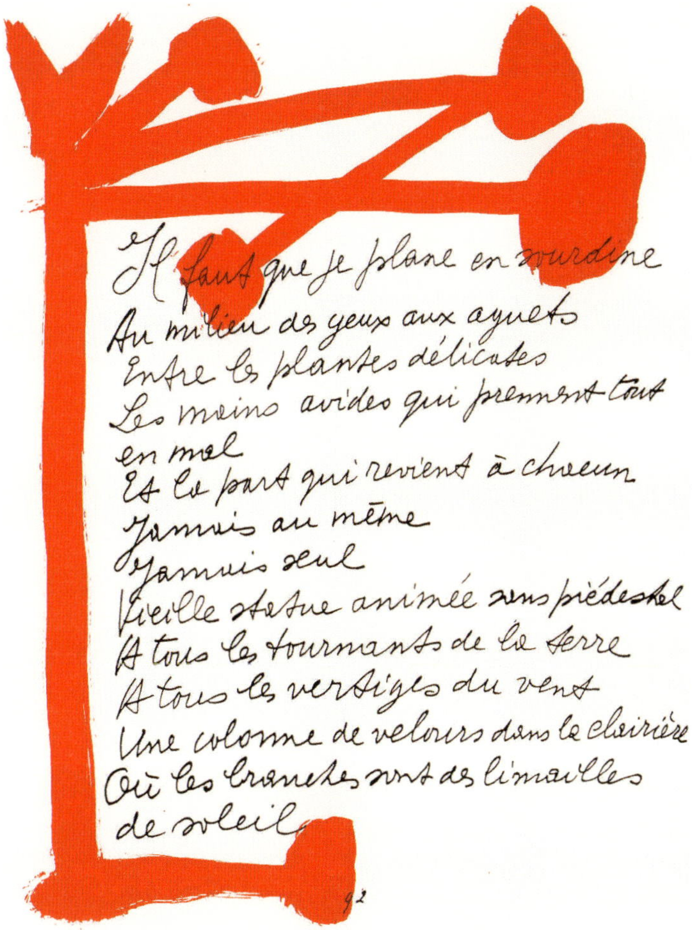

Il faut que je plane en sourdine
Au milieu des yeux aux aguets
Entre les plantes délicates
Les mains avides qui prennent tout
en mal
Et la part qui revient à chacun
Jamais au même
Jamais seul
Vieille statue animée sans piédestal
A tous les tournants de la terre
A tous les vertiges du vent
Une colonne de velours dans la clairière
Où les branches sont des limailles
de soleil

92

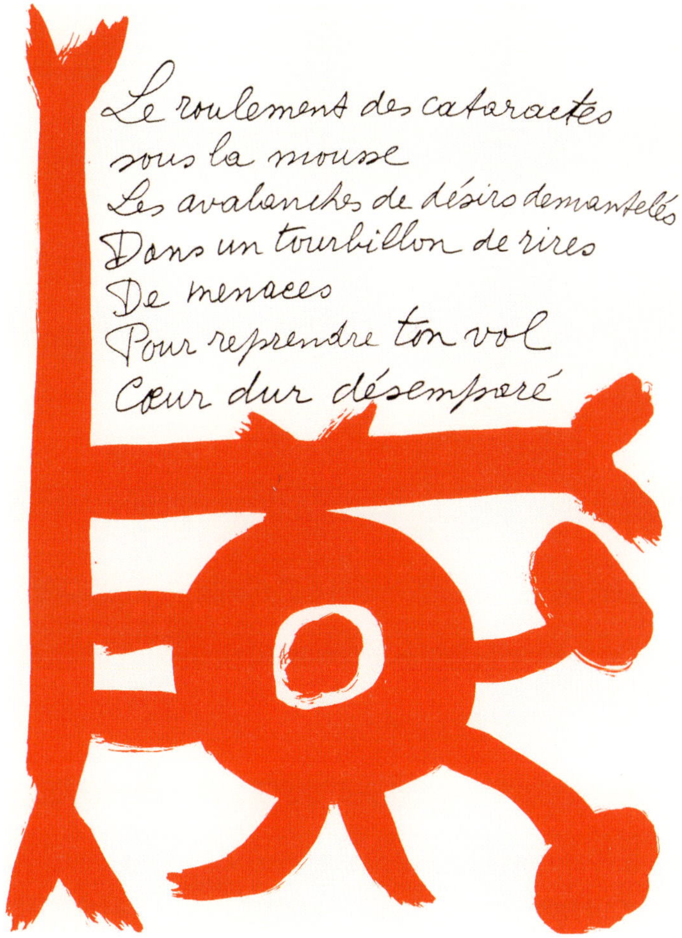

Le roulement des cataractes
sous la mousse
Les avalanches de désirs démantelés
Dans un tourbillon de rires
De menaces
Pour reprendre ton vol
Cœur dur désemparé

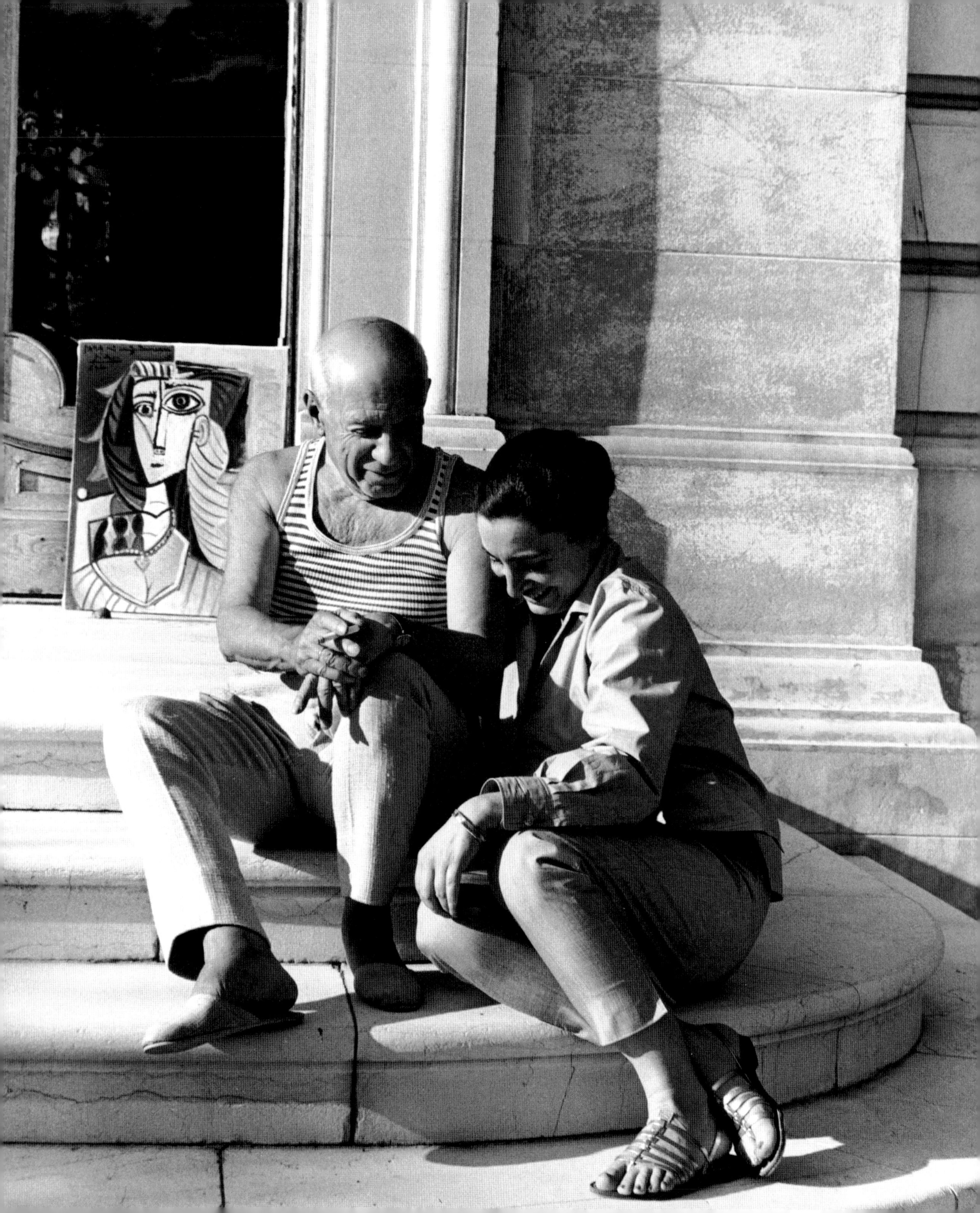

Pablo Picasso et Jacqueline
assis sur les marches
du perron de La Californie
Cannes, 1960
Photographie
de David Douglas Duncan
(détail)

Une nouvelle lumière

La pratique fréquente de la céramique à Madoura a une conséquence inattendue mais déterminante dans la vie de Picasso : il y rencontre en effet en 1952 Jacqueline Roque, jeune femme qui vient d'arriver dans la région avec sa petite fille et qui deviendra deux ans plus tard, après la rupture avec Françoise Gilot, sa compagne puis son épouse en 1961. L'artiste décide alors de quitter Paris et de se fixer définitivement, comme Matisse son rival et ami avant lui, dans la région où il a pris ses habitudes depuis une dizaine d'années et où la chaleur convient à son mode de vie, et la lumière à son œuvre comme dans les premiers portraits de Jacqueline étincelants de couleurs vives. Jacqueline va peu à peu devenir le modèle favori de l'artiste qui multiplie les tableaux et les dessins la représentant, costumée en Orientale ou en Arlésienne, telle une gitane avec un foulard sur les cheveux, pensive ou endormie… À Madoura, Picasso expérimente indéfiniment les possibilités de la céramique en créant des pièces qu'aucun céramiste n'aurait osé, dans lesquelles il peut mêler ses inventions de sculpteur et ses talents de peintre. L'univers de la tauromachie irrigue toujours son œuvre, d'autant plus que depuis qu'il vit dans le Midi, il se rend régulièrement aux corridas à Arles, Nîmes ou Vallauris, et le Minotaure se rappelle à notre souvenir trente ans après son apparition.

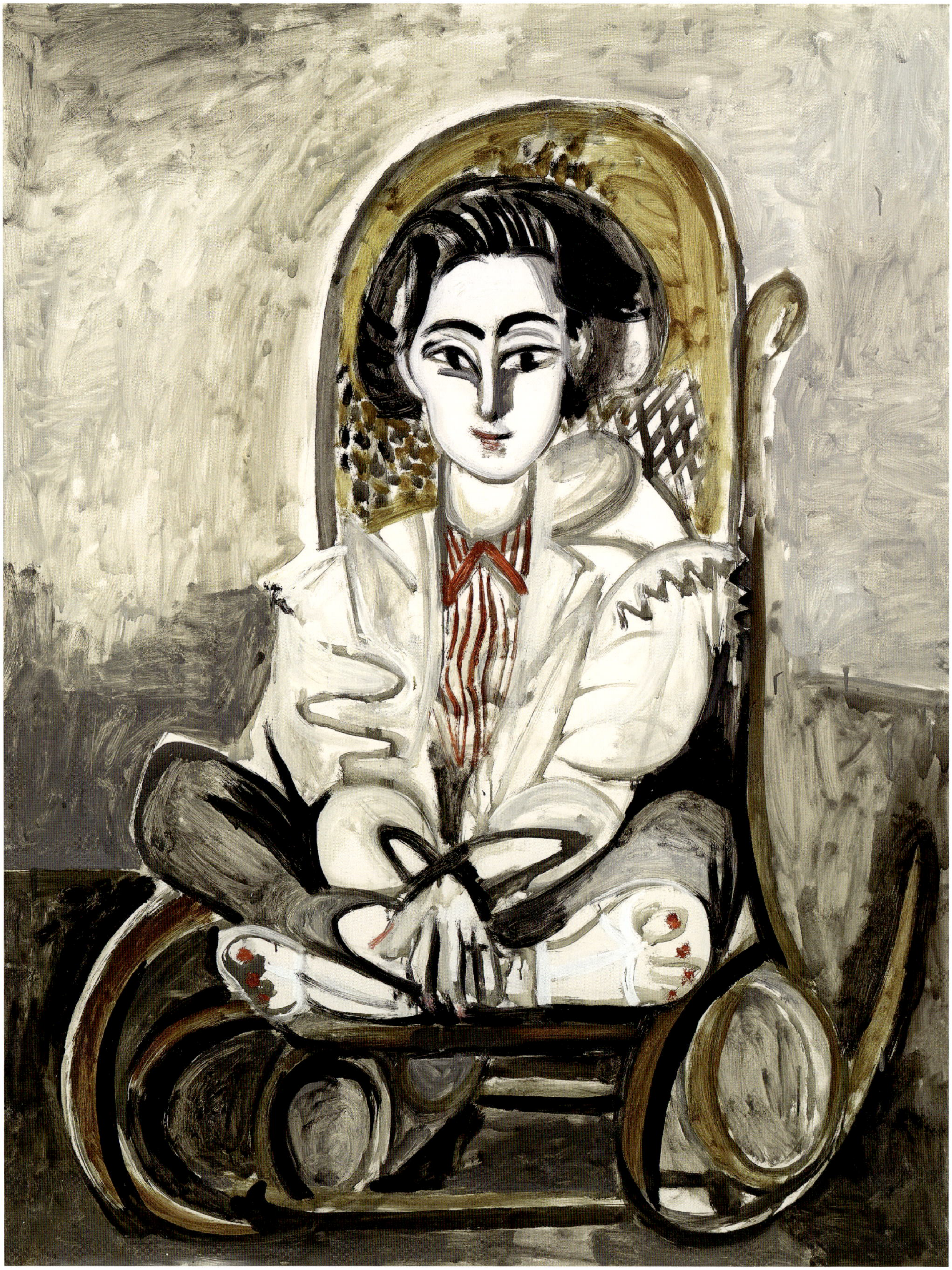

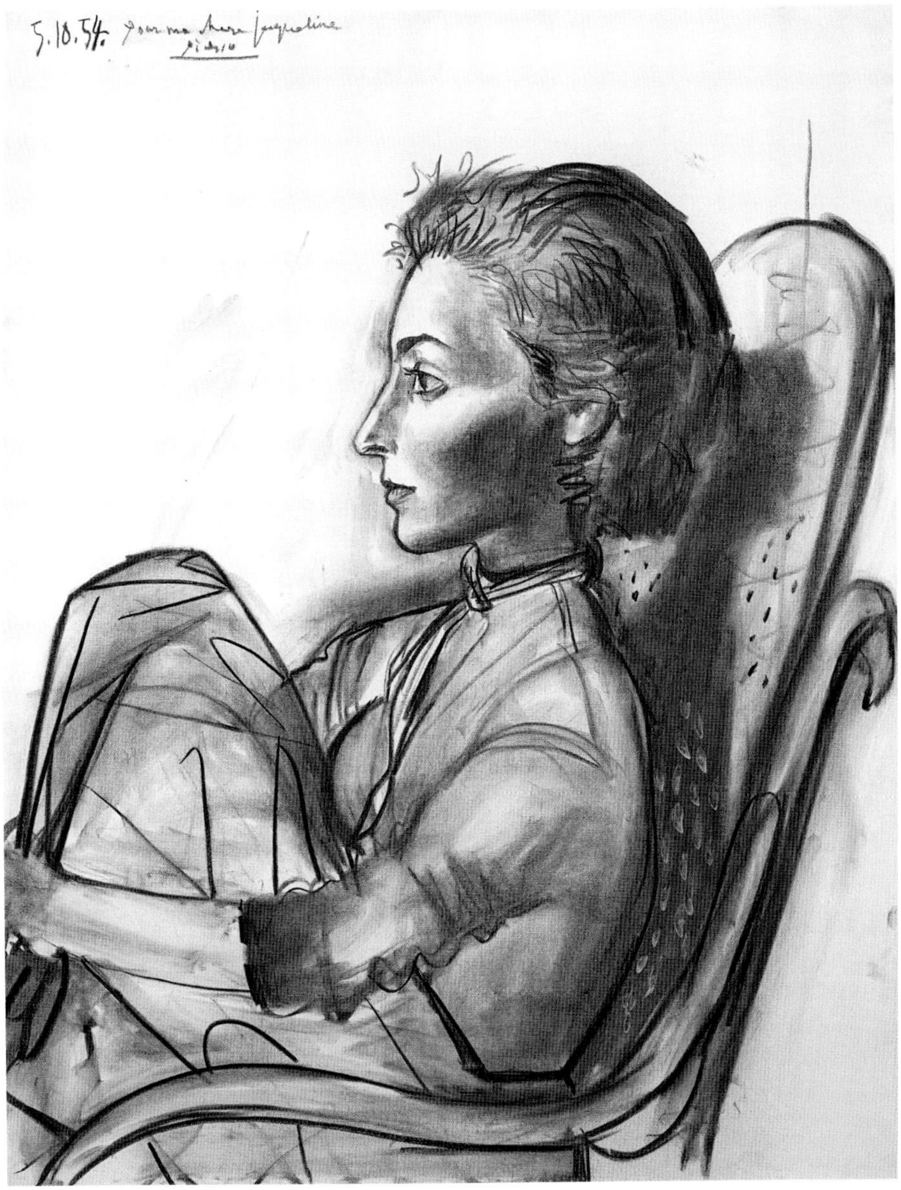

Jacqueline assise
au rocking-chair, 1954
Huile sur toile
145 x 115 cm

Femme assise, 1954
Fusain sur toile
92,5 x 73 cm

Jacqueline assise de profil, 1954
Huile sur toile
100 x 81 cm

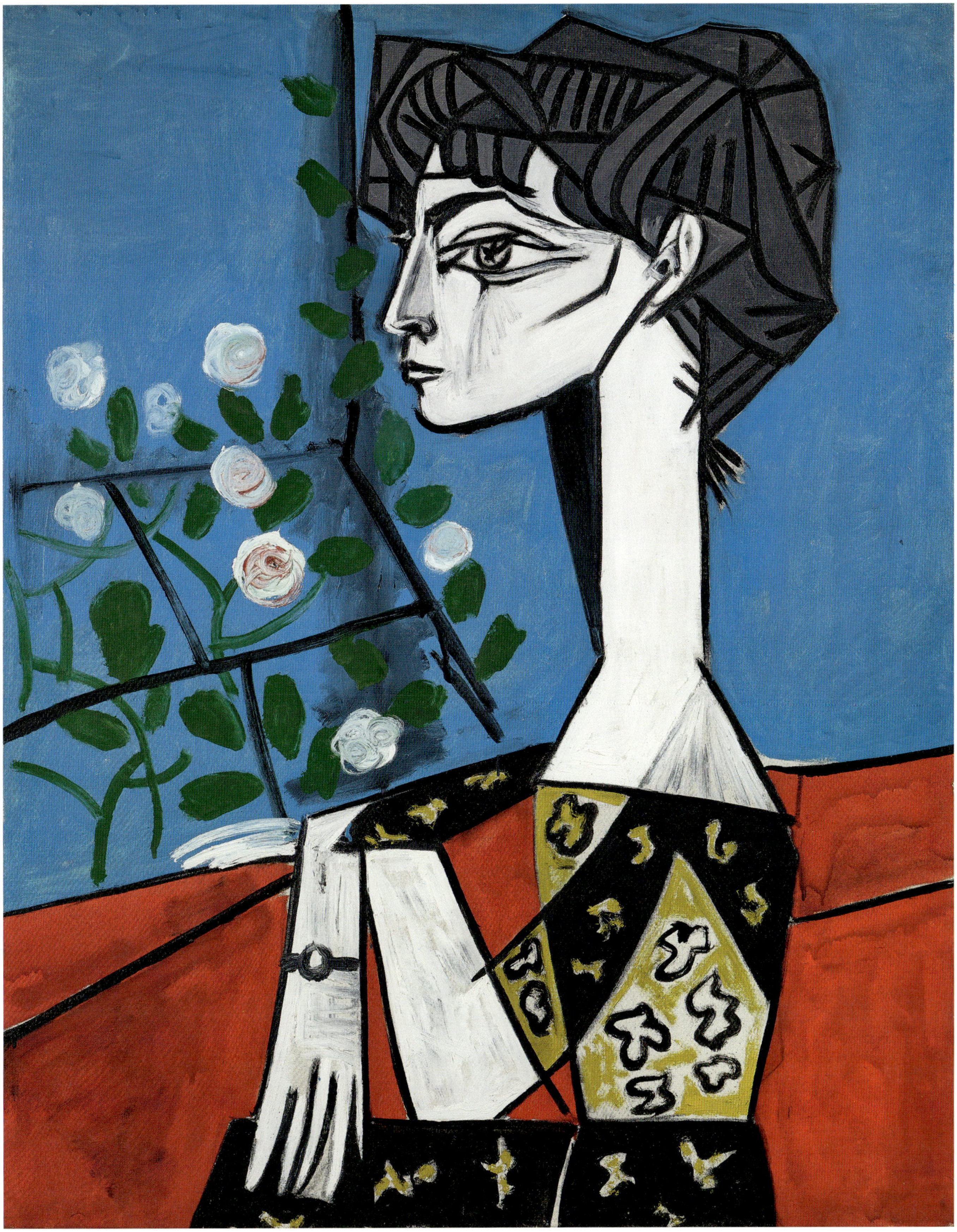

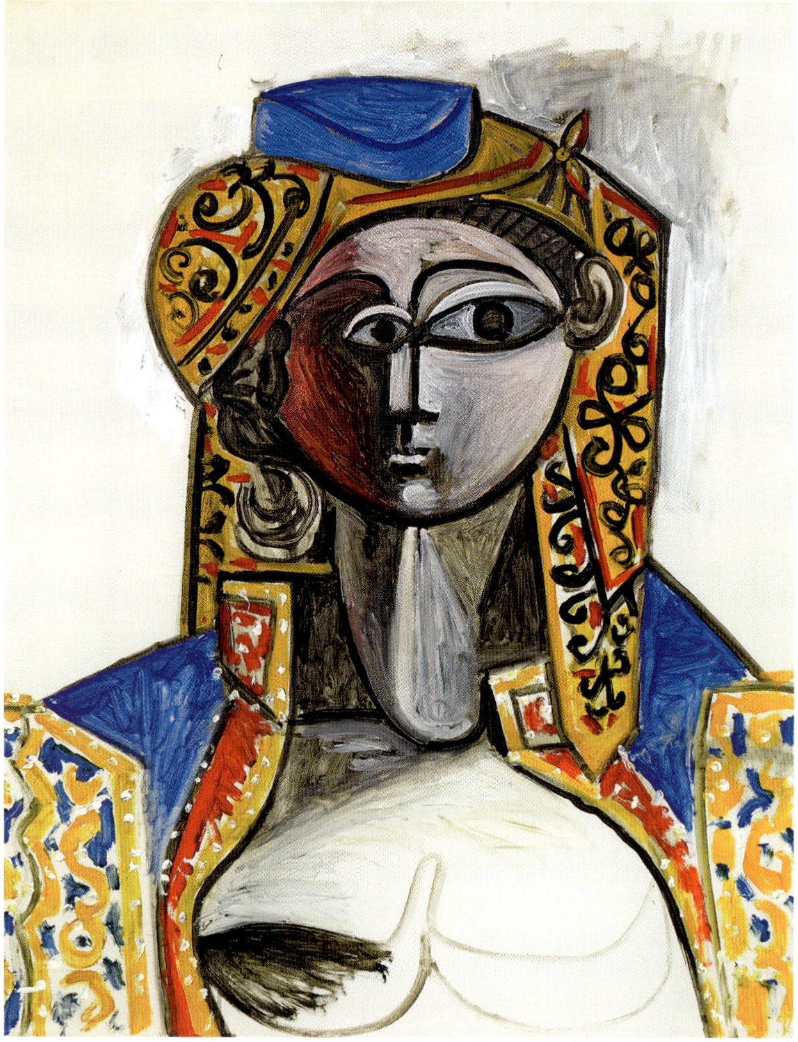

Buste de femme à l'orientale, 1955
Huile sur toile
81 x 65 cm

L'Arlésienne, 1958
Huile sur toile
61 x 41 cm

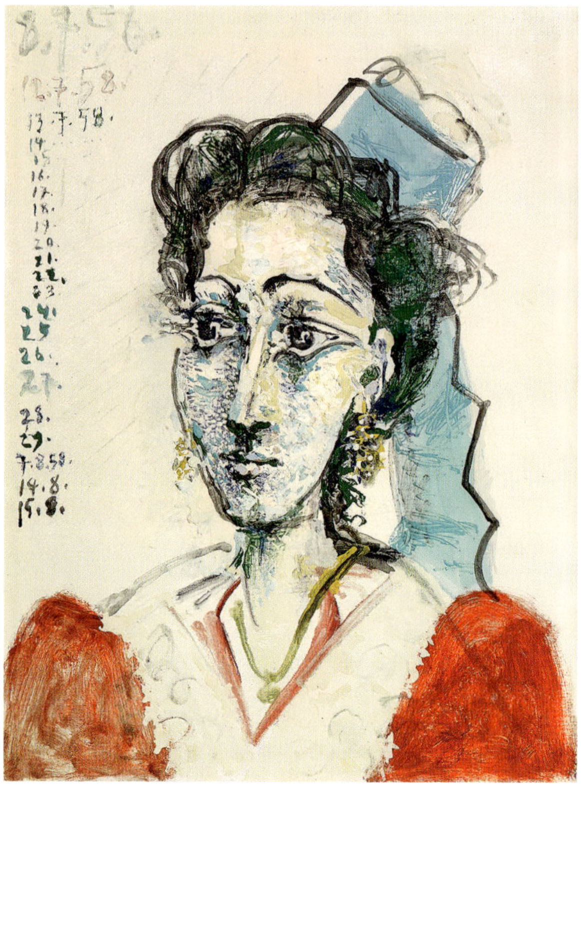

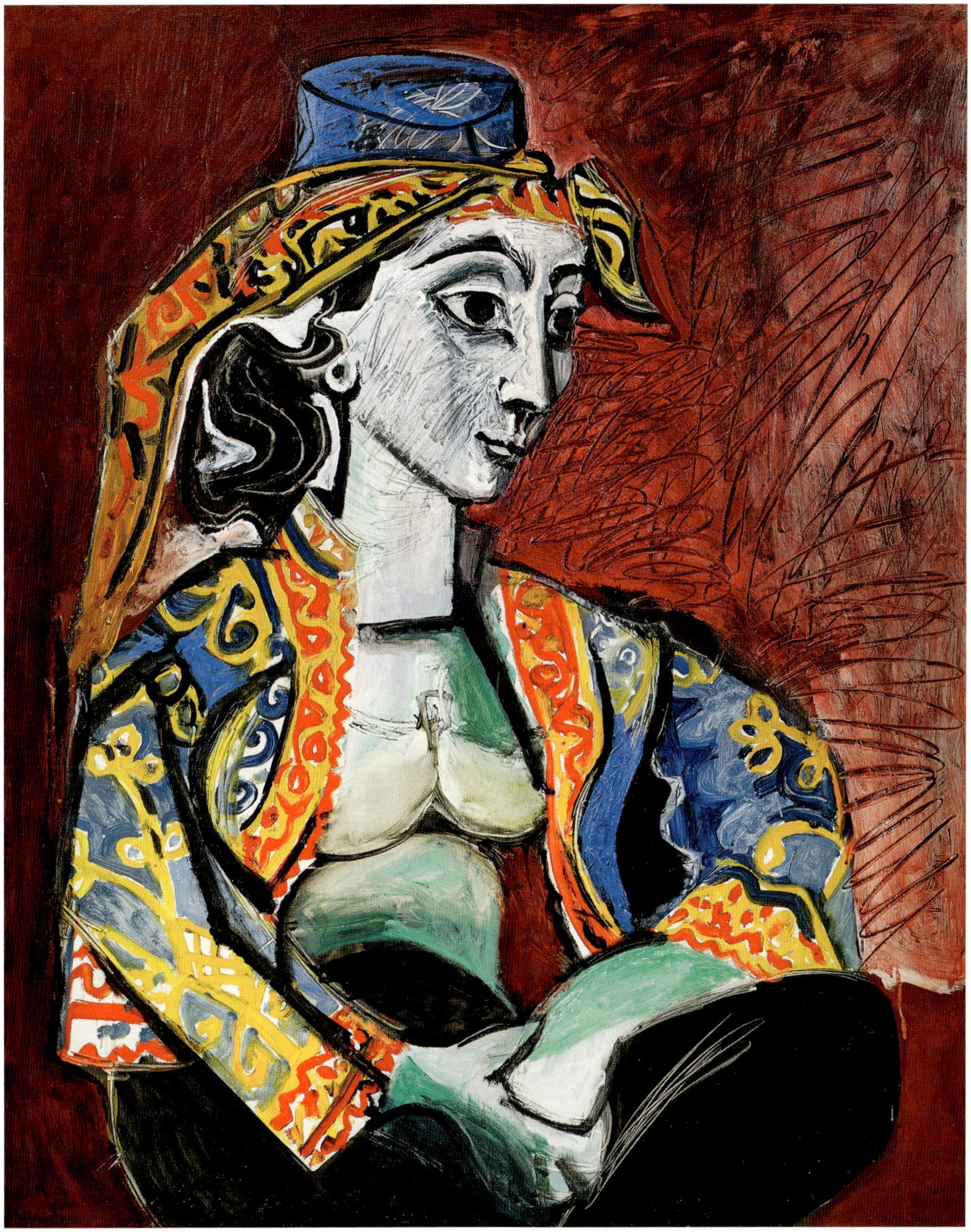

Jacqueline
en costume turc, 1955
Huile sur toile
100 x 81 cm

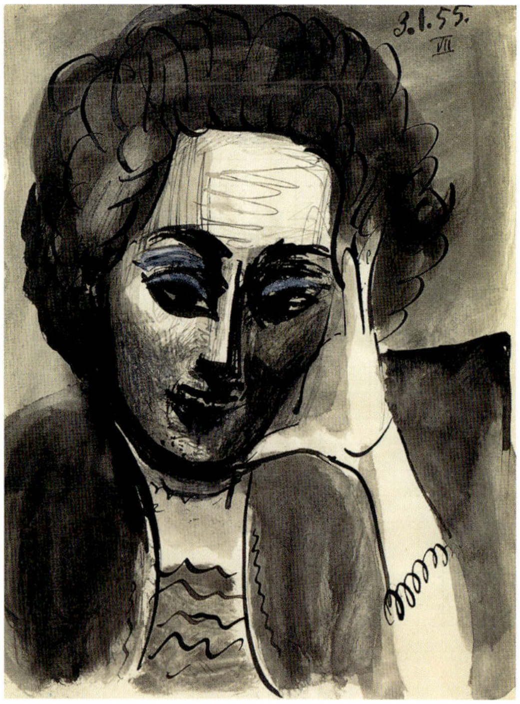

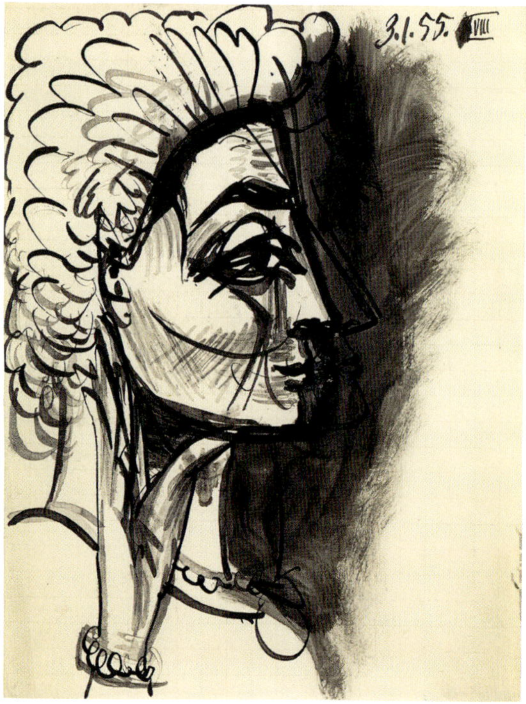

Portrait de Jacqueline, 1955
Encre et aquarelle sur papier
27 x 21 cm

Portrait de Jacqueline, 1955
Encre de Chine sur papier
27 x 21 cm

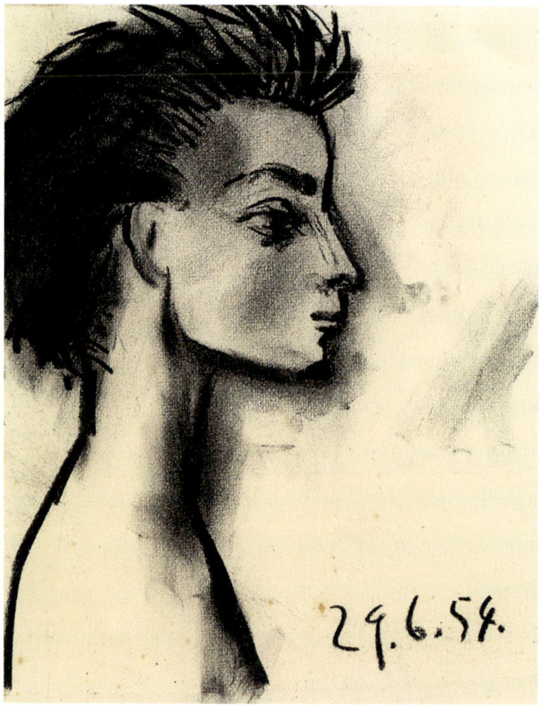

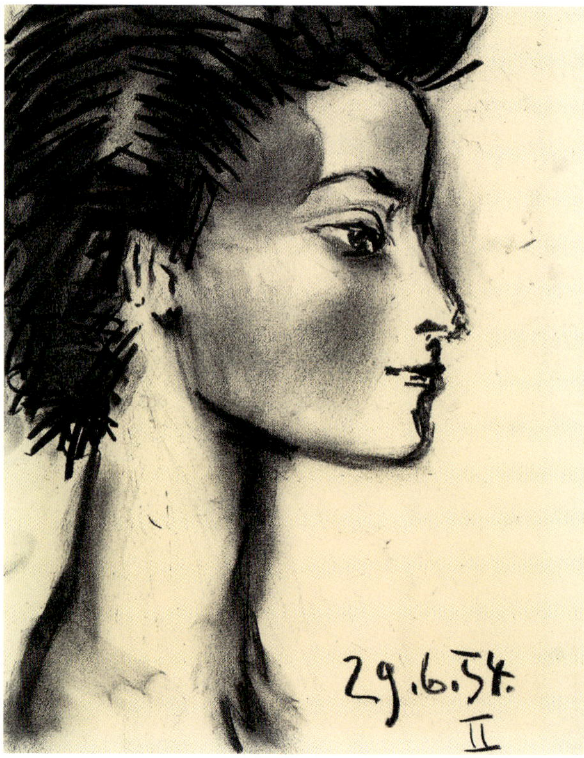

Portrait de Jacqueline, 1954
Fusain sur papier
27 x 21 cm

Portrait de Jacqueline, 1954
Fusain sur papier
31 x 24 cm

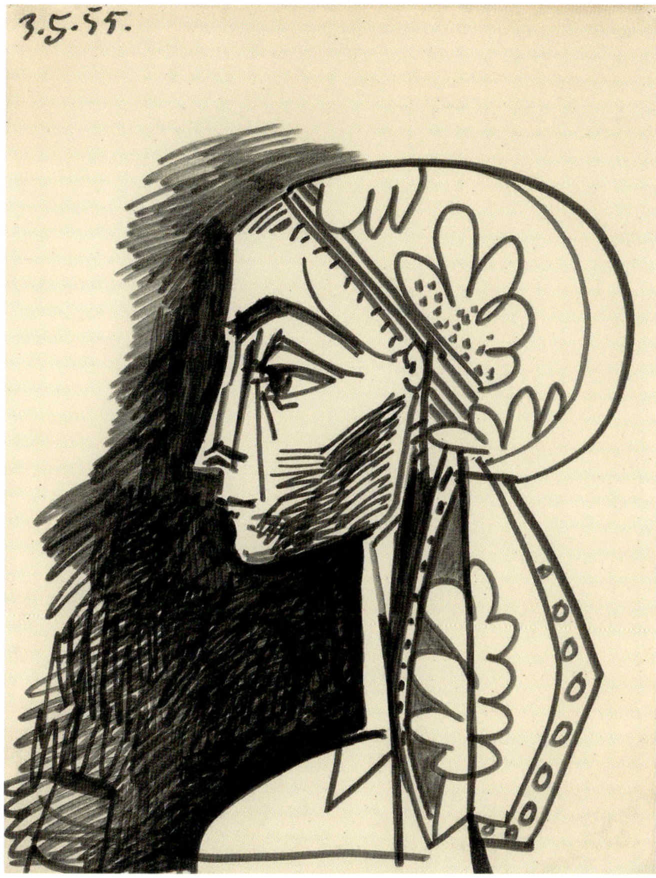

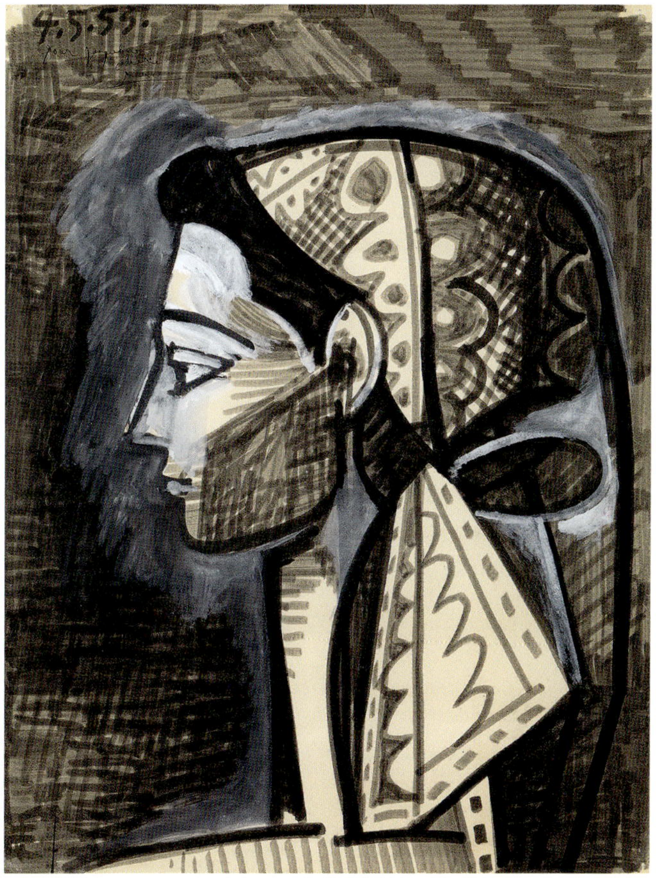

Jacqueline au foulard noué (profil gauche), 1955
Feutre sur papier
66 x 50,5 cm

Portrait de Jacqueline, 1955
Feutre, encre de Chine, lavis
et gouache blanche sur papier
66 x 50,5 cm

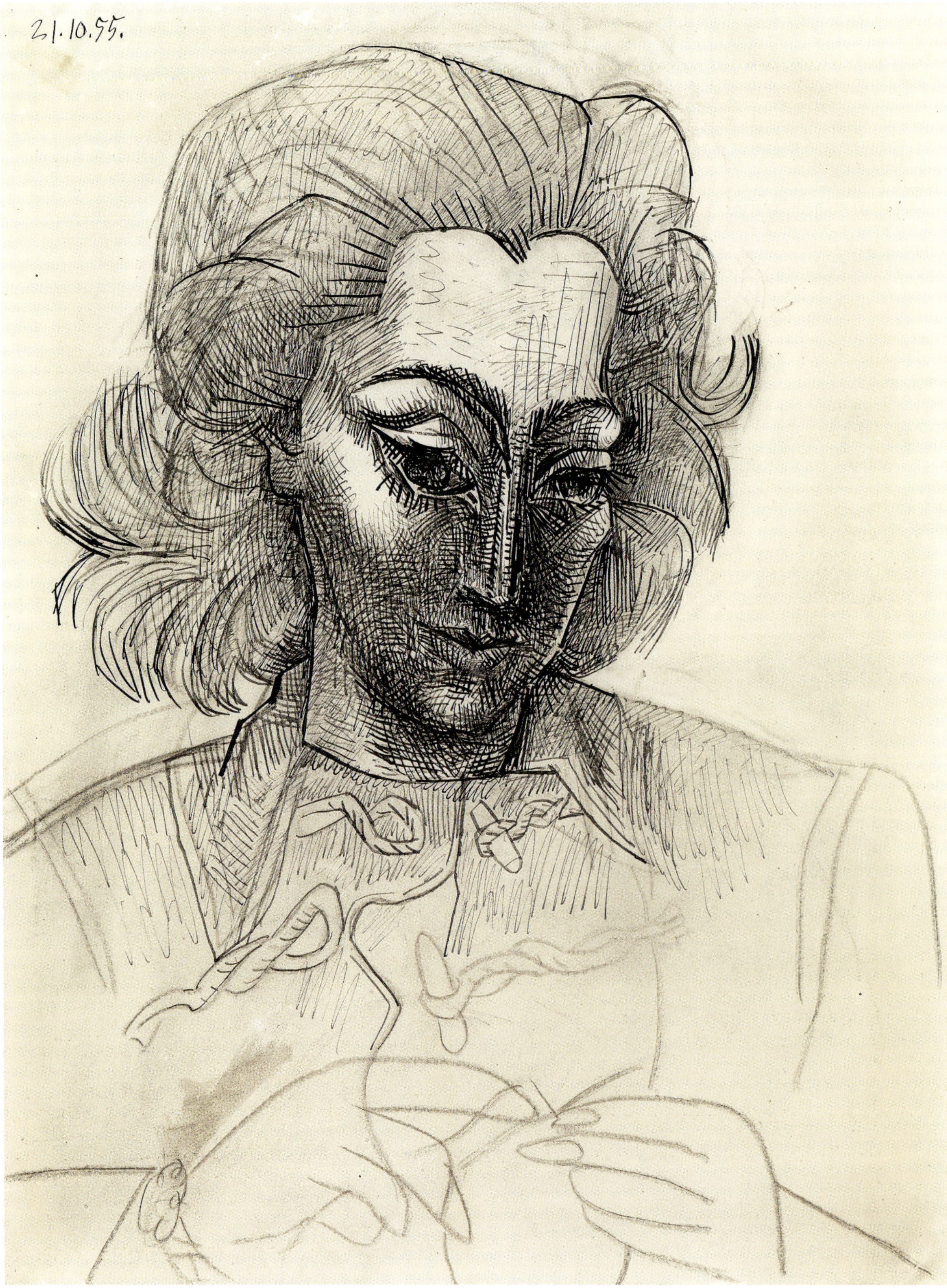

Portrait de Jacqueline, 1955
Encre de Chine et fusain sur papier
66 x 51 cm

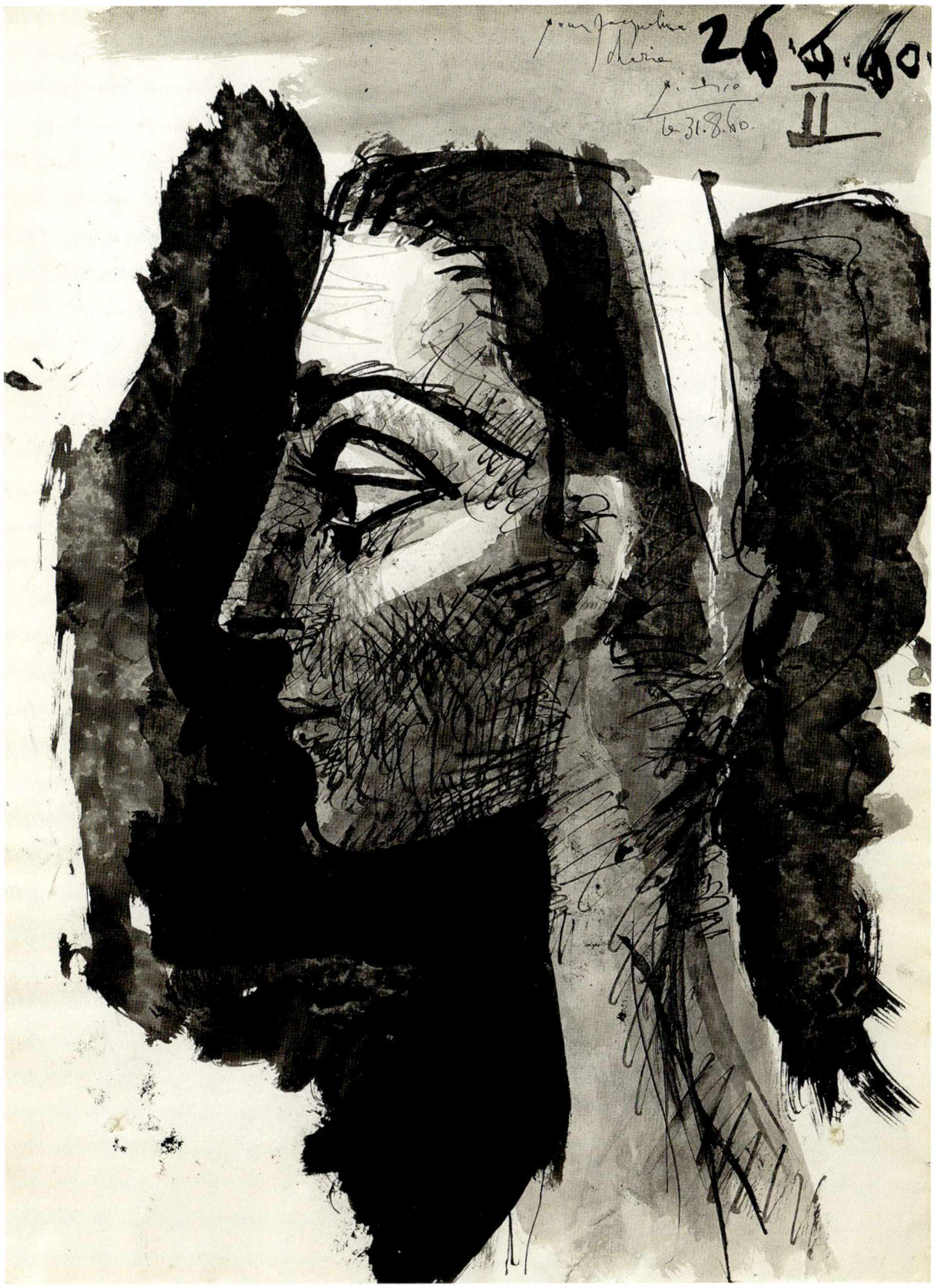

Portrait de Jacqueline, 1960
Encre de Chine sur papier
55 x 42 cm

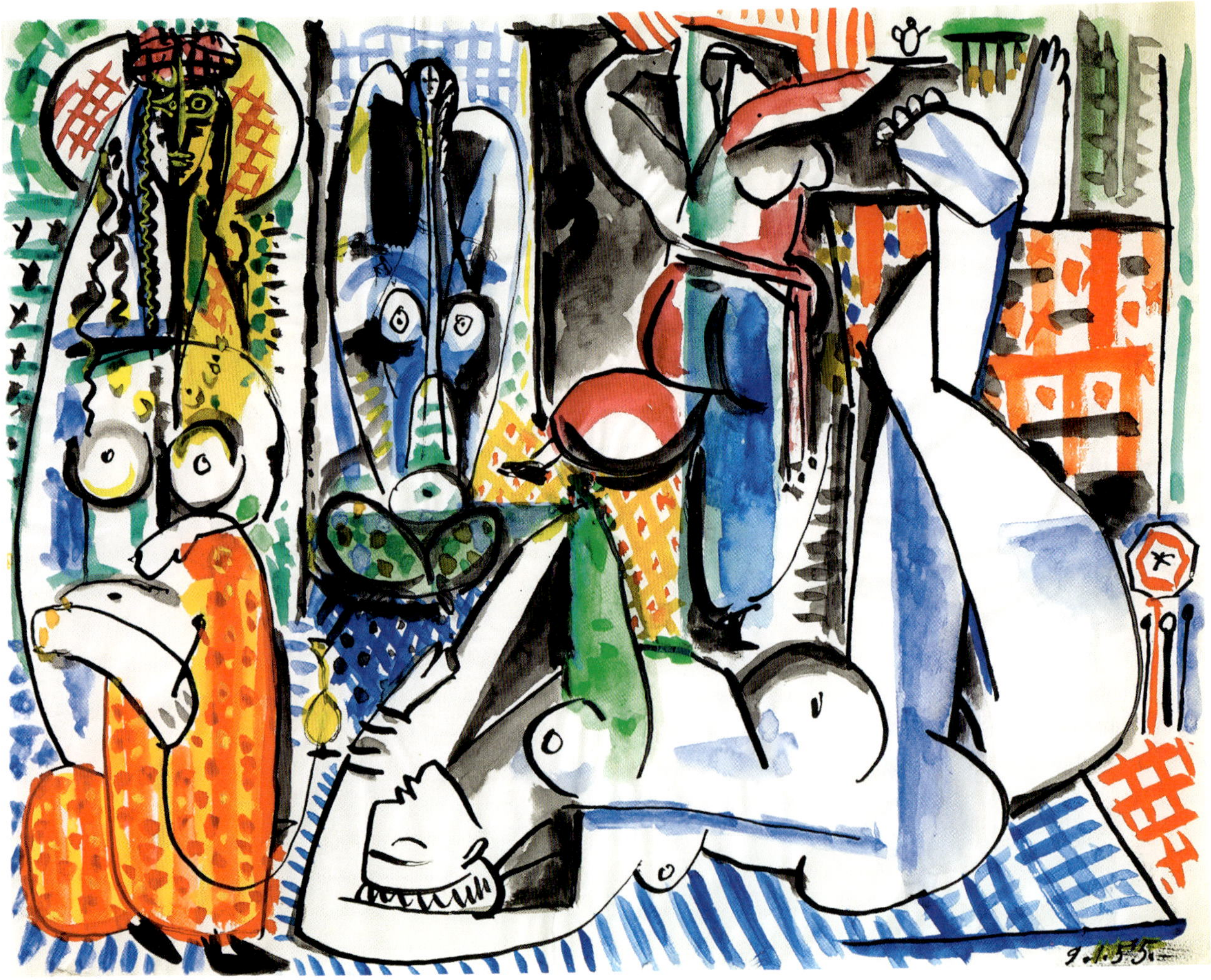

Femmes d'Alger, 1955
Encre et aquarelle
sur papier
21 x 27 cm

Femme endormie, 1957
Crayon de couleur sur papier
66 x 51 cm
51 x 66 cm

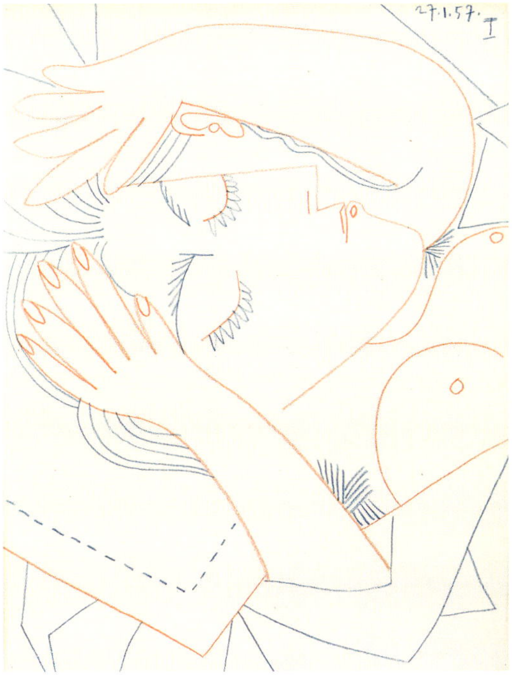
27.1.57. I

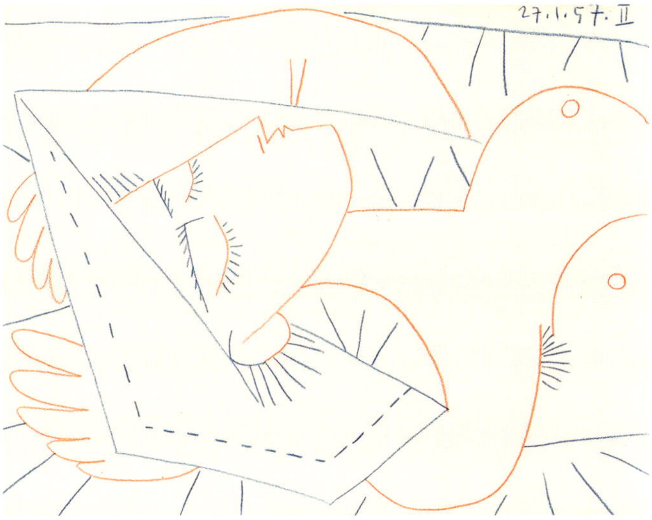
27.1.57. II

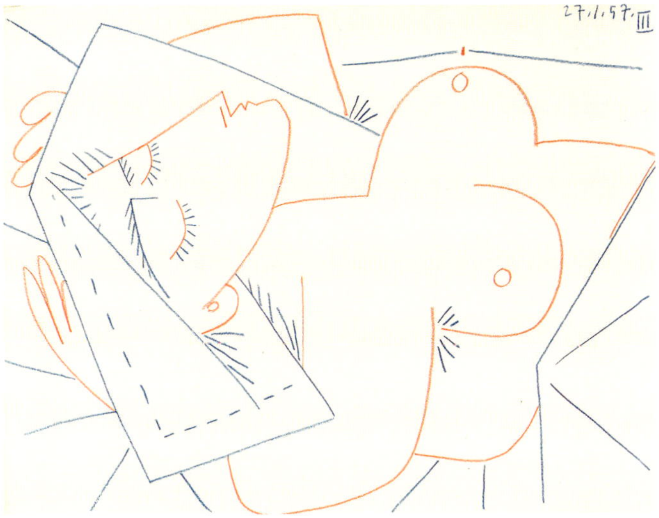
27.1.57. III

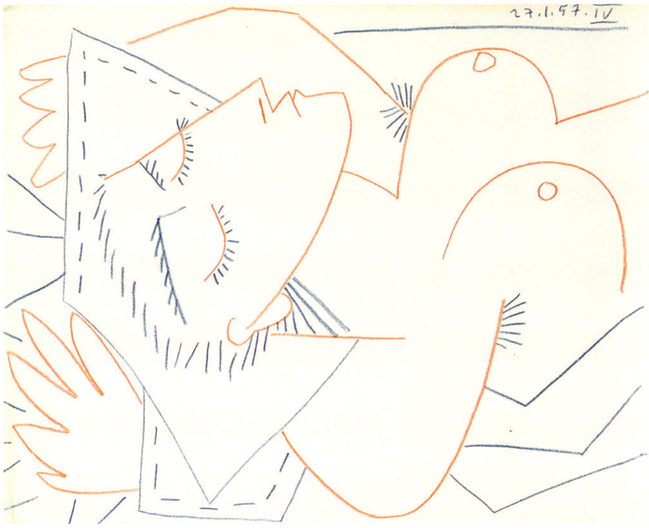
27.1.57. IV

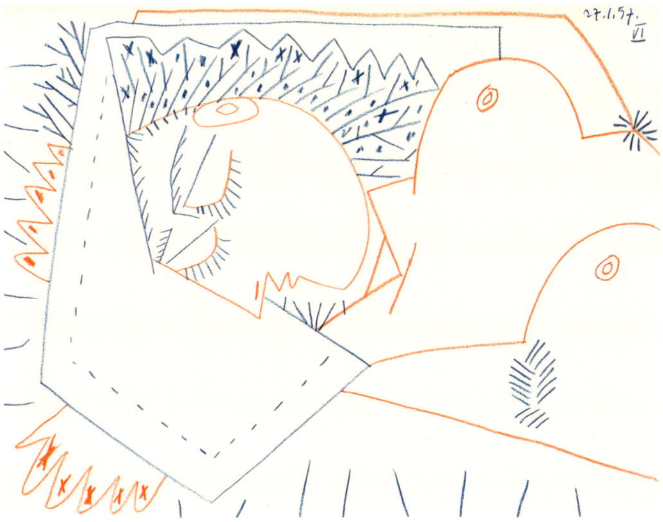
27.1.57. VI

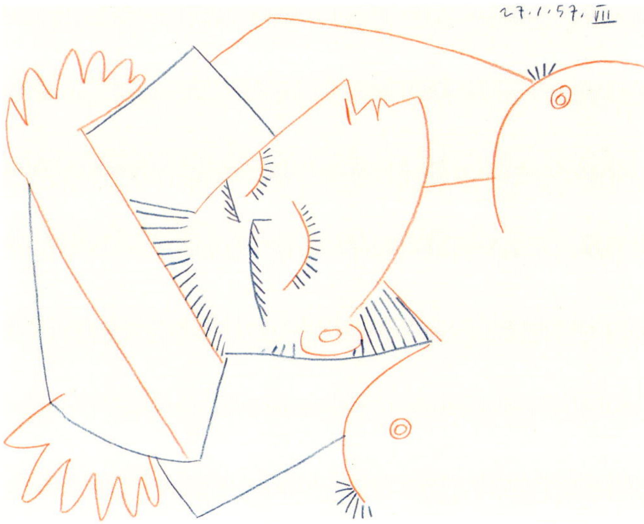
27.1.57. VII

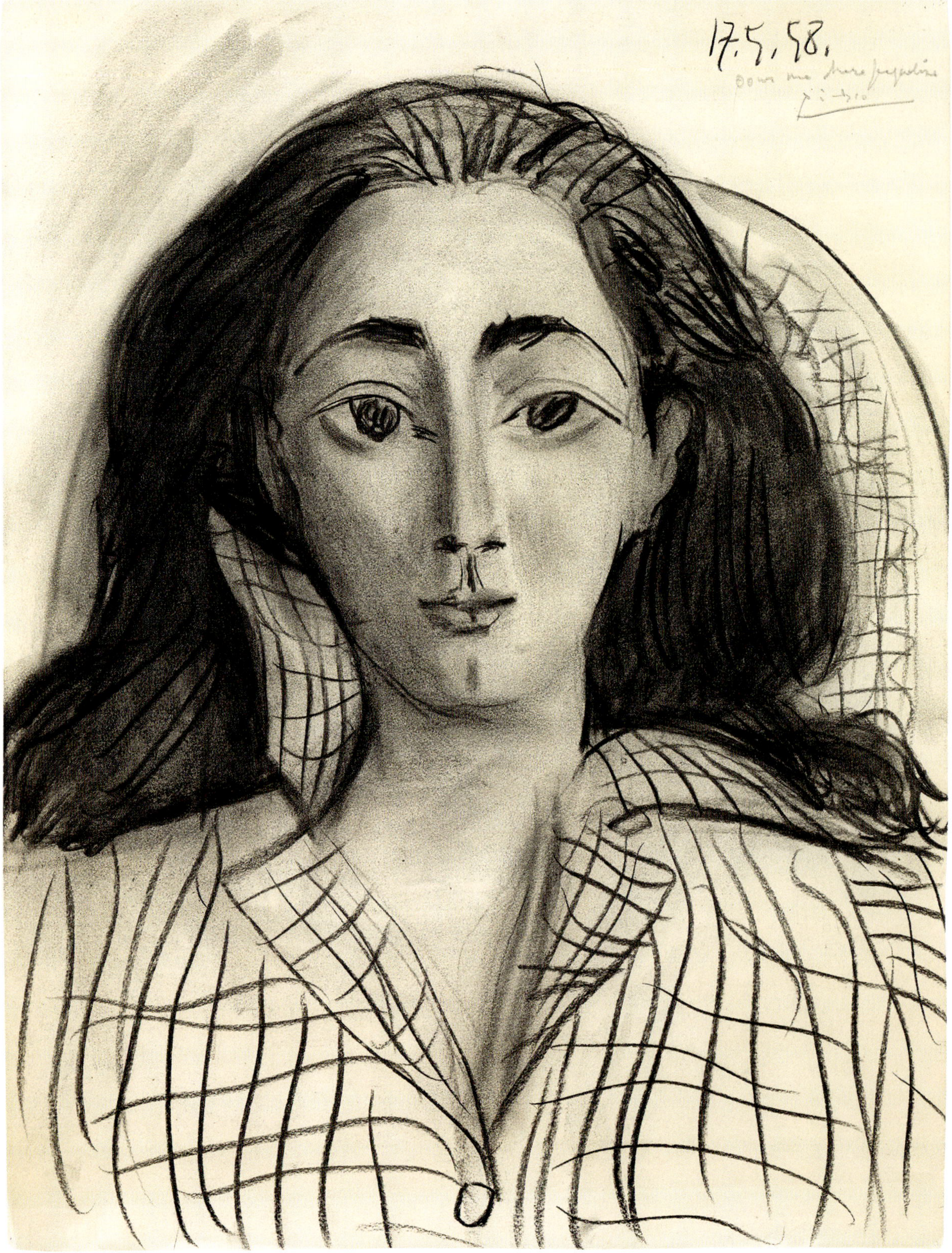

Portrait de Jacqueline, 1958
Fusain sur papier
66 x 51 cm

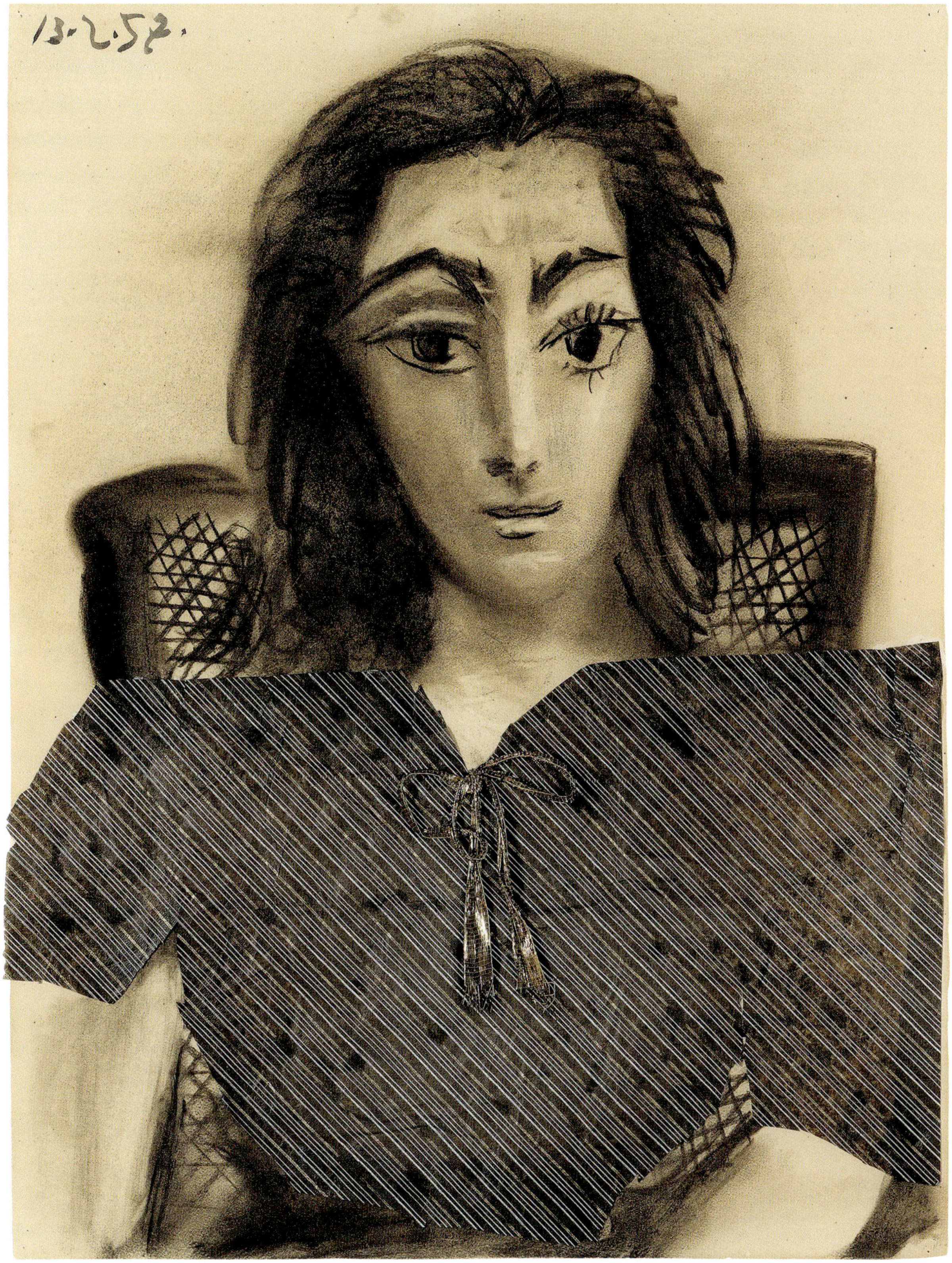

Jacqueline de face, 1957
Fusain et collage sur papier
65,5 x 50,5 cm

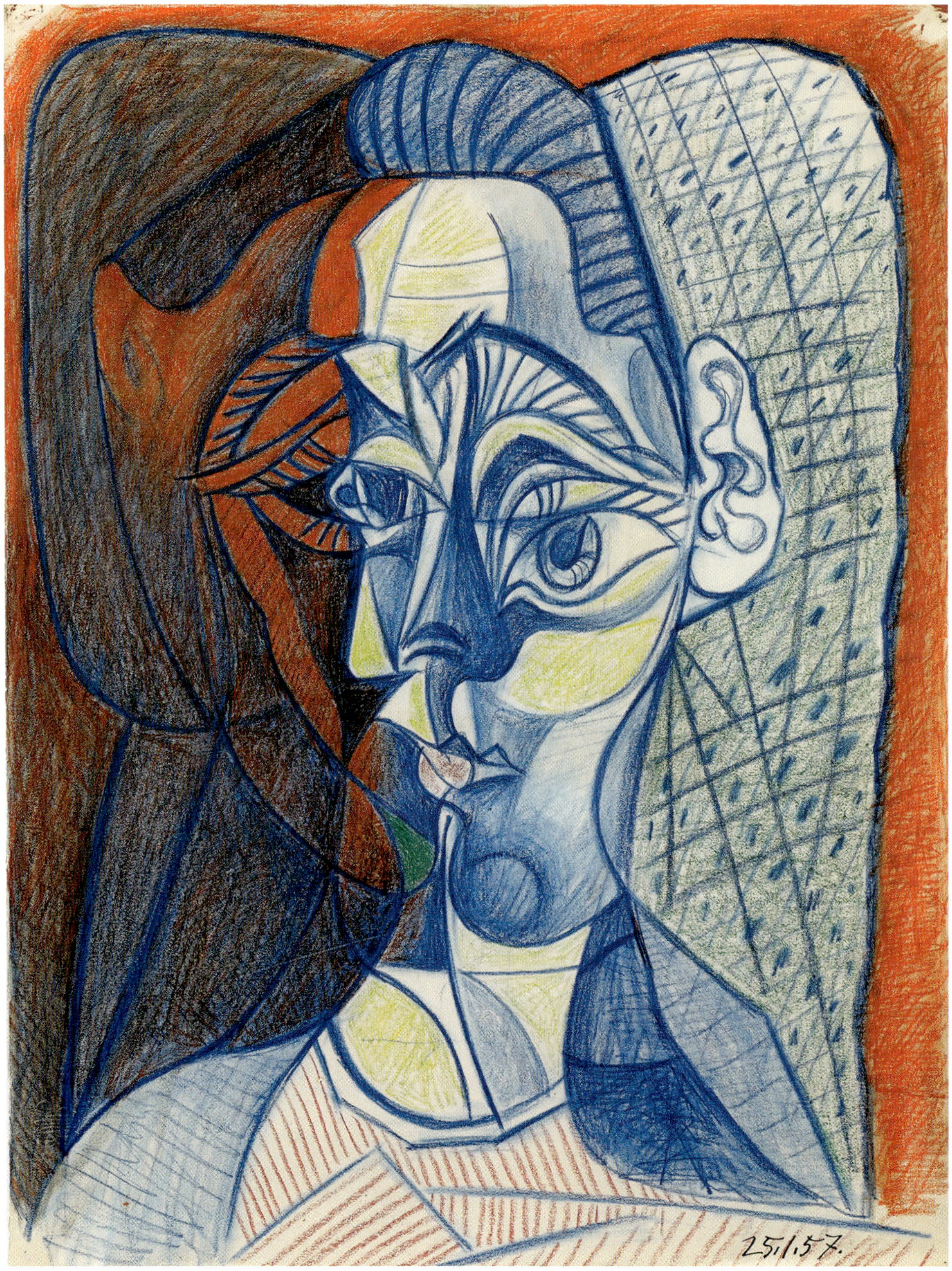

Portrait de Jacqueline, 1957
Crayon gras sur papier
66 x 50,5 cm

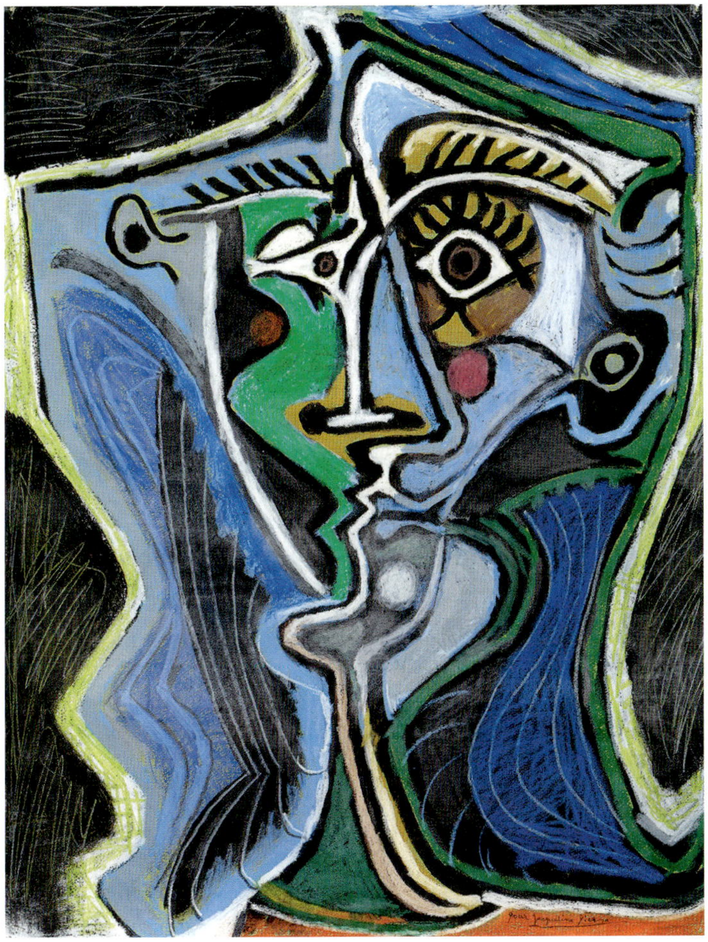

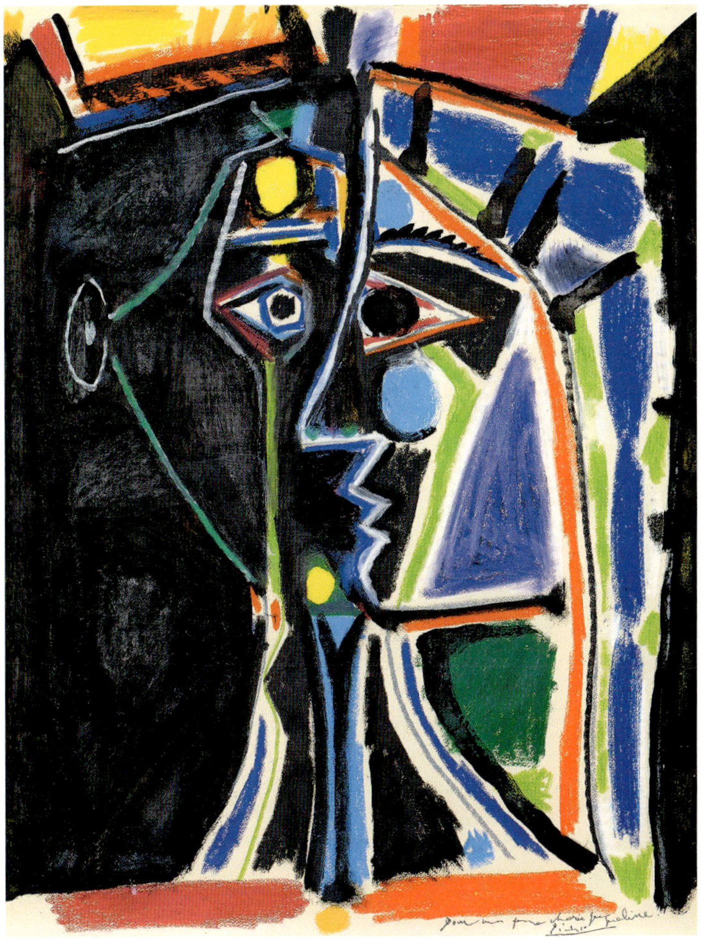

Portrait de Jacqueline, 1960
Pastel sur papier
65 x 50 cm

Portrait de Jacqueline, 1960
Pastel sur papier
66 x 51 cm

Portrait de Jacqueline, 1962
Huile sur papier
42 x 27 cm

Portrait de Cathy, 1962
Crayon graphite sur papier
20,8 x 13,5 cm

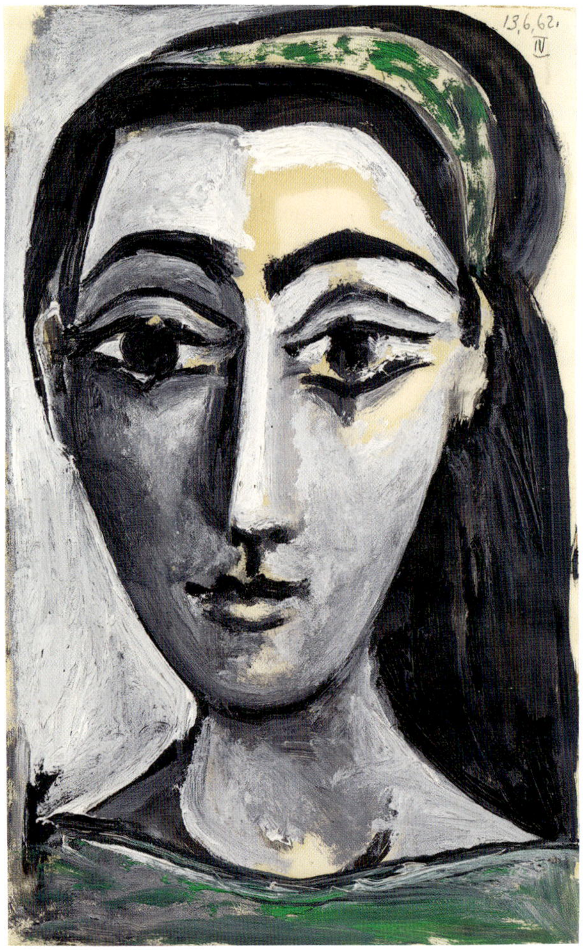

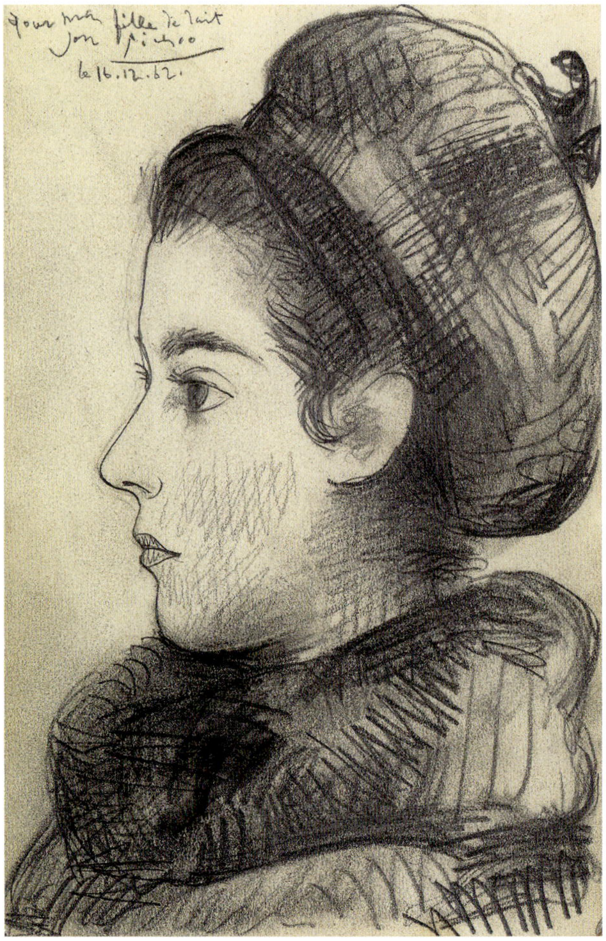

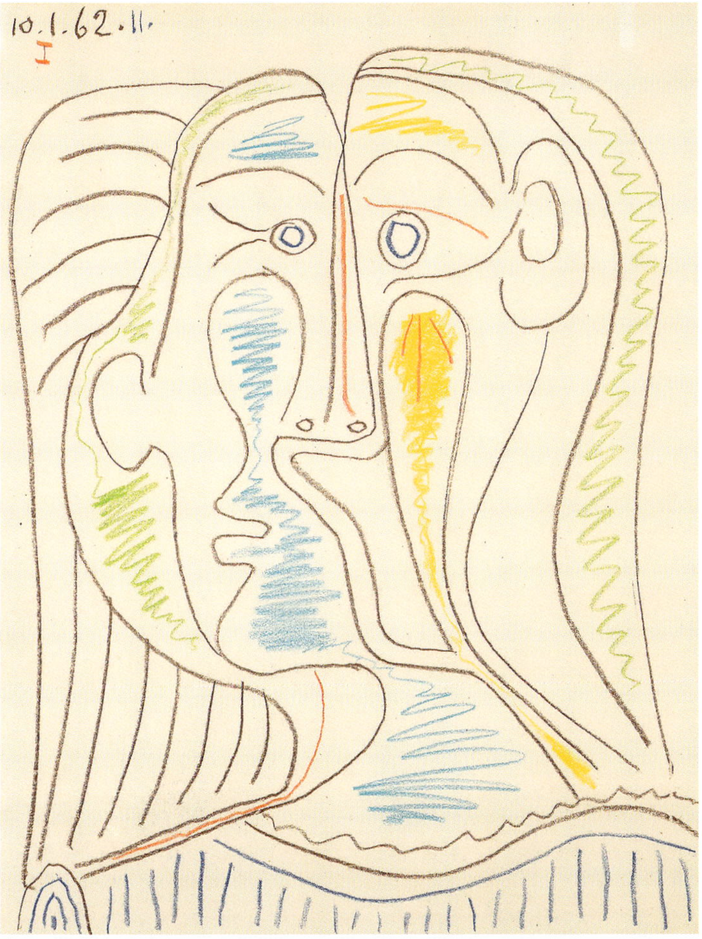

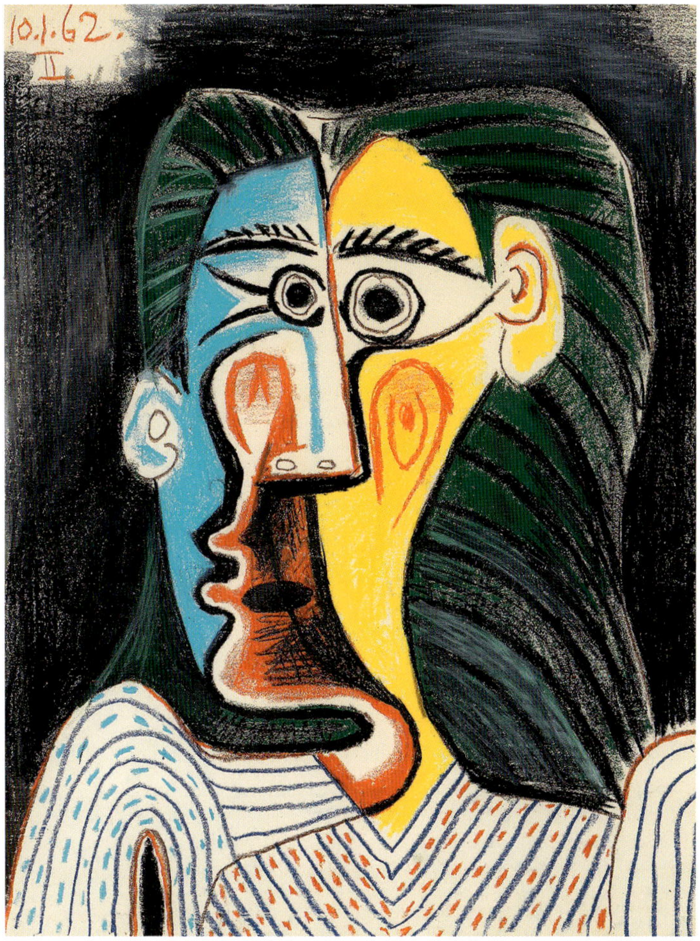

Visage de femme, 1962
Crayon de couleur sur papier
65,5 x 51 cm

Visage de femme, 1962
Crayon de couleur sur papier
65,5 x 51 cm

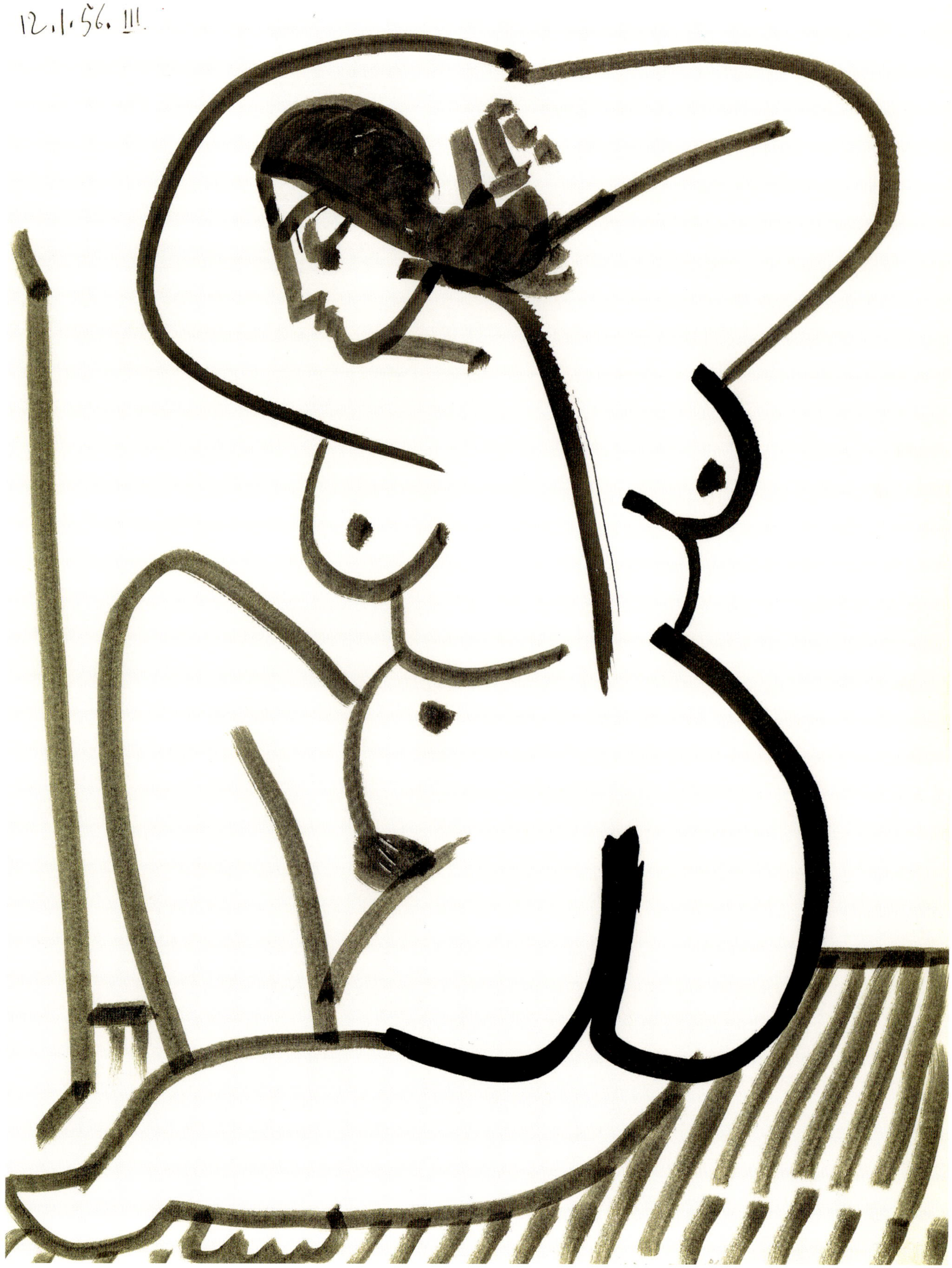
12.1.56. III.

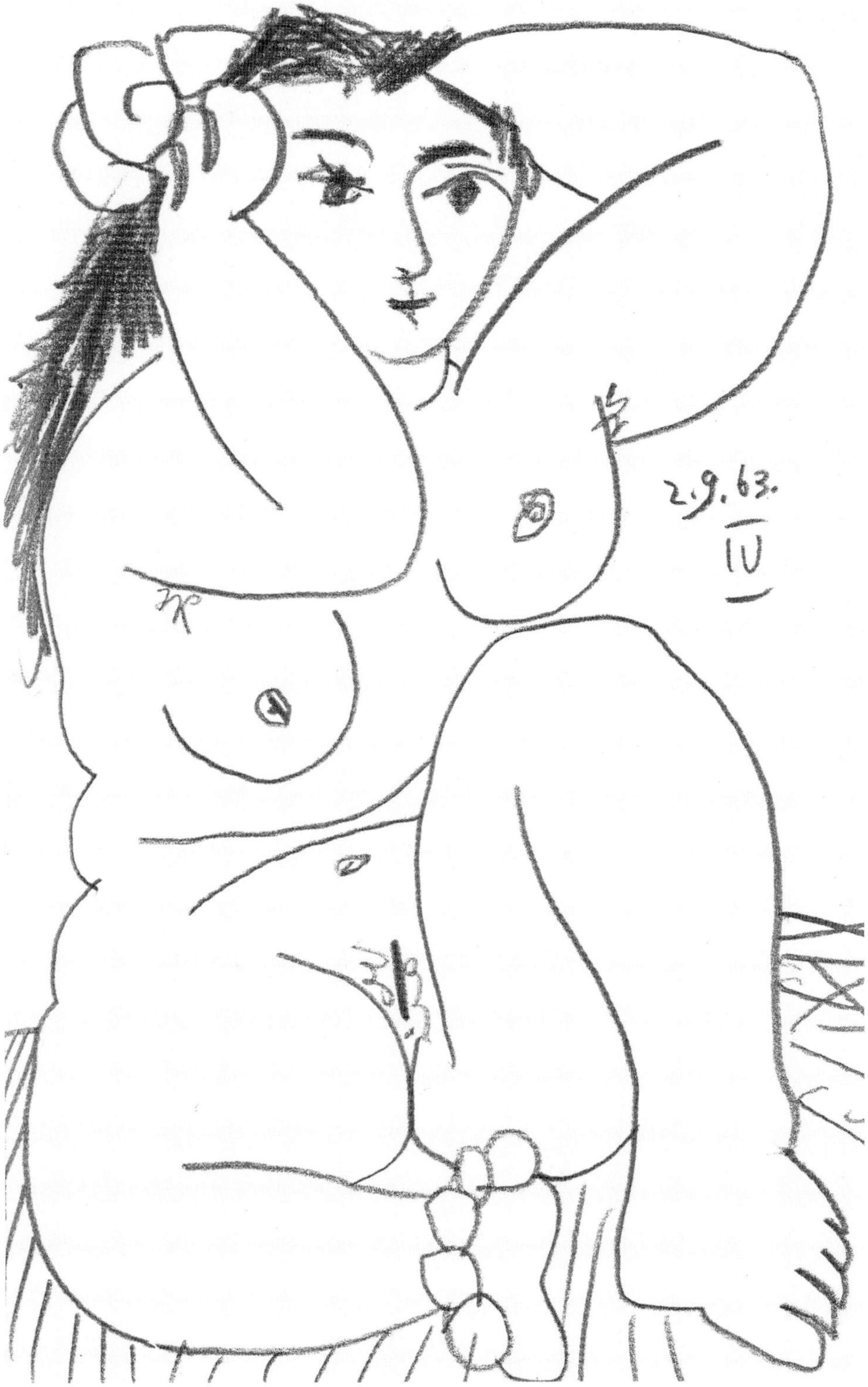

Page de carnet
12 janvier 1956, III
Encre de Chine sur papier
42 x 33 cm

Page de carnet
2 septembre 1963, IV
Crayon sur papier
28,5 x 14,4 cm

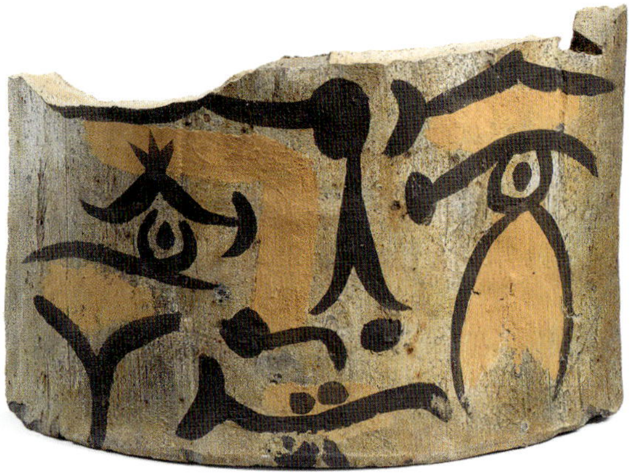

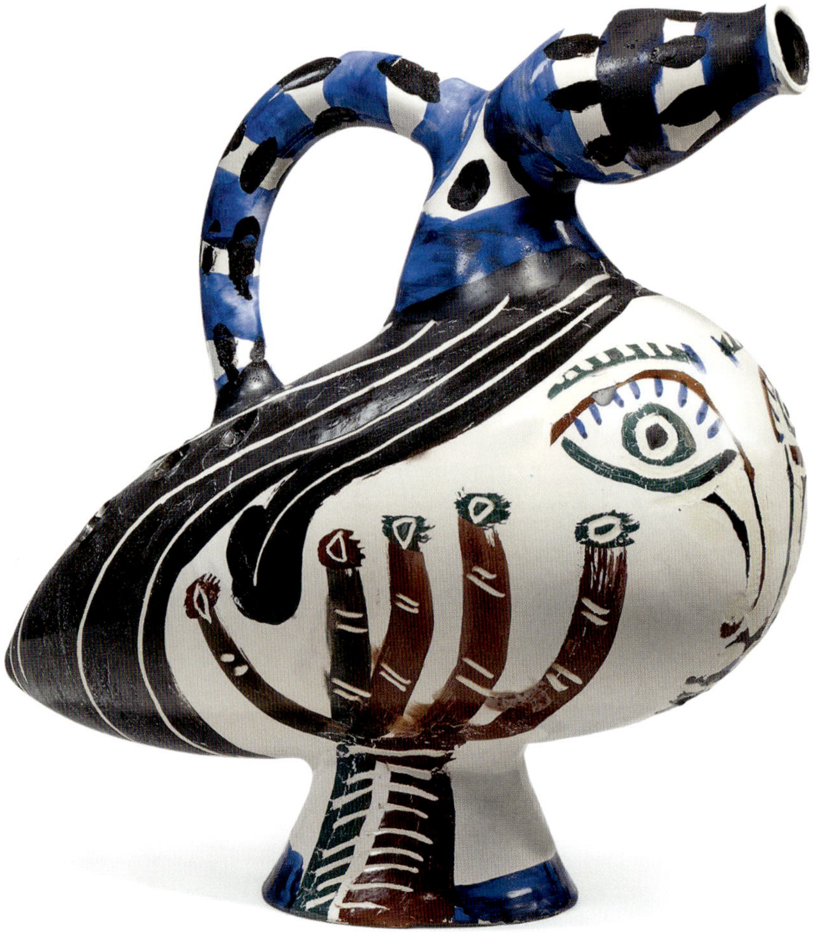

Visage, 3 octobre 1950
Fragment de gazelle
en terre cuite chamottée,
décor d'engobes noir
et rouge
14 x 23 x 8,5 cm

Canard pique-fleurs
1950-1951
Pichet zoomorphe
en terre cuite blanche tournée,
éléments tournés et assemblés,
décor aux engobes brun,
rouge, noir, vert et bleu
39 x 18 x 42 cm

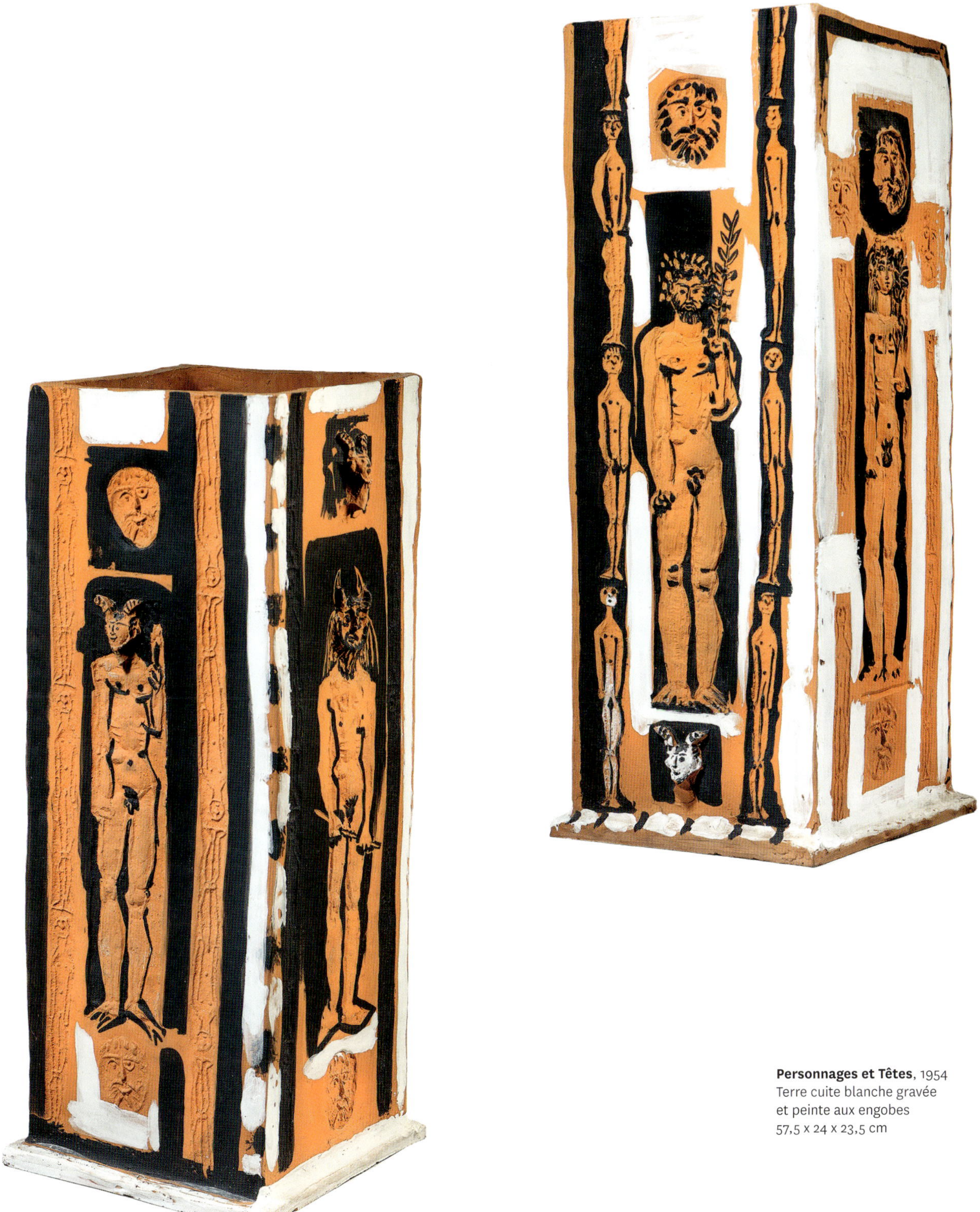

Personnages et Têtes, 1954
Terre cuite blanche gravée
et peinte aux engobes
57,5 x 24 x 23,5 cm

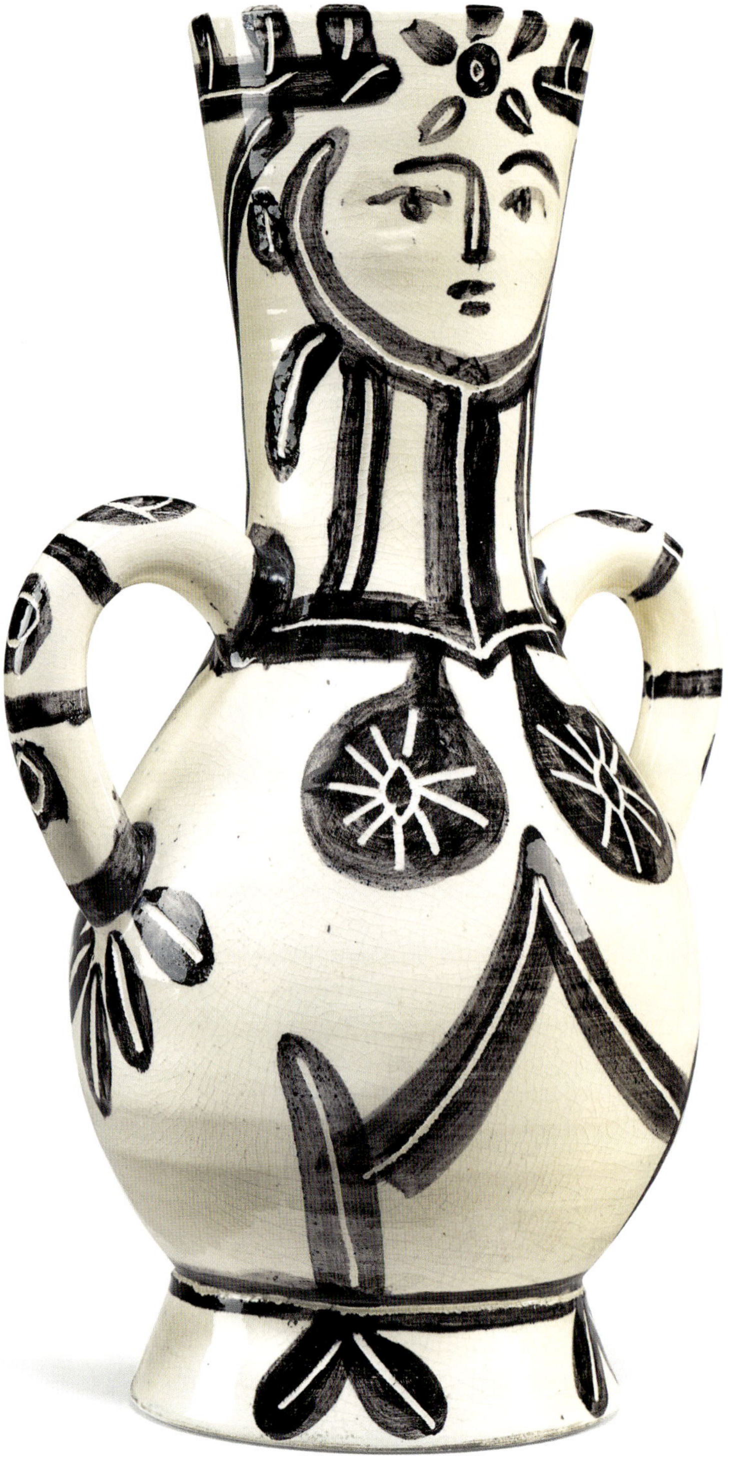

Vase visage et corps
1953
Terre cuite blanche
peinte aux engobes
38 x 22,5 cm

Colombe, 1953
Terre cuite blanche
modelée et peinte
aux engobes
10,5 x 23 x 6,5 cm

Colombe, 1953
Terre cuite blanche
modelée et peinte
aux engobes
19 x 30 x 9 cm

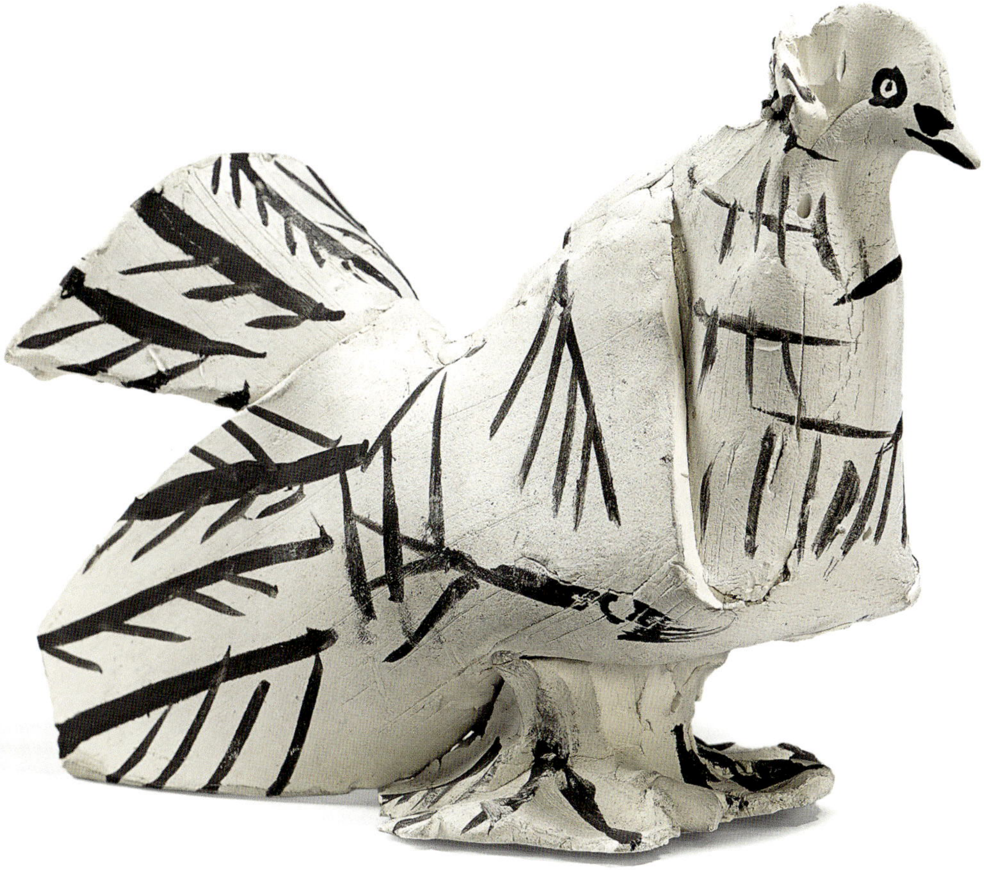

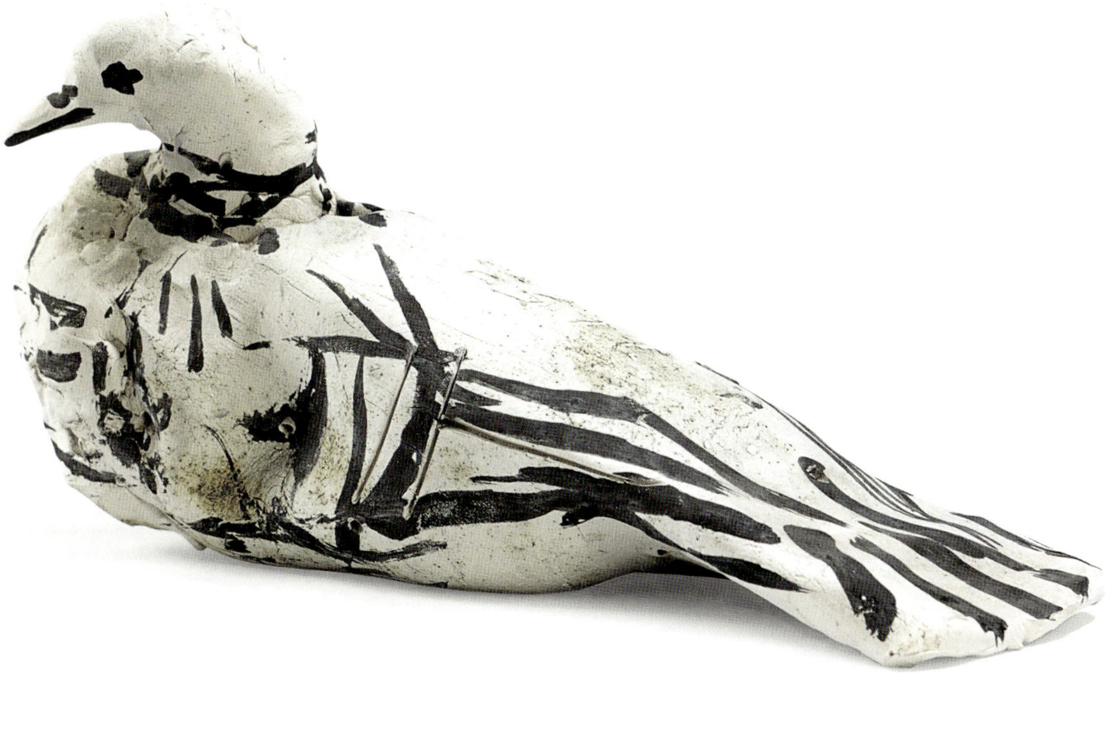

Portrait de Jacqueline (cheveux bruns)
22 janvier 1956
Plat en terre cuite blanche, engobes et glaçures colorées
42 x 1,5 cm

Tête de femme couronnée de fleurs
1954
Terre cuite blanche gravée et peinte aux engobes
23 x 20 x 20 cm

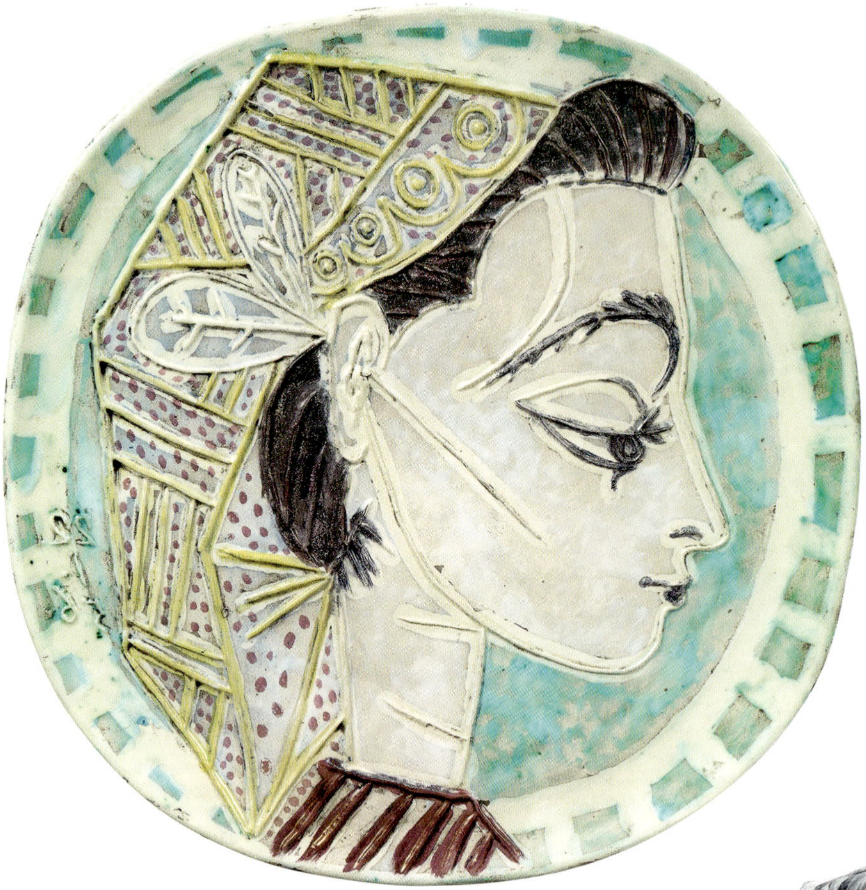

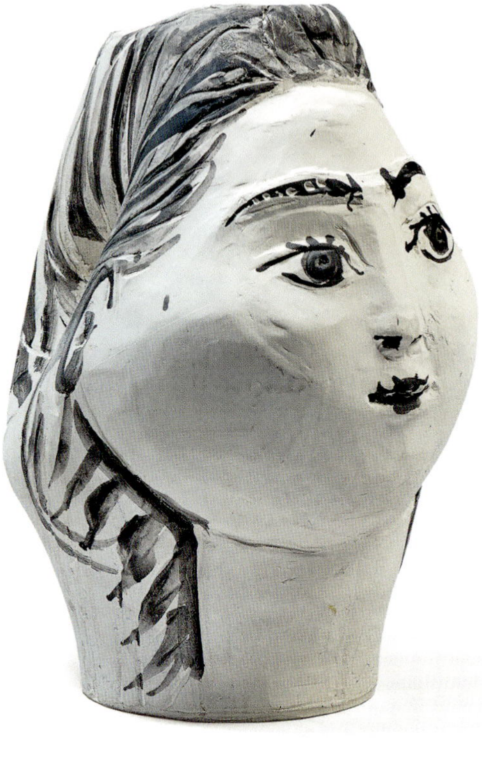

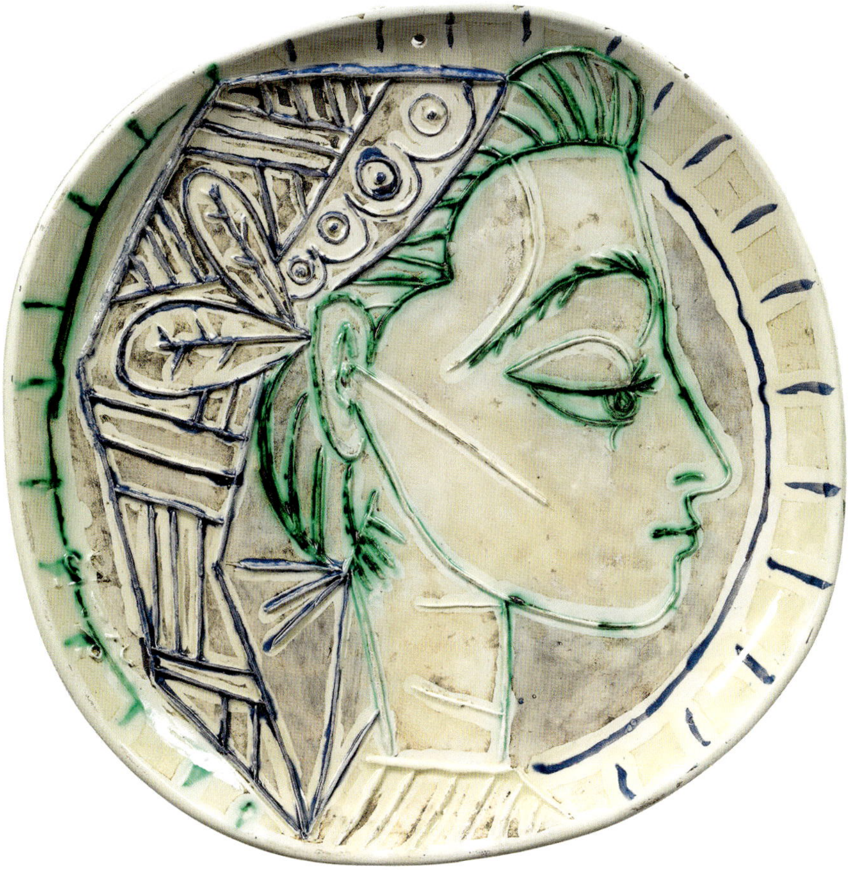

Portrait de Jacqueline
22 janvier 1956
Plat en terre cuite blanche,
engobes noir, bleu, vert
sous glaçure transparente.
Lait d'engobe rouge
et brun au revers
42 x 4,5 cm

Minotaure, 1958
Huile sur toile
130 x 97 cm

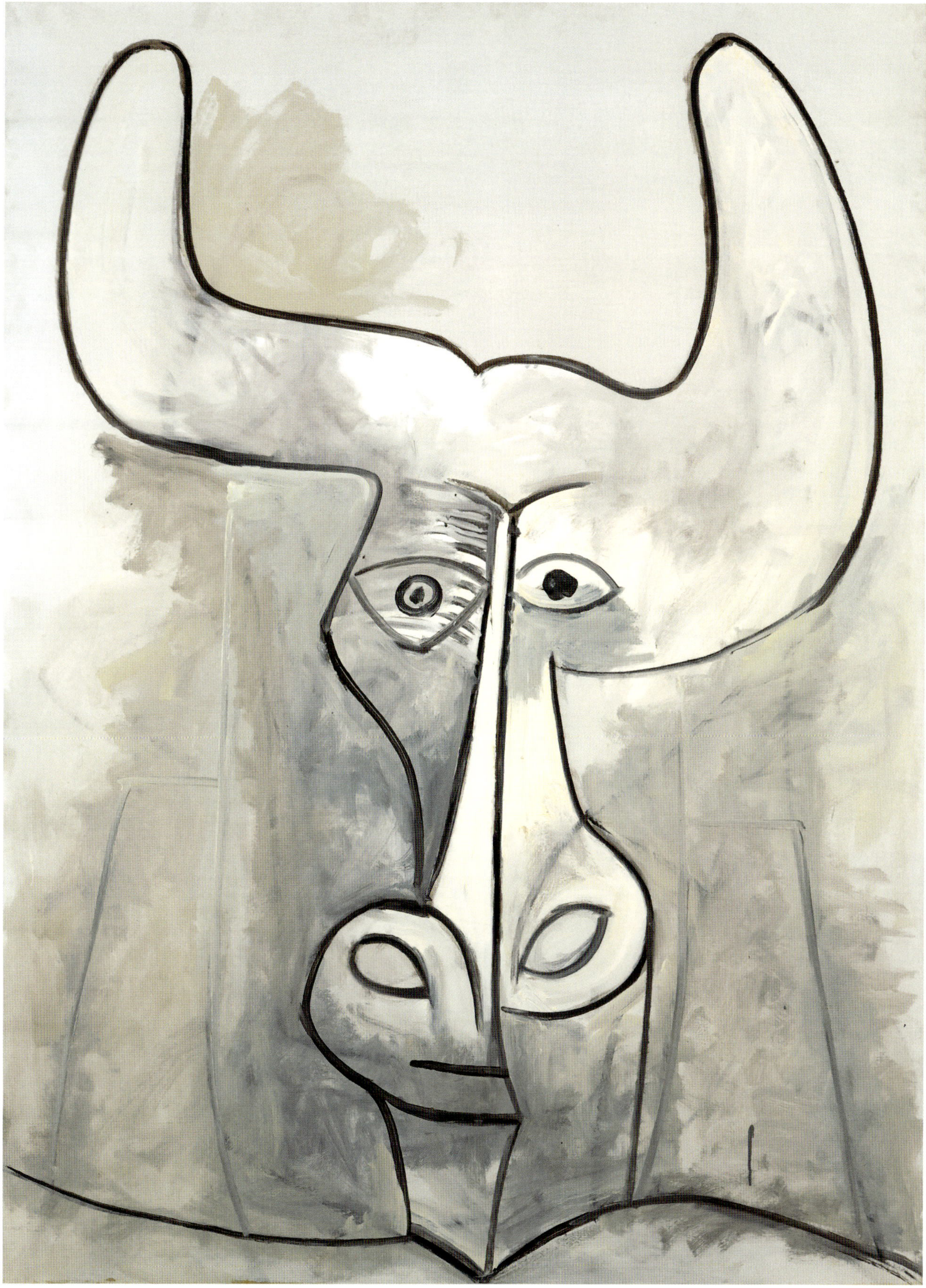

Minotaure au verre
27 mai 1958
Huile sur toile
146 x 114 cm

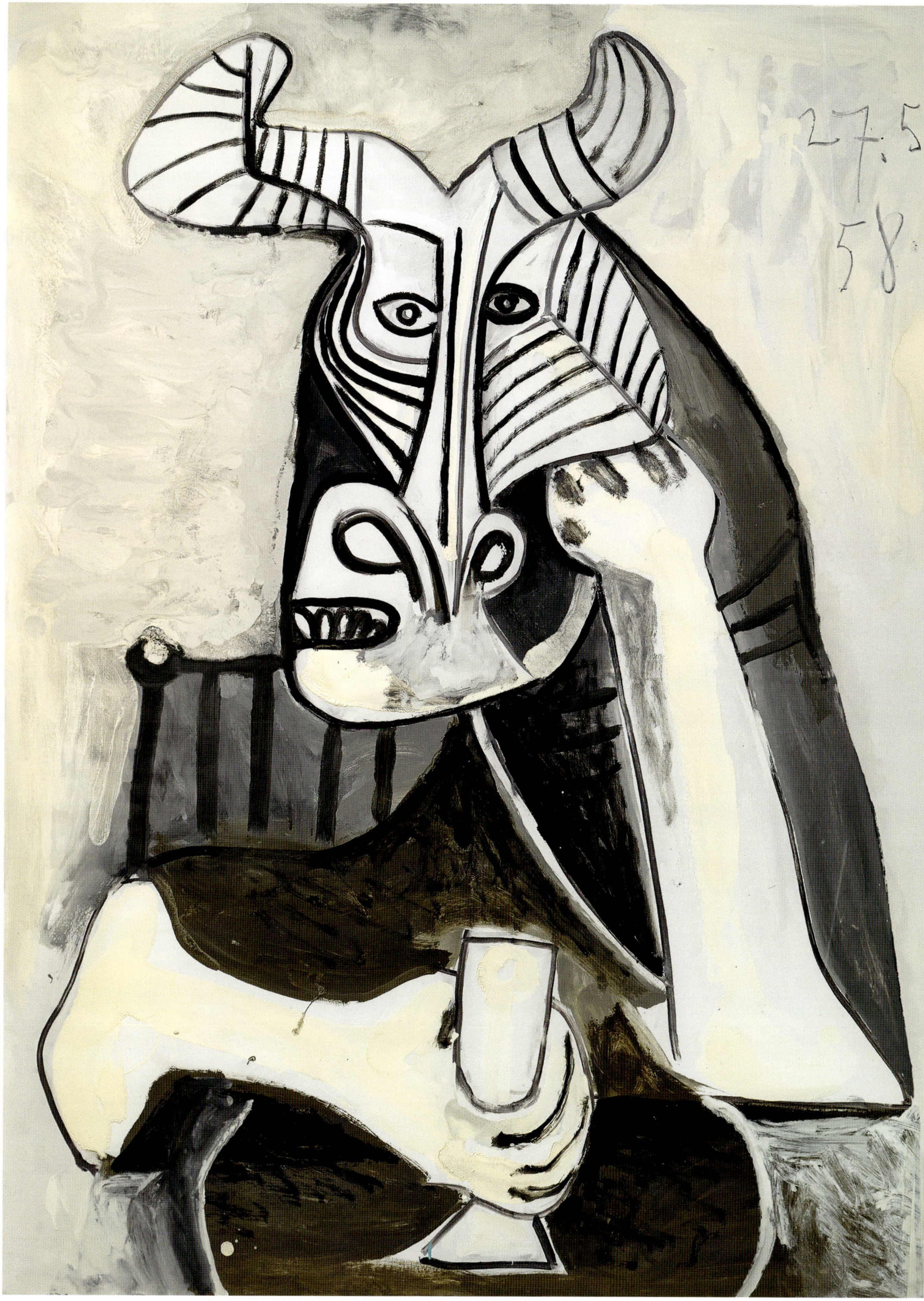
27.5.
58.

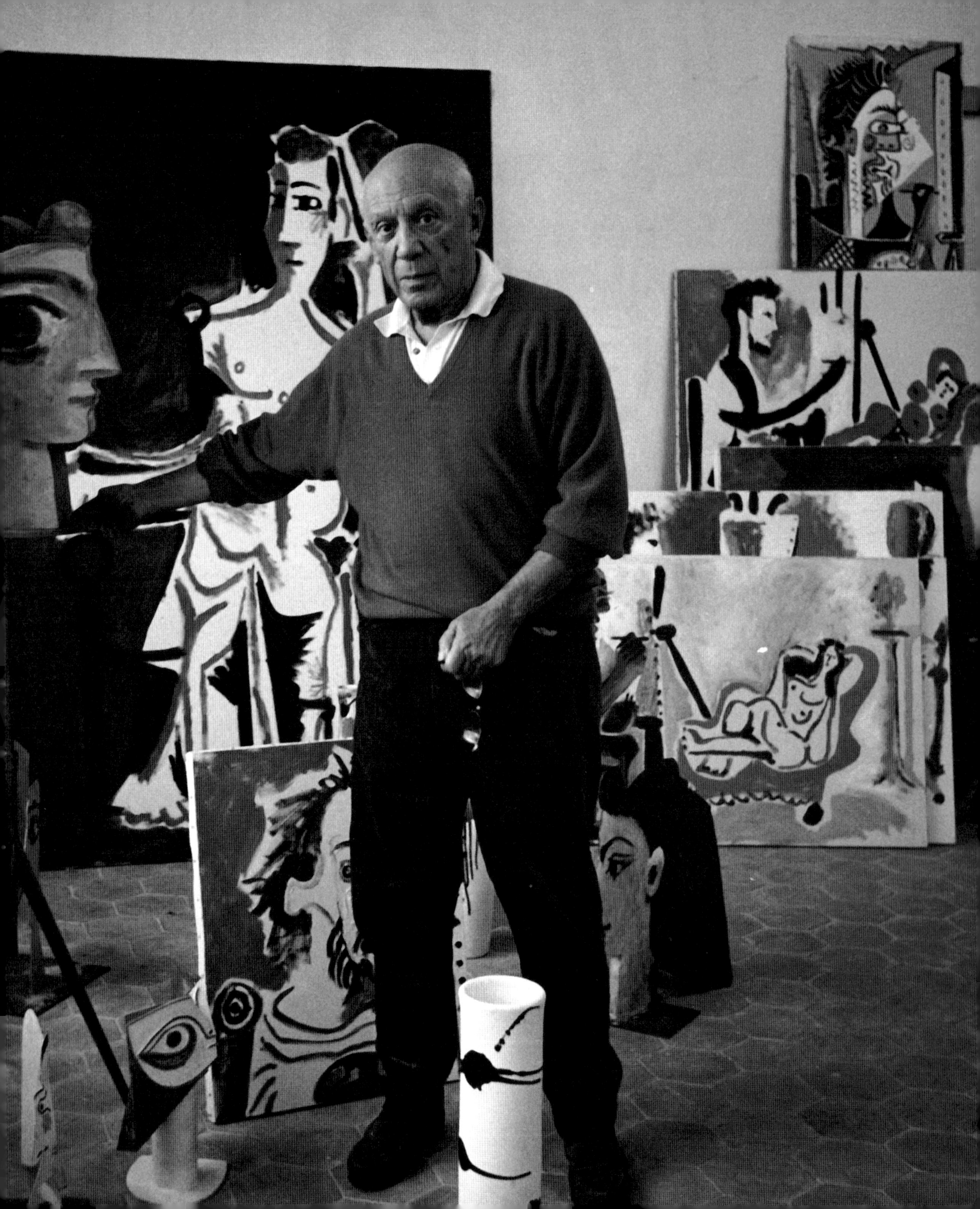

Pablo Picasso,
Notre-Dame de Vie
Mougins, 1964
Photographie
d'Edward Quinn
(détail)

Les ateliers

Avec l'acquisition en 1955 d'une grande villa bourgeoise sur les hauteurs de Cannes, La Californie, Picasso dispose du plus grand espace de vie et de création dont il ait jamais bénéficié. Peu à peu la totalité des vastes pièces va se transformer en atelier pour la gravure ou la peinture, les tableaux, les dessins, les céramiques, les objets que Picasso collectionne s'accumulant toujours davantage et gagnant peu à peu tous les espaces encore disponibles. La maison elle-même devient un motif privilégié pour l'artiste qui représente à de nombreuses reprises et sur des formats très différents ce qu'il appelle des « paysages intérieurs », des vues de la grande salle de séjour, avec souvent le rocking-chair et son hôtesse en majesté, vers le jardin et ses palmiers à travers les hautes portes-fenêtres de style mauresque. Grâce à l'aide de Jacqueline, complice attentionnée des transformations incessantes de cet univers en perpétuel mouvement, l'atelier devient aussi une œuvre d'art, gardienne de la mémoire de l'artiste et matrice de son invention.

Le grand mas de Notre-Dame de Vie à Mougins où le couple s'installe en 1961 voit aussi naître entre 1963 et 1965 une autre série très prolifique liée au thème de l'atelier, celle du peintre et son modèle. Dans toutes ces variations, dont plusieurs versions se succèdent parfois le même jour, la confrontation, dans le huis-clos de l'atelier, de l'artiste en voyeur et du nu impudique est une métaphore du pouvoir de la peinture, quand le désir intact du peintre est au bout de ses doigts.

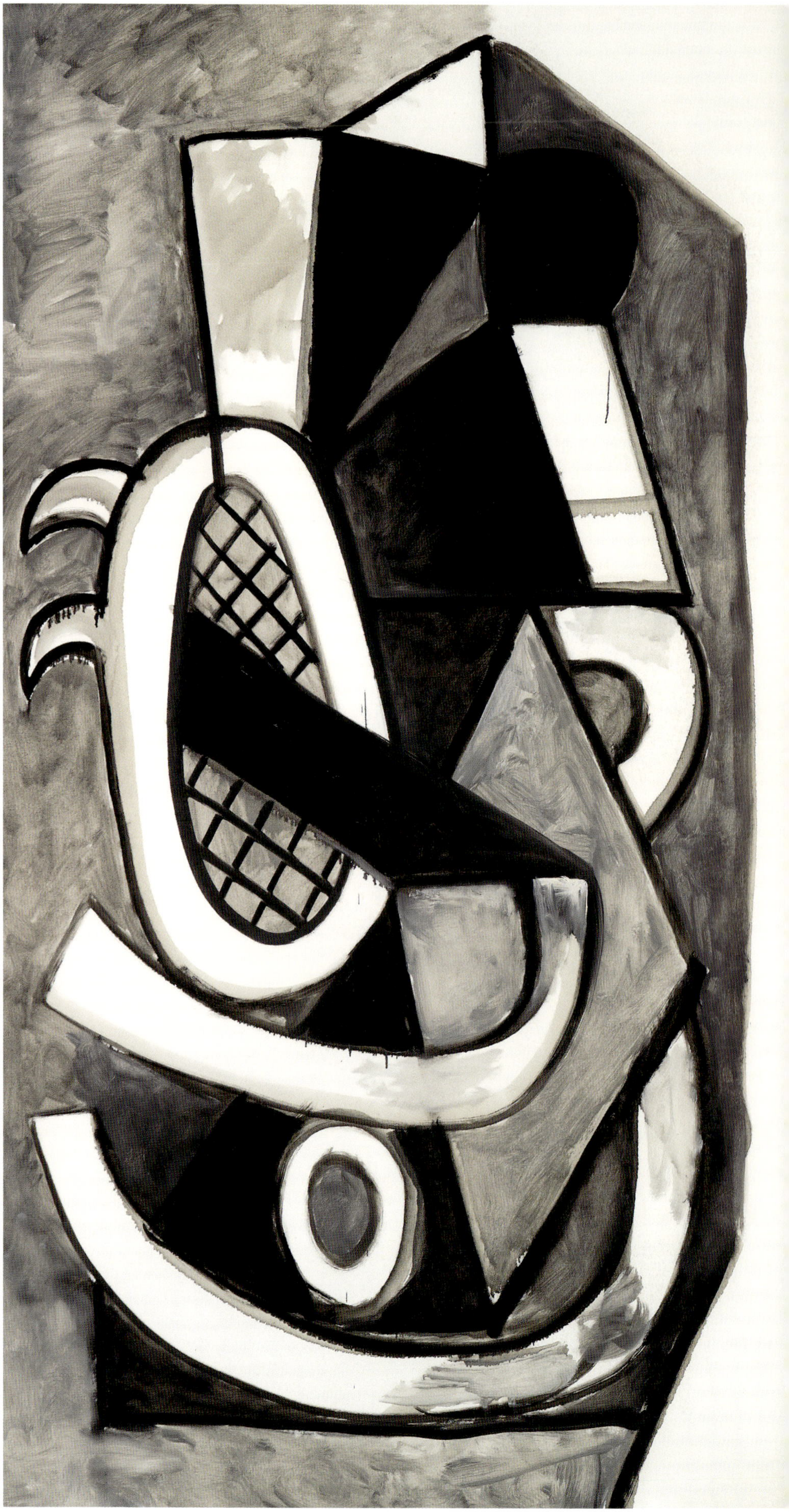

L'Atelier, 29 avril 1956
Huile sur toile
183 x 259 cm

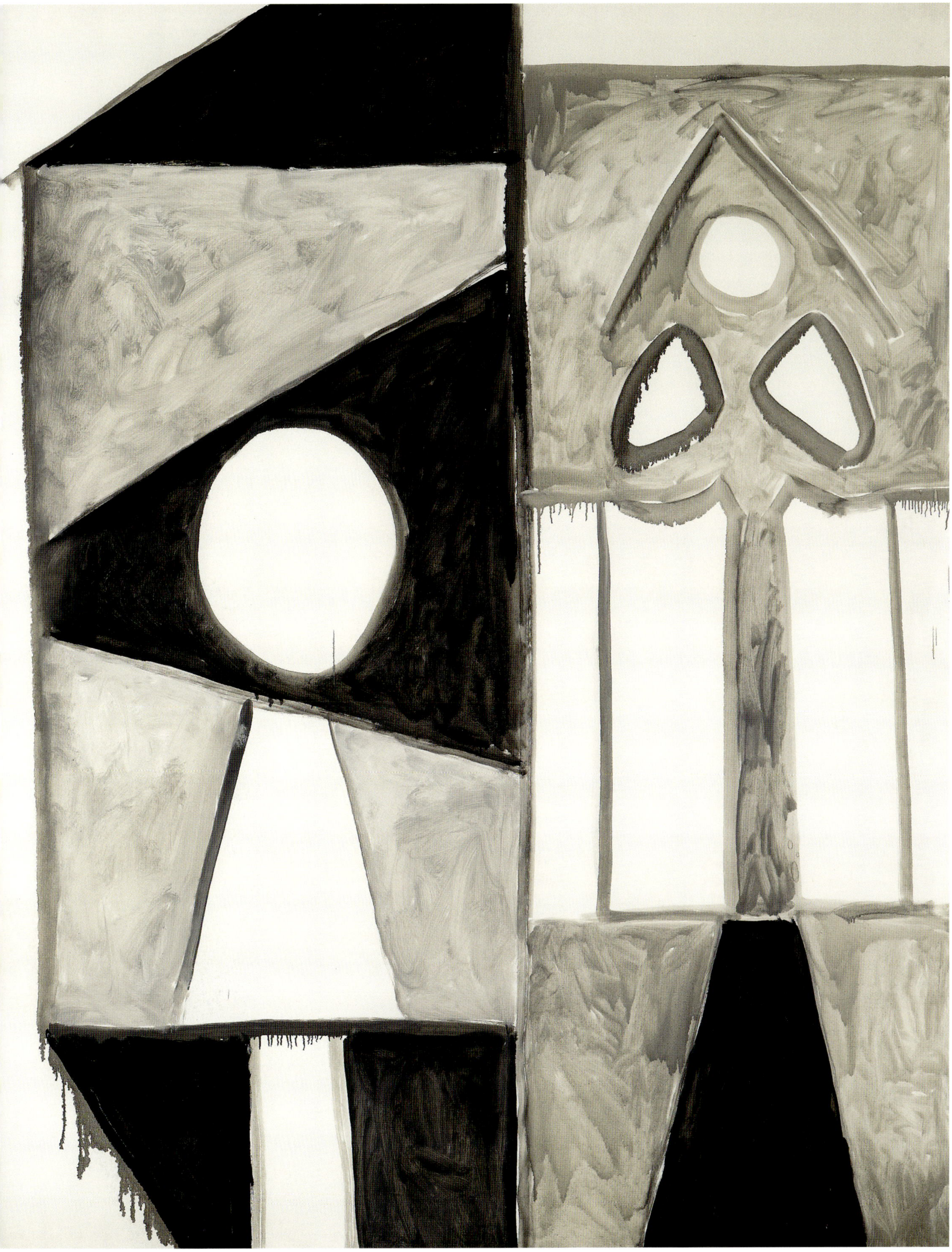

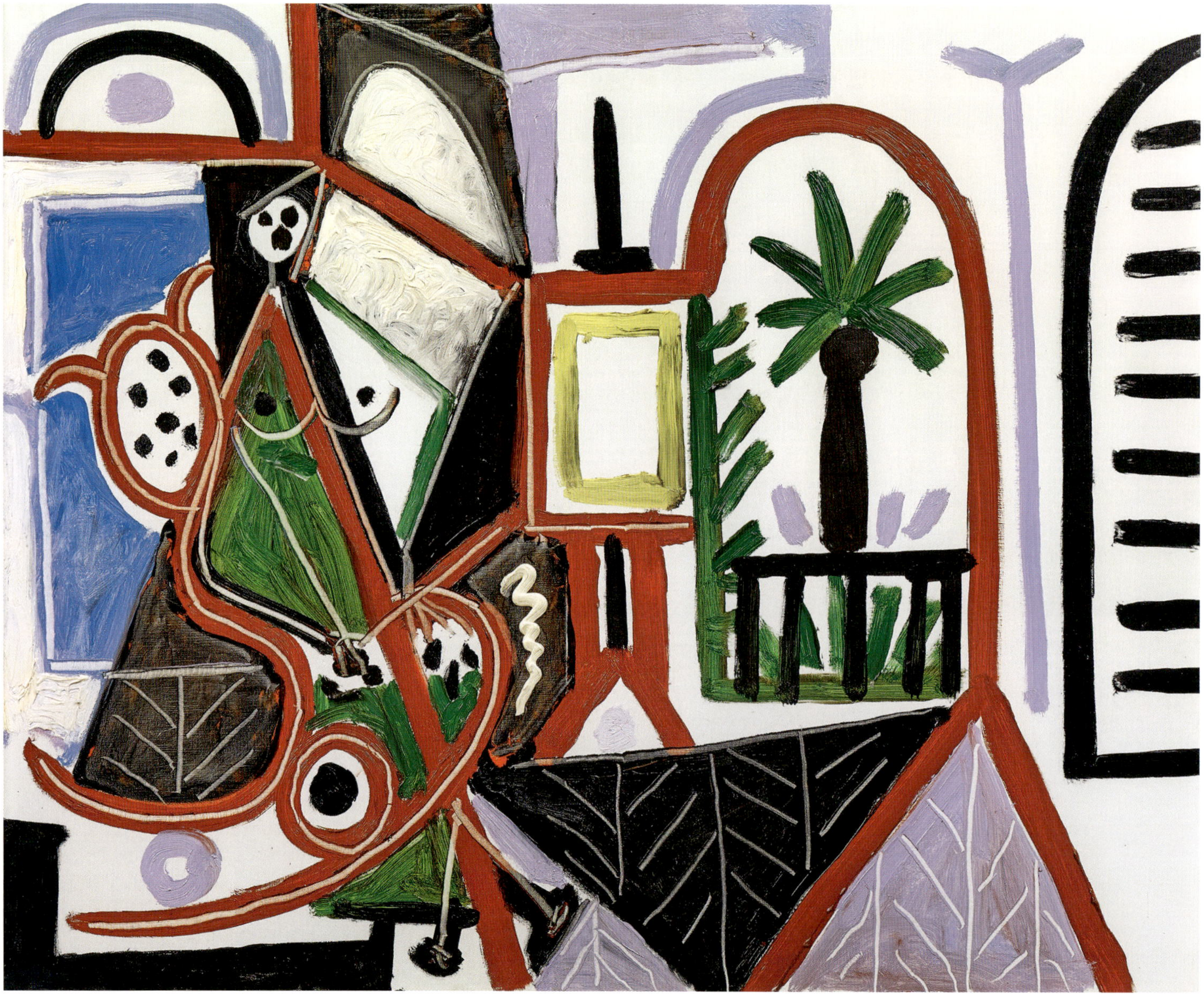

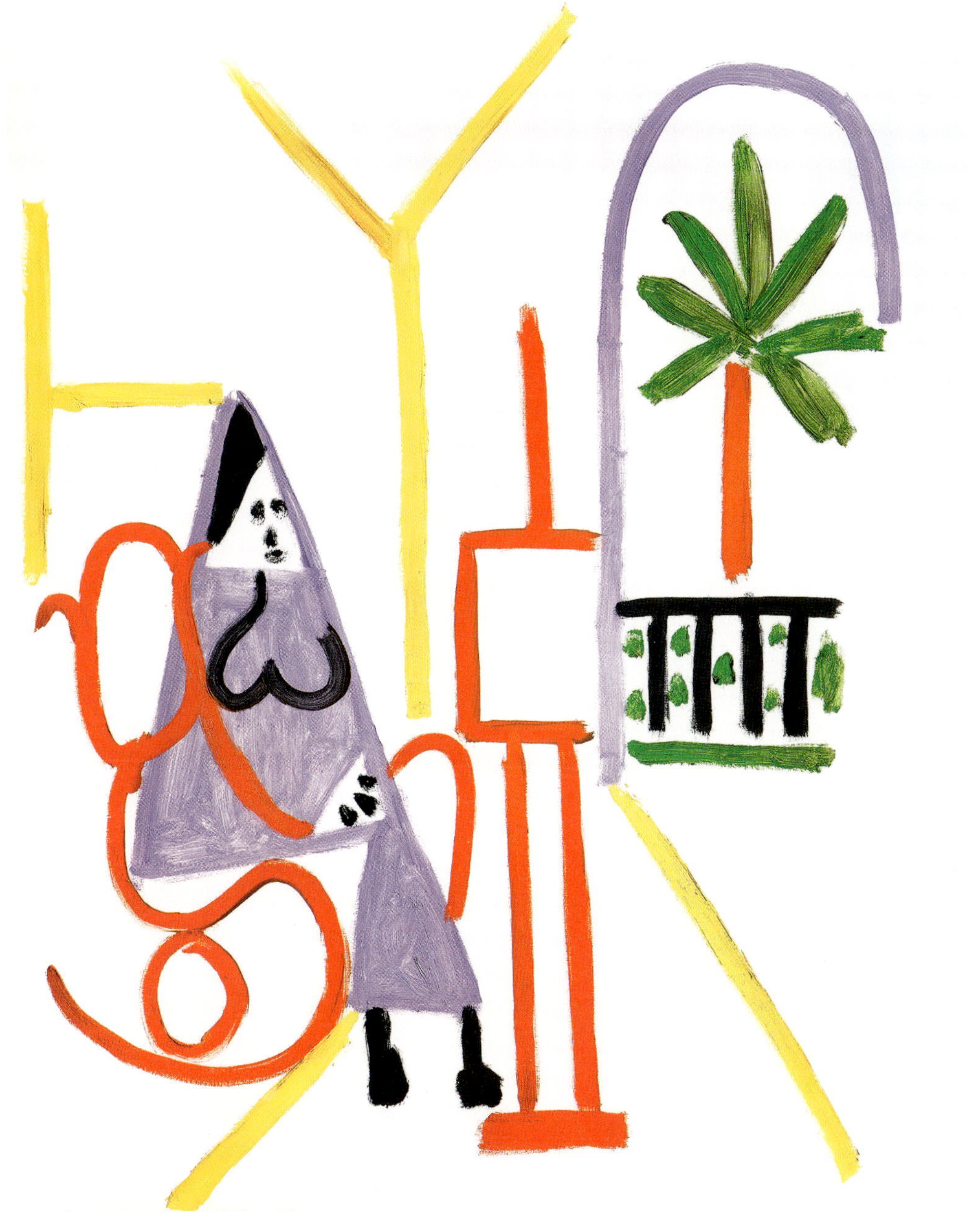

La Californie, 1956
Huile sur toile
65 x 82 cm

Intérieur Californie au rocking-chair, 1956
Huile sur toile
81 x 65 cm

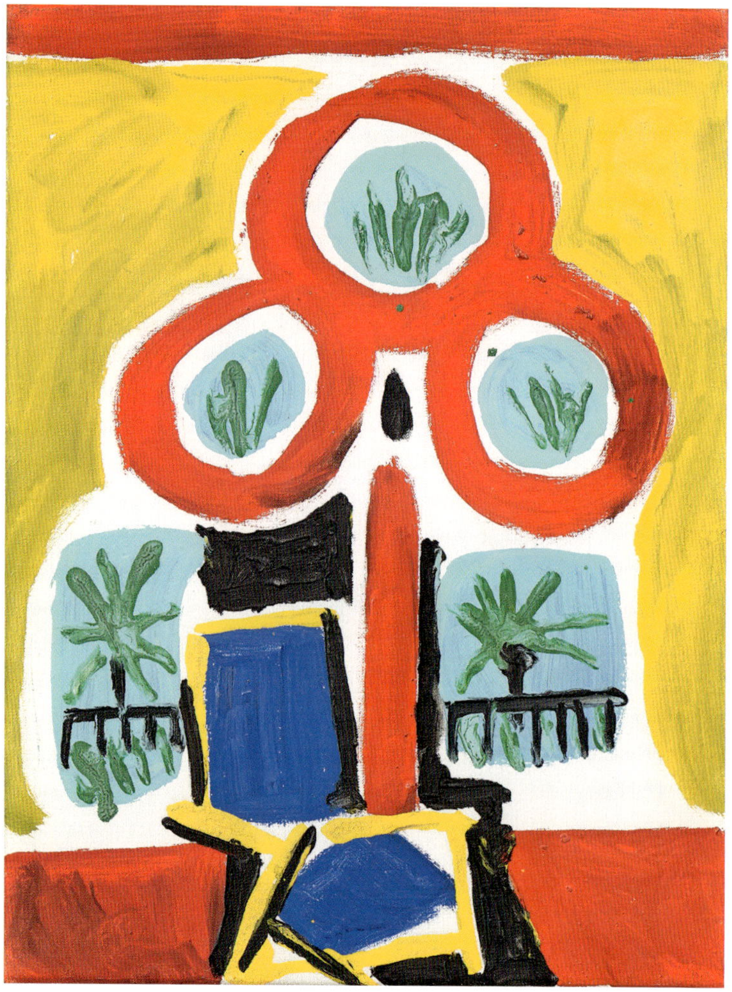

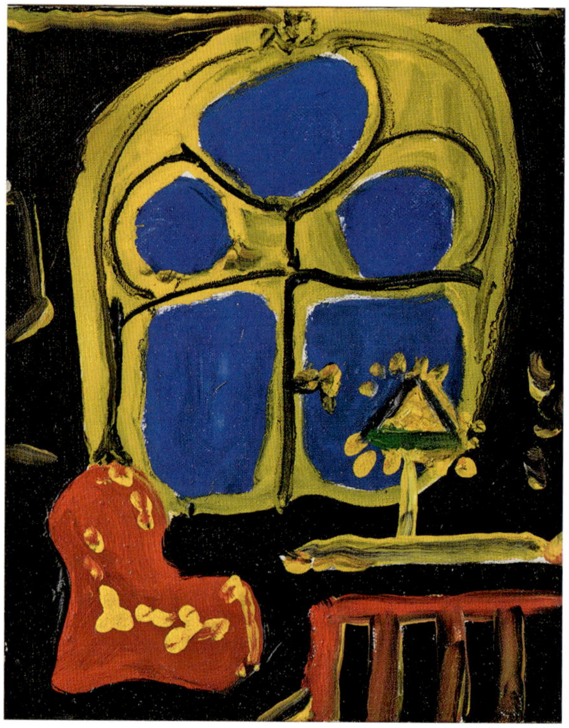

Intérieur jaune, 1958
Huile sur toile
35 x 27 cm

La Californie, 1958
Huile sur toile
27 x 22 cm

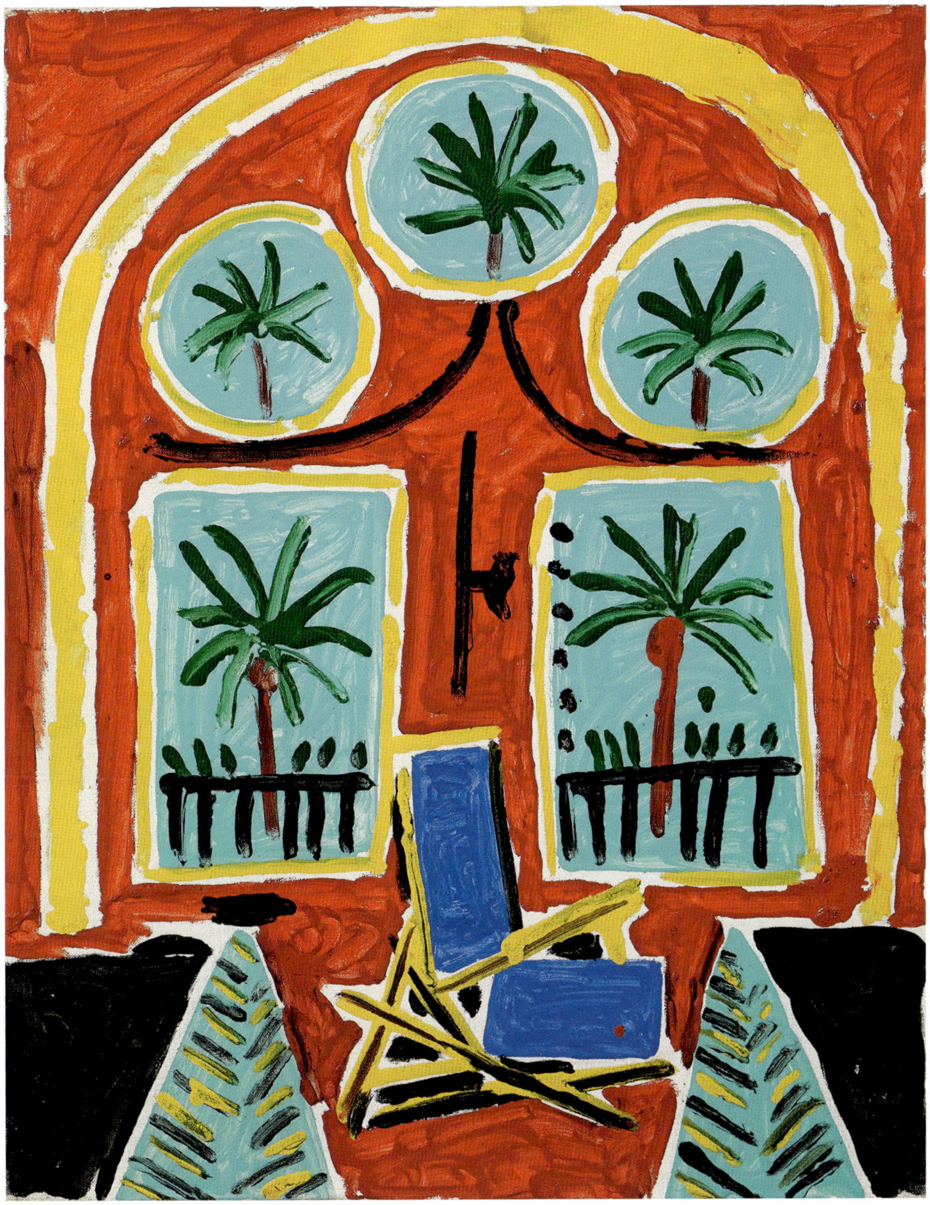

La Californie, 1958
Huile sur toile
41 x 33 cm

Chien au buffet Henri II
19 mars 1959
Huile sur toile
162 x 130 cm

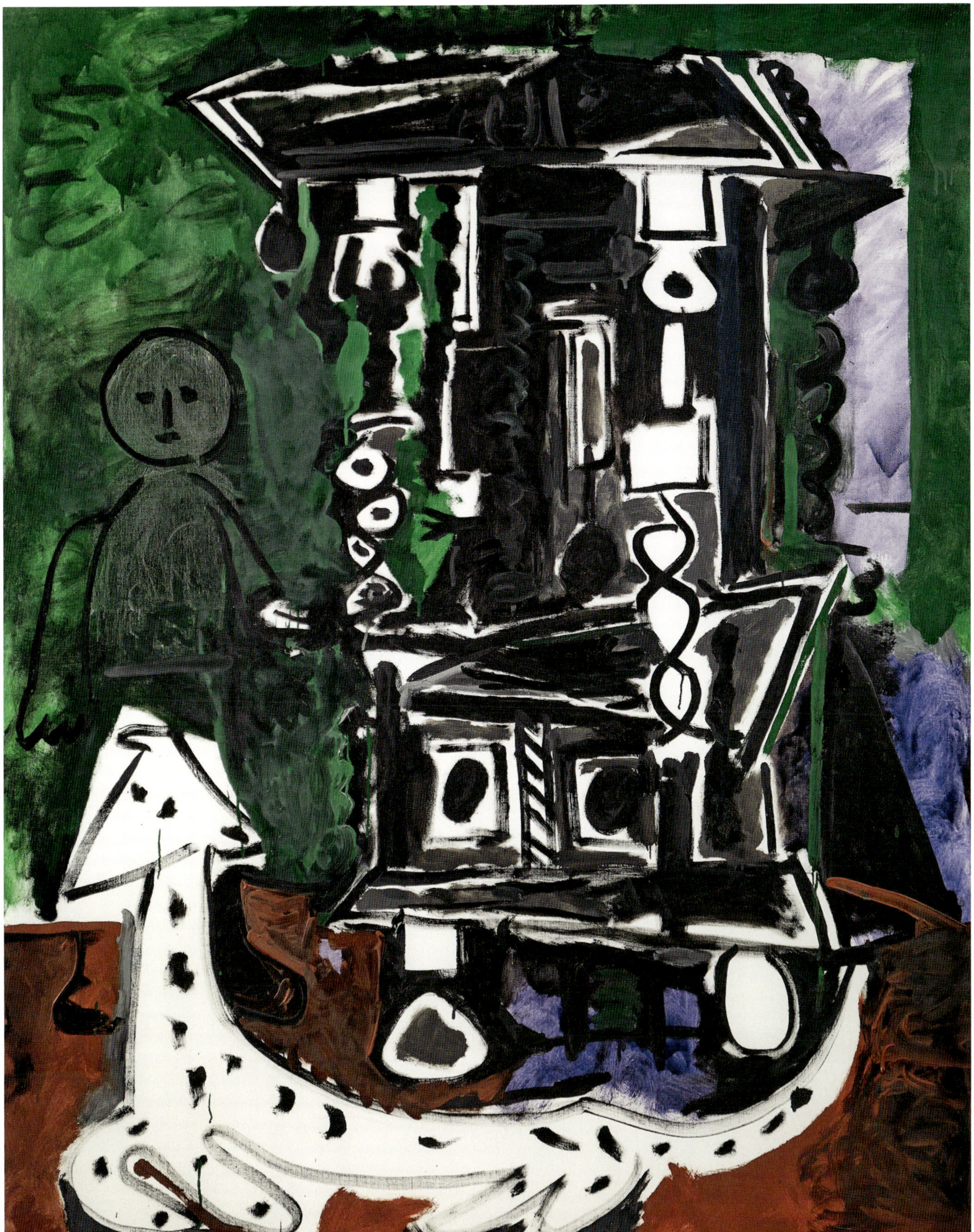

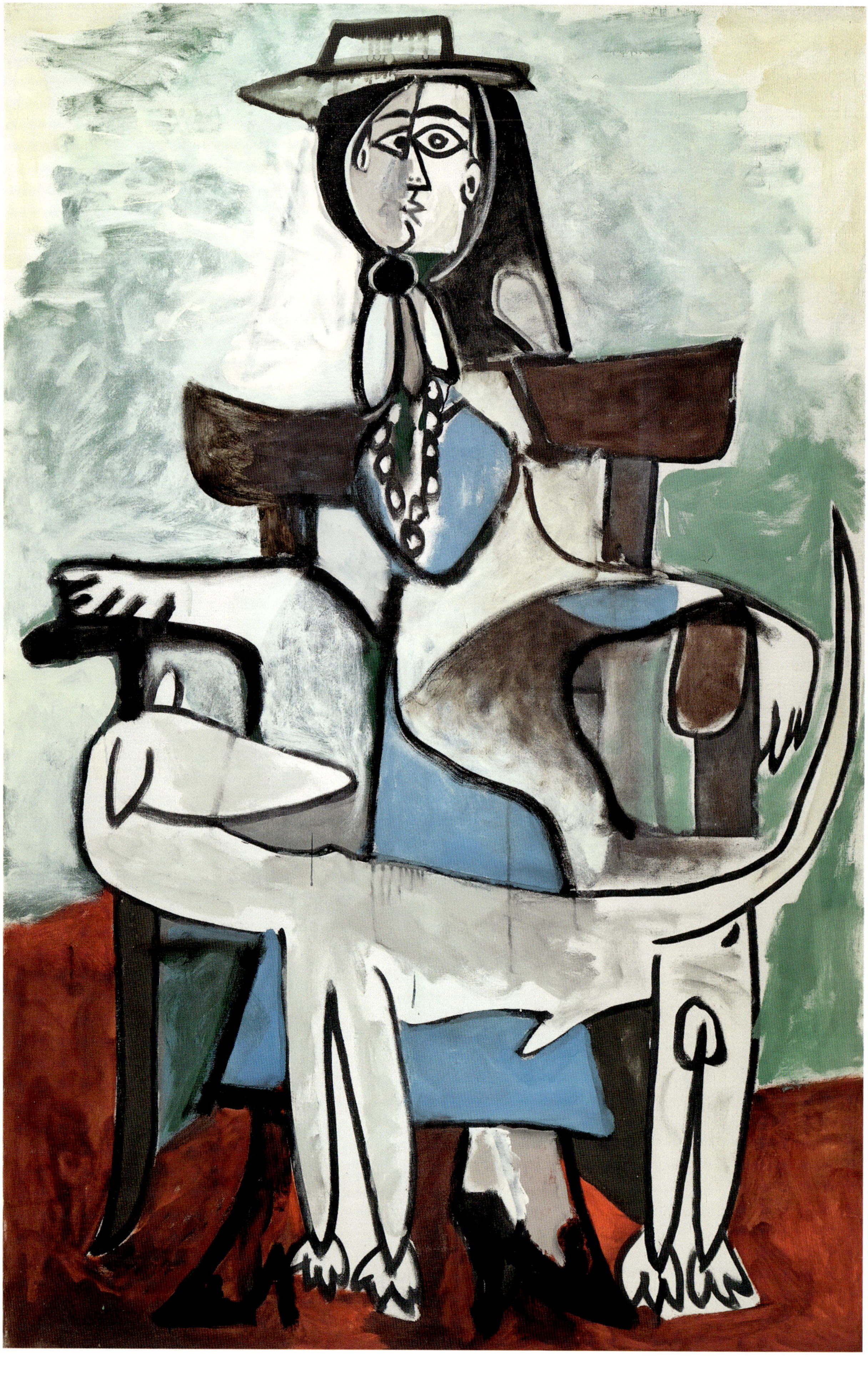

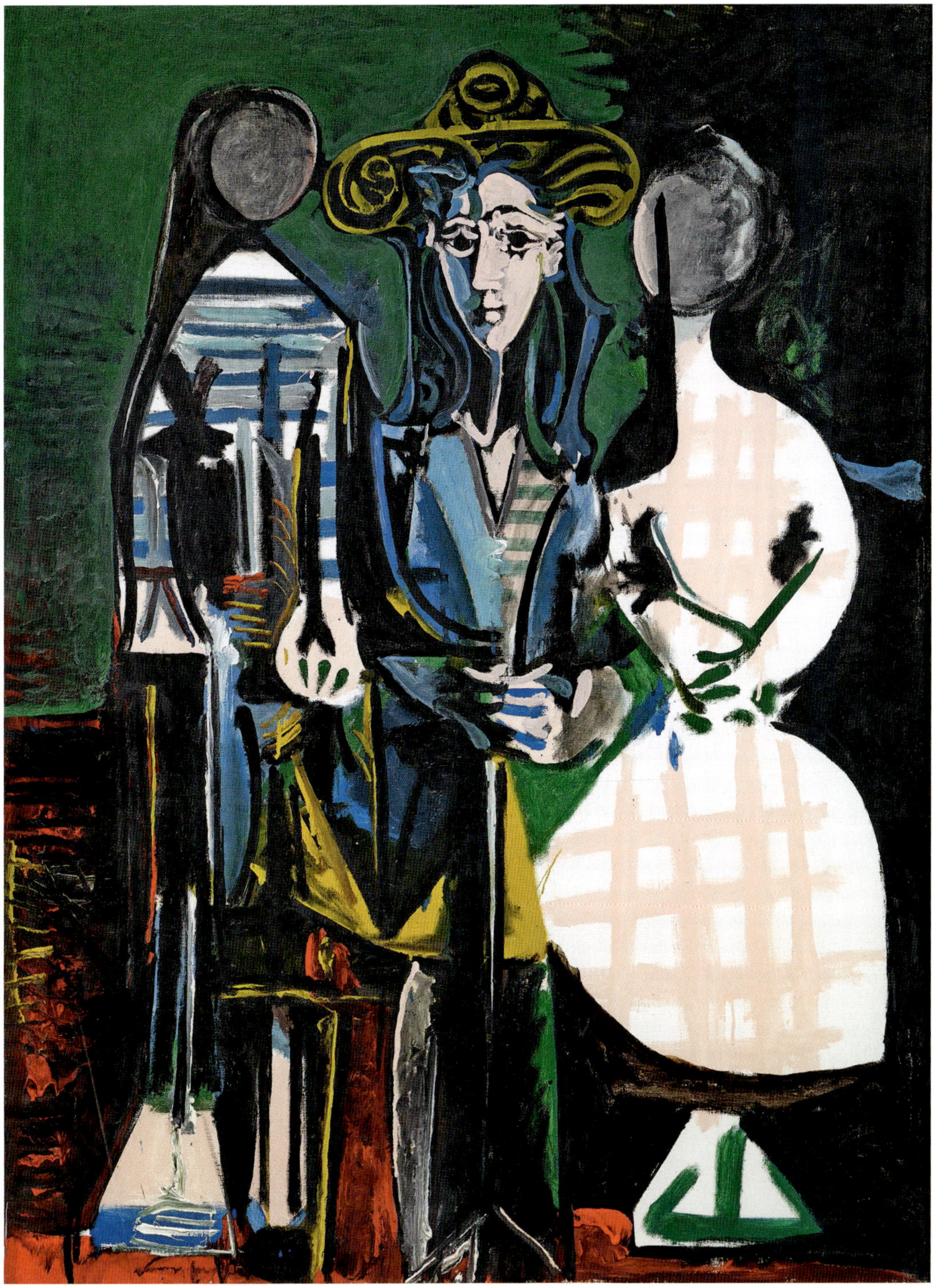

Jacqueline et Kaboul
1959-1960
Huile sur toile
195 x 130 cm

La Femme et les fillettes
1960
Huile sur toile
130 x 97 cm

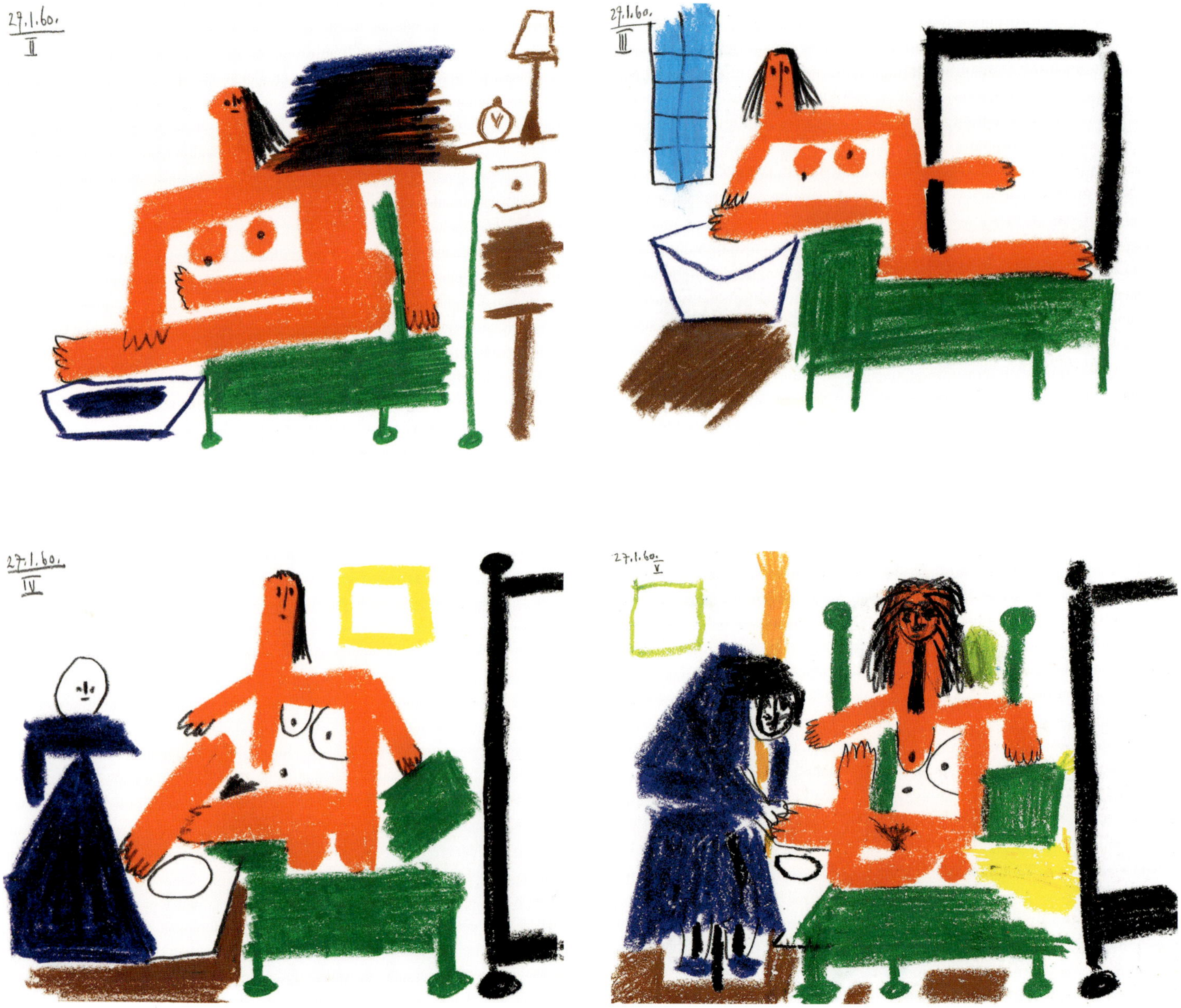

Bain de pieds, 1960
Pastel gras et crayon sur papier
21 x 27 cm

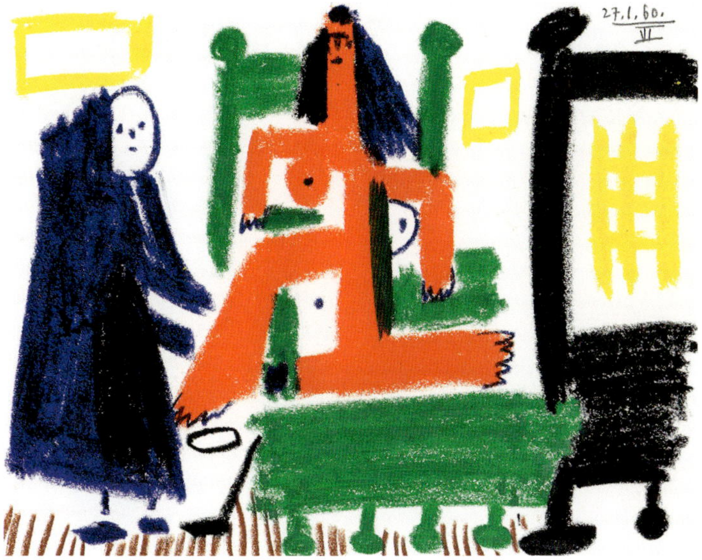
27.1.60.
VI

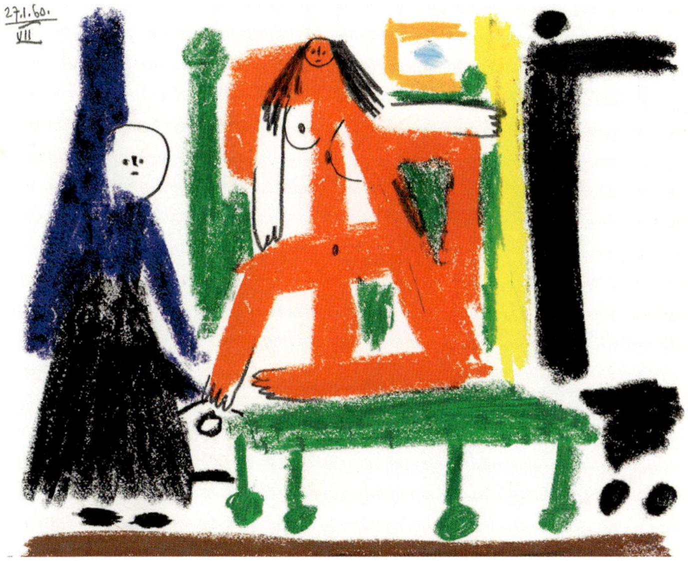
27.1.60.
VII

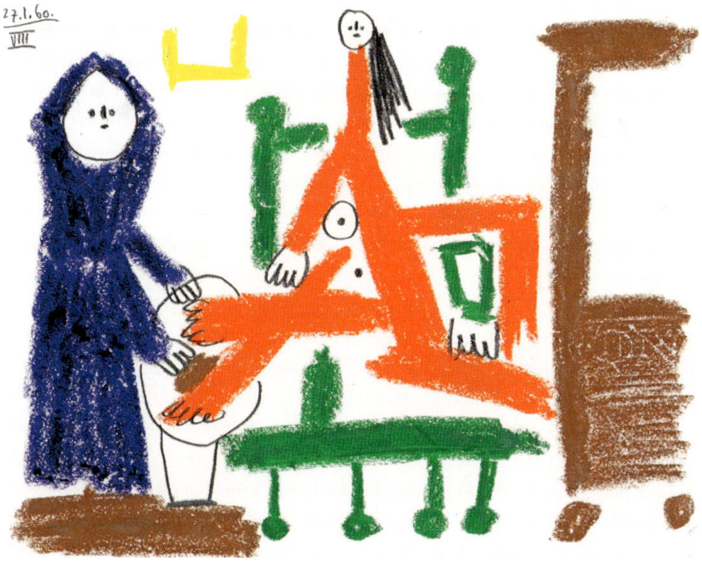
27.1.60.
VIII

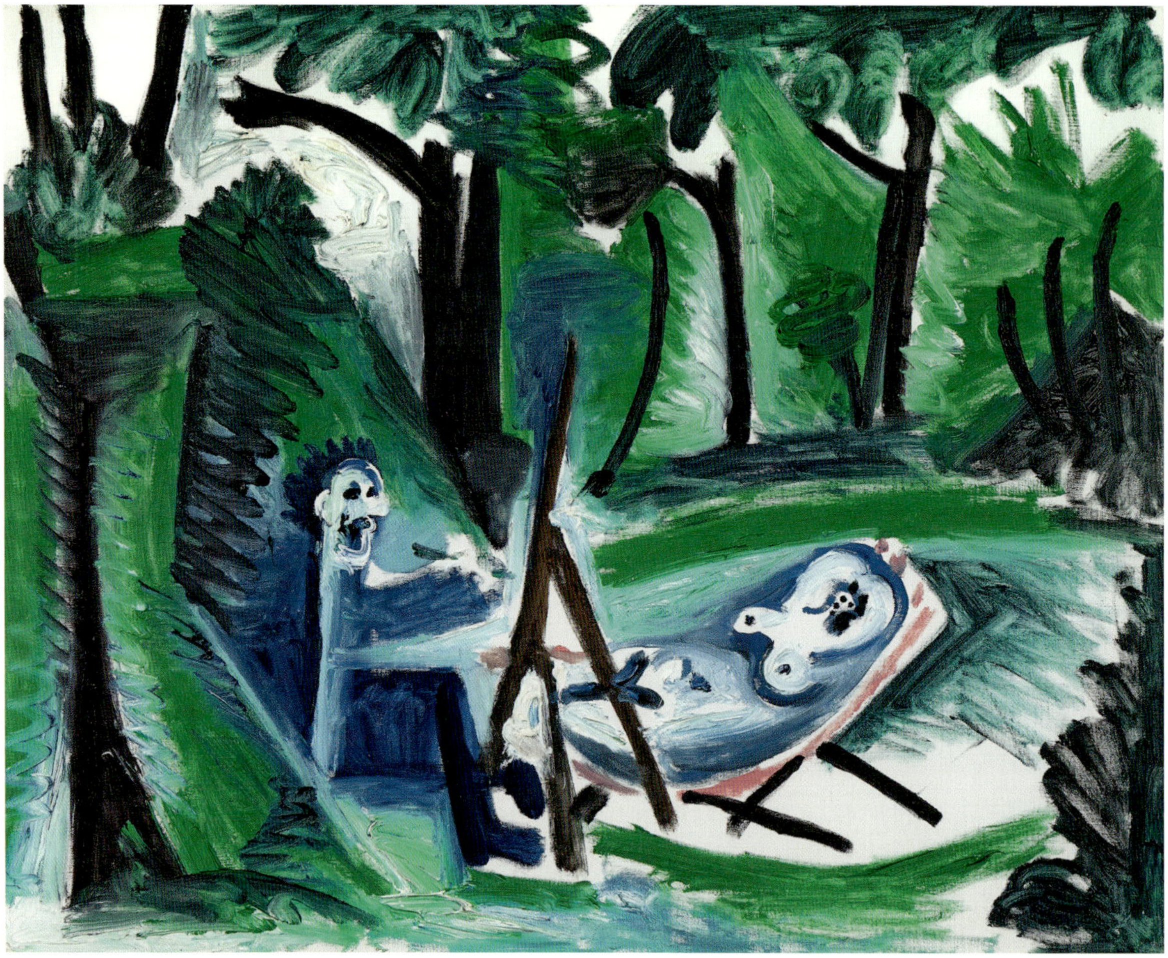

Peintre et son modèle
1963
Huile sur toile
74 x 92 cm

Peintre et son modèle
1964
Huile sur toile
38 x 46 cm

Deux personnages assis
29 janvier 1964, II
Huile sur toile
46 x 55 cm

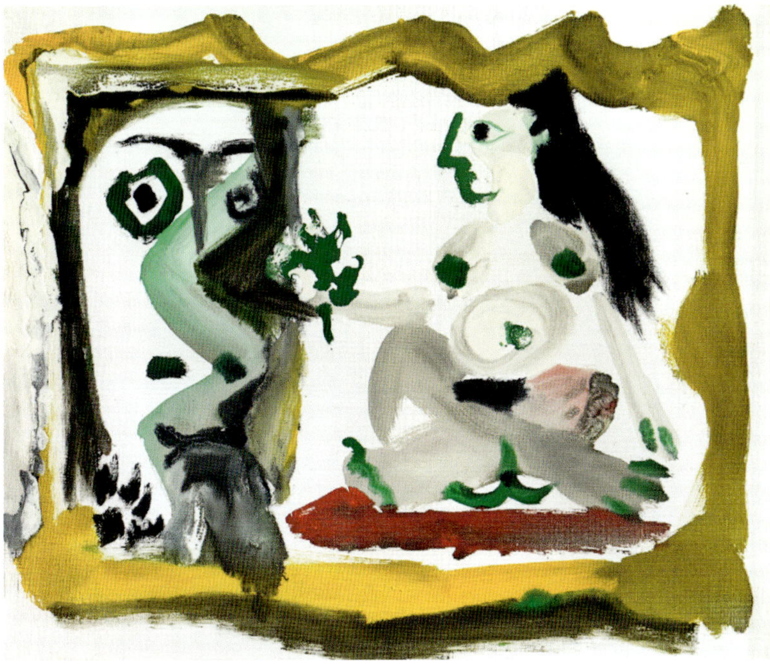

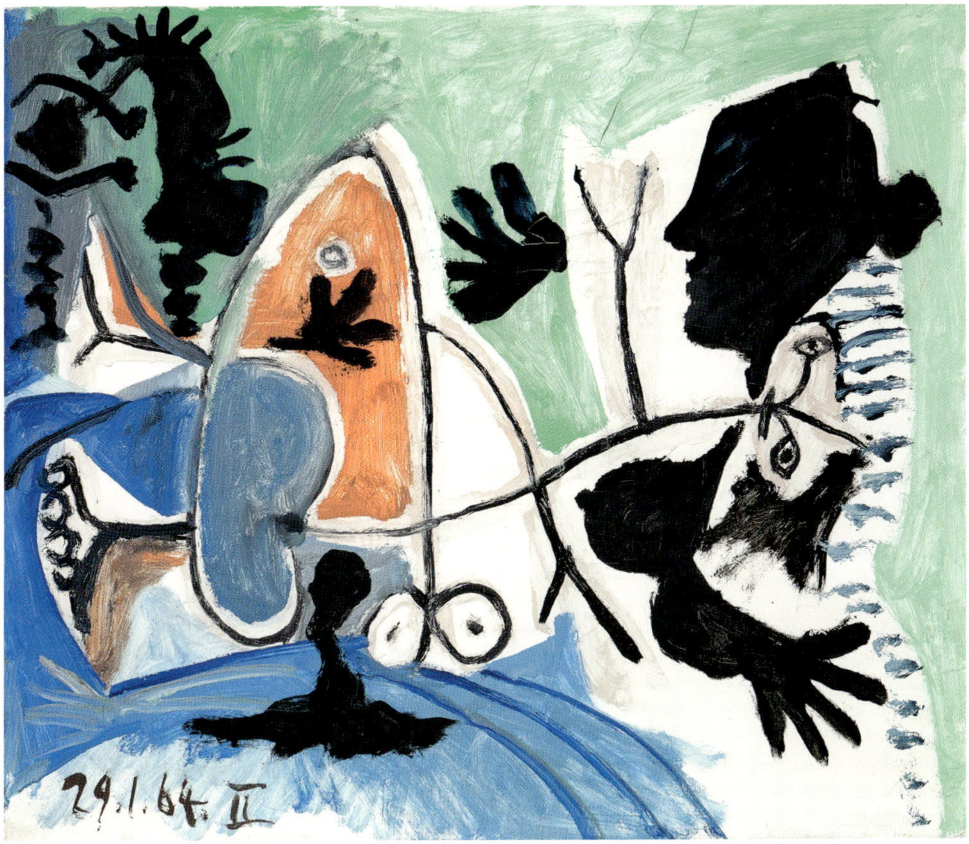

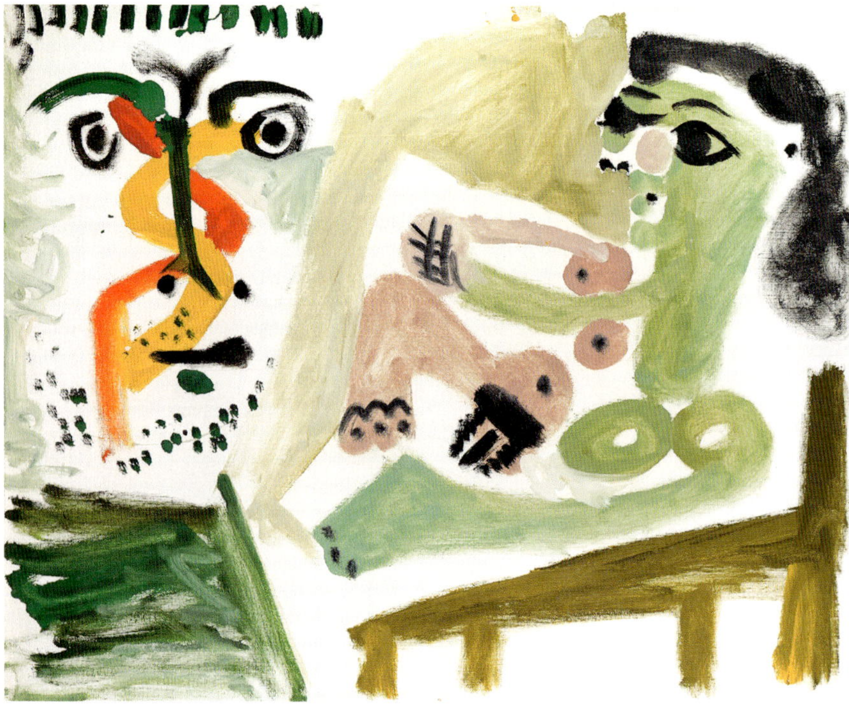

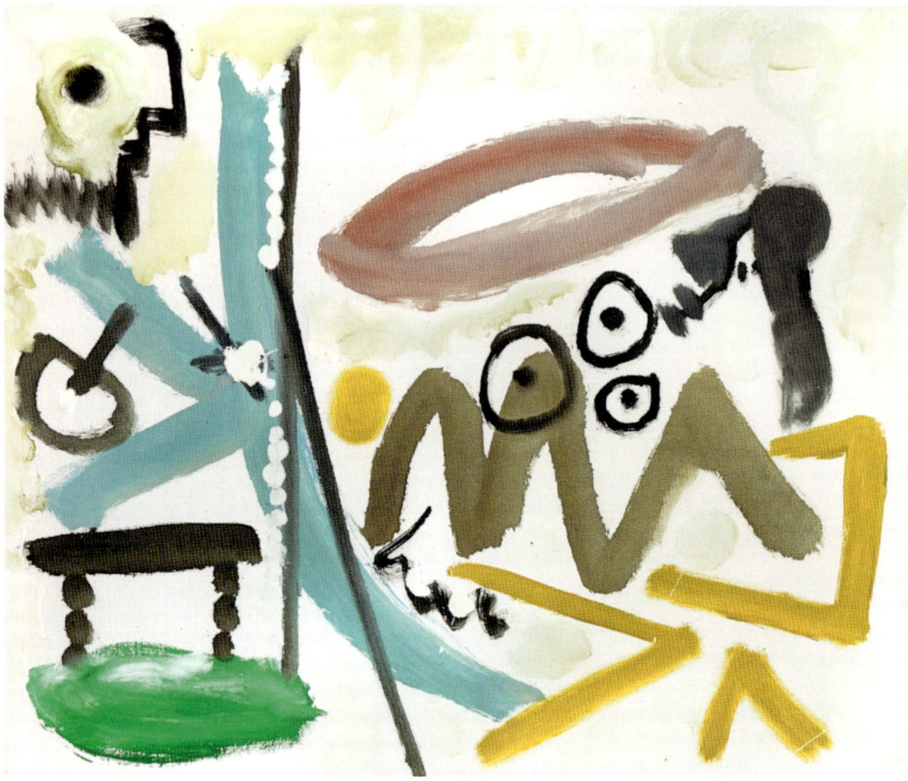

Peintre et son modèle, 1964
Huile sur toile, 54 x 73 cm

Peintre et son modèle, 1965
Huile, encre de Chine
et lavis de bistre sur toile
59,5 x 72,5 cm

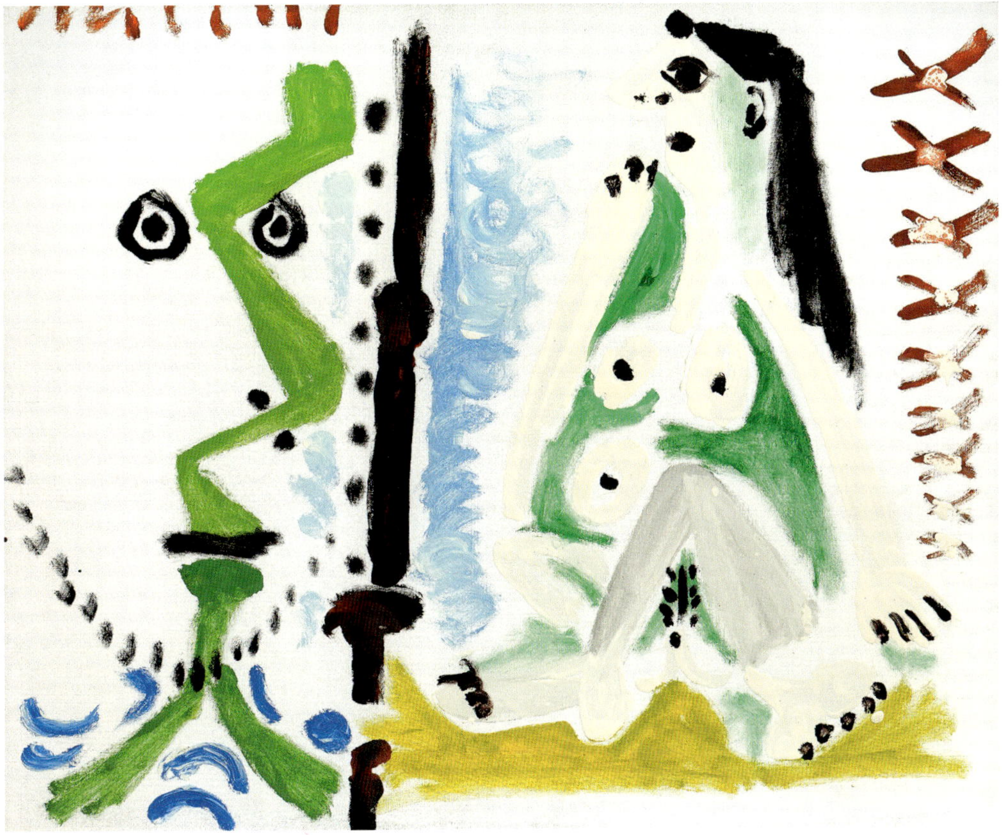

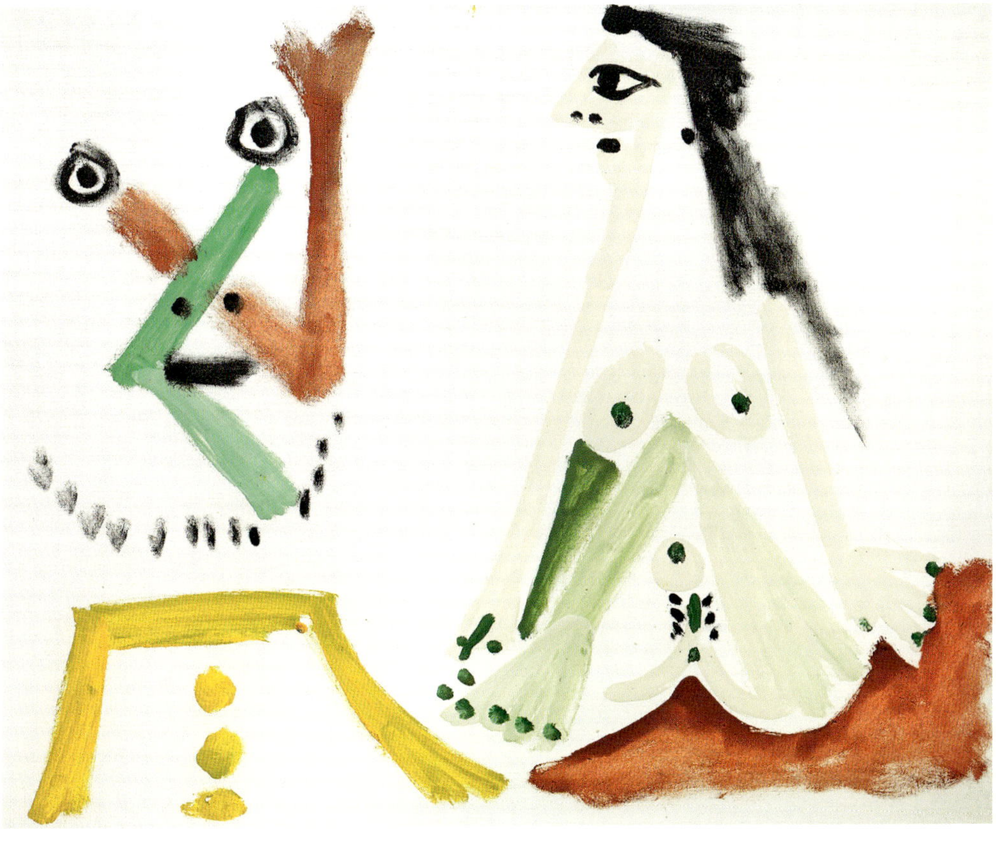

Peintre et son modèle, 1964
Huile sur toile, 65 x 81 cm

Peintre et son modèle, 1964
Huile sur toile, 65 x 81 cm

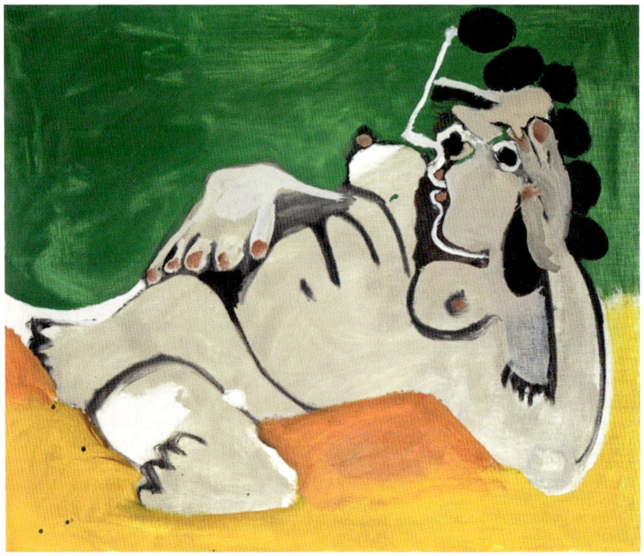

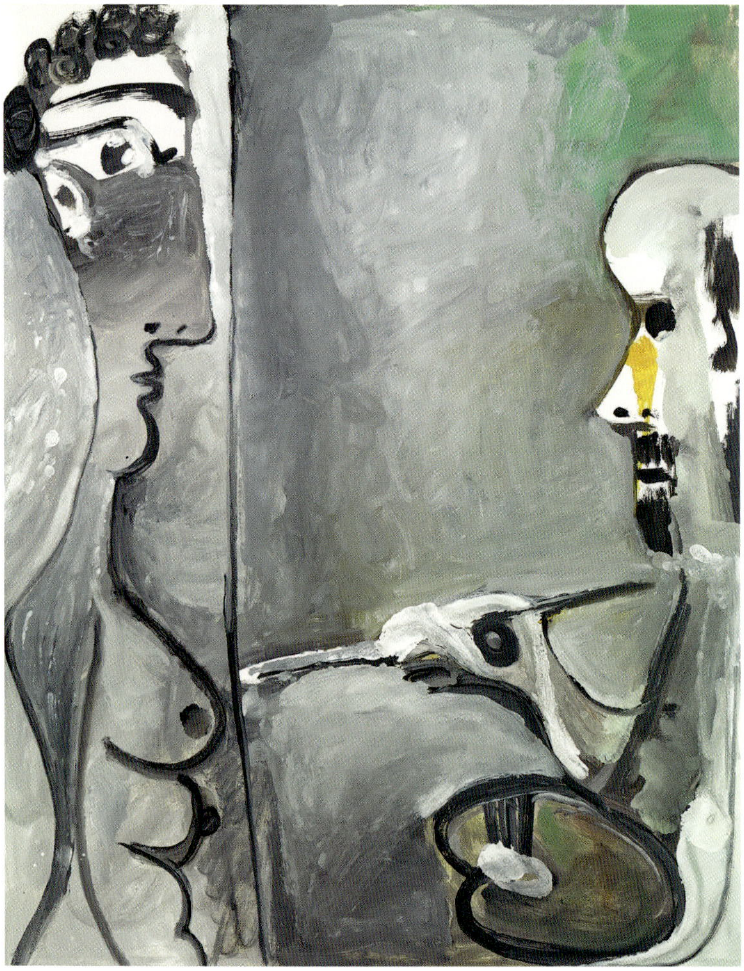

Femme étendue
se tenant la tête, 1965
Huile sur toile
53,5 x 65 cm

Le Peintre et son modèle, 1965
Huile sur toile
92 x 73 cm

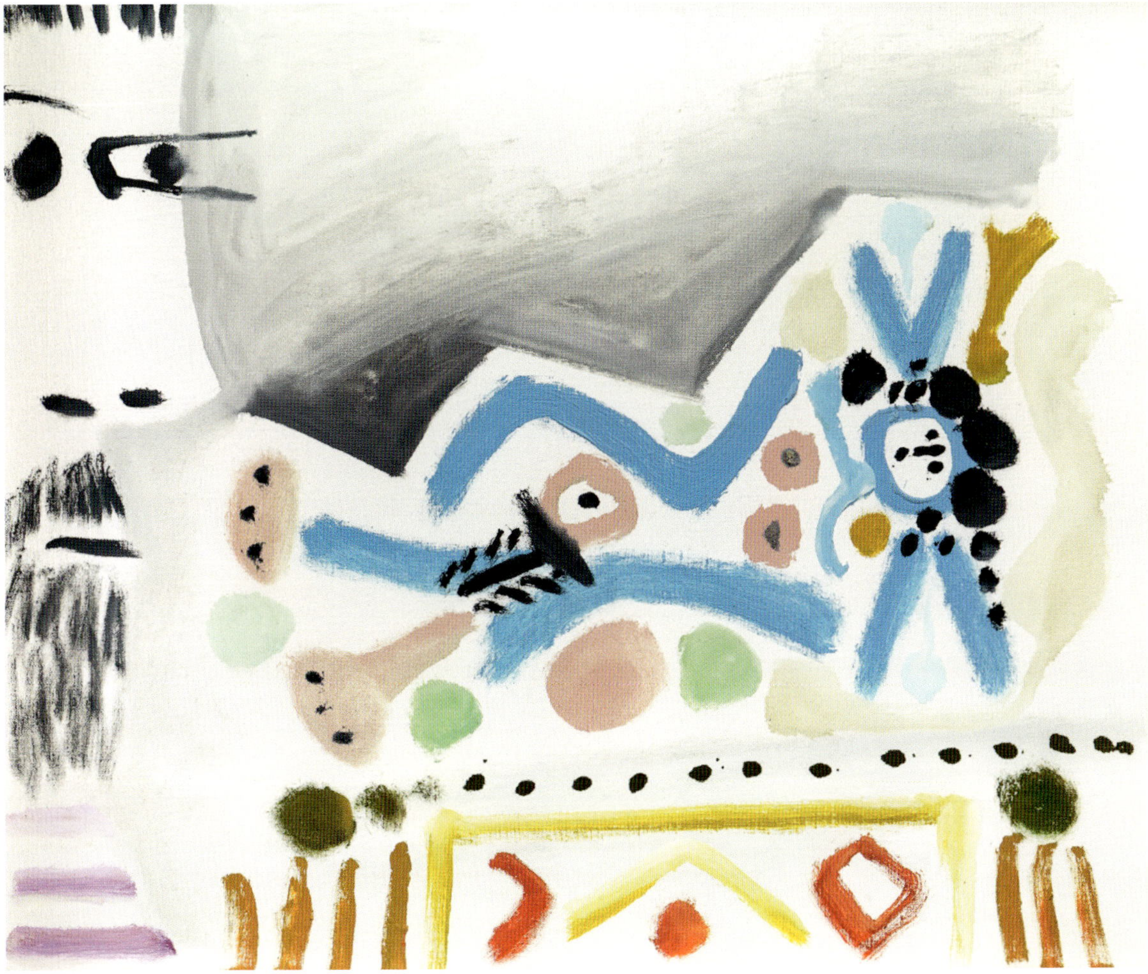

Artiste et son modèle, 1965
Huile sur toile
50 x 61 cm

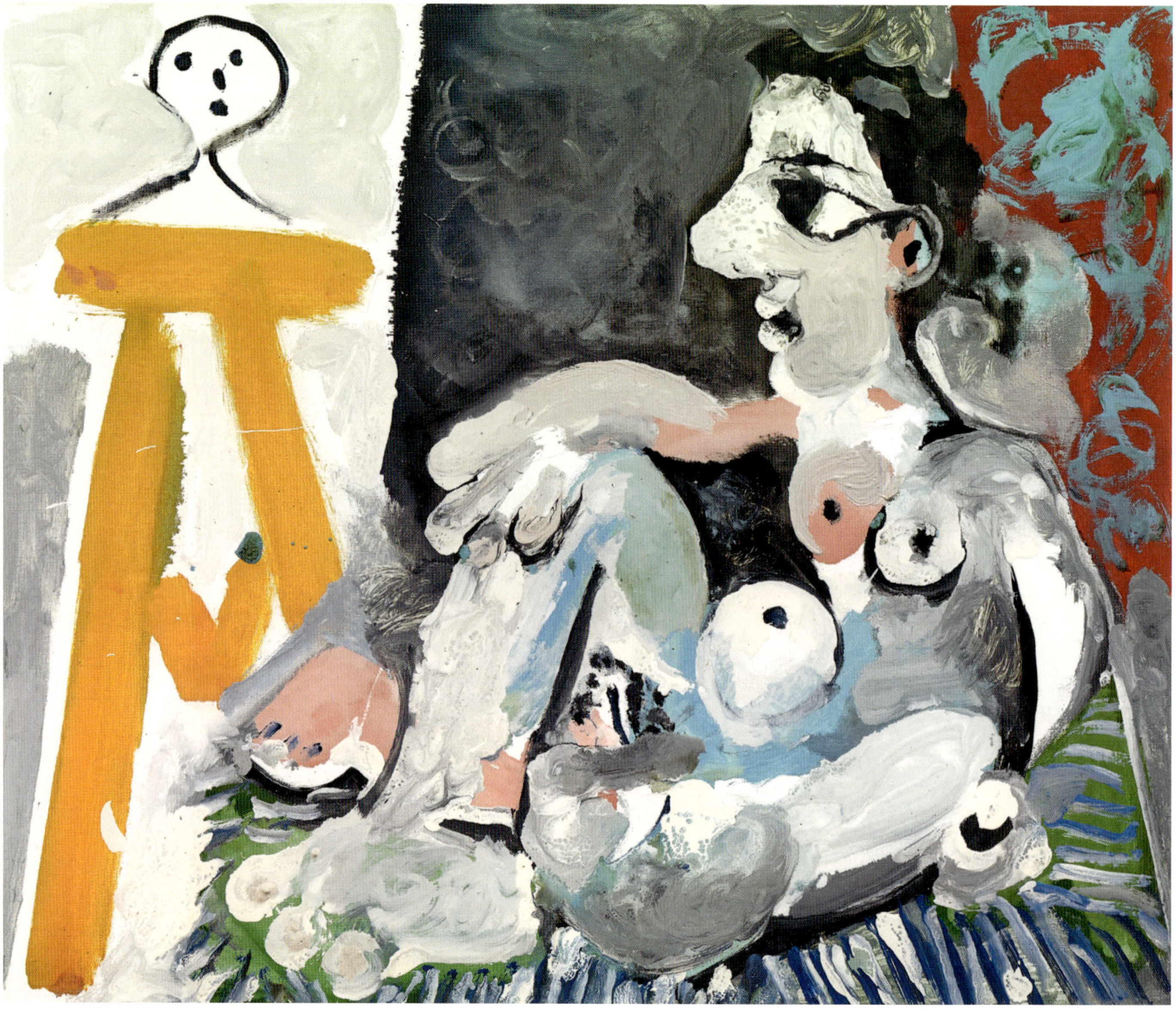

Femme nue assise
devant une sellette, 1965
Huile sur toile
60 x 73 cm

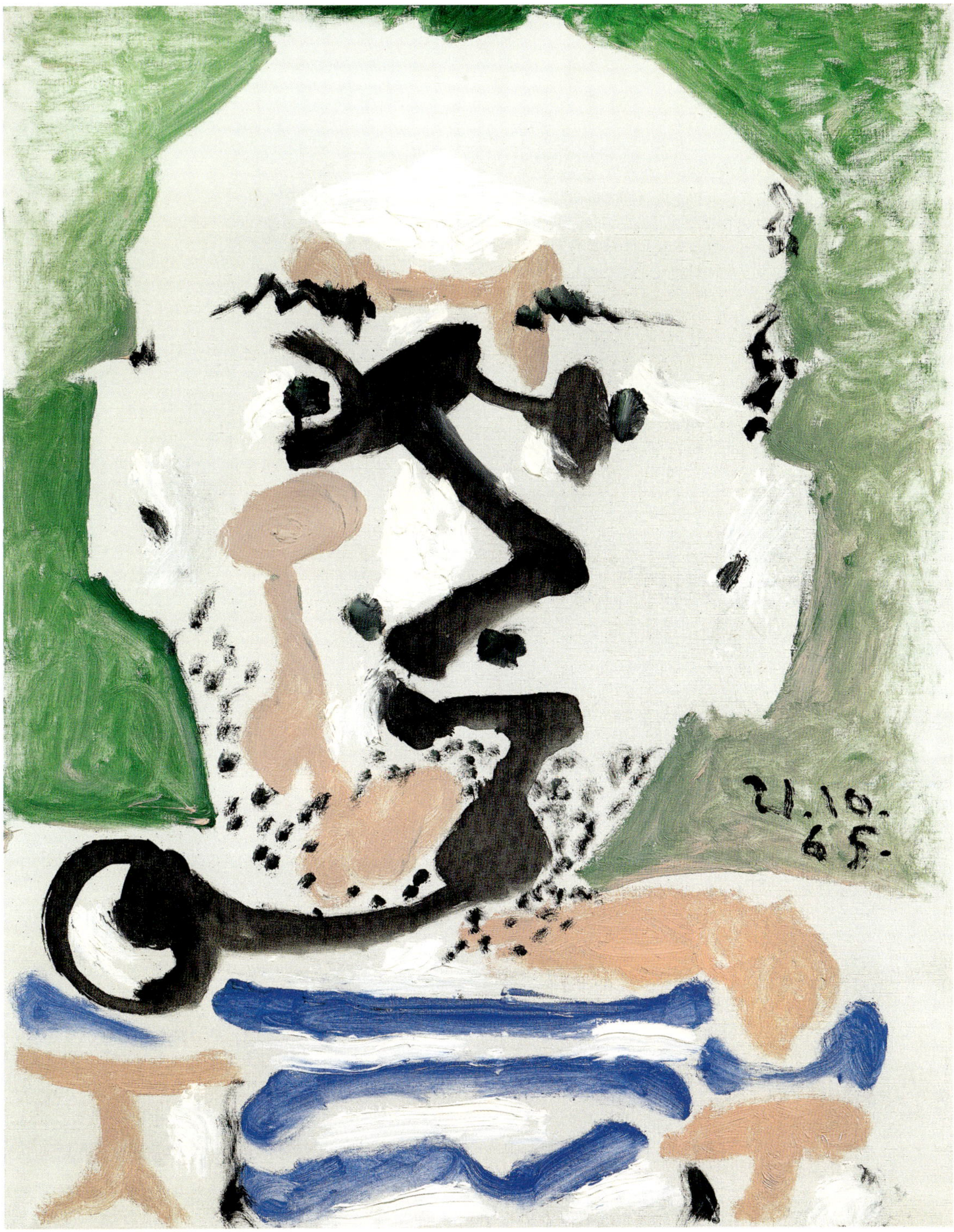

Portrait, 1965
Huile sur toile
80 x 65 cm

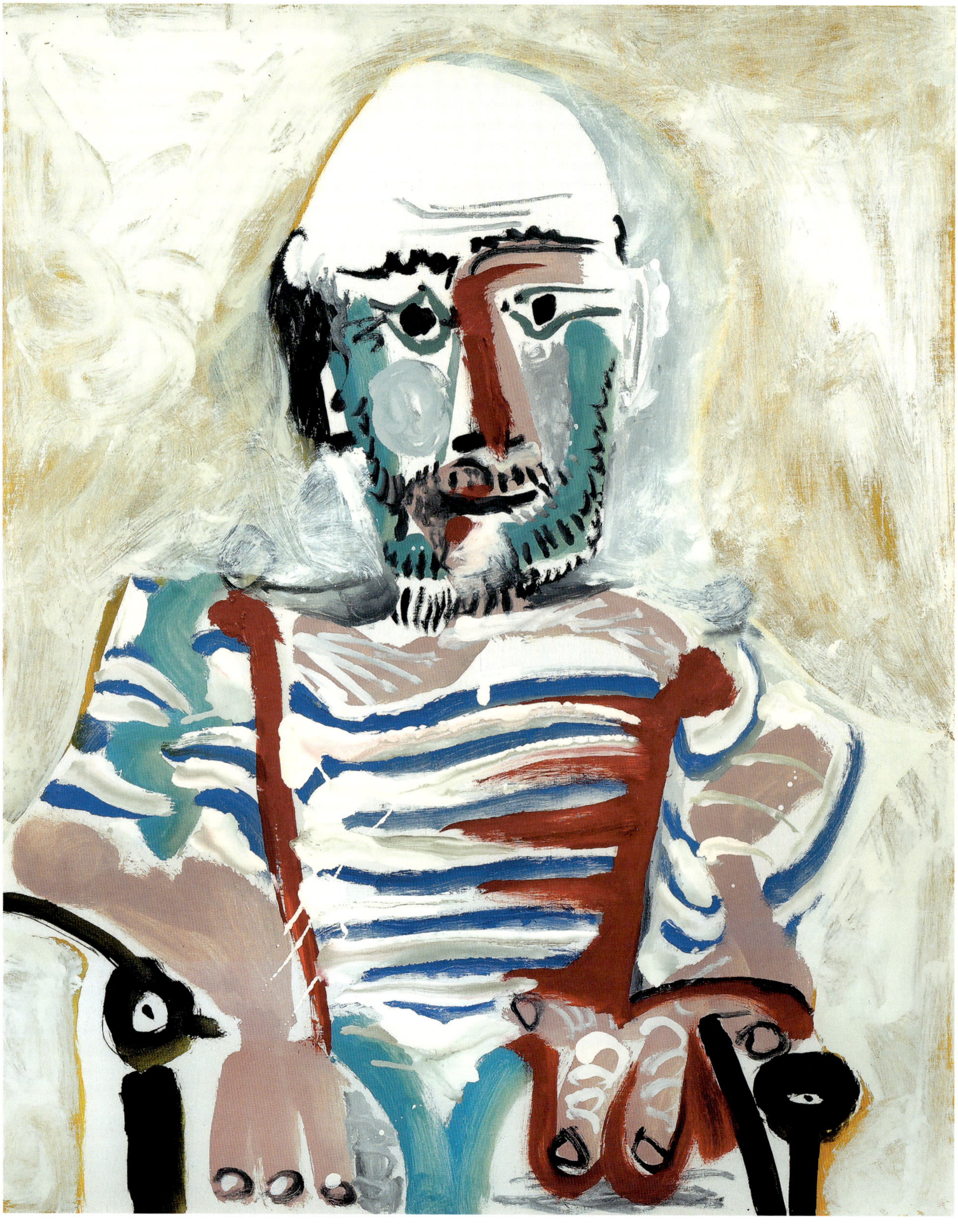

Autoportrait, 1965
Huile sur toile
100 x 81 cm

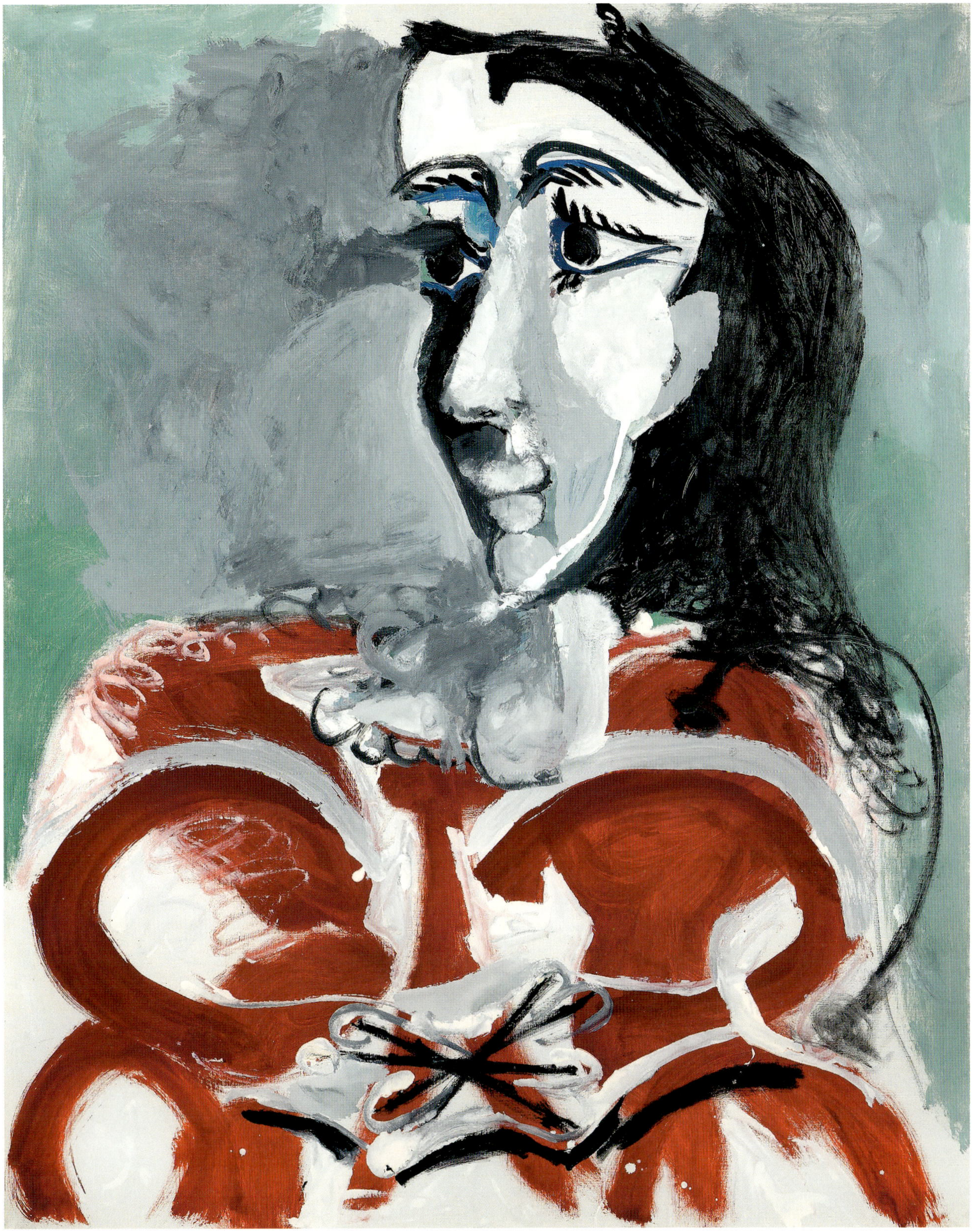

Portrait de Jacqueline, 1965
Huile sur toile
100 x 81 cm

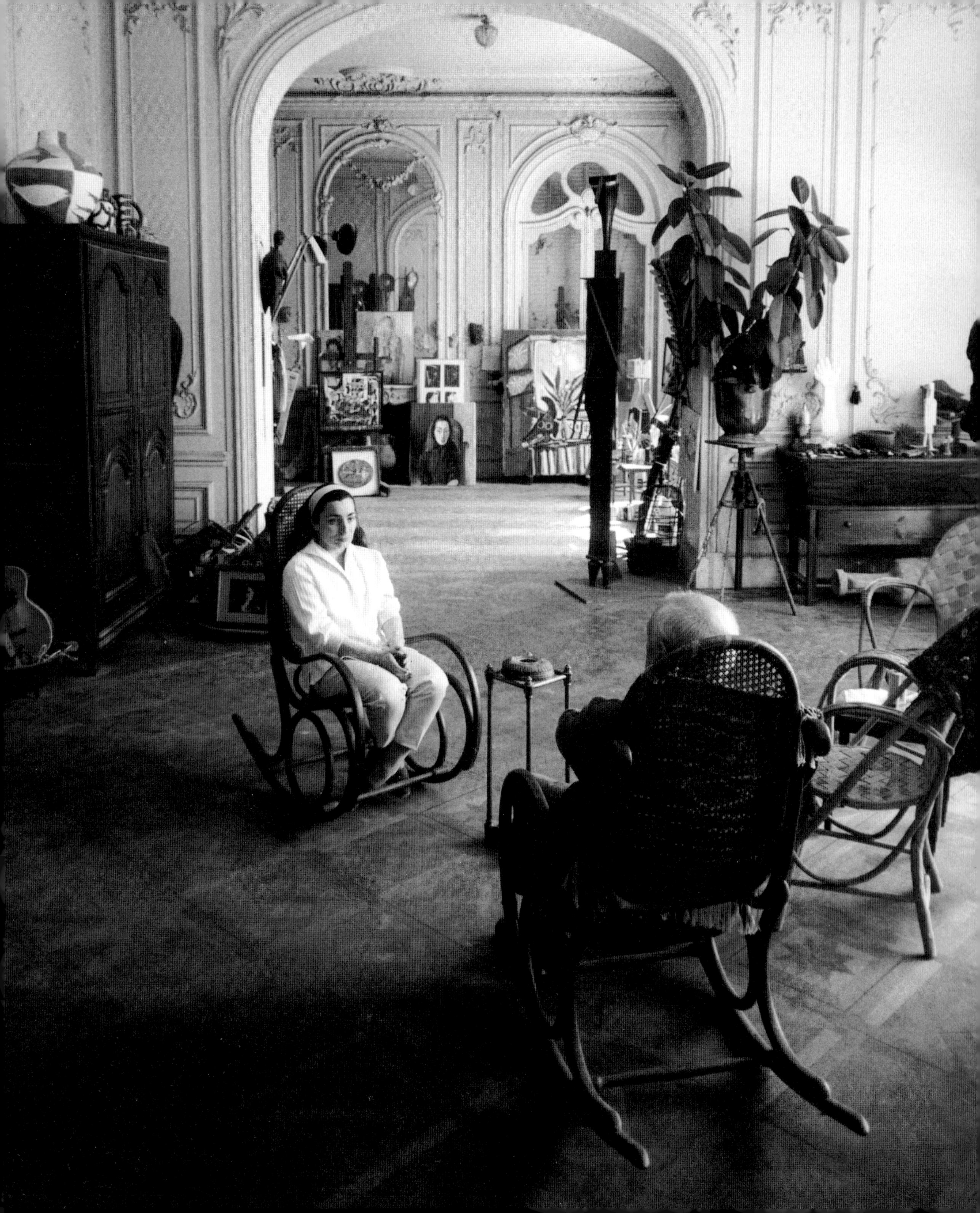

Pablo Picasso et Jacqueline
dans les rocking-chairs
du salon à La Californie
Cannes, 1960
Photographie
de David Douglas Duncan
(détail)

Femmes assises

À Mougins, Picasso va entamer une production de peintures d'une richesse exceptionnelle au sein de laquelle Jacqueline devient le modèle de toutes les femmes. Celle dont l'artiste disait qu'elle avait « le don de devenir peinture à un degré inimaginable », devient alors un de ses sujets favoris. Ainsi par exemple durant la seule année 1963, il fera d'elle plus de 160 portraits. Le plus souvent il la représente assise, car il avait depuis toujours une prédilection particulière pour cette pose qui rendait possible picturalement et symboliquement des inventions sans fin ; et il affectionnait particulièrement cette attitude — souvent traitée avant lui par Cézanne —, en ce qu'elle permet une sorte d'objectivation de la femme, enchâssée entre le dossier et les accoudoirs, dans une position autorisant de toujours renouveler le rapport de l'espace à la figure. Parfois la présence d'un accessoire, un chapeau, ou un animal familier, chien ou chat, vient apporter une note colorée de tendresse à ces tableaux où Jacqueline a souvent le port altier d'une dame de la cour d'Espagne.

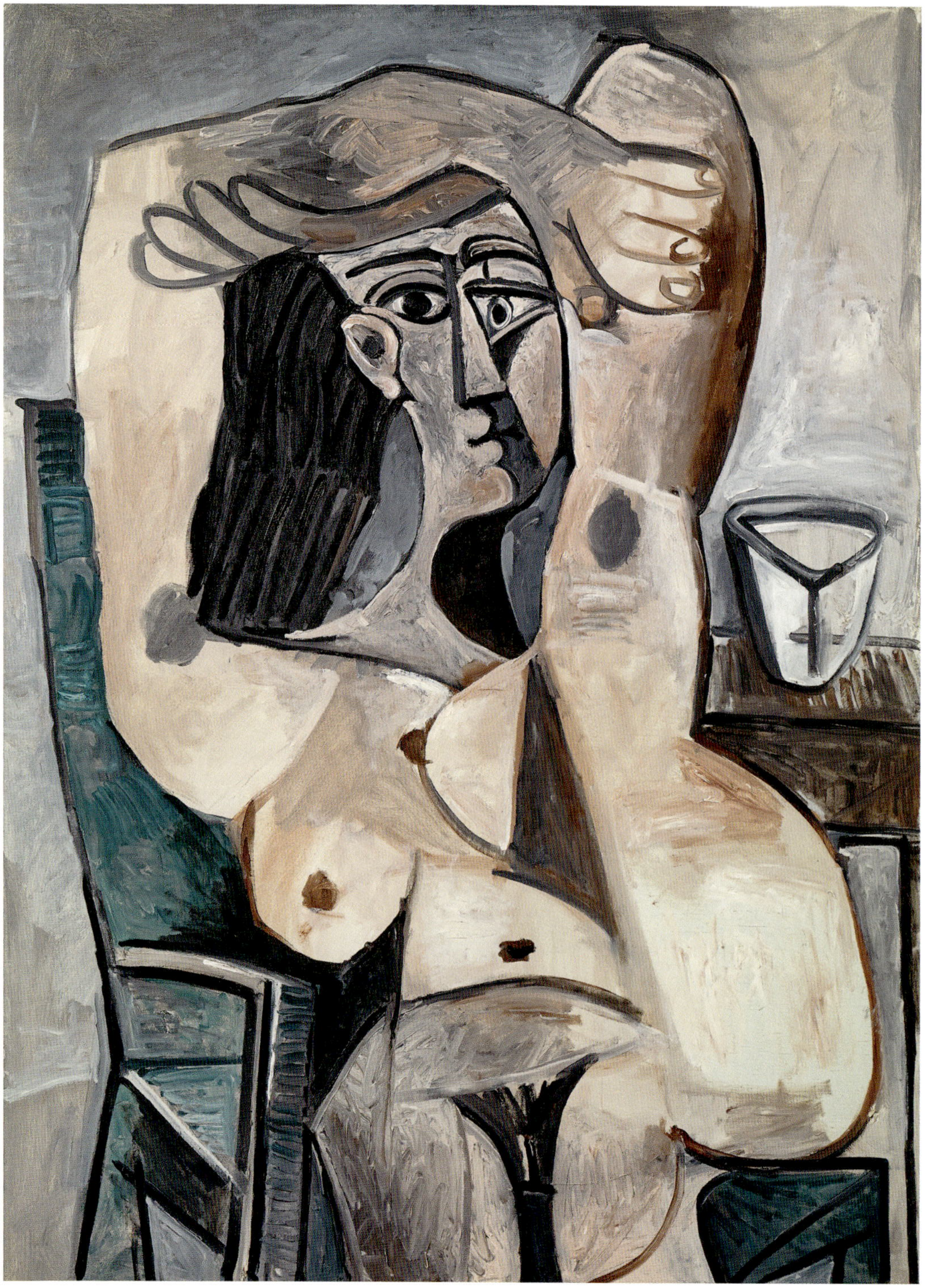

Nu aux bras levés, 1959
Huile sur toile
130 x 97 cm

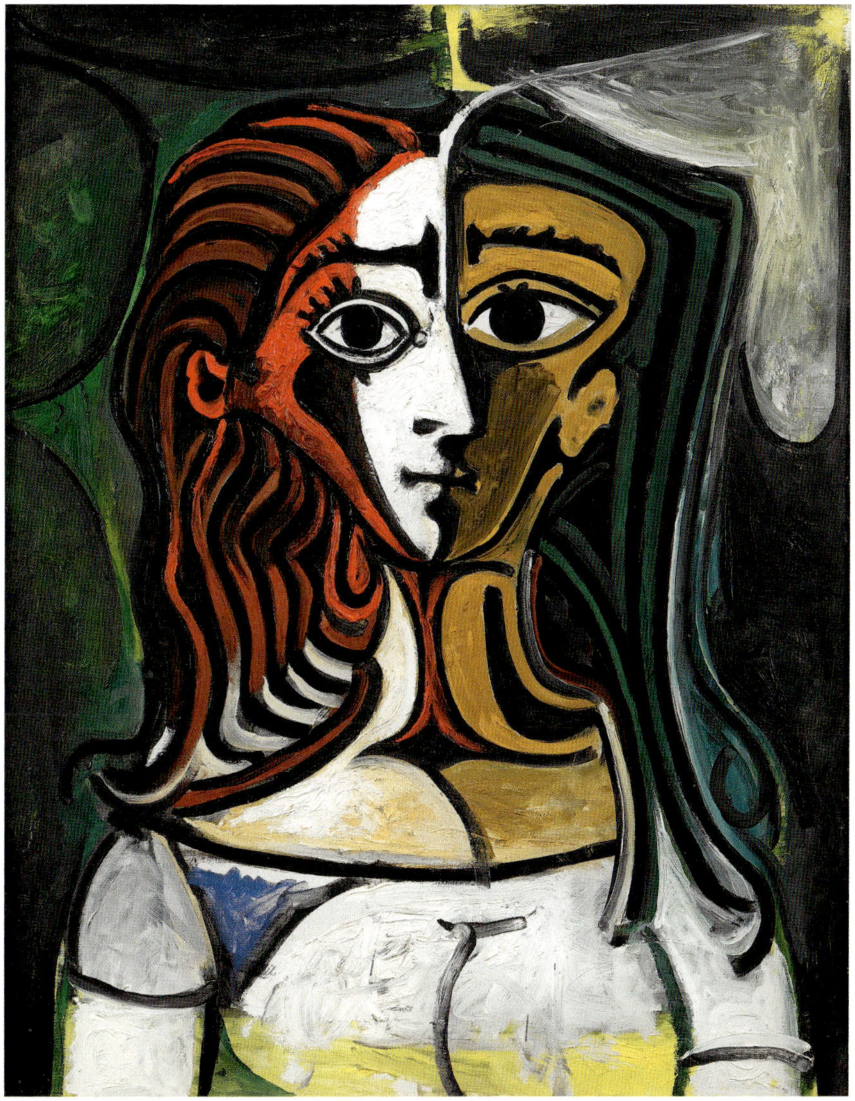

Buste de femme, 1960
Huile sur toile
92 x 78 cm

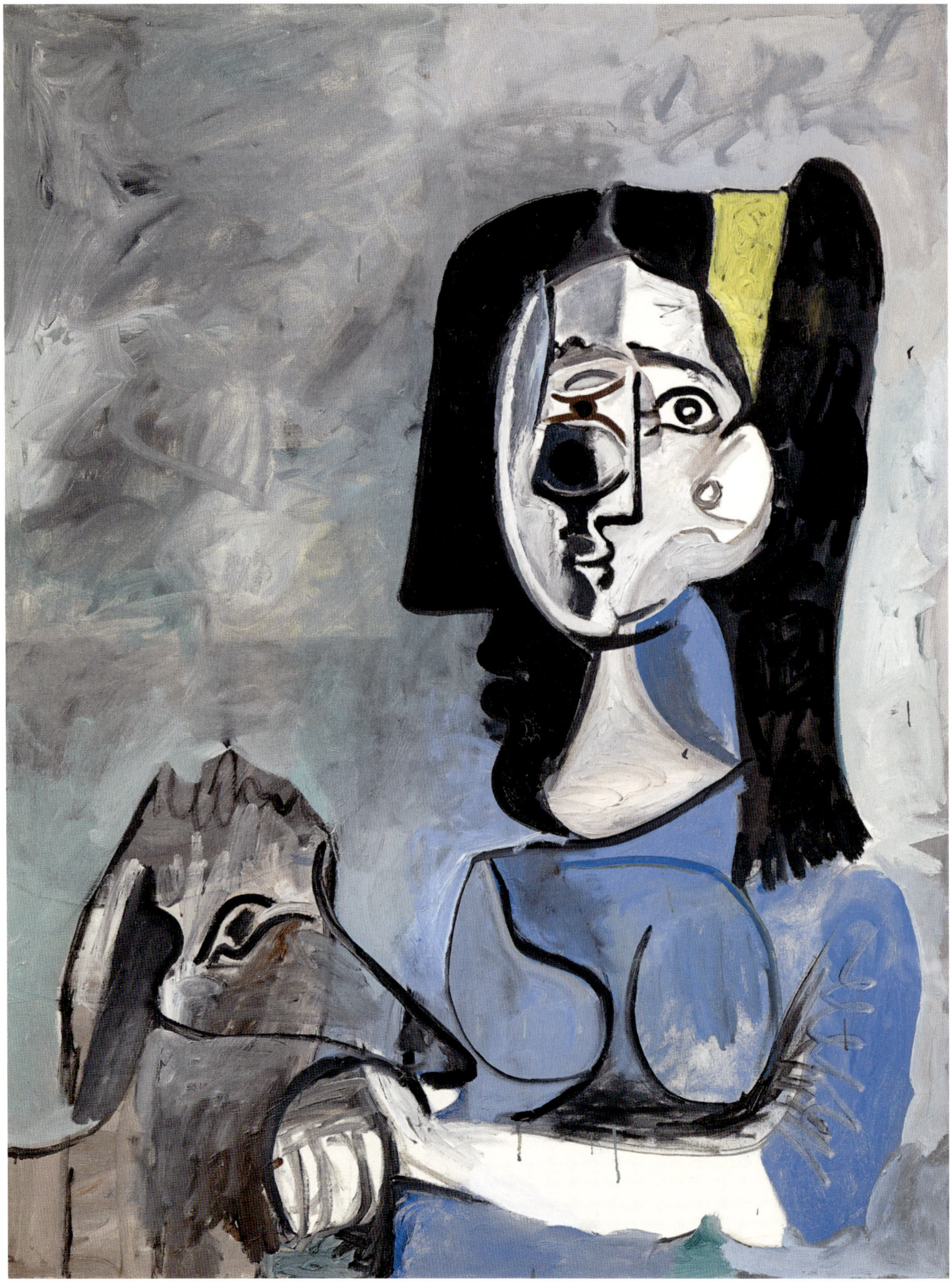

Femme au chien, 1961-1962
Huile sur toile
116 x 89 cm

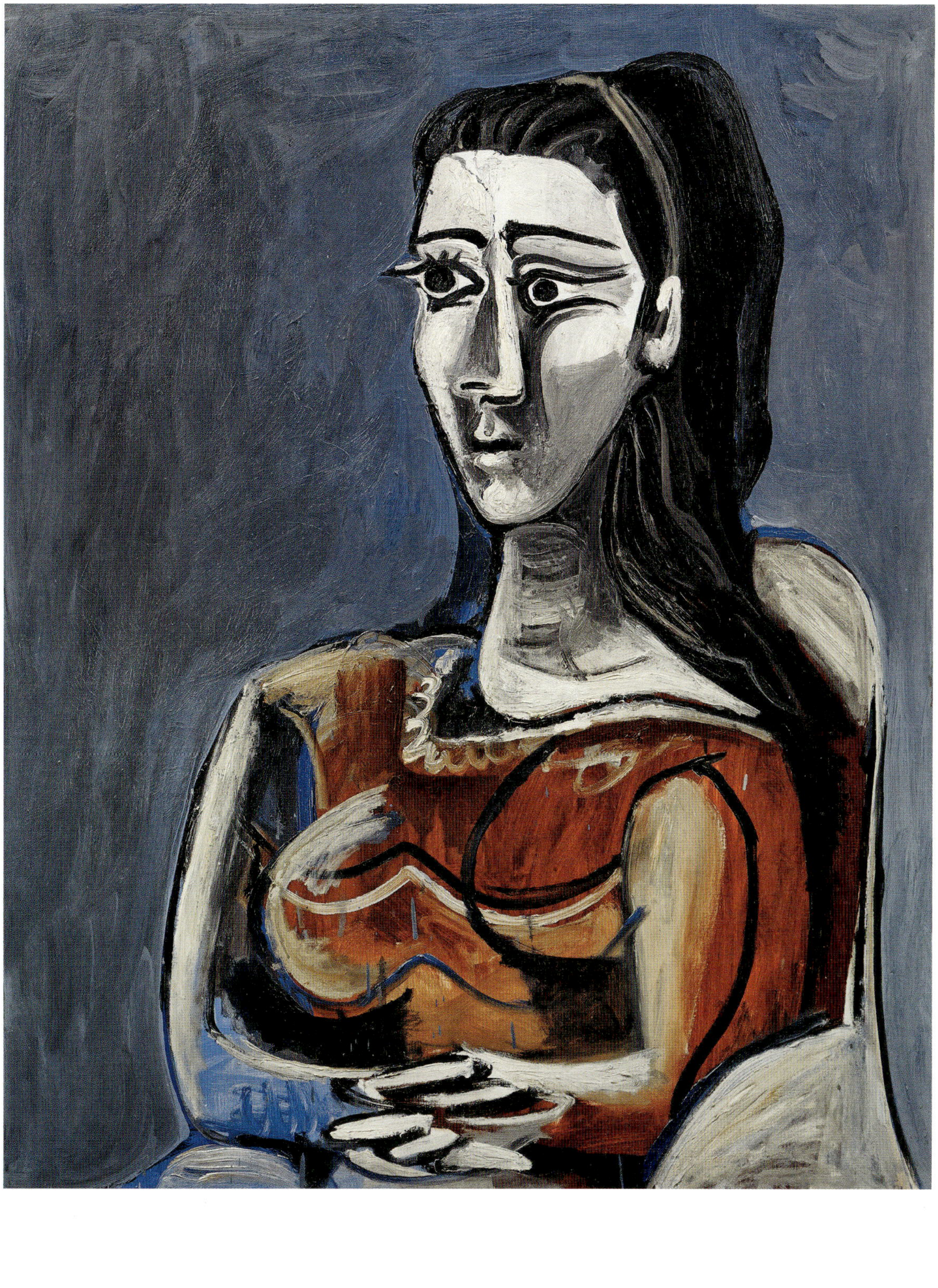

Femme assise
dans un fauteuil, 1962
Huile sur toile
100 x 81 cm

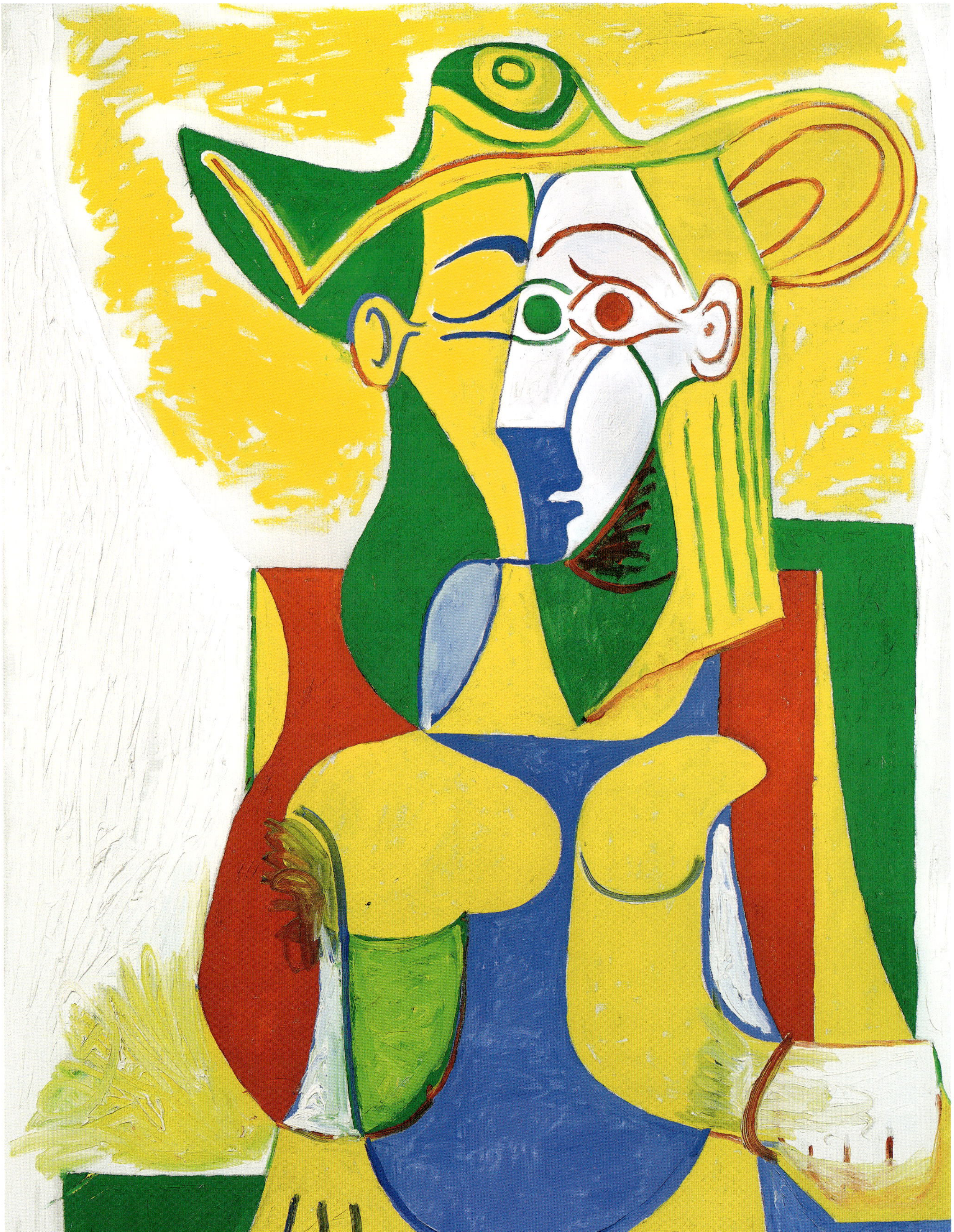

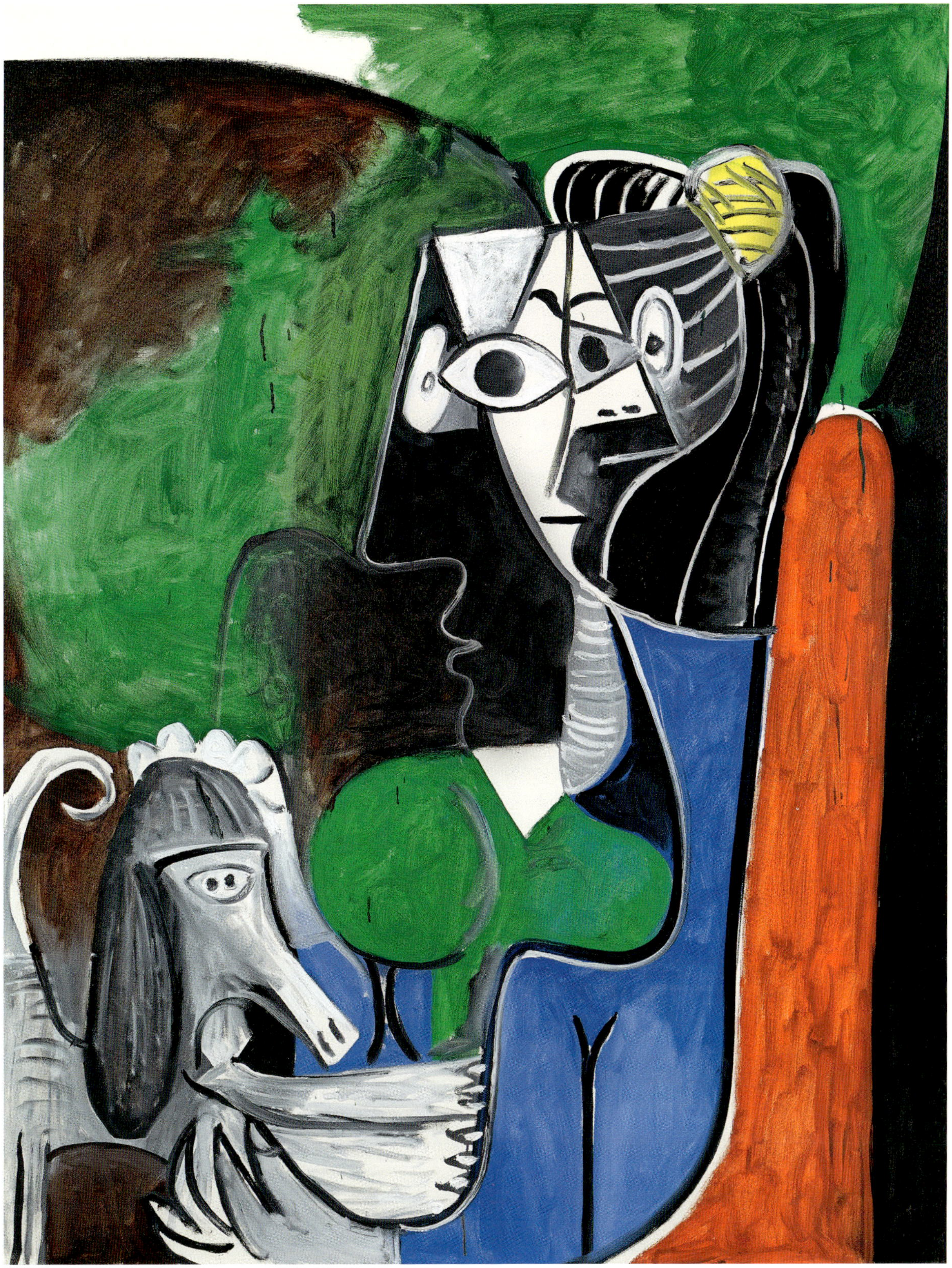

Femme assise
au chapeau jaune et vert, 1962
Huile sur toile
162 x 130 cm

Femme au chien, 1962
Huile sur toile
146 x 114 cm

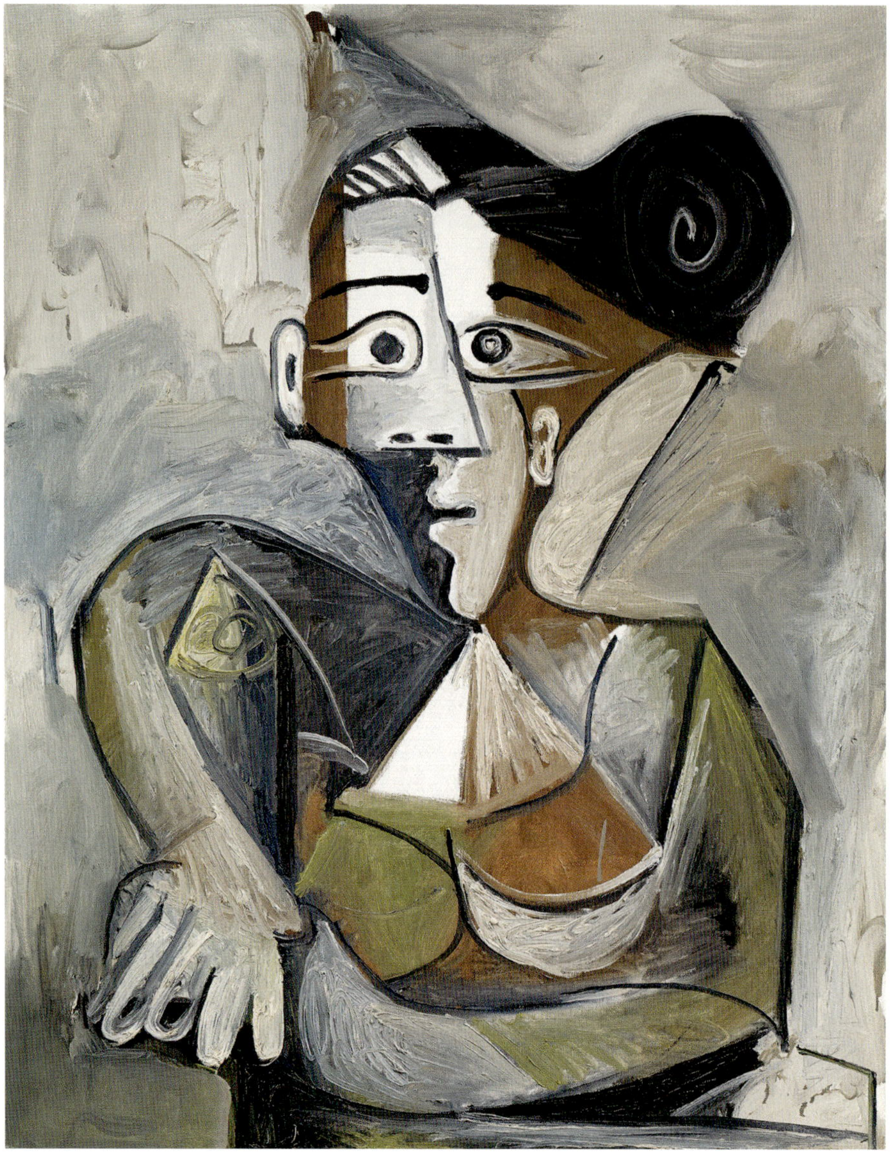

Femme accoudée, robe verte, 1962
Huile sur toile
92 x 73 cm

Femme assise
9 novembre et 6 décembre 1962
Huile sur toile
156 x 114 cm

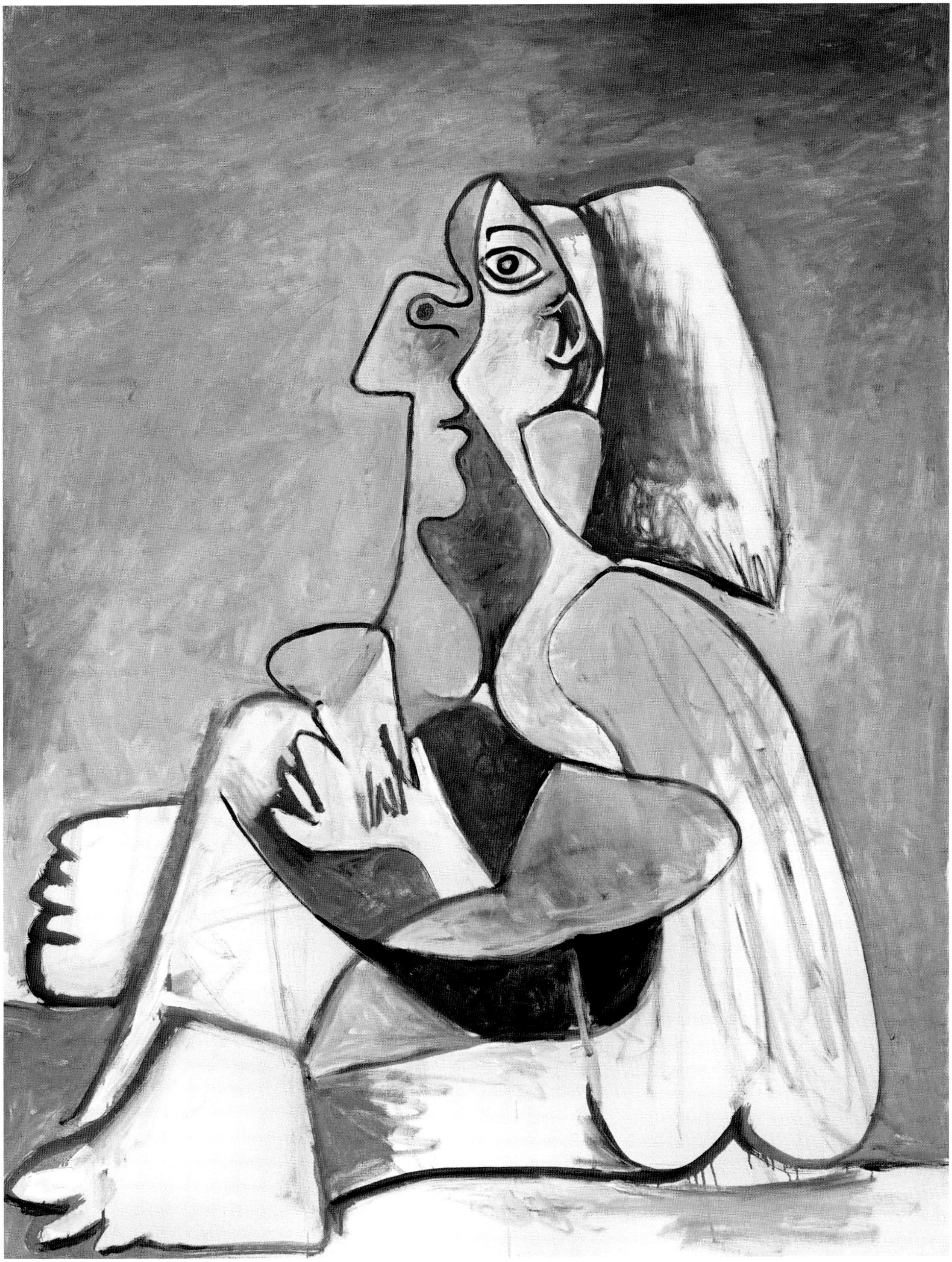

Femme au chat assise
24 février 1964
Huile sur toile
130 x 96,5 cm

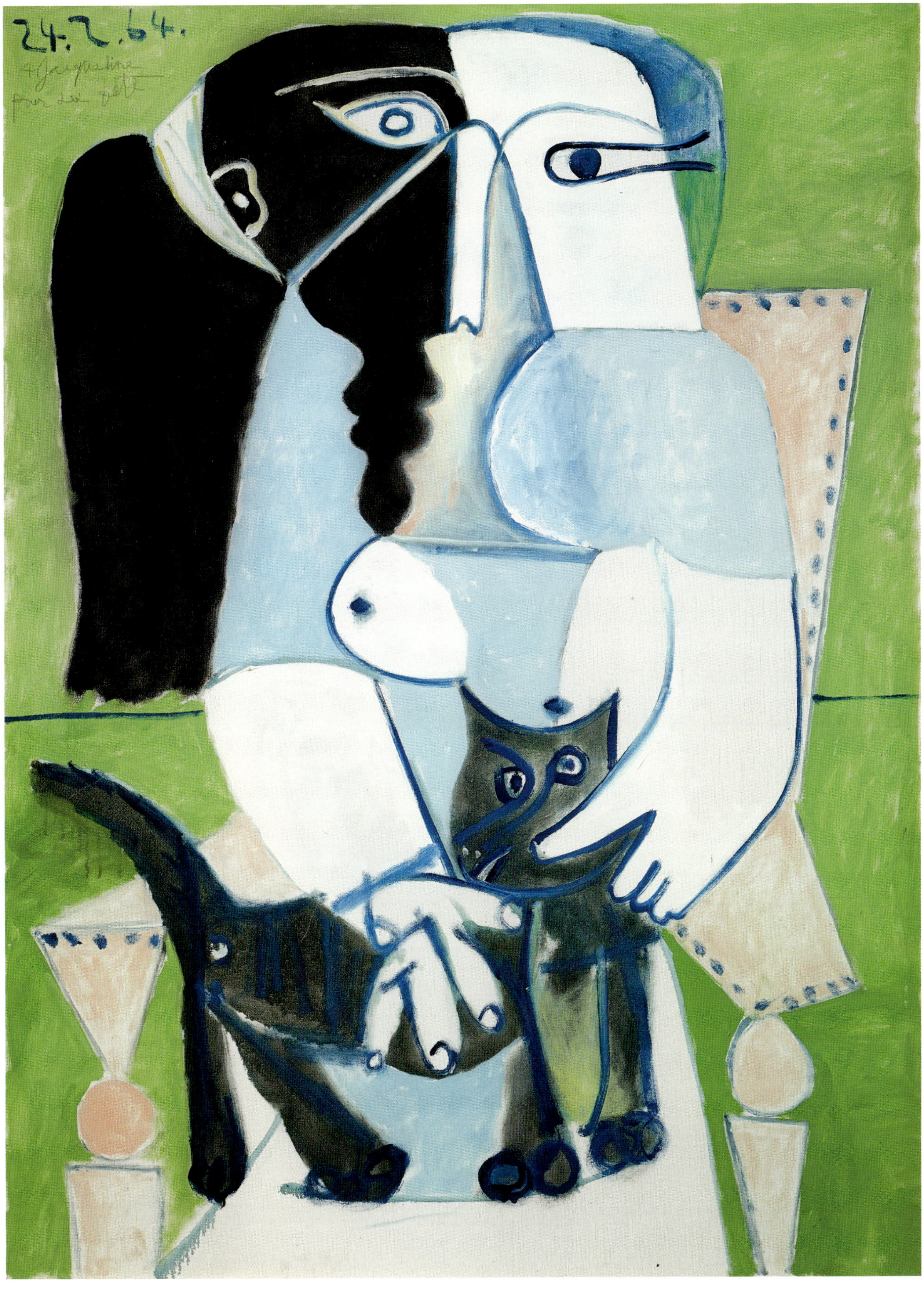
24.2.64.

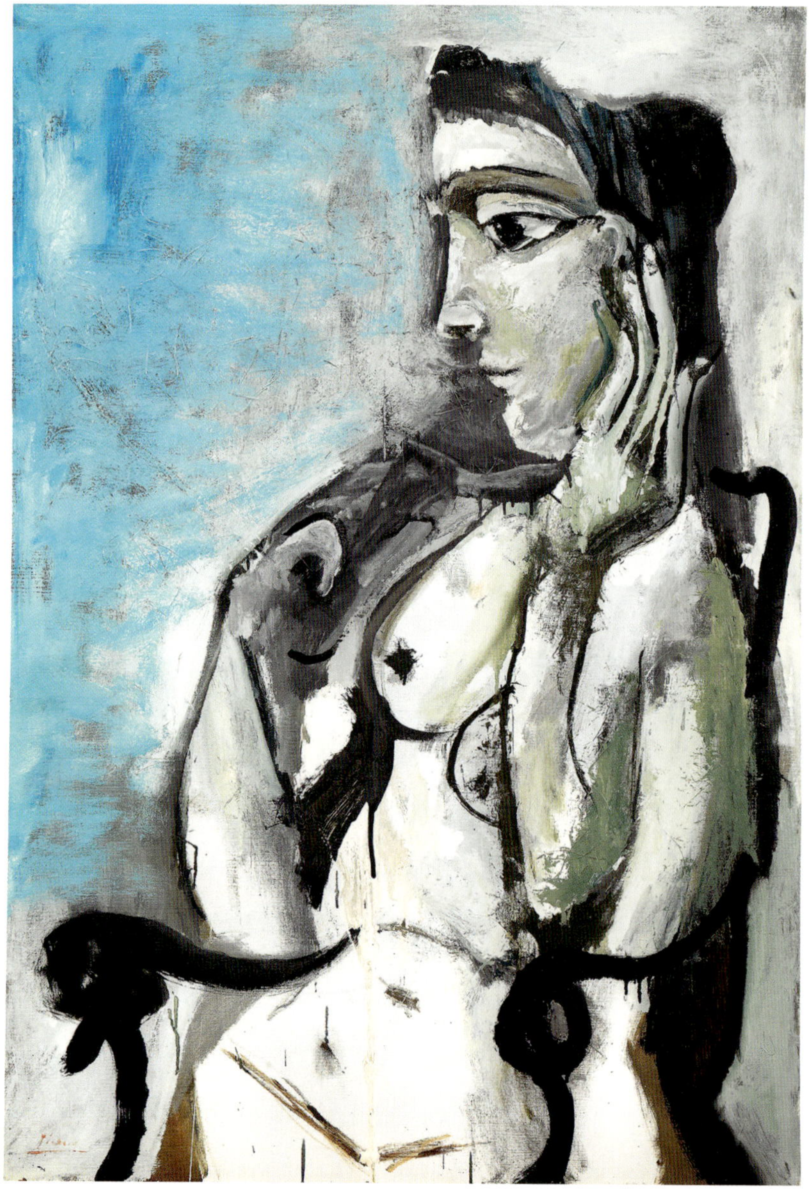

Femme nue dans un fauteuil, 1964
Huile sur toile
116 x 80,5 cm

Portrait de Jacqueline
1964
Huile sur toile
194 x 128,5 cm

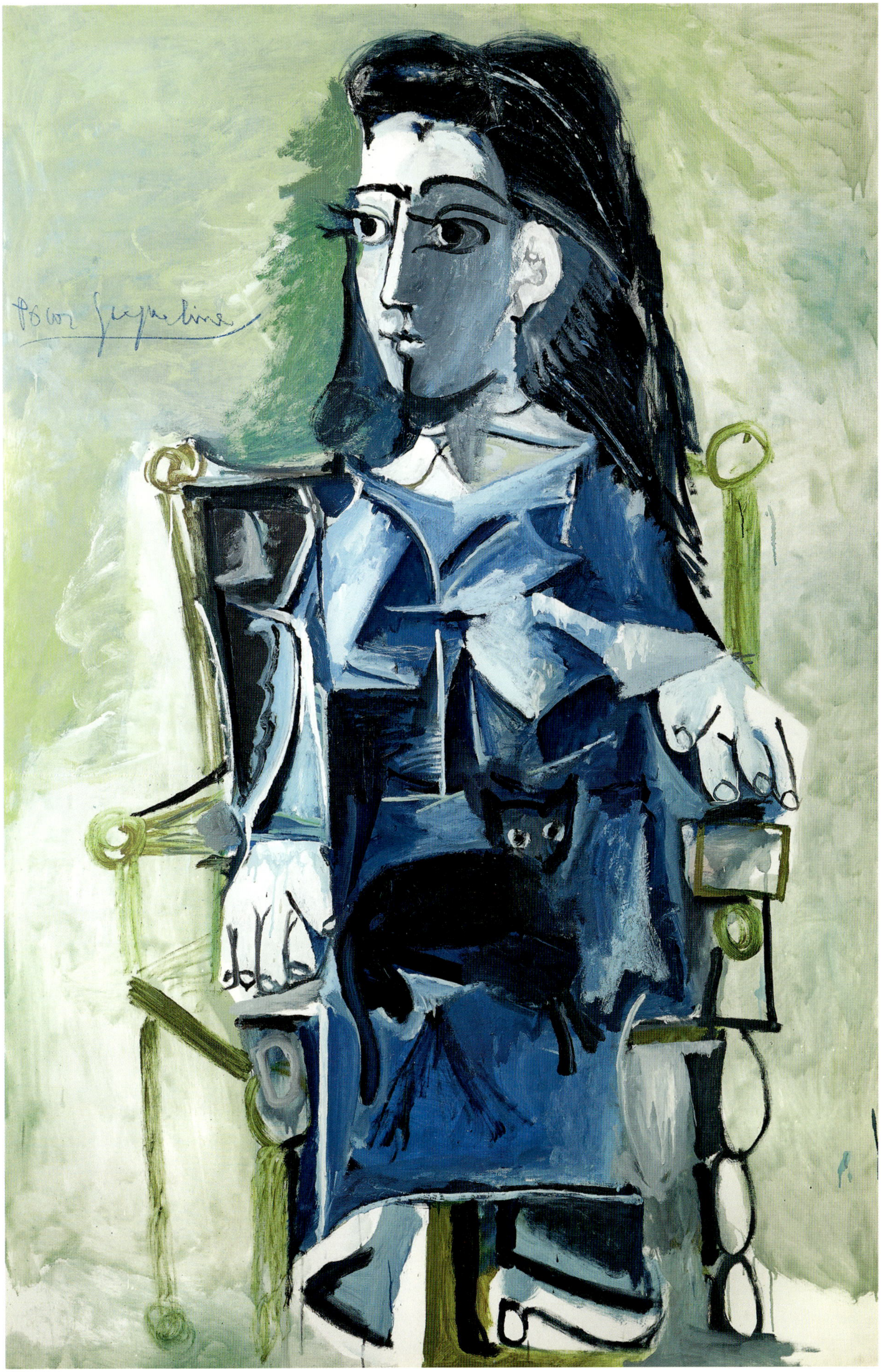
Pour Jacqueline

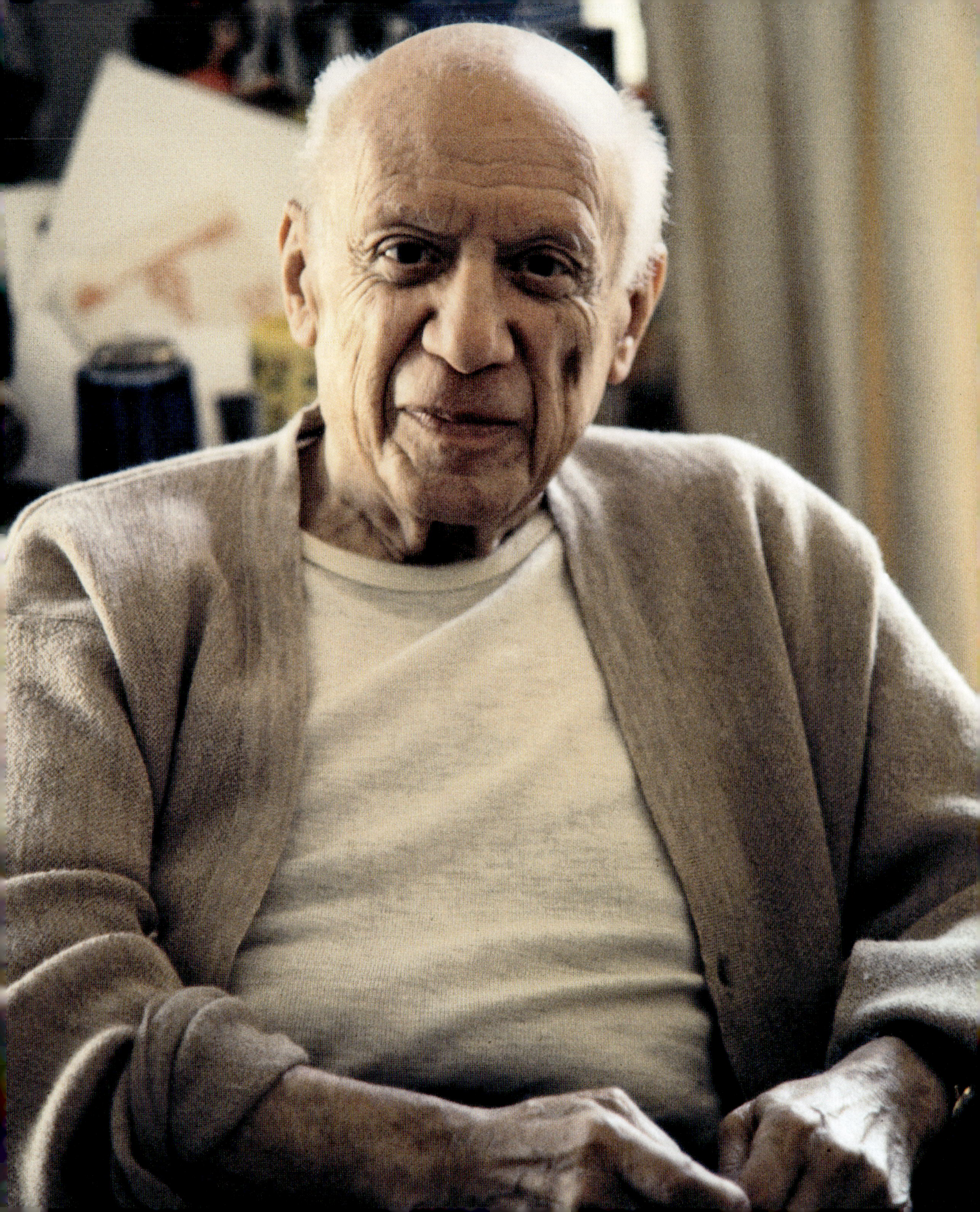

Pablo Picasso,
Notre-Dame de Vie,
Mougins, 1971
Photographie
d'Edward Quinn
(détail)

Les dernières années

Parvenu à quatre-vingt dix ans, Picasso réaffirme que la peinture est d'abord une affaire de désir et c'est une leçon d'enthousiasme et d'invention qu'il nous livre. L'exubérance qui, dans toutes ses dernières toiles, s'exprime par des teintes vives et, le plus souvent, par de grands formats, témoigne de l'extraordinaire pouvoir créateur de l'artiste dans sa vieillesse, et de ses talents, souvent mésestimés, de grand coloriste, que les expositions au Palais des Papes en 1970 et 1973 rappelleront au public. Il revisite alors la galerie de personnages familiers : les toreros, les mousquetaires, ces hommes, pensait-il, épris de courage que leur solitude, leur désenchantement transforment en mousquetaires, et les peintres inspirés par Rembrandt ne reflètent pas seulement l'identification de Picasso à son Espagne natale ou aux maîtres vénérés du passé, mais ils expriment aussi ses propres sentiments face à la marche du temps. Il peint alors avec une frénésie de jeune homme et dans une urgence extrême, de grands tableaux qui semblent prendre forme sous nos yeux, en appliquant dans des débauches de couleur de larges touches de peinture, parfois très diluée, pour définir les formes dans la composition, et en laissant dans le même temps vierges certaines parties de la toile, comme pour inviter la peinture, « plus forte que lui, et qui faisait de lui ce qu'elle voulait », à d'autres aventures...

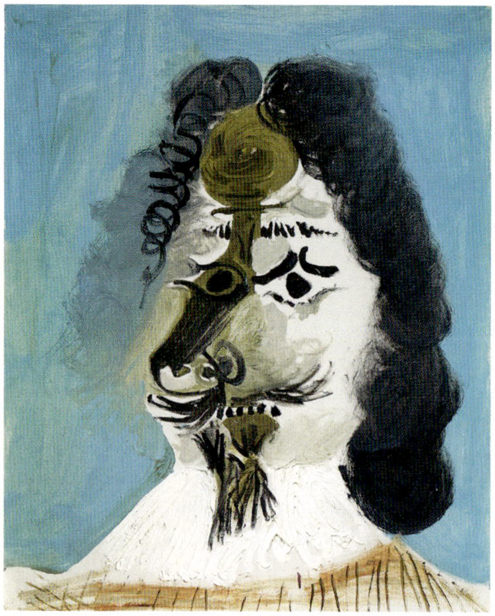

Homme en habit
25 mars 1967
Huile sur toile
73 x 60 cm

Couple espagnol, 1967
Huile sur toile
65 x 54 cm

Le peintre de profil
6 février 1968
Huile sur toile
81 x 65 cm

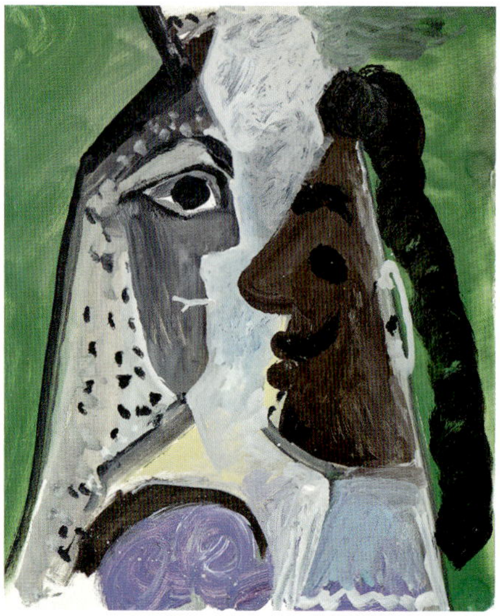

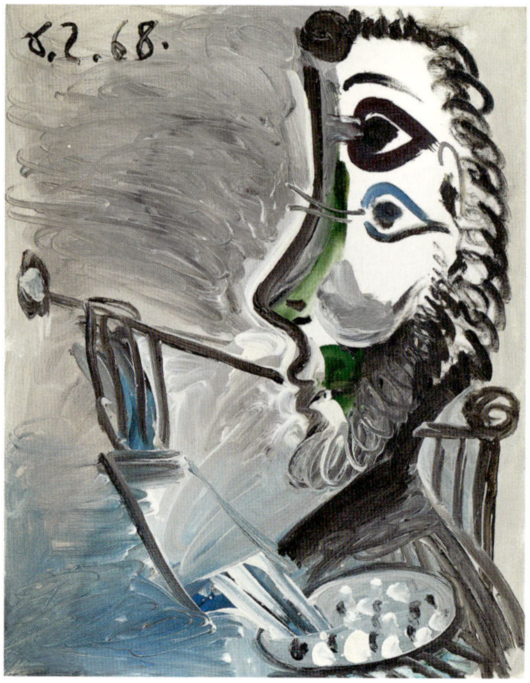

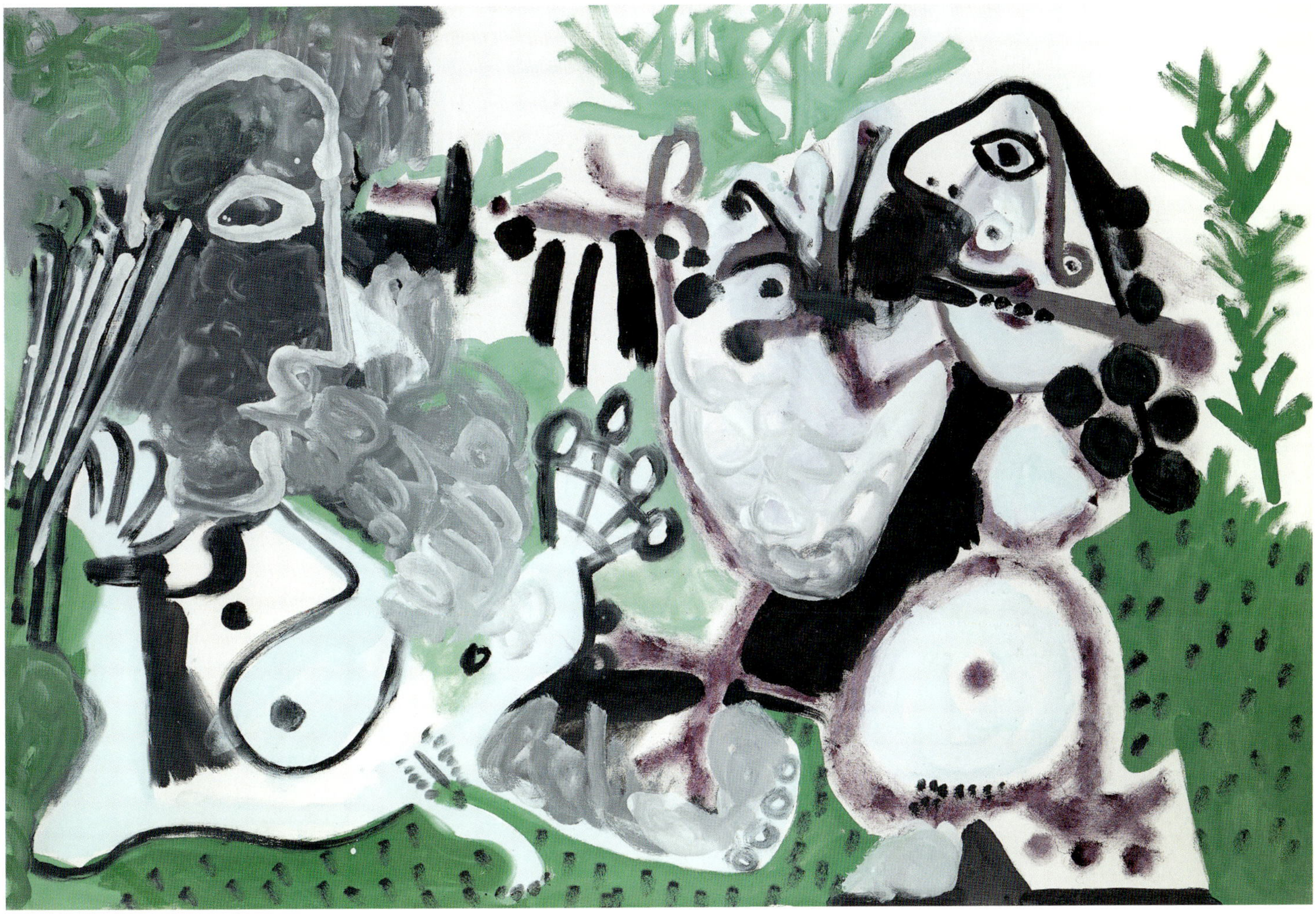

La flûte, deux personnages dans les prés, 1967
Huile sur toile
130 x 195 cm

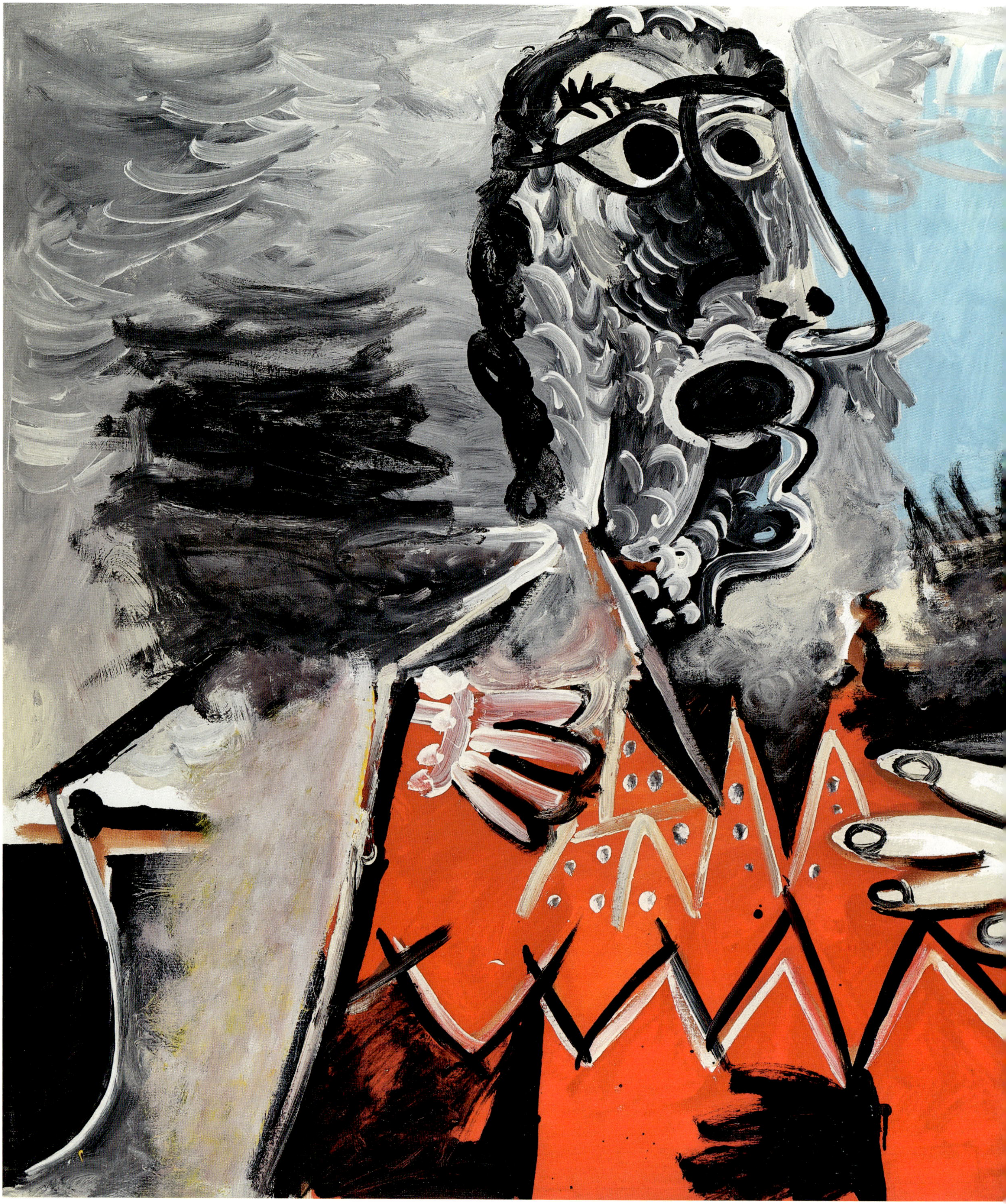

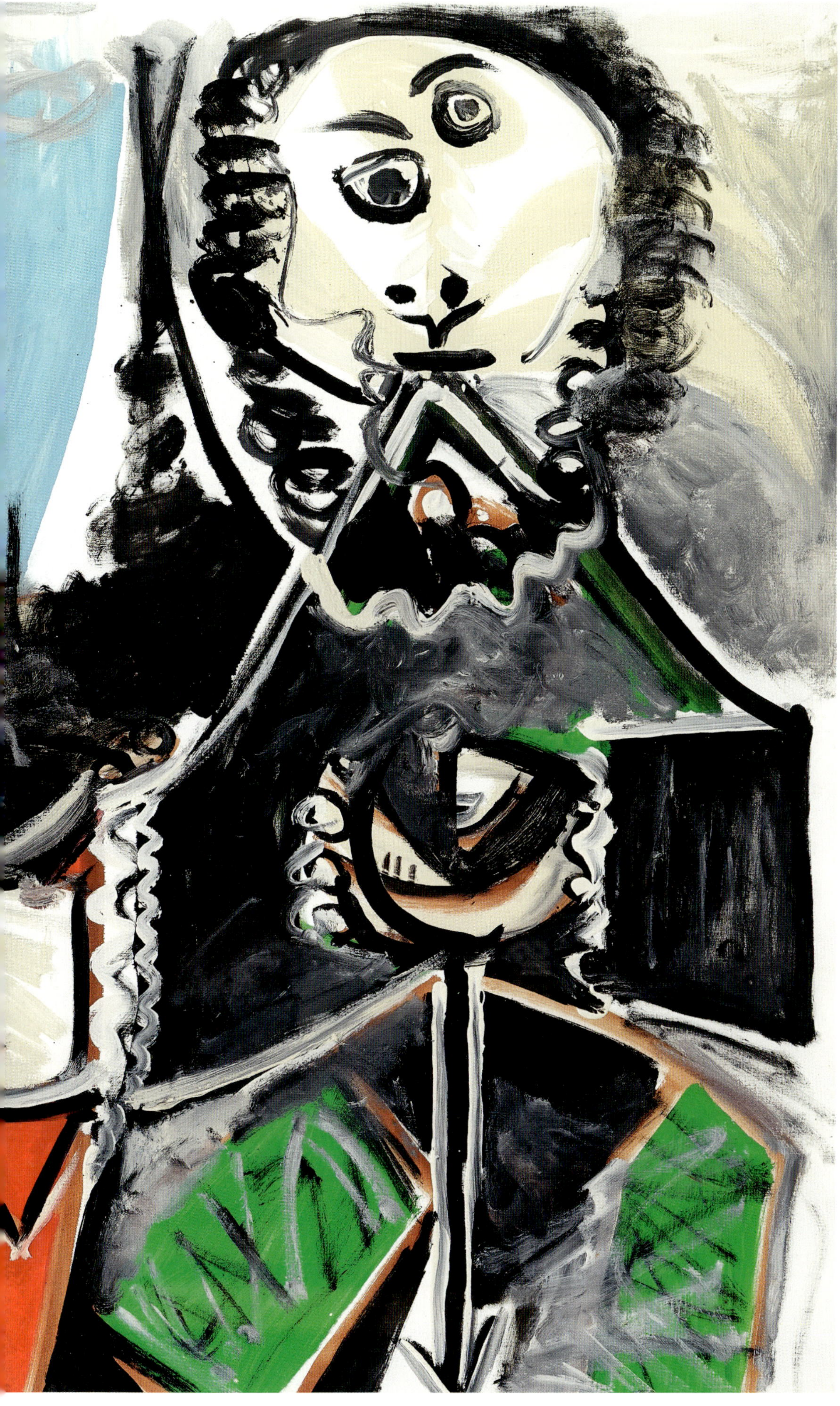

Deux personnages en costume
17 juillet 1969
Huile sur toile
130 x 195 cm

Femme et Oiseau
1970
Huile sur toile
92 x 75 cm

Torero à la résille (II)
27 septembre 1970
Huile sur toile
61 x 50 cm

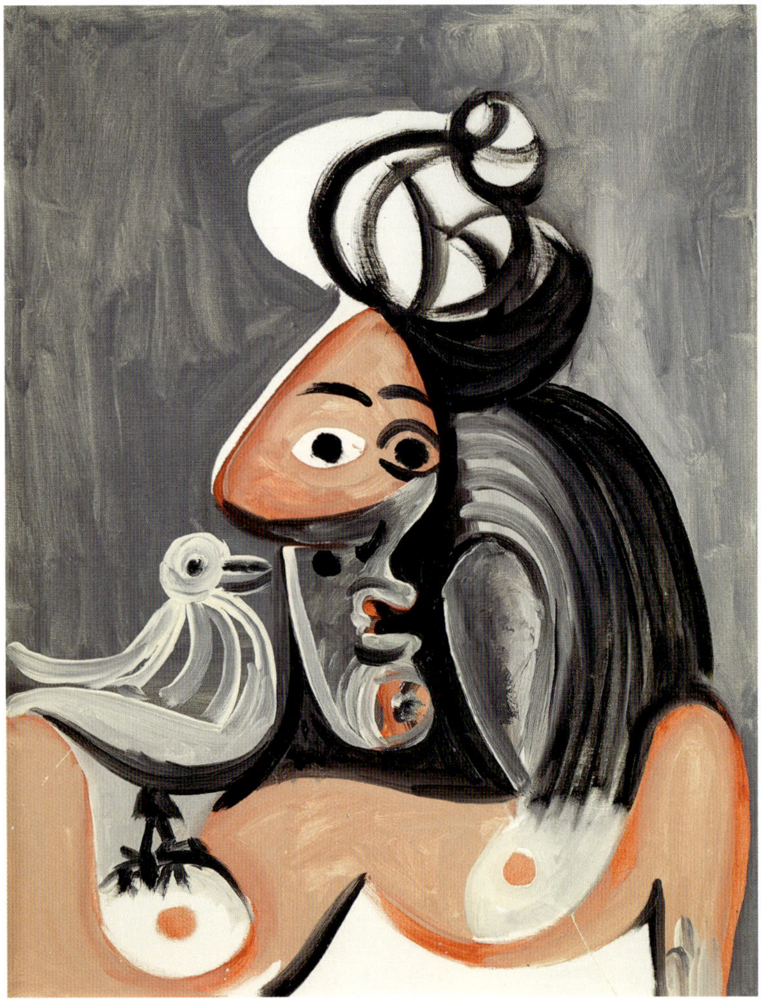

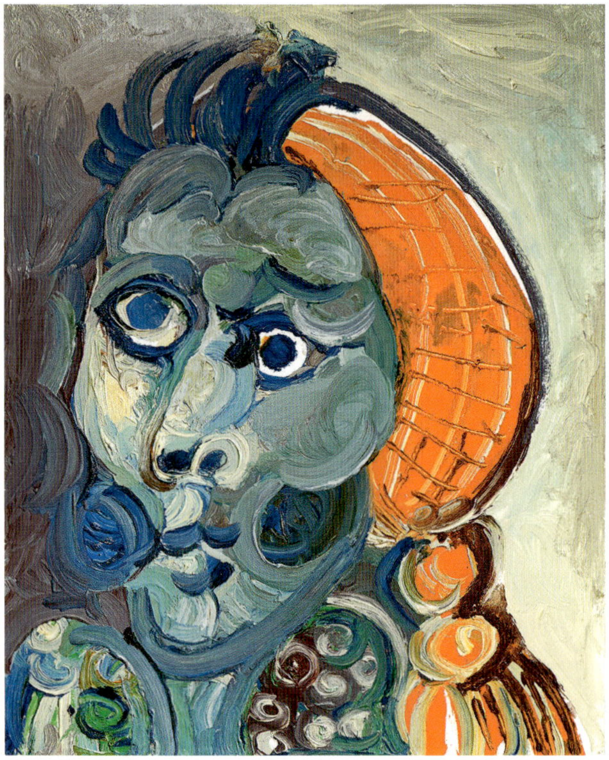

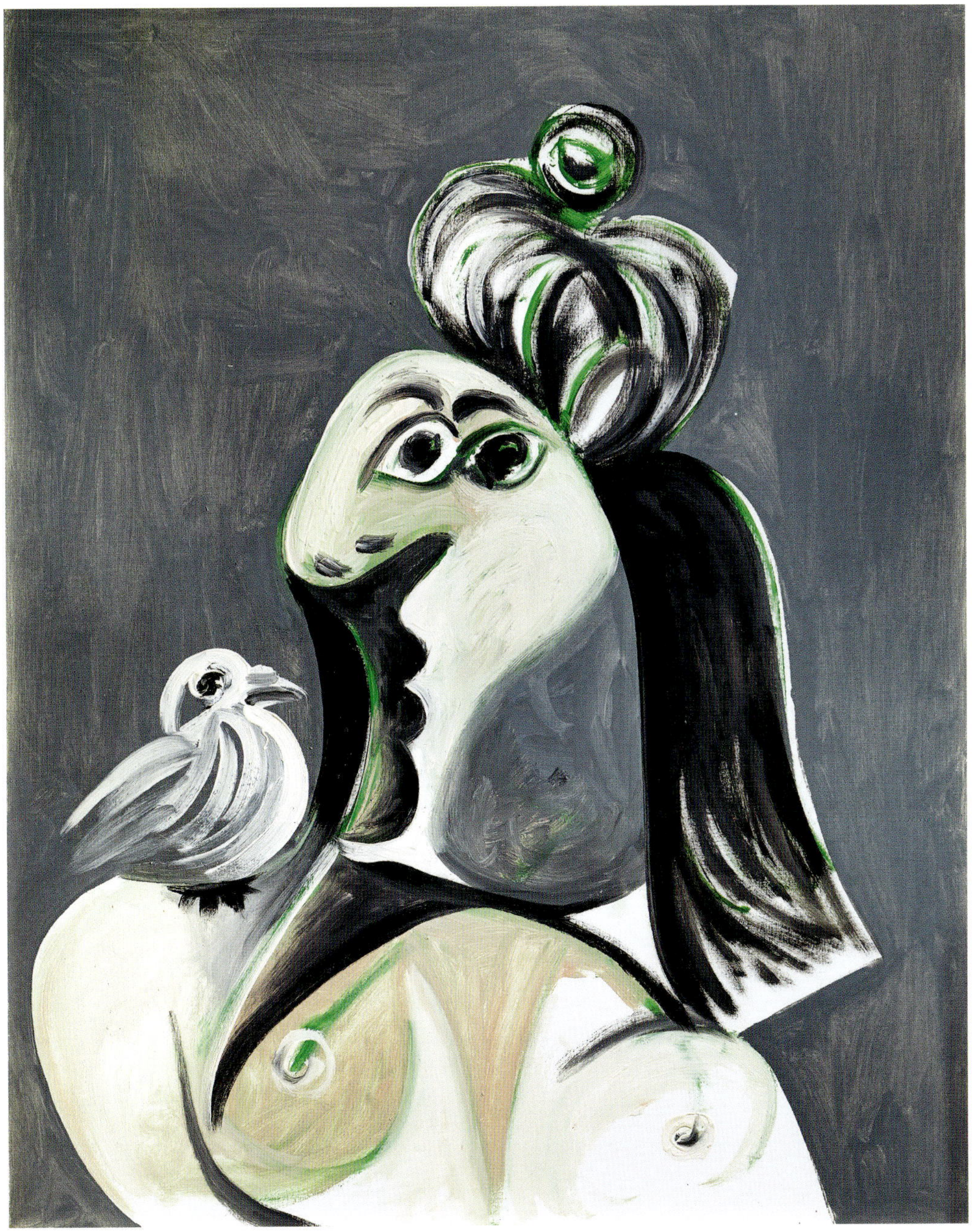

Femme au chignon vert et à l'oiseau sur l'épaule, 1970
Huile sur toile
100 x 81 cm

Torero, 1970
Huile sur toile
195 x 130 cm

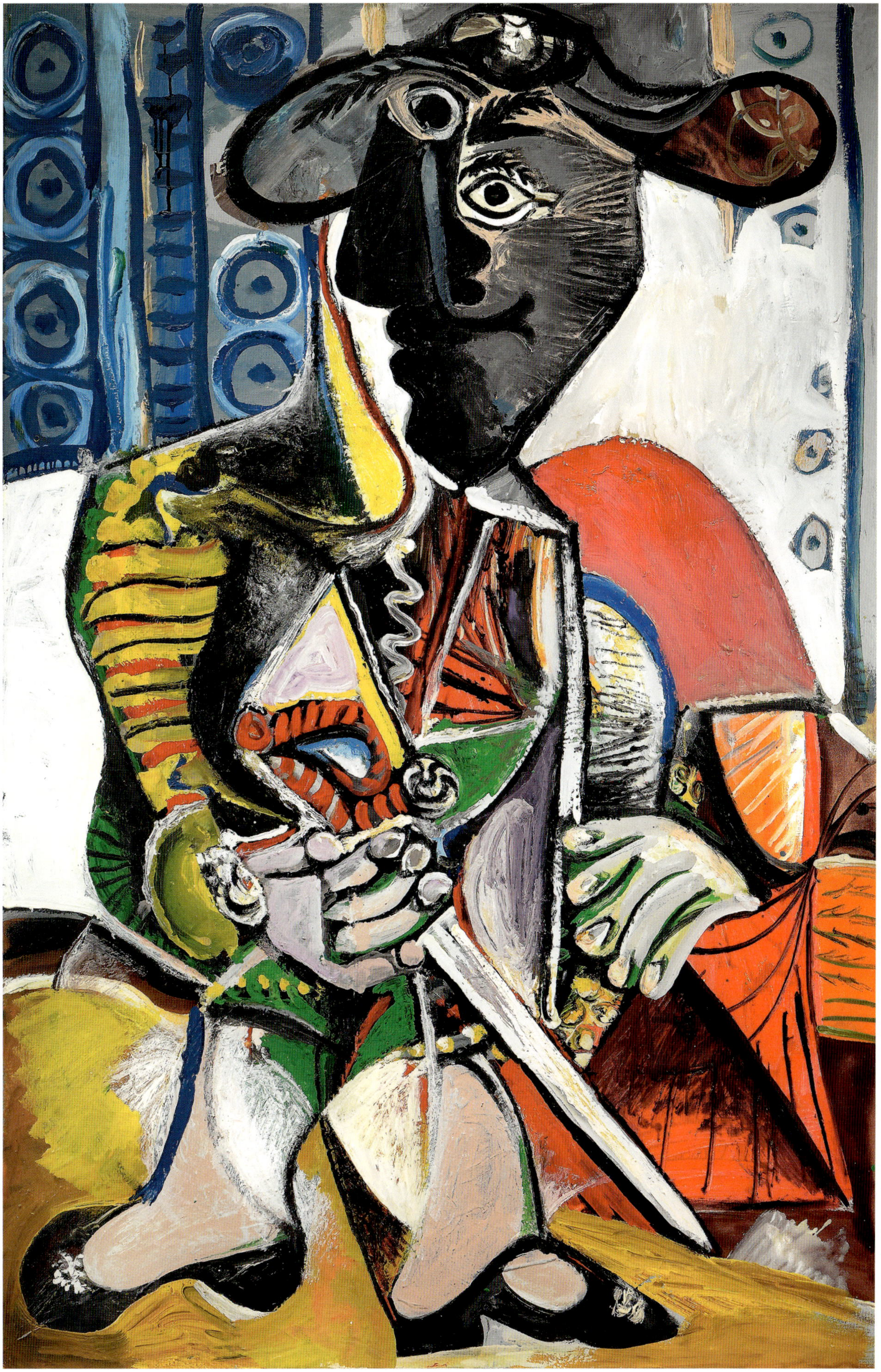

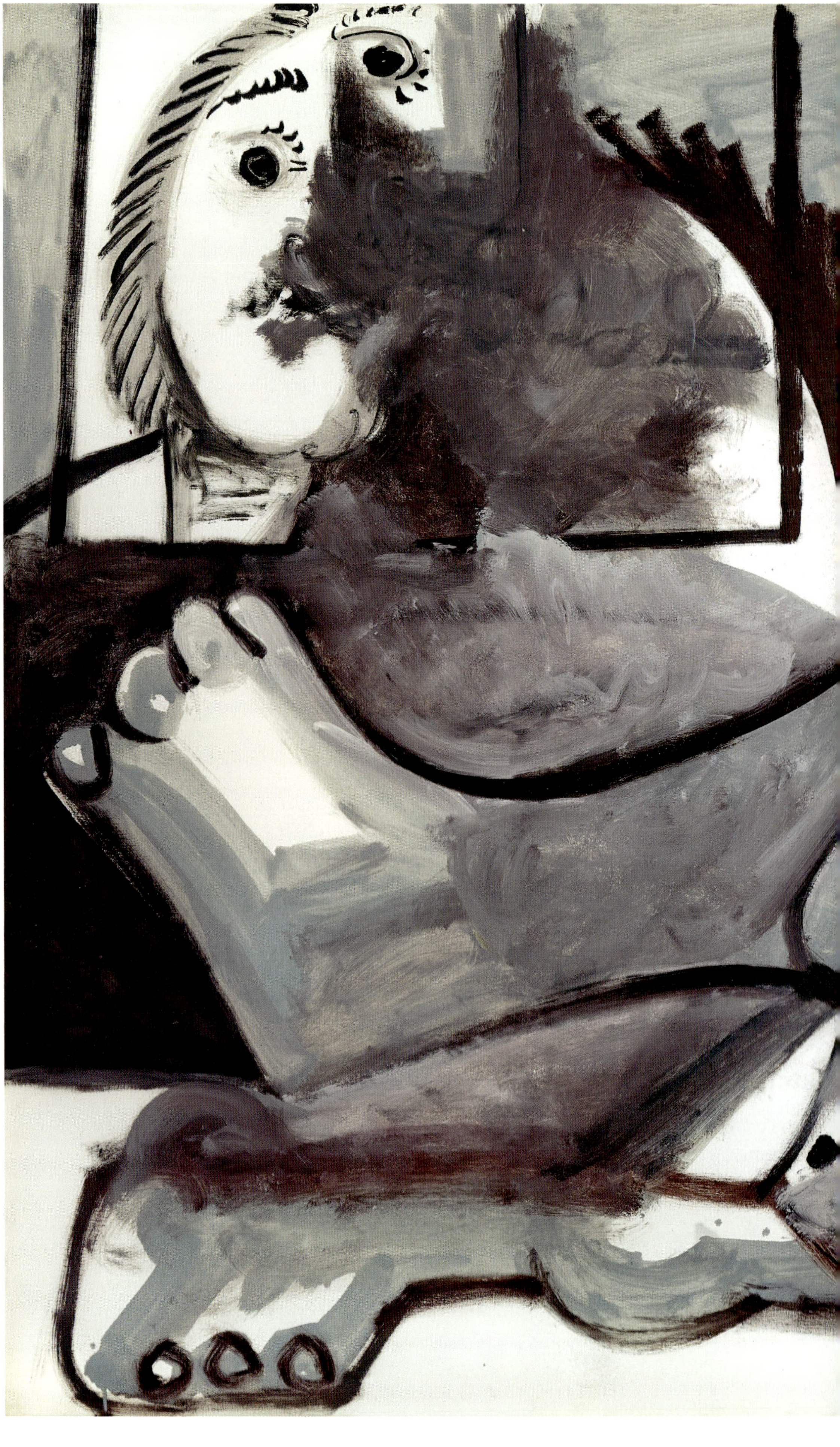

Nu couché
à la couronne de fleurs
1970
Huile sur toile
130 x 195 cm

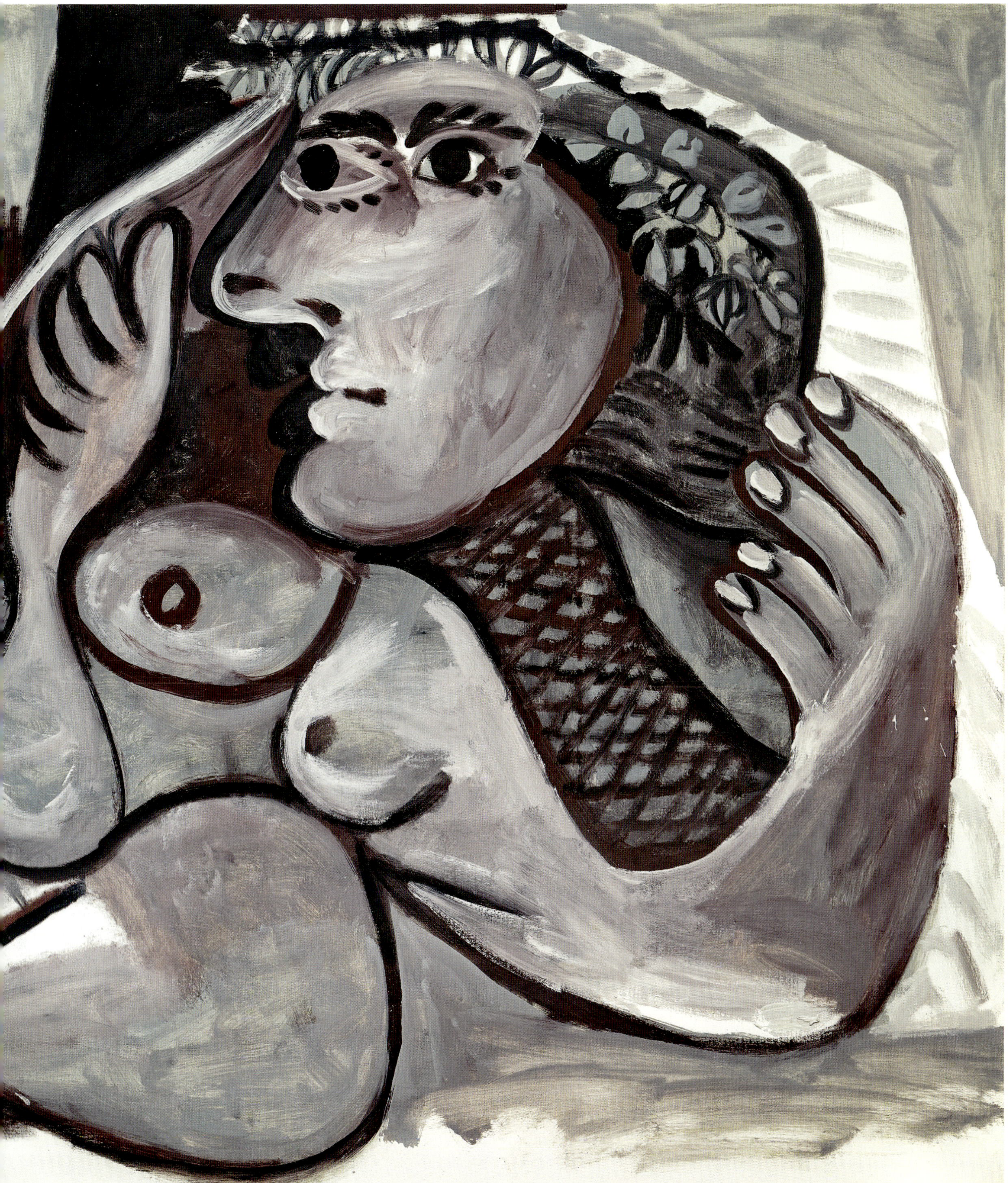

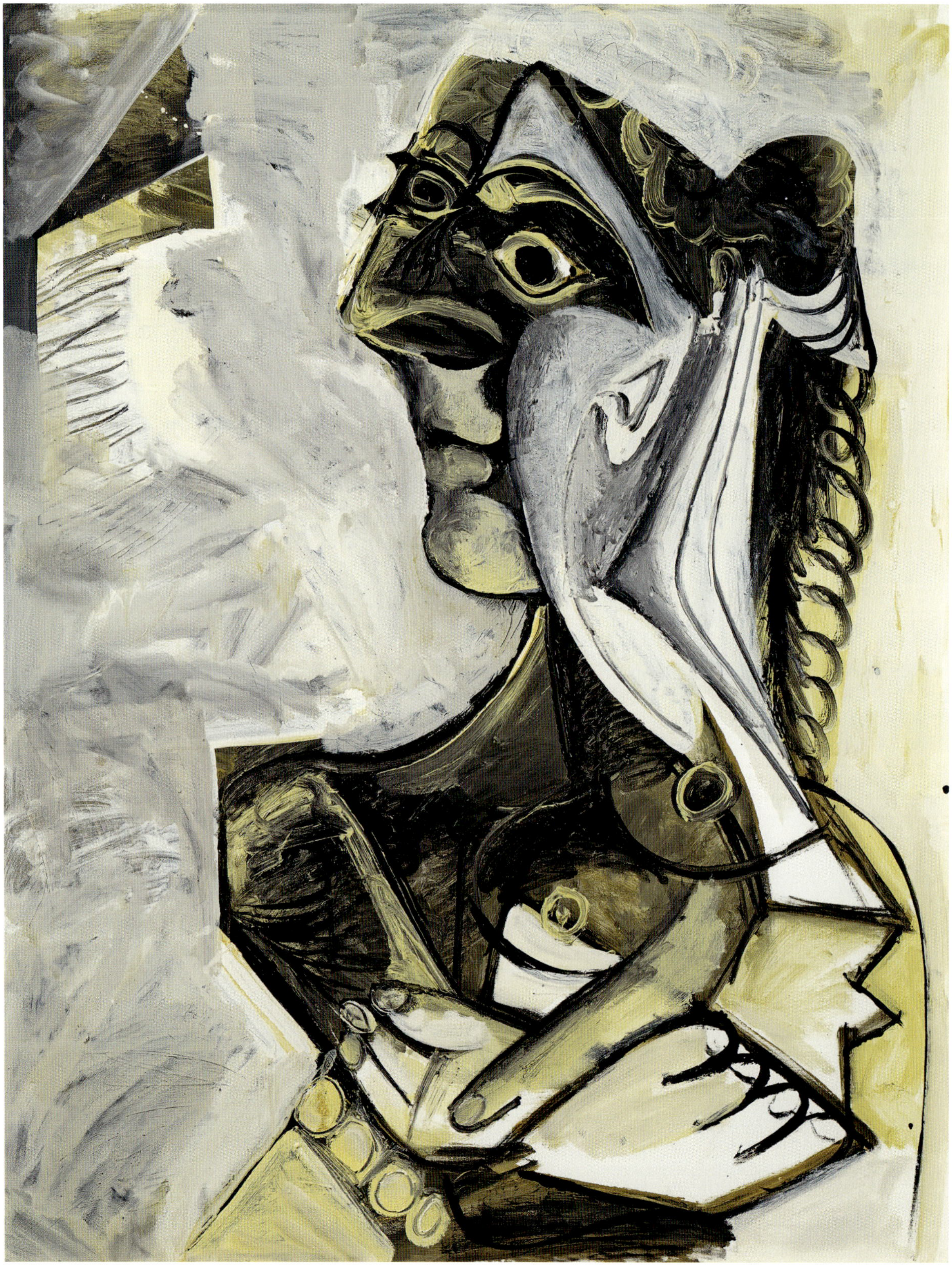

Femme assise, 14 septembre 1971
Huile sur toile
146 x 114 cm

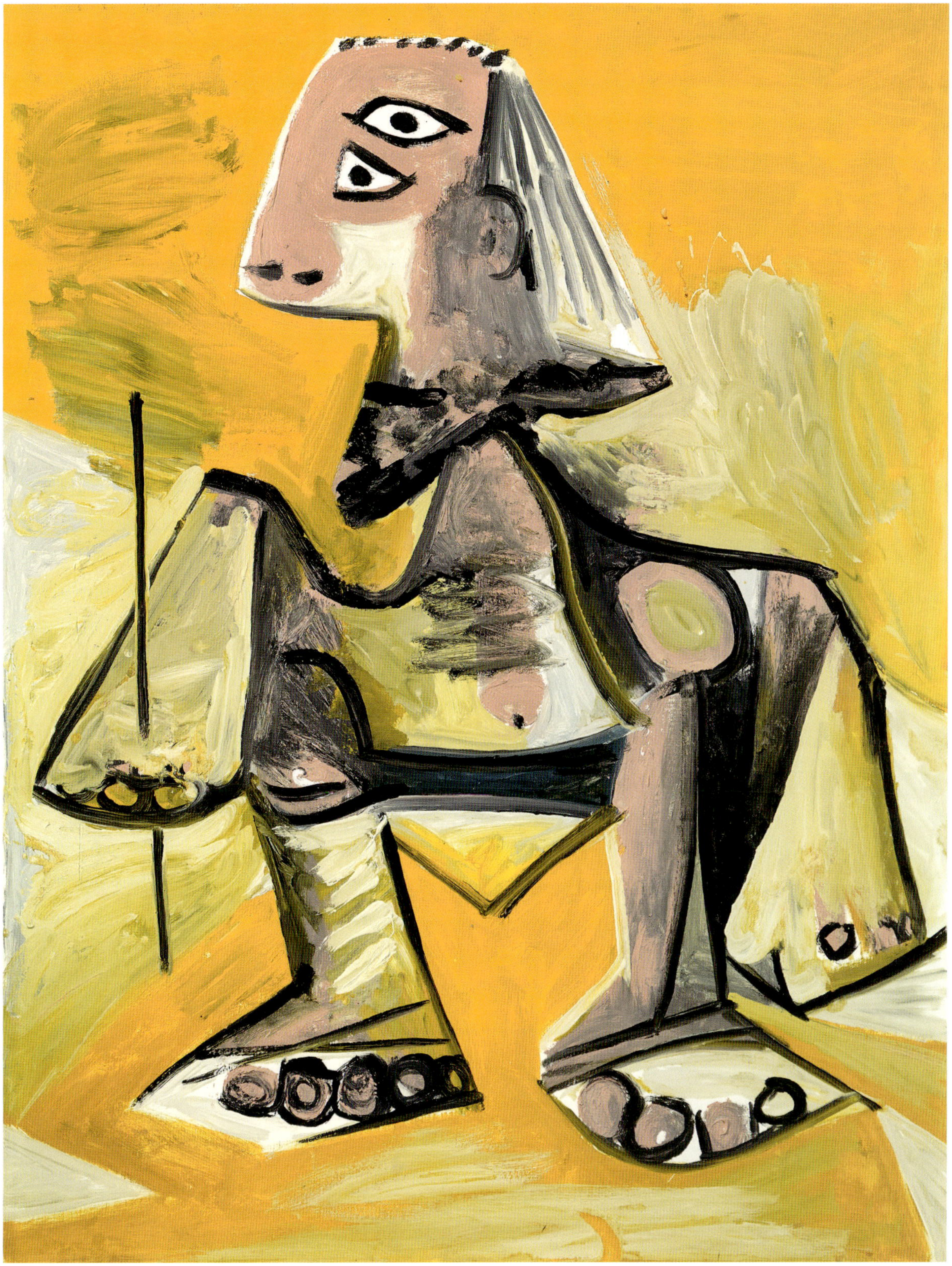

Homme accroupi, 1971
Huile sur toile
146 x 114 cm

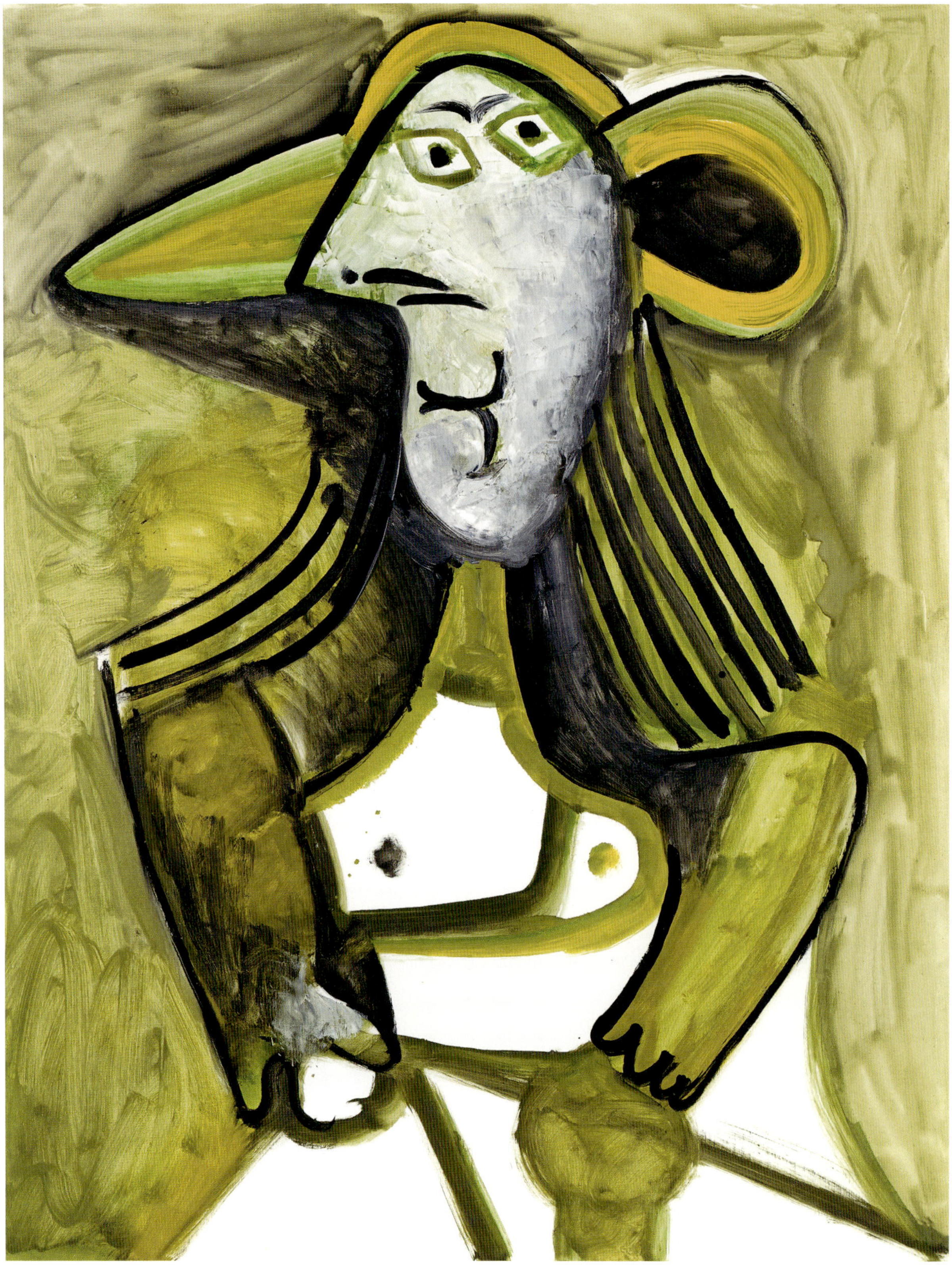

Femme assise, 24 août 1971
Huile sur toile
146 x 114 cm

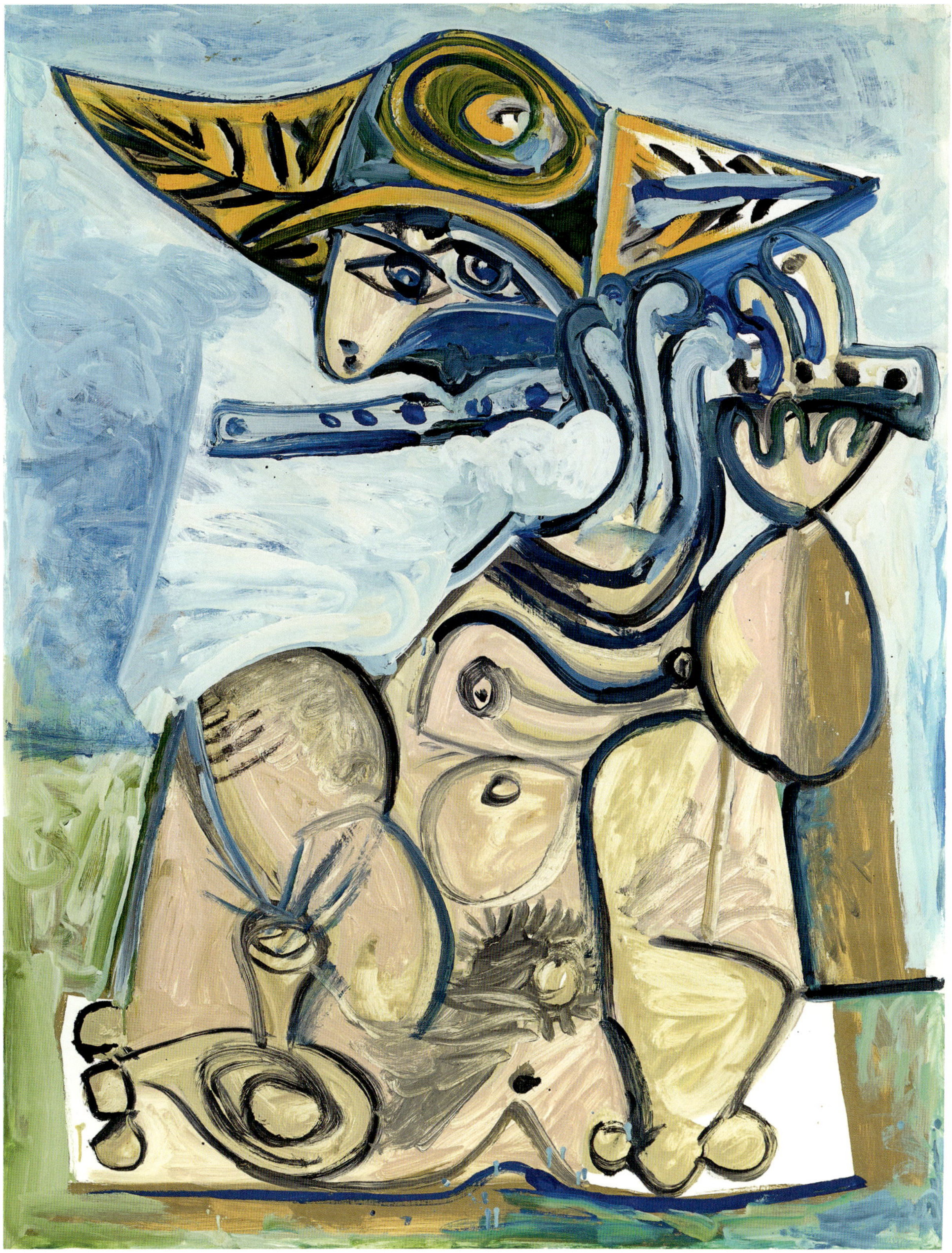

La Flûtiste, 1971
Huile sur toile
146 x 114 cm

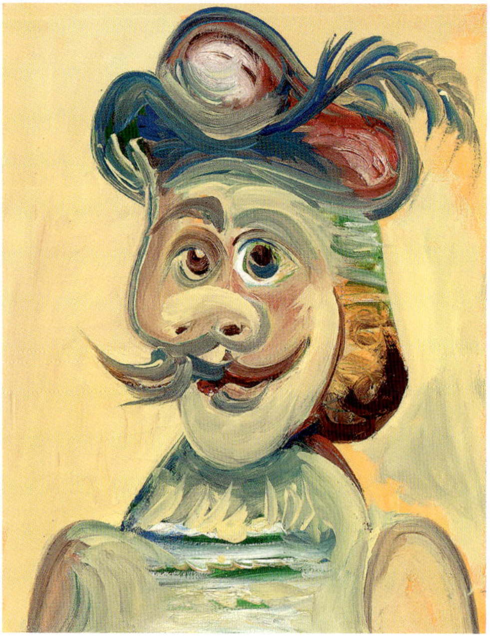

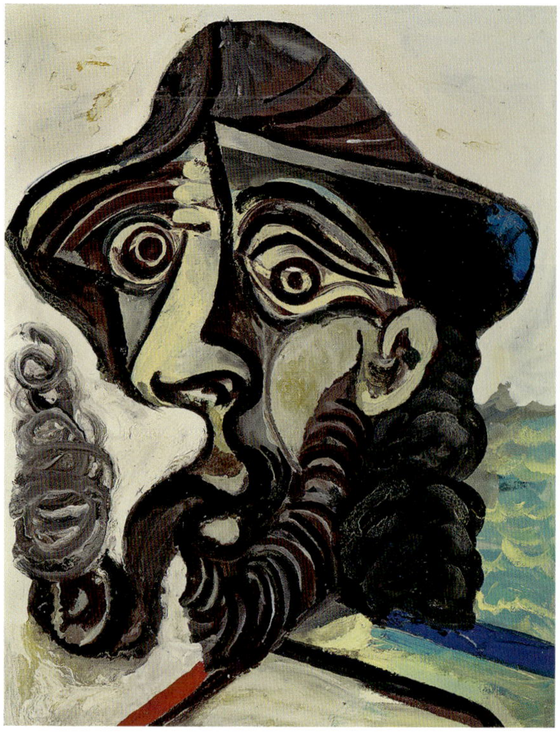

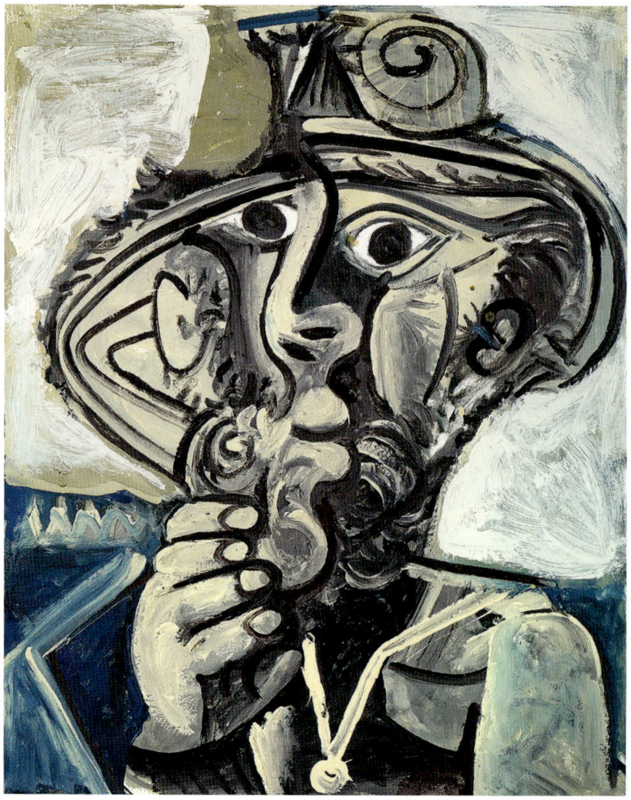

Homme à la moustache
8 avril 1971
Huile sur toile
81 x 65 cm

Le Fumeur
11 juillet 1971
Huile sur toile
92 x 73 cm

Homme à la pipe
18 juillet 1971
Huile sur toile
100 x 81 cm

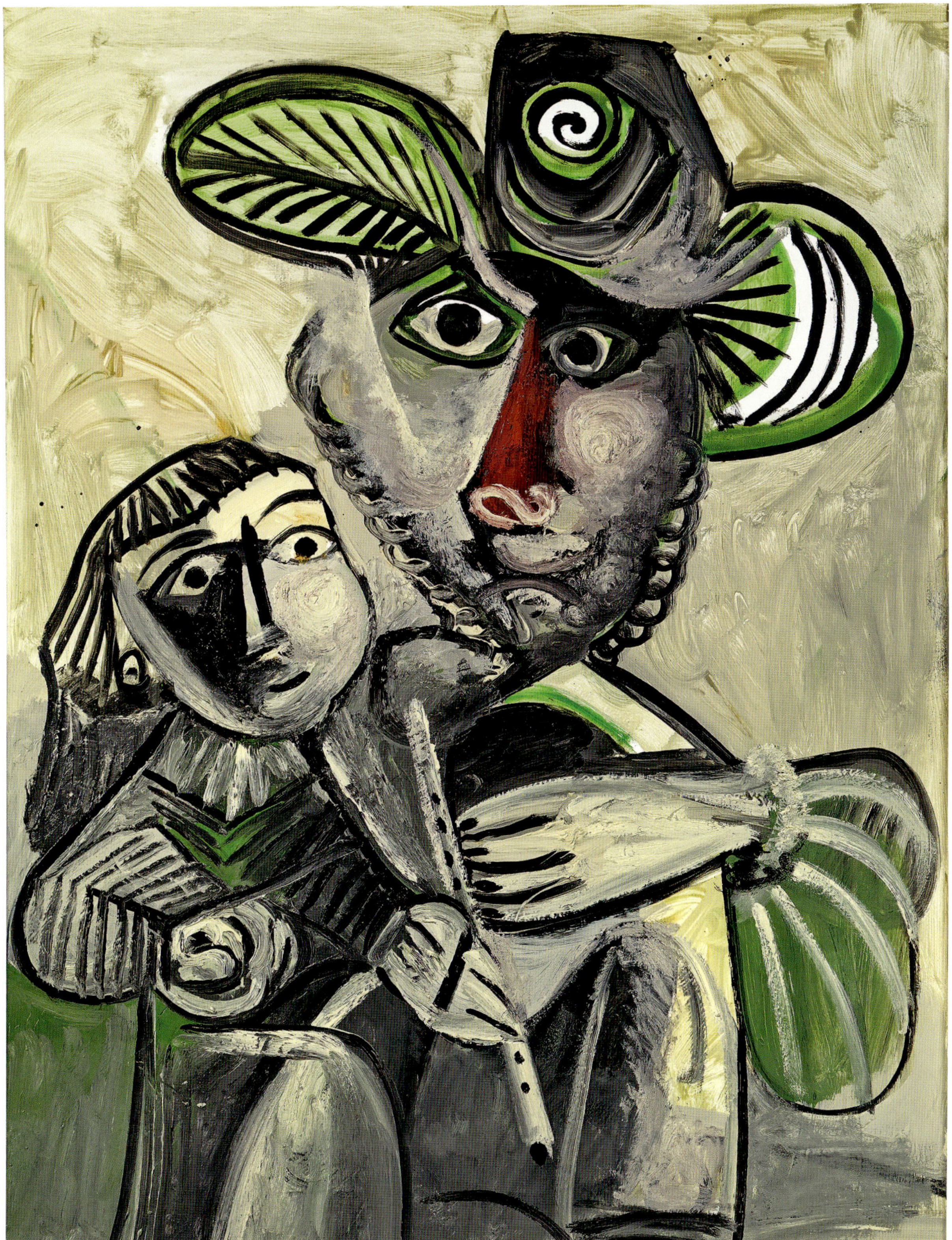

Homme à la flûte et enfant, 1971
Huile sur toile
146 x 114 cm

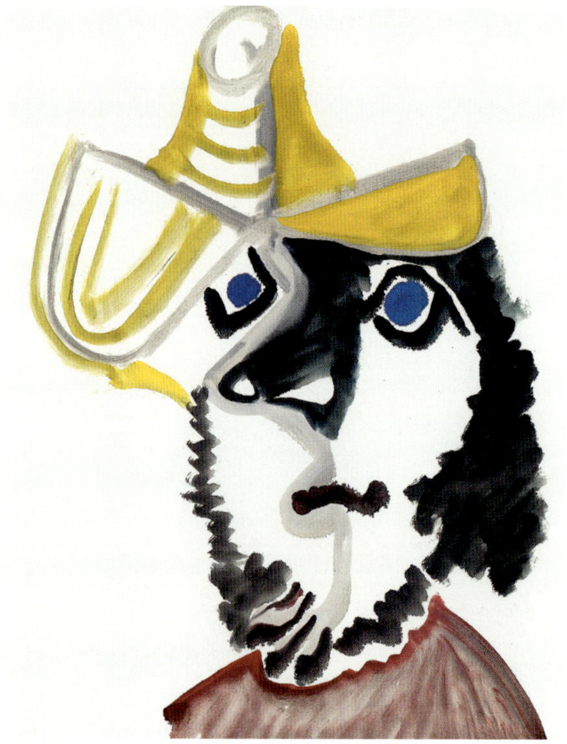

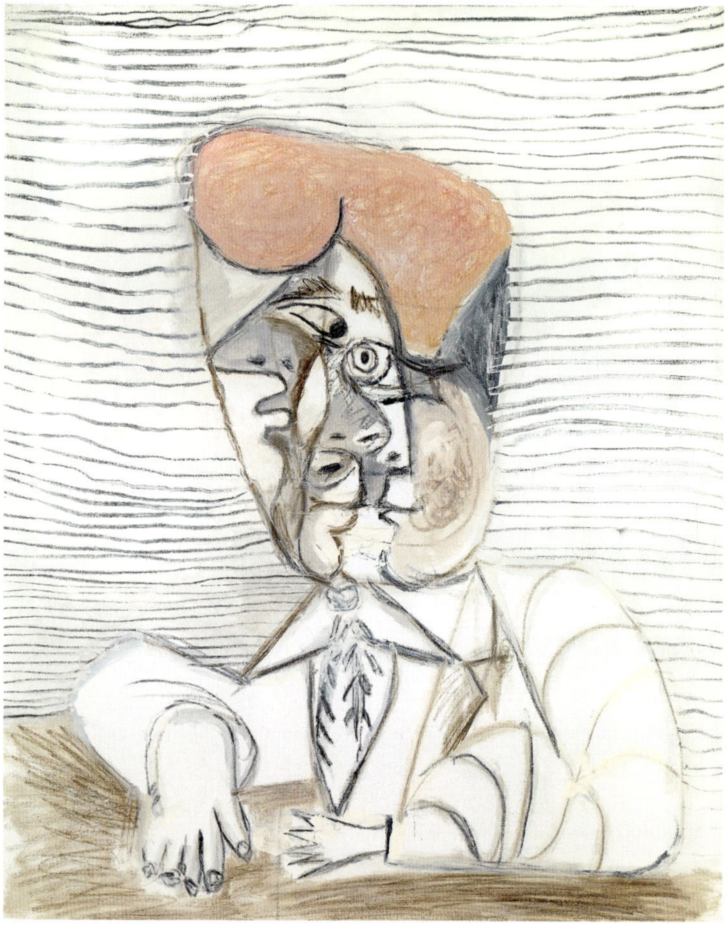

Personnage
20 janvier 1972
Huile sur toile
81 x 65 cm

Buste d'homme II, 1972
Huile sur toile
100 x 80,8 cm

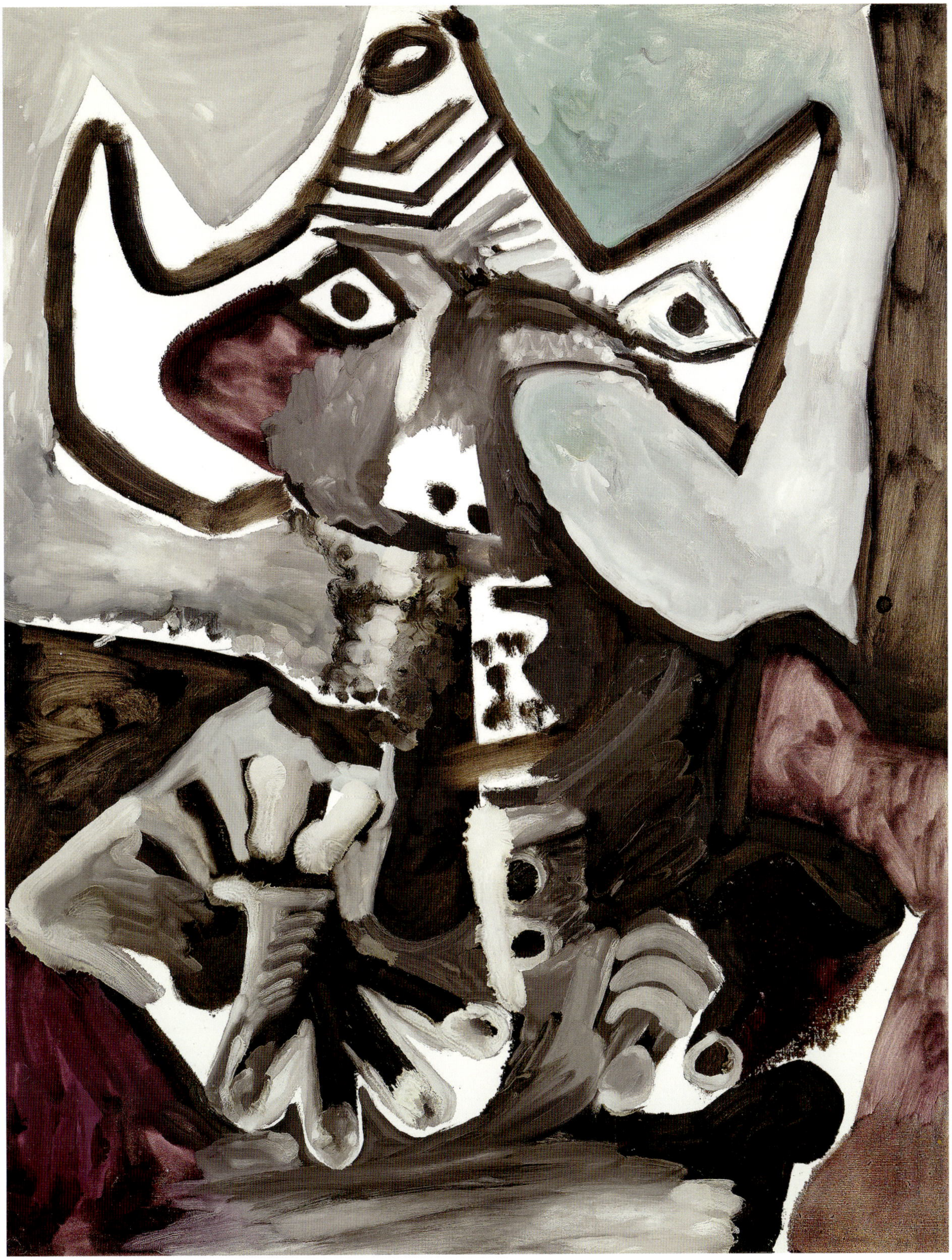

Mardi gras, 1972
Huile sur toile
145 x 114 cm

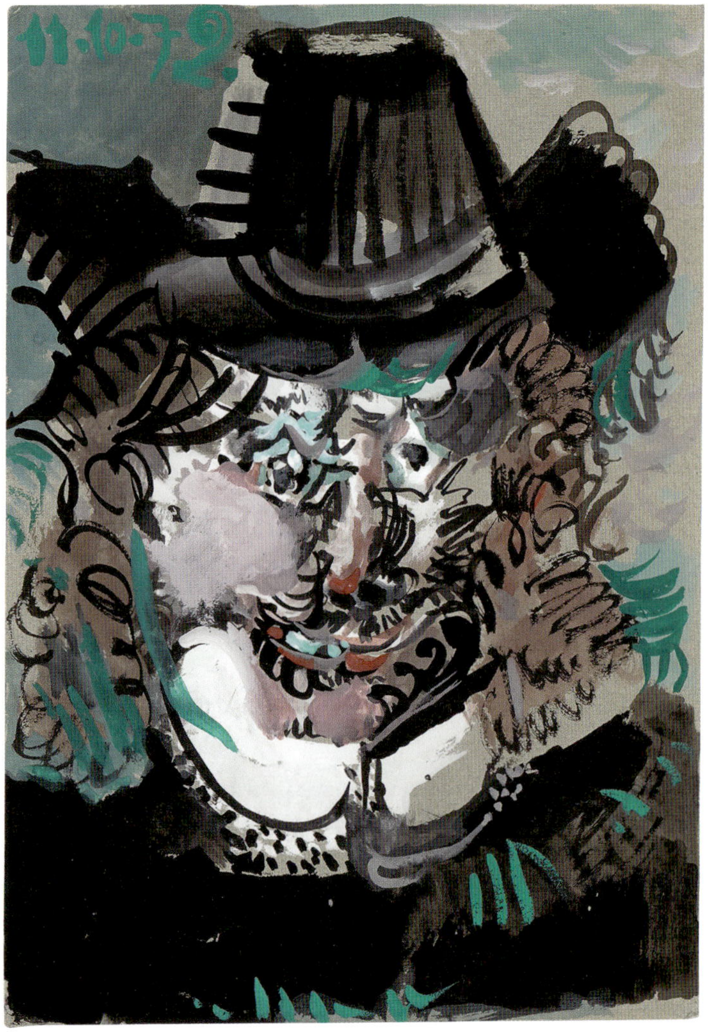

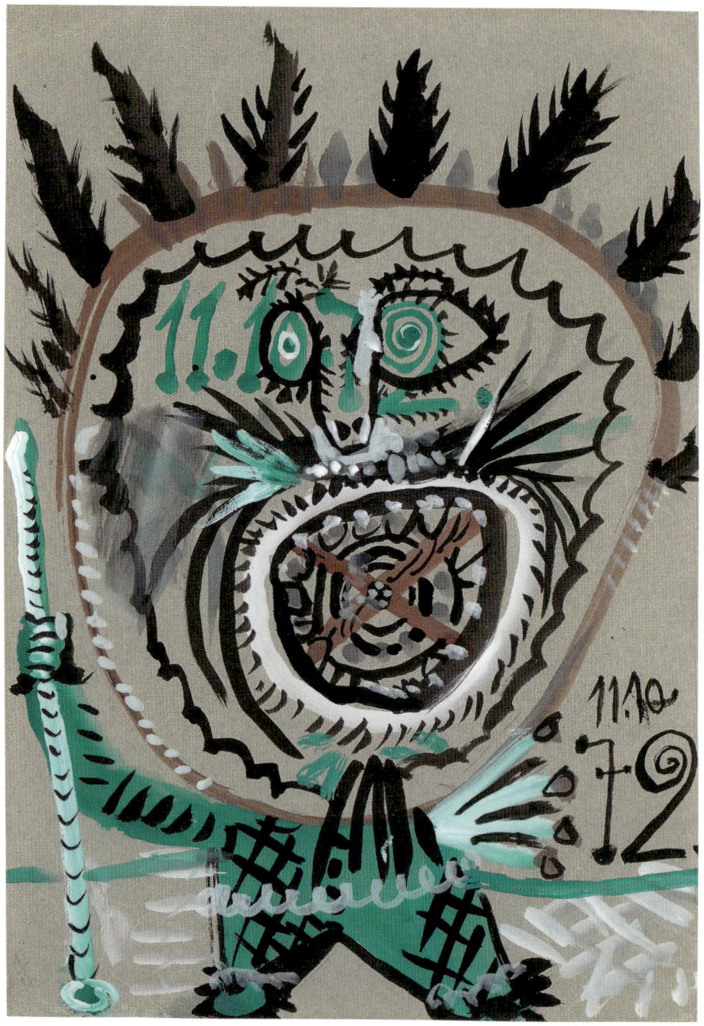

Mousquetaire de face (recto et verso), 1972
Encre de Chine
et aquarelle sur papier
31 x 22 cm

**Mousquetaire
et Personnage**, 1972
Huile sur toile
162 x 130 cm

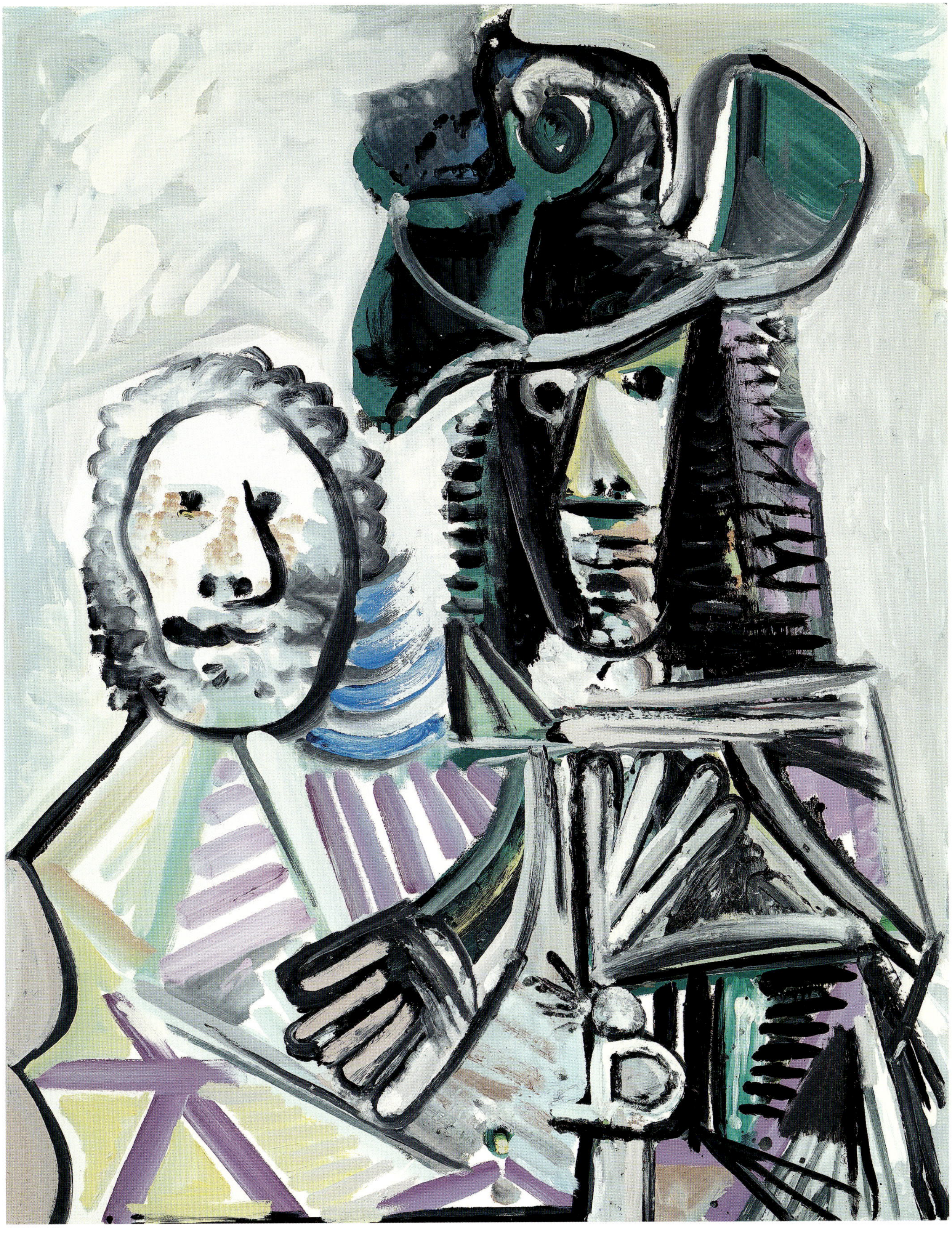

Figures, 1972
Huile sur toile
130 x 195 cm

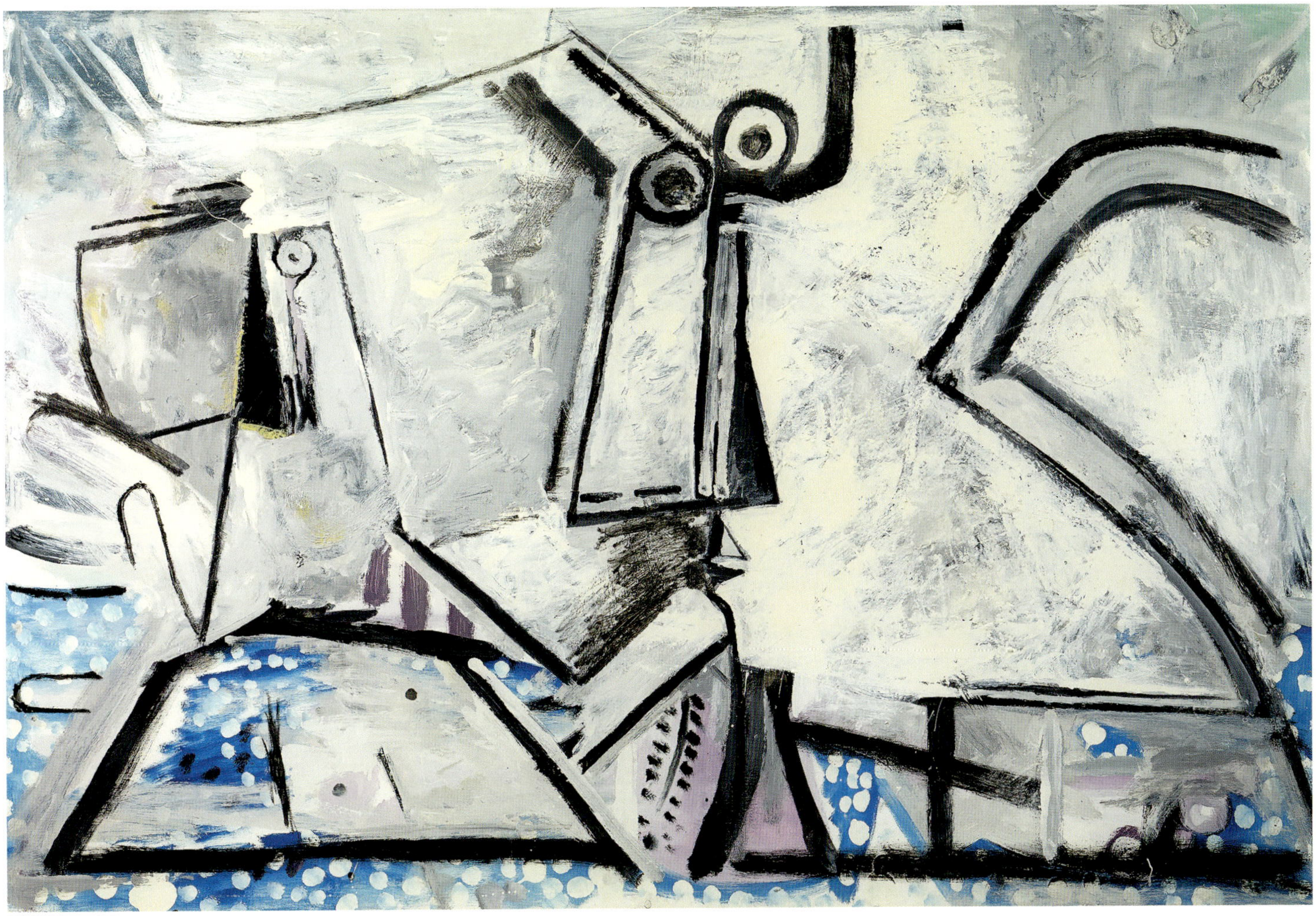

Pablo Picasso
1881—1973

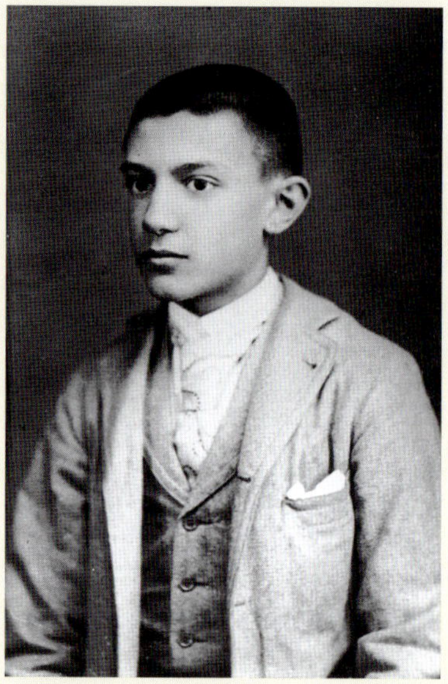

1

1881 Naissance de Pablo le 25 octobre à Malaga, de José Ruiz Blasco (1838-1913), peintre et professeur de dessin, et de Maria Picasso y Lopez (1855-1939). Naissance de ses sœurs Dolorès (1884) et Concepción (1887).

1888 Premiers tableaux peints sous l'impulsion de son père.

1891 Déménagement à La Corogne. De 1892 à 1895, cours à l'École des beaux-arts, où son père est professeur.

1895 Mort de sa sœur Concepción, emportée par une diphtérie. Cours à l'École des beaux-arts de Barcelone (La Llotja). Première visite au Prado. Rencontre de Manuel Pallarès en septembre.

1898 Découverte d'Horta de Ebro (aujourd'hui Horta de Sant Joan, Catalogne). Études de paysages.

1899 À Barcelone, fréquentation d'*Els Quatre Gats*, un café de l'avant-garde littéraire et artistique. Rencontre avec Carles Casagemas.

1900 Premier séjour à Paris, avec Casagemas. Installation à Montmartre et vente de ses premières œuvres.

1901 Suicide de Casagemas. Rencontre avec le poète Max Jacob. Début de la période bleue et visites fréquentes à l'hôpital Saint-Lazare pour observer les malades. Exposition à la Galerie Vollard.

1902 Difficultés financières. Vie entre Paris et Barcelone. Exposition en avril puis en novembre chez la galeriste Berthe Weill à Paris.

1903 Retour à Barcelone. Période très productive.

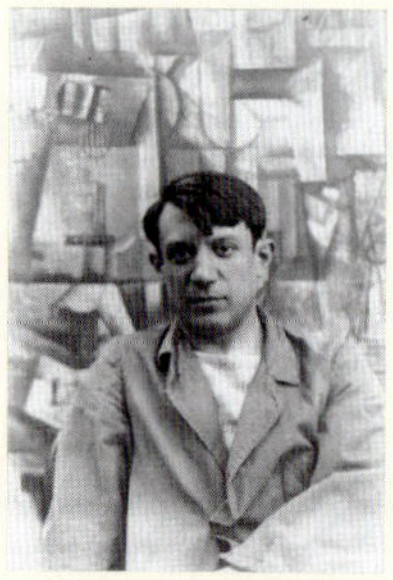

2

1904 Nouveau départ pour Paris. Installation au Bateau-Lavoir, à Montmartre. Rencontre d'André Salmon et Guillaume Apollinaire et fréquentation du café *Au Lapin Agile* et du cirque Médrano. Rencontre avec Fernande Olivier, son modèle puis sa compagne pendant sept ans. Entrée progressive dans la période rose.

1905 Voyage en Hollande. Rencontre de Leo puis Gertrude Stein.

1906 Au Louvre, découverte de la sculpture ibérique, puis étude de Gauguin. L'été, séjour à Gósol, village reculé de Catalogne: épanouissement de la période rose.

1907 Achat de deux têtes sculptées ibériques. Rencontre Georges Braque, par l'intermédiaire d'Apollinaire. Visite du Musée d'Ethnographie du Trocadéro, et achèvement des *Demoiselles d'Avignon*.

1908 En septembre, rencontre par l'intermédiaire de Matisse du collectionneur russe Sergeï Chtchoukine. En novembre, organisation d'un banquet au Bateau-Lavoir en l'honneur du Douanier Rousseau. Engagement d'un dialogue pictural quotidien avec Braque.

1909 Été à Horta de Ebro. Retour à Paris et installation boulevard de Clichy, avec Fernande.

1910 Évolution vers un cubisme dit «analytique» (1912-1910). Daniel-Henry Kahnweiler devient son marchand attitré. Exposition à la Galerie Vollard, puis refus de Picasso de montrer à nouveau son travail à Paris jusqu'en 1916.

1
Portrait
de Pablo Picasso
à quinze ans
Barcelone, 1896
2
Pablo Picasso
devant *L'Aficionado*
à la Villa les Clochettes
Sorgues, 1912
3
Portrait de Pablo Picasso
studio du 29, rue d'Astorg
Paris, 1935
Photographie de Dora Maar
4
Paul Éluard et Pablo Picasso
Mougins, 1937
Photographie de Man Ray

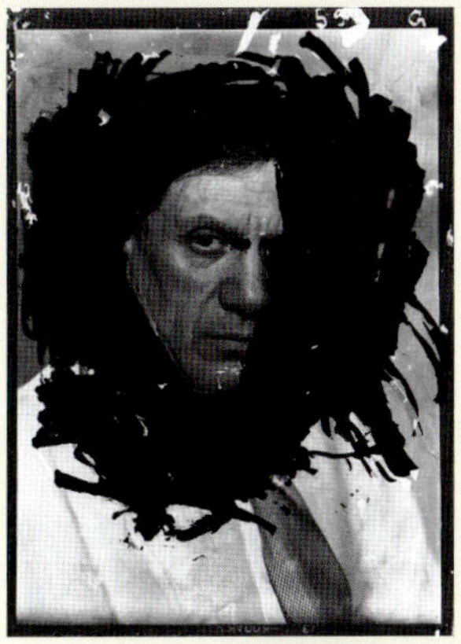
3

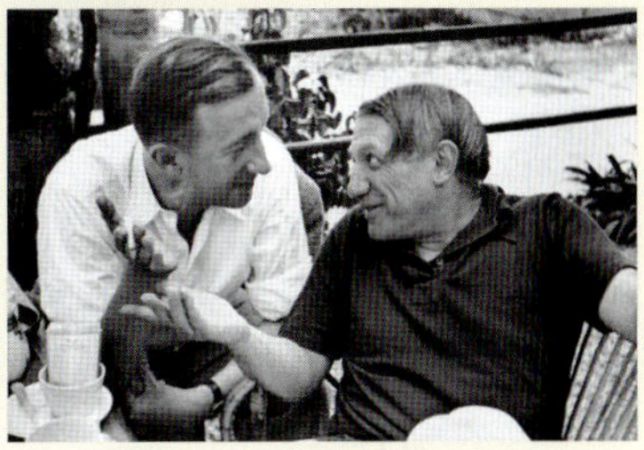
4

1911 Exposition *Picasso* à la galerie 291 à New York, et publications diverses dans la presse américaine. Expositions en Allemagne, à Berlin (Galerie Cassirer, *Secession*). Salle cubiste au Salon d'Automne, sans Braque ni Picasso. En novembre, rencontre d'Eva Gouel (Marcelle Humbert), ancienne maîtresse du peintre Louis Marcoussis, et début de leur liaison.

1912 Exposition avec le groupe Der Blaue Reiter à Munich et à Berlin. Séjour au Havre avec Braque. Introduction des lettrages au pochoir dans ses toiles, du sable, et réalisation de son premier collage, *Nature morte à la chaise cannée*. Première construction : une guitare en carton (New York, The Museum of Modern Art). Séjour à Céret l'été puis à Sorgues. Installation dans un atelier boulevard Raspail.

1913 Participation à l'*International Exhibition of Modern Art* à l'Armory Show de New York, et à la Moderne Galerie Tannhäuser à Munich. Évolution vers le cubisme dit « synthétique ». Séjour à Céret. Mort de son père le 3 mai. Retour à Barcelone. Puis nouvel atelier rue Schœlcher à Paris.

1914 Déclaration de la guerre par l'Allemagne à la France le 2 août. Mobilisation de Braque et Derain et engagement d'Apollinaire.

1915 Baptême de Max Jacob le 18 février ; Picasso est son parrain. Braque grièvement blessé au printemps. Mort d'Eva Gouel en décembre de la tuberculose.

1916 Blessure et trépanation d'Apollinaire. Présentation par Jean Cocteau à Serge de Diaghilev, directeur des Ballets russes. Installation à Montrouge.

1917 Voyage en Italie. Rencontre avec la ballerine russe Olga Khokhlova. En mai, première du ballet *Parade* (argument de Jean Cocteau, musique d'Erik Satie, chorégraphie de Léonide Massine, rideau, décor et costumes de Picasso, programme de Guillaume Apollinaire) au Théâtre du Châtelet. Première exposition des *Demoiselles d'Avignon* organisée par André Salmon.

1918 Exposition *Matisse-Picasso* à la Galerie Paul Guillaume. Mariage avec Olga Khokhlova le 12 juillet à l'église russe. Max Jacob, Apollinaire et Cocteau sont témoins. Mort d'Apollinaire le 9 novembre emporté par la grippe espagnole. Installation au 23 rue La Boétie.

1919-1920 Rencontre avec Joan Miró. Travail avec Diaghilev sur les décors et costumes du ballet *Le Tricorne* à Londres, puis sur *Pulcinella* de Pergolèse pour l'Opéra de Paris jusqu'en 1920 (décor cubiste et costumes inspirés par la Commedia dell'Arte). Premier séjour au Cap d'Antibes.

1921 Naissance de son fils Paul le 4 février. Premier séjour estival à Dinard. Première monographie à Munich. Installation à Fontainebleau puis retour à Paris avec Olga et Paul.

1922 Premiers échanges avec Man Ray. Décors pour l'adaptation d'*Antigone* par Jean Cocteau.

1923 L'été, au Cap d'Antibes, multiplication des études dessinées de *Baigneuses*. Exposition à l'Art Institute de Chicago.

1924 Vente des *Demoiselles d'Avignon* pour 25 000 francs à Jacques Doucet. Réalisation de grandes natures mortes dans une veine cubiste et décorative. Travail sur différents décors et costumes de ballets. Séjour à Juan-les-Pins.

1925 Séjour à Monte-Carlo avec Olga et Paul pendant la saison des Ballets russes. Installation à Juan-les-Pins. Le 14 novembre, ouverture de l'exposition *La Peinture Surréaliste* à la Galerie Pierre, première exposition du groupe et participation de Picasso.

1926 Parution du premier numéro de la revue *Cahiers d'art* fondée par Christian Zervos, qui publiera régulièrement sur Picasso. Séjour à Barcelone avec Olga.

1927 Rencontre de Marie-Thérèse Walter, âgée de dix-sept ans. Gravures sur le thème de *l'Atelier*.

1928 Apparition du thème du *Minotaure*. Breton publie *Le Surréalisme et la Peinture* illustré par les œuvres de Picasso. Séjour à Dinard avec Olga et Paul, et Marie-Thérèse en cachette.

1929 Dégradation des relations avec Olga. Séjour à Dinard avec Marie-Thérèse.

1930 Achat du château de Boisgeloup près de Gisors et installation d'un atelier de sculptures. Emménagement secret de Marie-Thérèse au 44 rue La Boétie.

1931 Illustration du *Chef d'œuvre inconnu* d'Honoré de Balzac, publié par Ambroise Vollard.

1932 Importante série de portraits et de figures de femme inspirés par Marie-Thérèse. Rétrospective chez Georges Petit, puis au Kunsthaus de Zurich. Publication par Zervos du premier tome du catalogue raisonné de l'œuvre de Picasso (1895-1906).

1933 Publication des mémoires de Fernande Olivier, *Picasso et ses amis*.

1934 Exécution de ses premières œuvres politiques. Séjours à Madrid, à Tolède et à Saragosse avec Olga et Paul. Découverte des peintures romanes du Musée national d'Art de Catalogne à Barcelone.

1935 Séparation d'avec Olga. Arrêt de la peinture jusqu'en février 1936. Début de son œuvre poétique. Naissance le 5 septembre de la fille de Picasso et de Marie-Thérèse, Maria de la Concepción, surnommée Maya. Rencontre avec Dora Maar. Arrivée à Paris de Jaime Sabartés, secrétaire de Picasso.

1936 Victoire électorale du *Frente Popular* en Espagne et du Front populaire en France. Amitié avec Paul Éluard. Séjour à Juan-les-Pins avec Marie-Thérèse et Maya. Séjour à Mougins avec le groupe surréaliste. Liaison avec Dora Maar.

1937 Emménagement au 7 rue des Grands-Augustins. Invitation par le gouvernement républicain espagnol à exécuter un tableau pour le pavillon espagnol de l'Exposition internationale des arts et des techniques dans la vie moderne à Paris. Début des études pour *Guernica*, suite au bombardement par l'aviation nazie, en soutien à Franco, du village basque éponyme.

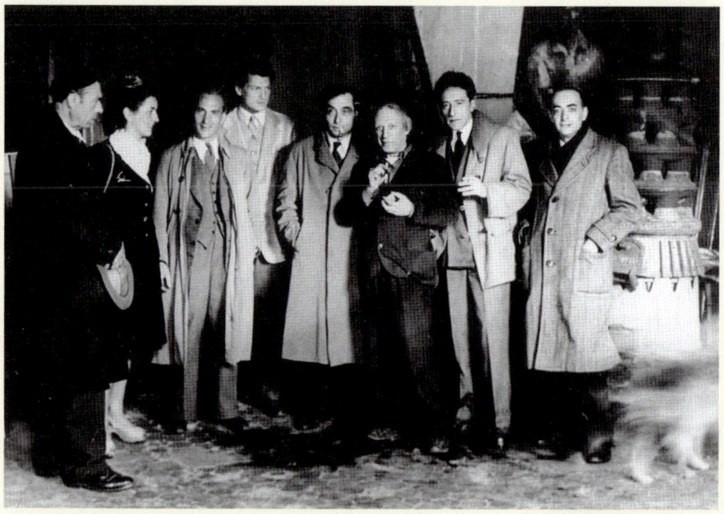

5

1938 Exposition itinérante de *Guernica* au Royaume-Uni (Londres, Leeds, Liverpool).

1939 Mort de sa mère à Barcelone le 13 janvier. Le 26 janvier, chute de Barcelone sous les coups des Franquistes. Le 29 août, départ précipité de Sabartés et Picasso pour Royan, où Marie-Thérèse et Maya passent l'été. Installation de Picasso avec Dora Maar.

1940 Retour à Paris. Passe pratiquement toute l'Occupation dans son atelier de la rue des Grands-Augustins.

1941 Écriture de la pièce en six actes *Le Désir attrapé par la queue*, publié en 1945 chez Gallimard.

1942 Publication d'un article de Maurice de Vlaminck qui est une attaque violente contre Picasso. En réponse, nombreux articles de soutien de jeunes peintres et d'intellectuels engagés dans la Résistance.

1943 Rencontre avec Françoise Gilot, jeune peintre de vingt-deux ans. Dégradation de sa relation avec Dora Maar.

1944 Arrestation de Max Jacob le 28 février. Mort de ce dernier le 5 mars au camp de concentration de Drancy. Publication du recueil poétique *Contrée* de Robert Desnos, déporté et mort en camp de concentration. Le 5 octobre, annonce dans *L'Humanité* de l'adhésion de Picasso au Parti communiste français (PCF). Salon d'Automne de la Libération consacré aux œuvres interdites d'exposition durant l'Occupation par les nazis et taxées d'« art dégénéré ».

1945 Séjour à Antibes avec Dora Maar. Retour à Paris auprès de Françoise Gilot. Exposition au Victoria and Albert Museum de Londres.

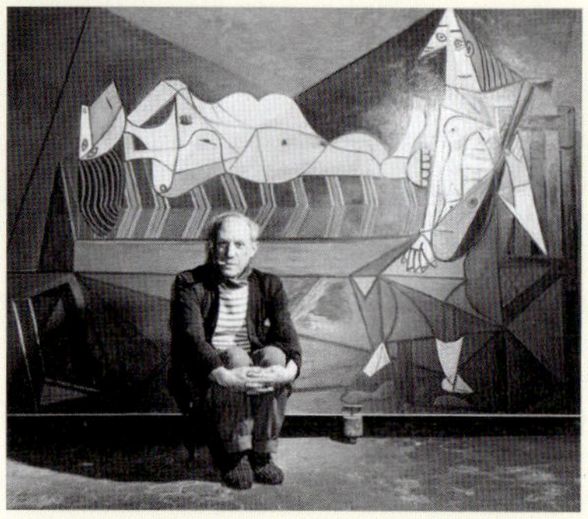

6

1946 Débuts de la vie commune avec Françoise Gilot. Mise à disposition à l'automne, par Romuald Dor de la Souchère, conservateur du musée d'Antibes, d'un atelier dans une salle du château Grimadi. Réalisation d'œuvres aux thèmes méditerranéens, restées *in situ* et formant la collection du musée dorénavant dédié à Picasso.

1947 Naissance de Claude le 15 mai, premier enfant avec Françoise Gilot, puis installation à Vallauris. Début d'une intense activité de céramiste à l'atelier Madoura de Georges et Suzanne Ramié.

1948 Première exposition d'œuvres de Picasso en Italie, à la Biennale de Venise. Congrès des intellectuels pour la paix à Wroclaw, en Pologne, avec Paul Éluard.

1949 *La Colombe* choisie par Aragon comme affiche du Congrès de la paix, salle Pleyel. Naissance de Paloma, deuxième enfant avec Françoise, le 19 avril. Achat des ateliers du Fournas pour agrandir la maison de Vallauris, La Galloise. Intense travail de sculpture, accumulation de matériaux et d'objets de rebut.

1950 Poursuite de son travail sculptural d'assemblages hétéroclites. Prix Lénine de la paix en novembre.

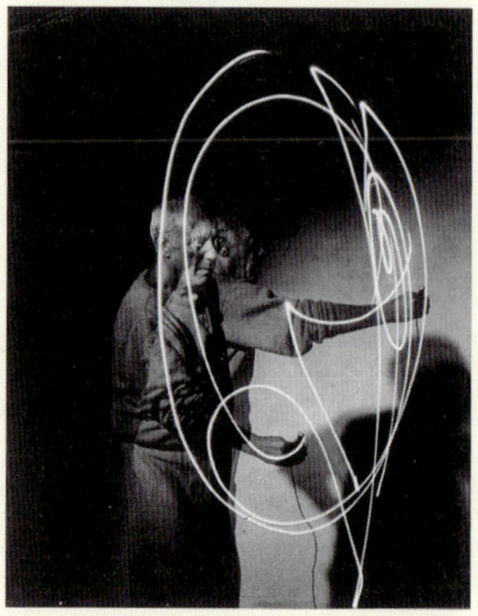

7

1951 Visite de la chapelle de Vence, décorée par Matisse. Grande rétrospective à Tokyo et Osaka.

1952 Début de la décoration d'une chapelle du XIVe siècle désaffectée à Vallauris. Mort de Paul Éluard. Rencontre avec Jacqueline Roque à Madoura.

1953 Rétrospective à la Galleria Nazionale d'Arte Moderna de Rome et au Musée d'art moderne de São Paulo, avec *Guernica*.

1954 Exposition à la Maison de la Pensée française, à Paris. Mort d'Henri Matisse le 3 novembre.

1955 Mort d'Olga Picasso à Cannes le 11 février. Importante rétrospective *Picasso : peintures, 1900-1955* au Musée des arts décoratifs de Paris. Achat de la villa La Californie à Cannes. Tournage du film *Le Mystère Picasso* par Henri-Georges Clouzot à Nice. Fréquentation assidue des corridas à Arles et Nîmes.

1956 Résurgence du thème des « Baigneuses ». Présentation du film *Le Mystère Picasso* d'Henri-Georges Clouzot au Festival de Cannes. Première exposition à Barcelone, à la Sala Gaspar. Fête son 75e anniversaire à la Galerie Madoura, avec les potiers de Vallauris.

1957 Travail sur le thème des *Ménines* d'après Vélasquez. Commande d'une grande décoration murale pour le bâtiment de l'UNESCO à Paris. Grande rétrospective aux États-Unis : New York, Chicago, Philadelphie.

1958 Inauguration du panneau de l'UNESCO, *La Chute d'Icare*. Achat du château de Vauvenargues, au pied de la montagne Sainte-Victoire, lieu emblématique de l'art cézannien.

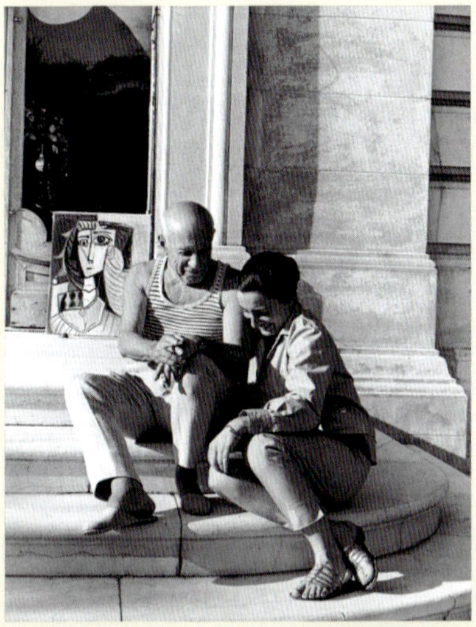

8

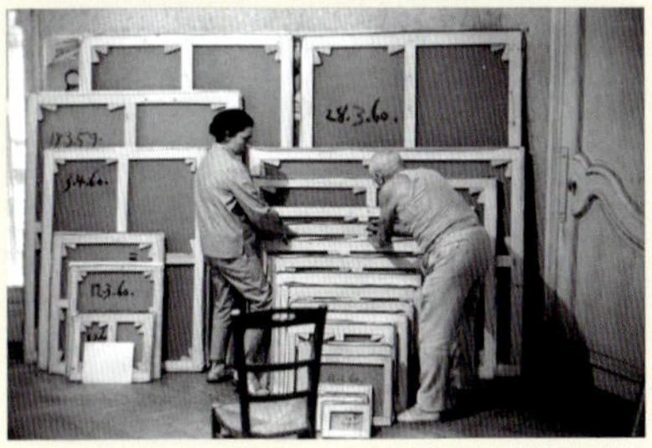

9

1959 Inauguration officielle de la chapelle de Vallauris, décorée des panneaux de *La Guerre* et *La Paix*. Inauguration à Paris du *Monument à Apollinaire*.

1960 *Picasso. Retrospective 1895-1959* à la Tate Gallery de Londres ; réalisation du catalogue par Roland Penrose.

1961 Mariage avec Jacqueline Roque le 2 mars à Vallauris, dans l'intimité. Installation au mas Notre-Dame de Vie à Mougins en juin. Célébration de son 80e anniversaire à Vallauris.

1962 Prix Lénine de la paix pour la seconde fois le 1er mai. Réalisation de nombreux *Portraits de Jacqueline* dans différentes techniques : peintures, dessins, carreaux de céramique, gravures.

1963 Début de l'importante série du *Peintre et son modèle*. Ouverture du Museu Picasso de Barcelone. Mort de Georges Braque. Mort de Jean Cocteau.

1964 Importante rétrospective à Toronto puis à Montréal et premières rétrospectives au Japon.

1965 En novembre, opération d'un ulcère à l'hôpital américain de Neuilly. Publication de *Vivre avec Picasso* de Françoise Gilot.

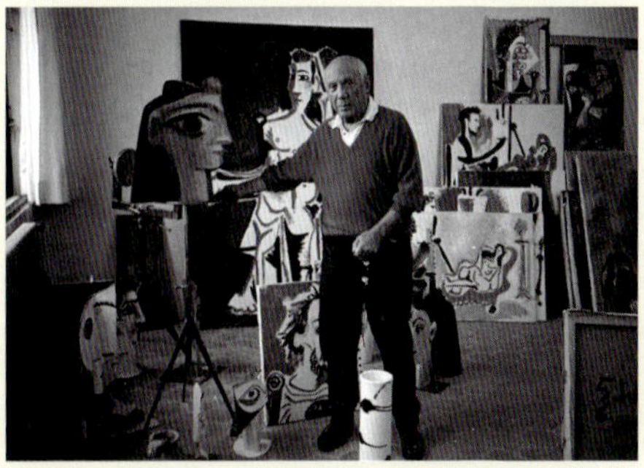

10

1966 Dessin et peinture de figures de *Mousquetaires*, inspirées des gentilshommes du Siècle d'or espagnol portraiturés par Vélasquez. Mort d'André Breton le 28 septembre. Exposition *Hommage à Picasso* au Grand Palais et au Petit Palais, à Paris.

1967 Refus de la Légion d'honneur. Expulsion de son atelier de la rue des Grands-Augustins. Exposition *Picasso: Sculptures, Ceramics, Graphic Work* à la Tate Gallery de Londres, puis au Museum of Modern Art de New York.

1968 Mort de Sabartés. Pour honorer sa mémoire, don de l'ensemble de la série des *Ménines* et d'un portrait de Sabartés au Musée Picasso de Barcelone.

1969 Période de travail intense. Réalisation en une année de 165 toiles traitant de portraits, couples, nus, hommes à l'épée, fumeurs, natures mortes...

1970 Donation au Musée Picasso de Barcelone des œuvres laissées dans sa famille en Espagne. Exposition *Picasso 1969-1970* au Palais des Papes à Avignon. Mort de Christian Zervos.

1971 Don de cinquante-sept dessins réalisés entre le 31 décembre 1970 et le 4 février 1971 au Musée Réattu d'Arles. En octobre, à l'occasion de son 90e anniversaire, présentation d'une sélection d'œuvres des collections publiques françaises dans la Grande Galerie du Louvre.

1972 Travail intense à Mougins.

1973 Mort de Picasso au mas Notre-Dame-de-Vie à Mougins le 8 avril. Enterrement dans le jardin de Vauvenargues. Exposition posthume de 200 toiles *Pablo Picasso, 1970-1972* au Palais des Papes à Avignon.

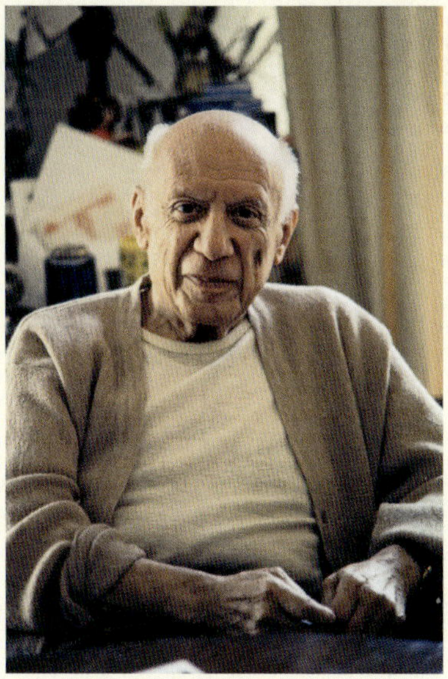

11

5
Manuel Ortiz de Zarate, Françoise Gilot, Apel·les Fenosa, Jean Marais, Pierre Reverdy, Pablo Picasso, Jean Cocteau et Brassaï, Paris, 1939

6
Pablo Picasso devant *L'Aubade* dans son atelier de la rue des Grands-Augustins, Paris, 1945
Photographie de Dick Ham

7
Pablo Picasso dessinant au crayon lumineux : Coquillage, 1949
Photographie de Gjon Mili

8
Pablo Picasso et Jacqueline assis sur les marches du perron de La Californie, Cannes, 1960
Photographie de David Douglas Duncan

9
Pablo Picasso et Jacqueline rangeant des toiles le jour des signatures dans l'atelier La Californie, Cannes, 1960
Photographie de David Douglas Duncan

10
Pablo Picasso, Notre-Dame de Vie, Mougins, 1964
Photographie d'Edward Quinn

11
Pablo Picasso, Notre-Dame de Vie, Mougins, 1971
Photographie d'Edward Quinn